중국 고고학

송 · 원 · 명

宋元明考古

作者: 秦大树

중국 고고학
송 · 원 · 명

진대수 지음
이정은 옮김

사회평론

영남문화재연구원 학술총서 15

중국 고고학 송·원·명

2017년 8월 15일 초판 1쇄 인쇄
2017년 8월 25일 초판 1쇄 발행

지은이 진대수
옮긴이 이정은
펴낸이 윤철호, 김천희
펴낸곳 (주)사회평론아카데미

편집 고인욱
표지 디자인 김진운
본문 디자인 민들레
마케팅 강상회

등록번호 2013-000247(2013년 8월 23일)
전화 02-2191-1133
팩스 02-326-1626
주소 03978 서울특별시 마포구 월드컵북로12길 17(1층)

ISBN 979-11-88108-28-2

서문

송원명(宋元明) 고고학은 고고학적인 방법론을 이용하여 이 시기의 유적과 유물을 연구하고 송원명 시기 역사발전의 합법칙성을 연구하는 학문이다. 이는 중국 고고학을 왕조를 기준으로 각 단계로 나눈 것이며, 역사고고학의 한 범위에 포함된다. 또한 이 시기는 현재와 가장 가까운 단계로 북송(北宋), 남송(南宋), 요(遼), 금(金), 원(元), 명(明) 등의 왕조에 해당하고 아울러 서하(西夏), 우전(于闐), 회골(回鶻), 대리(大理), 서요(西遼), 흑한(黑汗) 왕조, 서장(西藏)의 각 왕조를 위시한 지방정권 등 변경지역의 왕조를 포함한다. 이 시기에는 현재 중국의 각 성, 시, 자치구 등에 전국적으로 유적이 분포되어 있어,[1] 이전 시기의 고고학과는 비교할 수 없을 정도로 전국적인 규모의 넓은 지역을 대상으로 하는 것이 특징이다. 또한 이 시기의 중국 고고학은 세계적이며 국제적인 성격을 가지고 있다. 이때는 중국의 해상 무역이 발전하기 시작하고 대량의 중국 상품이 세계 여러 지역에서 발견되기 때문이다. 육로 실크로드와 비교할 때 상품의 수량 면에서도 월등히 많고 상품의 도달 지점도 더욱 광범위하다. 예를 들면 이집트 구카이로의 푸스사트(Fustat) 유적에서는 여러 해 동안 발굴을 통해 2만 점이 넘는 중국 도자편이 발굴되었다.[2] 아프리카 동부 해안의 많은 유적에서도 중국 유물이 발견되었으며 그중에서도 도자가 많은 수를 차지한다.[3] 구체적인 역사적 사건으로는 명대 초기 정화가 서양으로 갔을 때 아프리카 동부에 대한 상세한 기록을 남김과 동시에 지도도 제작한 사실이다.[4] 그리

....

1) 徐苹芳,「宋元明考古」,『中国大百科全书·考古学』, 中国大百科全书出版社 1986년판.
2) 秦大树,「埃及福斯塔特遗址中发现的中国陶瓷」,『海交史研究』1995년 제1기.
3) 马文宽, 孟凡人,『非洲发现的中国陶瓷』, 紫禁城出版社 1987년판.
4) 郑和航海所绘地图에 관한 것 중 비교적 중요한 것은 茅元仪辑,『武备志』권240의「郑和航海图」(원명「自宝船厂开船从龙江关出水直抵外国诸番图」). 이 지도에 관한 연구는 朱鉴秋, 李万权의『新编郑和航海图集』, 人民交通出版社 1988년판 참고.

고 무엇보다 중요한 것은 13세기 중국 북방 초원에서 일어나 세계에서 가장 넓은 지역을 차지한 대몽골제국의 탄생이다. 대몽골제국에서는 몽골문화, 이슬람문화, 한족전통문화, 티벳불교문화, 고려문화, 그리고 유럽의 기독교문화까지 다양한 문화가 병존하였다.[5] 이 때문에 본문에서는 국제적인 문화와 관련된 주제가 매우 많다. 대몽골제국의 원 이후 명대는 오늘날 중국의 판도가 기본적으로 확정되는 시기이다. 그래서 명나라 문화 연구는 오늘날 사회 문화와 그 어느 시기보다 밀접하여 관련 연구에 도움이 되고 있다.

송원명 고고학과 관련하여, 문헌자료를 중심으로 이루어지는 역사 연구는 서로 구분되기도 하고 또한 상호 보완 관계에 있다고도 생각된다. 역사 연구의 많은 내용은 문헌상으로는 찾을 수 없거나 혹은 증거가 부족하므로, 경제사 연구와 밀접한 관계가 있는 수공업 유적, 광산야철 유적, 대외관계 유적과 유물 그리고 종교 유적 등이 이를 보충해 줄 수 있기 때문이다. 또 어떤 주제는 전통적인 역사학에서는 해결하기 어렵지만 고고학 연구 성과들은 관련 연구에 많은 중요한 자료를 제공하고 있다.

송원명 시기의 유적과 유물은 수량이 매우 많다. 현재 남아 있는 자료들은 지하 매장량은 상대적으로 적으면서 지면에 노출된 유적이 많은 것이 특징이다. 그리고 문헌기록 또한 적지 않아 역사학 연구에서는 고고학 작업에 대한 의존도가 이른 시기에 비해 현저히 낮은 편이다. 이 또한 다른 시기와는 다른 특징이다.

송원명대는 봉건사회 후기에 속하고 세계사적인 측면에서는 중세로 진입한 시기이다. 경제와 사회 문화의 발전에 따라 새로운 현상이 출현하였다. 이 시기의 중요한 특징은 상품경제의 비약적인 발전으로 중심도시가 지역도시를 거느리는 경제시스템을 형성하는 등 도시의 역할에 중대한

....

5)　尙剛,『元代工艺美术史』, 辽宁教育出版社 1999년판. 본 책에서는 원대(元代) 각종 공예미술품의 발전을 연구 토론하는 과정에서 당시 민족문화의 융합과 몽고족의 강제적인 영향을 특히 강조한 독특한 견해를 밝힘.

변화가 발생하였다는 것이다.[6] 또 상품경제가 발전하면서 수당(隋唐) 시기의 생산시스템과는 달리 사영수공업의 비약적인 발전이 이루어져 수공업 중심지역이 형성되었고, 각종 기물에 상품 상표와 같은 표기가 보편적으로 발견된다. 정치적으로는 여러 할거정권이 병존하면서, 각 민족과 중국 여러 왕조 문화가 서로 상호 영향을 주고받아 문화적으로 매우 풍부하고 다채로워졌다. 따라서 생활습관에도 많은 변화가 일어났다. 그중에서도 높은 탁자와 의자의 출현으로 사람들의 생활방식이 변화하였고 이는 고고학 문화에 중대한 영향을 끼치게 되었다. 고고학 자료를 살펴보면 이 시기 도시 계획에는 근본적인 변화가 나타나고, 무덤에서도 각 지역별로 특징 변화가 분명하다는 것을 알 수 있다. 또한, 세속화 경향이 강하고 예제(禮制)가 약화되는 경향을 가진다. 앞서도 지적한 바와 같이, 이 시기 고고학 자료는 매우 풍부하여 지표면에 현존하는 유적과 건축물이 많아, 고고학 발굴은 건축, 도자, 방직, 광산 야철 등의 주제 연구와 매우 밀접한 관련을 가지게 되었다. 즉, 이 자료들은 모두 다양한 연구의 주제가 되고 각종 소재와 관련된 역사, 공예사와 과학사 등의 연구 주제가 되었다. 말하자면, 광산, 제철공방, 요지 등 이 시기까지 보존된 것과 발굴된 유적이 많아지면서, 금속과 도자공방 등이 고고학 연구의 주제로 떠오르고 체계화되었다. 또한 상품의 원거리 무역으로 더욱 광범위한 지역에 대한 연구가 이루어져, 연구 영역과 범위가 넓어지는 것이 이 시기 고고학 연구의 특징이 되었다. 송원명 고고학이 비록 신생 분야에 속하지만, 위와 같은 특징으로 인해 그 발전은 매우 풍부하고 다채로우며 이목을 끌기에 충분할 것이라고 생각된다.

....

6) 徐苹芳, 「中国古代城市考古与古史研究」, 徐苹芳, 『中国历史考古学论丛』, (台北) 允晨文化 1995년판에 수록됨.

차례

그림 목록

1장 송원명(宋元明) 고고학의 개창과 발전

송원명 고고학은 20세기에 와서야 연구가 시작되었고, 다른 시기 고고학과 동시에 고르게 발전하지 못했다. 이는 아래 몇 가지 특징으로 정리된다. 첫째, 송원명 고고학의 각 연구 부문은 서로 균형을 이루어 발전하지 않았다. 예를 들어 도시와 궁궐 배치에 대한 기록은 각 왕조 당시에 이미 시작되었고, 수공예품, 특히 가치 있는 수공예품에 대한 기록과 연구는 각 왕조 당시나 왕조 멸망 직후로 거슬러 올라간다. 그 예로는 토기, 옥기, 면직물과 비각 등이 있다. 반면에 무덤과 수공업 유적 등의 발굴과 연구는 근대 학문으로서의 고고학의 도입 이후 점차 본궤도에 오르게 되었다. 둘째, 역사고고학의 범주에 속하는 송원명 고고학 연구의 주요 목적이 역사학 연구를 촉진시키기 위한 것이었으므로 물질문명과 경제학, 예제(禮制) 등의 방면부터 연구를 시작해 새로운 주제를 개발하게 되었다. 그리하여 송원명 고고학의 발전은 대체로 다음과 같은 결과로 나타났다. 송원명 시기 초기의 고고학은 비교적 빨리 고고학 연구가 시작되었고 발전 속도도 빨랐다. 북송과 남송 시기 중국에는 많은 정권이 병존하였고, 이 시기 소수민족 정권의 문헌자료가 비교적 적어 고고학 발굴을 중시하게 되었으므로 요 왕조, 서하 왕조, 대리국의 고고학 작업은 상대적으로 발전이 빨랐고 중시되었다. 그중에서도 요대 고고학이 비교적 뛰어나다. 셋째, 1970년대 이후 중국의 경제개발에 따라, 지상의 많은 유적과 지면으로 노출된 유적이 훼손될 위험에 처하면서 긴급 보호 조치가 이루어져 지하 유적의 출토량이 점점 증가하였다. 이로써 송원명 고고학은 이 시기에 빠르게 발전하였고 일부 부문은 황금기를 맞이하였다.

송원명대의 유적과 유물에 대한 기록과 연구는 중국 현대 고고학 출현 이전에 이미 시작되었다. 이미 송대부터 학자들은 지속적으로 당시의 풍물과 유적, 고기물(古器物) 등에 대해 조사하고 기록하였다. 그중에는 선진(先秦), 진한(秦漢) 시기의 문물에 대한 조사와 기록도 있었다. 또 당시 막 폐기된 도시와 궁전, 예술품에 대한 기록도 있다. 이런 것들은 오늘날 고고학 작업에 매우 진귀한 참고자료가 되었다. 도시에 대한 기록은 다음 문헌들에 잘 남아 있다. 남송 맹원로(孟元老)의 『동경몽화록(東京夢華錄)』에는 북송 동경성(東京城)에 대한 기록이 있고, 원대 도종의(陶宗儀)의 『남촌철경록(南村輟耕錄)』에는 송의 능(陵)과 궁전, 원(元) 대도(大都) 궁궐에 대한 기록이 있고, 명대 초기 소순(蕭洵)의 『원고궁유록(元故宮遺錄)』에는 원 대도 궁궐의 고찰 기록 등이 있다. 고기물에 관해서는 송대 장기(蔣祈)의 『도기(陶記)』에 경덕진 도자기 제조업에 관한 기록이 있다. 명대 조소(曹昭)의 『격고요론(格古要論)』에는 도자기, 칠기, 문구와 여러 예술품에 대한 기록이 있으며, 송대 심괄(沈括)의 『몽계필담(夢溪筆談)』, 명대 송응성(宋應星)의 『천공개물(天工開物)』에는 여러 종류의 수공예품 제작 기술에 대한 기록이 있다. 이러한 저작은 송대에서 청대까지 무수히 많다. 시간이 지남에 따라 도시 계획과 궁궐 건설, 도시 상하수도 및 수공예품의 산지와 공예 등에 대한 연구는 더욱 깊어지고 상세해졌다. 이들이 관심을 가지는 문제와 목적이 점차 오늘날 송원명 고고학의 목적과 가까워지고 있었다. 그러나 조사와 발굴에 기초한 진정한 송원명 고고학 연구는 20세기 초기에나 생겨난다. 송원명 고고학의 발생과 발전은 번영의 길로 들어서게 되는데. 대체로 송원명 고고학의 발전은 세 단계로 나눌 수 있다.

제1단계인 20세기 중반 이전, 송원명 고고학은 다른 고고학 연구 방향과 마찬가지로 초기 단계에 속한다. 현대 고고학, 특히 선사고고학의 도입은 일부 외국학자들의 탐험과 발굴에서 시작되었다.[1] 송원명 고고학도 예외가 아니어서 유럽과 미국, 일본 학자들의 작업은 '시작'의 의미를 가진다. 그러나 중국학자들도 바로 뒤이어 조사발굴을 통해 고대문명에 대한

....

1)   陈星灿, 『中国史前考古学史硏究(1895~1949)』, 生活, 读书, 新知三联书店 1997년판.

탐색과 연구를 시작하였다.[2)]

중국학자들에 의한 송원명 고고학 작업 중 주목할 만한 것은 국립역사박물관의 거녹고성(鉅鹿故城)의 발굴이다. 1921년 7월, 국립북평역사박물관이 조사원을 파견하였고, 그해 국제적인 방배고성(龐培故城) 발굴에 영향을 받아, 고고학자들은 고성(故城) 삼명사(三明寺) 부근에서 소규모의 발굴을 시작하여 왕씨와 동씨 성을 가진 주인이 살던 두 고택을 확인하였다. 문과 창, 방안의 책상과 의자 배치는 당시와 완전히 일치하였고, 책상 위에는 도자기 식기와 숟가락이 확인되었다.[3)] 그러나 이 작업은 더 이상 자세하게 진행되지는 못하였고, 발굴보고서조차도 출판하지 못하였다. 그러나 이 발굴의 진정한 의의는 확실한 연대가 있는 유적에서 출토된 도자기, 금속기, 칠기 등 당시 송대 유물의 기준이 되는 유물을 발굴한 점이다. 동시에 이 발굴을 통해 건물터, 요지 및 무덤 등의 유적에서 출토된 기물이 이 시기의 수공업 발전과 관련하여 아주 중요한 의미를 가진다는 것을 이해하게 되었다. 이는 도자기 연구 등 각 분야의 발전에 촉매 역할을 하였다.[4)]

송원대 고건축에 대한 조사, 실측 그리고 연구가 진행되었다. 이 작업은 주로 중국 영조학사(營造學社)에서 맡았다. 영조학사는 민간 학술 기구로서 일본학자들이 20세기 초반에 실시한 중국 북방지역의 고대 건축에 대한 조사, 실측 및 연구의 영향을 받아 설립되었다.[5)] 이 회사는 당시 건축 방면 최고 수준의 학자들을 모집해 1930~40년대에 다음과 같은 많은 작업을 진행하였다.[6)] 첫 번째, 송원대의 많은 중요한 고건축을 찾아내고 이를 실측하였다. 예를 들어 하북 계현(薊縣)의 독락사(獨樂寺), 천진 보지(寶坻) 광제사(廣濟寺) 요대 건축, 하북 신성(新城) 개선사(開善寺), 이현(易縣)

....

2) 秦大树,「20世纪前半叶宋元明考古的发现和研究」,『考古学研究』2006.
3) 佚名,「钜鹿宋代故城发掘记略」,『国立历史博物馆丛刊』첫해 제1권, 1926년판.
4) Qin Dashu, "The Development of Ceramic Archaeology in China"(中国 陶瓷 考古学의 발전), in ASIATICA VENETIANA(베니스대학 아시아 연구학보), Vol. 5, 2000. pp. 123~140.
5) 朱启钤,「中国营造学社缘起」,『中国营造学社会刊』1권 1기, 1930년 7월.
6) 林洙,『叩开鲁班的大门: 中国营造学社史略』, 中国建筑工业出版社 1995년판.

개원사(開元寺), 산시 유차(楡次) 우화궁(雨花宮) 북송 건축, 오대(五臺) 불광사(佛光寺) 금대 건축, 조성(趙城) 광승사(廣勝寺) 원대 건축, 절강 무의(武義) 연복사(延福寺) 원대 건축 등이다. 둘째, 영조학사가 건립되기 이전에 발견된 송원대 고건축을 실측, 조사하였다. 예를 들어 산시 대동(大同) 및 응현(應縣) 요금대 건축, 태원 진사(晉祠) 송금대 건축, 강소 소주(蘇州) 현묘관(玄妙觀)과 기타 송대 건축, 하남 개봉(開封) 철탑(鐵塔), 하북 정현(定縣) 개원사(開元寺) 탑 등이다. 세 번째, 조사결과를 송대 관식(官式) 건축 전문서『영조법식』으로 정리하고 주석을 달았다.

　　이는 후에 전개될 고건축과 문헌을 결합하는 조사 연구 방법의 기초가 되었다. 대량의 조사, 실측, 연구의 기초 위에서 서로 다른 시기 건축의 특징과 변화규칙을 종합하였다.[7] 다른 분야와 비교했을 때, 고건축 조사 연구는 특출한 성과를 얻었다. 예를 들어 원명청대 북경성(北京城)과 대규모 유적지인 금계호(金界壕), 명대 만리장성 등의 조사와 연구가 있다. 이 방면의 연구는 대부분 중국 영조학사에서 맡았다. 그중 원의 대도시 유적 연구는 원대 도종의(陶宗儀)의『남촌철경록(南村輟耕錄)』, 명대 소순(蕭洵)의『원고궁유록(元故宮遺錄)』등의 문헌에 근거해 조사를 진행하였다. 도시 계획과 궁정 구조, 호수 등 물길에 대한 연구와 복원은 방법론적으로 후대 도시 연구에 디딤돌이 되어 매우 유익한 조사가 되었다.[8]

　　그 외 의미 있는 작업으로는 고대 가마 유적 조사와 무덤 발굴 등이 있다. 그중에서도 송원명 시기 제왕들의 능묘에 대한 조사와 연구가 여기에 해당된다. 예를 들어 남송 영사릉(永思陵) 평면도와 석장자(石藏子)의 조사 연구,[9] 명 효릉(孝陵)과 명 북경 13릉에 대한 조사와 기록 등이다.[10]

………

7)　梁思成,『中国建筑史』, 高等教育部教材编审处 1995년 출판. 鲍鼎,「唐宋塔之初步分析」,『中国营造学社汇刊』6권 4기, 1937년 6월. 梁思成,「〈宋"营造法式"注释〉序」,『建筑理论及历史资料汇编』1964년 제2집.
8)　이와 같은 작업의 구체적인 상황은 본서 "3장 원명(元明) 도성의 조사 및 연구" 1 참고.
9)　陈仲箎,「宋永思陵平面及石藏子之初步研究」,『中国营造学社汇刊』6권 3기, 1936년.
10)　王焕镳,『明孝陵志』, 南京中山书局 1934년판. 黄鹏霄, 王作宾,「明陵长城调查报告」,『古物保

영조학사는 항일전쟁 시기에 사천성으로 근거지를 옮겨 부근에 있는 송대의 무덤군 두 곳을 조사하였다.[11] 또 복건성 소무(邵武)의 남송 무덤을 조사하였다.[12] 이런 작업은 고고학 방법을 이용한 송원명 시기 발굴의 시초로 매우 선구적 의미가 있다. 도자기 연구의 선구자는 진만리(陳萬里), 엽린지(葉麟趾), 주인(周仁) 선생으로 옛 도자기 가마 유적지에 대한 조사와 시굴을 진행하였다. 중국학자들에 의한 이러한 작업은 시작부터 선도적 위치를 점할 수 있는 초석이 되었다.[13]

초기 작업의 일부는 외국학자들에 의한 것이었다. 외국학자들의 송원명 고고학 작업은 크게 3가지로 나눌 수 있다.

첫째, 20세기 중엽, 특히 1930년대 이전에 서구학자들은 탐험조사라는 명분으로 서북지역과 내몽고지역을 조사하고 도굴하였다. 주요 조사 대상은 한당 시기 유적이었으나 일부 송원명대 고성과 유적들도 포함되었다. 이러한 상황은 대략 서북과학고찰단(西北科學考察團)의 조직과 조사가 시작된 후, 서양학자들의 개인이 주관하는 조사는 자취를 감추었다. 서북지역을 조사한 서양학자들은 주로 3부류로 나뉜다. 러시아인 세르게이 코즐로프는 신장, 청해, 서장, 내몽고 등지에서 조사하였고,[14] 영국인 스타인(Marc Aurel Stein)은 신장 천산산맥 아래 남강(南疆)지역을 조사하였으며,[15] 독일인 그룬베델(Albert Grunwedel)과 르콕(Albert von Le Coq)은 신장 북부지역을 조사하였다.[16] 그중 송원명대 관련 가장 중요한 발견은, 세

....

管委员会工作汇报』, 1935년. 刘敦桢, 「明长陵」, 『中国营造学社汇刊』 4권 2기, 1933년 6월. 王作宾, 傅一清, 「长陵园调查报告」, 『古物保管委员会工作汇报』, 1935년.

11) 莫宗江, 「宜宾旧洲坝白塔宋墓」, 『中国营造学社汇刊』. 王世襄, 「四川南溪李庄宋墓」, 『中国营造学社汇刊』 7권 1기, 1994년 10월. 刘致平, 「乾道辛卯墓」, 『中国营造学社汇刊』 8권 2기, 1945년 10월.

12) 金云铭, 「邵武协和大学校地南宋古墓发掘研究报告」, 『福建文化季刊』 1권 2기, 1941년.

13) 주 4와 같음. 马文宽, 「关于我国目前的古陶瓷研究」, 『东南文化』 1994년 추가발행본과 『中国古陶瓷研究会 '94年会论文集』 참고.

14) 罗福苌, 「俄人黑水访古所得记」, 『北平图书馆刊』 4권 3호, 1930년.

15) 斯坦因 著, 向达 译, 『斯坦因西域考古记』, 中华书局 1936년판.

16) 邹素, 「德国在中国新疆考古学的探险结果」, 『益世报学术周刊』 제22기, 1929년 4월 2일. 勒

르게이 코즐로프와 스타인 이후의 서북과학고찰단이 발견해 수차례 발굴한 서하(西夏)-원대(元代)의 흑성(黑城) 유적이다.[17]

　두 번째, 일본인은 일찌감치 중국 동북지역을 조사하고 도굴하였다. 현 한국(한 낙랑군지역 포함)과 북한지역을 포함한 광활한 지역에서 많은 조사 작업을 실시하였다. 일본인들은 영국인이 서북지역에서 조사를 실시하고 프랑스인은 안남(安南, 현 베트남)에서 조사를 실시하는 것 모두 일종의 세력을 나누는 표시라고 생각하였다. 따라서 일본인들은 중국 동북에서 실시하는 고고학 조사 작업은 그들의 세력 범위를 확산시키는 일이라고 여겼다.[18] 그래서 매우 이른 시기부터 오랜 기간 동안 큰 규모의 조직으로 조사를 실시하였다. 일본의 중국 침략 시기에 이 작업은 중국 화북지역까지 확대되었다.[19] 이들의 조사 작업은 요금원대 고고학이 중심이 되었고, 이 중에서도 비교적 중요한 것은 1936년 소노다 가즈키(園田一龜)가 금 상경(上京) 유적과 금 완안희윤(完顔希尹) 가족 묘지, 완안누실(完顔婁室) 가족 묘지를 조사한 것이다.

　1937년 도쿄제국대학 하라다 요시토(原田淑人), 고마이 가즈치카(駒井和愛)는 원대 상도(上都) 유적을 조사하였고 일군의 유물이 출토되자 신속하게 보고서를 간행하였다. 1938년부터 1939년까지는 일본 동방문화학원 연구원 에가미 나미오(江上波夫)와 이이다 스가시(飯田須賀斯) 등이 내몽고 백령묘오륜소목성(百靈廟烏倫蘇木城) 원대 왕고부(汪古部) 유적을 조사하였고, 경교(景敎) 교당(敎堂) 유적과 왕고특왕부(汪古特王府)와 일부

········

　　柯克(A. Von Le Coq) 著, 陶謙 译, 「中国土耳其斯坦地下的宝藏」, 『地学杂志』 民国 19년 4기, 20년 1기, 20년 2기, 21년 1기, 22년 2기, 1930-1933년

17)　주 14)와 같음. 向达, 「斯坦因黑水获古纪略」, 『北平图书馆馆刊』 4권 3호, 1930년. Sven Hedin, "The 'Black City' of the Gobi Desert", *The Listener*, February, 1934.

18)　冯家昇, 「日人在东北的考古」, 『燕京学报』 제19기, 1936년.

19)　宿白, 「八年来日人在华北诸省所作考古工作记略」, 『大公报图书周刊』 제2, 3기, 1947년 1월 11일, 18일. 安志敏, 「九一八以来日人在东北各省考古工作记略」, 『益世报史地周刊』 제32기, 33기, 1947년 3월 11일, 25일.

교도들의 무덤을 조사 정리하였다. 이 중에는 고당(高唐) 충헌왕(忠獻王) 활리길사(闊里吉思)묘와 원 성종(成宗)의 딸과 왕비 애이실리(愛耳失里)묘도 포함되어 있고, 시리아문자와 돌궐문자 묘석 열 개를 발견하였다. 이는 20세기 중반 이전에 있었던 송원명 유적에 대한 최대 규모의 발굴 중 하나였다. 1939년 교토제국대학의 다무라 지쓰조(田村實造)와 고바야시 유키오(小林行雄) 등이 경릉(慶陵) 삼릉(三陵)과 경주성(慶州城)을 조사, 실측하였다. 이 서술은 매우 자세하였으며 다량의 실측도를 싣고 있어, 군벌들의 도굴 후 경릉에 관한 중요한 자료로 보존되고 있다.

세 번째, 중원과 남방지역은 현대 고고학이 중국에 유입된 초기 단계가 아닌 그 이후에 중국학자들에 의해 대규모의 고고학 작업이 이루어졌다. 최소한 송원명대에 대한 역사적 연구는 외국인들에 의해 진행되지는 않았다. 외국인들이 진행한 연구로 유일하게 언급할 만한 것은 몇몇 개인들의 고대 도자기 가마터 조사와 발굴이었다. 그러나 20세기 전반에 이러한 작업은 조사를 위주로 한 작업이었다. 그 성과는 가마 유적을 발견한 것으로, 문헌기록인 '가마[窯]'와 가마 유적을 연결한 정도이다. 일본인이 요대 가마터에서 조사 발굴한 것 이외의 작업은 모두 학자나 수집가 심지어 골동상이 개인 신분으로 진행한 것이다. 1933년 영국의 엔지니어 R. W. 스웨이레이 팀은 하남성 초작(焦作) 부근의 수무(修武) 당양욕(當陽峪) 가마를 조사 발굴하였고, 중요한 것은 이 조사발굴보고서가 서양에서 두 번 발표되어 비교적 큰 영향을 끼치게 되었다는 사실이다.[20] 1930년 일본인 요나이야마 야수오(米內山庸夫)는 항주 봉황산 일대에서 남송 관요(官窯)를 찾아 연구하기 위해 조사를 시작해, 송대 가마터를 발견하고 많은 양의 도자기 파편을 수집하였다.[21] 1933년 미국인 제임스 프룸레스(James

....

20) Over Karlbeck, "Notes on the Wares from the Chiao T'so Potteries", in *Ethnos*, Vol. 8, No. 3, July-September, 1943, pp. 81-95. Also in *Far Eastern Ceramic Bulletin*, Vol. IV, No. 4, 1952, pp. 9-14.
21) 米內山庸夫, 「南宋官窯の研究」 (1)~(29), 載 『日本美术工艺』 159-196, 1952-1955년.

Plumres)는 복건 건양(建陽) 수길진(水吉鎭) 부근에서 3개의 고대 가마터를 조사하고, 이 가마터가 고대 '천목(天目)' 자기를 생산한 건요(建窯) 가마터임을 확인하였다.[22] 중국의 옛날 도자기는 대부분 일본인 고히야마 후지(小山富士夫)에 의해 연구되었다. 그는 일찍이 월요(越窯)와 남송 관요를 연구하였다. 1941년 그는 화북지역의 넓은 대지에서 옛 가마터를 조사하였다. 하북 곡양현의 정요(定窯) 유적과 하북 한단(邯鄲) 팽성진(彭城鎭)의 자주요(磁州窯) 유적, 하북 수무(修武) 당양욕요(當陽峪窯), 초작(焦作) 이봉요(李封窯) 등의 조사는 비교적 중요한 조사로 평가받는다. 그는 이후에 동북지역의 요대 가마 조사발굴에도 참여하여, 1943년 저서 『송자(宋磁)』를[23] 발표하였는데, 여기에는 송원대 가마터가 체계적으로 정리되어 있다.

위에서 살펴본 바와 같이 20세기 전반기는 송원명 고고학 조사의 태동기였다. 일본인이 동북지역과 내몽고에서 요금원의 유적을 조사 발굴한 것 외에 대부분의 역사 연구는 체계화되지 못하였다. 특히, 조사는 대부분 민간 혹은 개인 신분으로 이루어졌다. 이러한 한계를 갖고 있었던 송원명 고고학의 조사는 대부분 조사와 실측을 위주로 하였고 정식 발굴은 거의 없었다. 조사 규모도 비교적 작았고, 도성이나 능묘 및 무덤군 등 큰 규모의 조사는 거의 이루어지지 않았다.

제2단계인 1950년대부터 1970년대 말 신중국 건립 이후, 송원명 고고학 관련 조사는 실질적인 발전을 이룩하였다. 그러나 중화인민공화국 건국 50년이 될 때까지 균형 있는 발전을 이룬 것은 아니었다. 예를 들어 1970년대 말까지도 송원명 고고학은 별로 주목받지 못하였다. 고고학 조사 중 발견된 송원명대 무덤과 유적들도 종종 학자들의 관심 밖이었고 조사량도 적어 그다지 체계화되지 못하였다. 그나마 동북지역과 내몽고, 서북지역의 폐기된 도시 유적과 요금원대의 수도 유적에 대한 조사에 중점을 두었다.

....

22) James Marshall Plumer, *Temmoku*, Inemitsu Art Gallery, 1972, Tokyo, Japan.
23) 小山富士夫, 『宋磁』, 聚乐社, 1943년, 東京.

옛날부터 지금까지 계속해서 사용되고 있는 도시, 예를 들어 원(元) 대도 (大都), 금(金) 중도(中都), 요대 남경의 도시유적에 대한 전면적인 실측과 조사 연구가 진행되었다. 이외에 명 정릉(定陵), 서하릉(西夏陵)의 발굴은 주동적으로 진행한 대표적인 예이다. 그 밖의 고고학 작업은 노출된 유물과 유적을 정리하고 조사하는 정도로 진행되어, 발굴 자료를 가지고 깊이 있는 연구를 진행하는 것에는 한계가 있었다.[24] 결국 이 시기 송원명 고고학은 도시 유적, 황릉, 무덤, 종교 유적과 수공업 유적 등 다양한 방면으로 이루어지기는 하였으나, 고고학 발굴 작업은 노출된 유물과 유적을 임시적으로 정리하고 조사하는 것 위주였다. 계획하여 발굴한 수량도 적어 자료 축적 단계에 머물렀으며 체계적인 종합적 연구는 거의 이루어지지 못하였다.

제3단계인 1980년대 이후는 중국 고고학 발전의 황금기였다. 송원명 고고학은 이 시기에 큰 발전을 이루었다. 도시의 조사발굴에서부터 능묘군은 물론 일반 묘지 그리고 채광과 야금기술, 수공업, 교통운송 수단 유적의 발굴 등 여러 방면에서 큰 성과를 얻었다. 또한 지하 10여 미터에 매몰된 북송 도성 변경(汴京)과 오늘날 대도시가 된 남송 도성 임안(臨安)에 대한 조사와 발굴 등 까다로운 작업도 전개하였다. 이외에 북송, 서하, 금, 명 황릉에 대한 조사와 발굴 같은 체계적인 대규모 조사와 발굴도 많았다. 금계호(金界壕) 주변 보(堡)와 명나라 장성(長成)에 대한 연구 등 성(省)과 시(市)를 뛰어넘는 대규모 조사 작업도 시작되었다. 특히, 수공업 유적, 교통운송수단 유적과 야금 유적 등의 발굴에서도 괄목할 성과가 있었다. 이처럼 각 방면의 성과가 쌓이면서 깊이 있는 연구 단계로 진입하였다. 1990년대에 들어서면서 같은 분야의 연구 작업이 점차 쌓이면서, 송원명 고고학은 이미 문화예술사, 경제사, 과학기술사, 사회생활사, 사상사 연구에 중요

....

24) 이 부분과 관련된 주요 고고학적 발견은 中国社会科学院 考古研究所 편찬 『新中国的考古发现和研究』의 제6장 '隋唐至明代', 文物出版社 1984년판 참고.

한 작용을 하기 시작하였고, 소수민족 왕국사 연구에도 크고 작은 영향을 끼쳤다.

최근 송원명 고고학의 발전이 나날이 중시되는 것은 중국의 현대화에 따른 급속한 발전 속도와 밀접한 관계가 있다. 대규모 개발 사업에 따라 원래 있었던 유적이 빠르게 감소하는 측면도 있지만, 또 다른 측면에서는 전국의 도시 구조가 격변하면서 고고학 조사 작업이 적극적으로 이루어지지 않는다면 유적들을 복원할 방법이 없기 때문에 경제발전 속도에 맞추어 고고학이 발전하기도 한다는 것이다. 그 예로 옛날부터 지금까지 줄곧 사용되고 있는 도로의 지표 아래 유적은 조사가 어렵지만 개발이 진행되고 있는 지금은 가능하다는 것이다. 현대화 경제 건설 때문에 수천 년 동안 만들어지고 사용된 도로에도 큰 변화가 찾아온 것이다. 현재 고고학 작업은 매우 급박하게 진행되고 있어 유적 훼손에 대한 염려도 있지만, 이러한 대규모 경제건설이 송원명 고고학에 많은 기회를 제공하고 있는 측면도 있다. 그 예로 최근 발견된 남송 임안성 내부의 태묘(太廟: 중국 고대 황제의 종묘 – 역주)나 임안부(臨安府) 아서(衙署: 중국 고대 관리들이 사무를 보던 곳 – 역주) 유적은 모두 도시개발 과정에서 발견된 것이다. 최근에는 역사문화 도시를 지향하고자 세계문화유산 신청 등의 활동이 활발해지면서 각지 지자체와 관련 지도자들도 비교적 늦은 시기의 대규모 유적을 더욱 중시하게 되었다. 이러한 영향으로 일부 중요한 유적들의 체계적인 조사발굴이 가능하게 되었고, 보존도 가능하게 되었다.

문화유산을 연구하는 높은 수준의 단체들도 계속해서 생겨나고 성장하고 있다. 송원명 고고학의 발전이 중요한 역할을 했음이 분명하다. 또한 중국의 건국 이후 이루어진 두 차례의 비약적 발전도 모두 여기에 그 원인이 있다. '문화대혁명' 이후, 많은 고등교육기관에서 잇따라 학부 과정에 '송요금원 고고학' 과목을 개설하였다. 후에 수업 과정은 '송원명 고고학'으로 확대되었다. 1985년 베이징대학 고고학과는 '송원 고고학' 석사 과정을 개설하였고, 1992년에는 '송원 고고학' 박사과정을 개설하여 송원명 고고학을 연구하는 인재를 배출하는 데 많은 공헌을 하였다. 많은 졸업생들이 각 지역의 고고학 단체에서 송원명 고고학의 주역이 되었다.

조사 초기 단계에 빈번하게 발생하였던 오류는 차츰 바로잡혔다. 예전에는 이른 시기의 유적 발굴을 진행하면서 늦은 시기의 유적을 가볍게 여겼으며 교란층 정도로 여기기도 하였다. 1980년대부터 베이징대학 고고학과는 산시 곡옥현(曲沃縣) 곡촌(曲村) 천마(天馬) 유적에 대해 10여 년이란 긴 세월 동안 발굴 작업을 진행하였다. 이 발굴 중 상주(商周) 시기의 진(晋)나라 유적을 자세하게 정리했을 뿐 아니라 발굴 과정 중에 우연히 알게 된 금원(金元) 시기 무덤도 조사 발굴하여 연구보고서를 출판하였다.[25] 이른 시기의 유적을 발굴하는 과정에서 늦은 시기 유적에 대해 가볍게 여기는 풍조는 어지러운 세상을 바로잡아 정상으로 돌리는 공(功)으로 간주되기도 하였다. 또한 송원명 시기 유적 발굴 중에 보물을 캔다는 생각이 자리를 잡아 출토된 유물의 양이 많거나 장식이 화려한 고분이 중시되었다. 때문에 보고서 출판 속도가 매우 빨라졌지만, 일부 유적은 중시되지 못했다. 1990년대 후기에 하남 삼문협시(三門峽市) 문물공작대가 삼문협(三門峽) 상촌령(上村嶺)에서 발굴한 누택원 묘지(漏澤園墓地)는 이제까지 누택원 묘지 조사 사업 중 최대 규모였다. 모두 합해 누택원묘 849기를 정리했으며, 대부분 큰 항아리를 땅 속에 매장한 방식이었다. 이러한 무덤에는 뜻을 새긴 벽돌 외에 어떤 것도 매장되지 않았고 무덤 장식도 없었지만 세심하게 조사하고 신속하게 보고서를 발간하였다.[26] 이러한 작업은 북송 시기 최하층민에 대한 중요한 자료를 제공한 큰 학술적 의미가 있다.

위에 언급한 제2, 제3단계의 주요 발굴 작업과 연구 성과는 이 책 다음 장에서 상세하게 기술하고자 한다. 지금도 이미 발견된 고고학 자료에 대한 정리가 진행되고 있지만 이를 체계화하는 일은 매우 시급하다고 생

....

25) 北京大学考古学系 等, 『天马曲村』, 科学出版社 2000년판.
26) 三门峡市文物工作队, 『北宋陕州漏译园』, 文物出版社 1999년판.

각한다. 관련 문제들을 더욱 깊이 있게 연구하기 위해서는 1차 자료인 체계화된 발굴 보고서가 필수이기 때문이다. 즉, 각종 고고학 자료에 대한 설명과 해석이 있어야만 송원명 고고학이 역사 연구에 진정한 공헌을 할 수 있다는 말이다. 송원명 고고학에 대해 누군가는 고고학 범주에 속하지 않을 뿐 아니라 순수 역사 연구에도 속하지 않는다고 생각할 것이다. 그러나 역사 시기 고고학, 즉 송원명 고고학의 발전은 각 세분화된 전공 분야 연구를 촉진하고 있는 것이 사실이다. 현재 종교고고, 도자고고, 해외교류와 관련된 역사 연구 등은 모두 세분화된 전문분야로 성장하였다. 송원명 고고학도 이 세부 전공 분야의 기초로서 또는 상호 보완 관계로서 밀접한 관계를 맺으면서 점차 중요한 역할을 담당하고 있다.

2장 송요금(宋遼金) 도성의 조사 및 연구

송원명 시기, 소수민족 왕조는 유목 생활의 연장 혹은 과거의 풍습을 지키기 위해 여러 곳에 도성을 세워 정기적으로 옮기거나 일정기간 다른 수도에 머무르기도 하였다. 요(遼), 원(元) 두 왕조에서 이런 특징이 더욱 두드러졌다. 요의 오경(五京)과 원대에 시행된 '두 곳의 수도' 제도를 보면 알 수 있다. 이 시기의 도성(이궁과 제2의 수도, 행 등을 포함)을 보면 그 특색이 현저히 나타난다. 최근 몇 년간 송원명 고고학이 발전함에 따라, 여러 도성에 대한 고고학 발굴이 진행되었다. 중요도와 조사 연구의 현황에 따라 아래와 같이 구분해 기술하고자 한다.

1. 동경몽화(東京夢華): 북송 변량성의 조사와 발굴

북송에는 4개의 수도가 있었다. 동경 개봉부(開封府: 지금의 허난 카이펑), 서경 낙양부(洛陽府), 북경 대명부(大名府: 지금의 허베이 다밍), 남경 응천부(應天府: 지금의 허난 상치우)이다. 남북 두 수도는 이제까지 정식 고고학 발굴이 진행되지 않고 있다. 서경 낙양성에 대한 연구는 다음 장으로 분리하여 소개한다.

1) 북송(北宋) 동경(東京) 변량성(汴梁城) 연구

북송 동경성은 중국 고대 도시 발전사에서 매우 중요한 위치를 점하고 있으나, 1970년대 중반까지 고고학 조사가 전혀 이루어지지 않았다. 이는 송대 문화층이 지표에서 8~11m에 이르는 매우 깊은 곳에 위치하고 있는 등 전체 성터의 퇴적층이 매우 두터웠기 때문이다. 또한 개봉시 지하수의 수위가 매우 높기 때문이었다. 1981년 용정동호(龍亭東湖)의 진흙을 처리할 때, 송대 궁전 터와 명대 주왕부(周王府)의 일부 유적이 발견되면서 개봉성의 고고학 연구가 시작되었다. 이어 개봉송성(開封宋城) 고고공작대가 조직되어 개봉성에 대한 체계적인 연구를 시작하였다.[1] 그 뒤 20년 동안 개봉성 연구는 많은 성과를 이루었다. 그 주요 내용은 다음과 같다.

① 실측과 평면도를 작성하는 등 외성 유적을 발굴하였다. 남훈문(南薰門)과 신정문(新鄭門)을 발굴하고, 만승문(萬勝門)과 신조문(新曹門)을 조사하였으며, 변하(汴河) 동수문(東水門)의 괴자성(拐子城)을 발견하였다.[2] 동, 서, 남 3면의 벽에서는 옹성(甕城) 5곳을 발견하는 등 성문 10곳[십좌성문(十座城門)]의 위치를 확인하였다.

② 내성에 대한 지표조사와 시굴을 진행하여 사방 벽의 위치와 방향을 확인하고, 거리를 실측하였다. 내성의 정남문인 주작문(朱雀門)과 변하 서각문(西角門)의 위치를 찾아내었다. 북벽 서단에 긴 트렌치를 설치하여, 명 주왕부 집안의 북벽과 금 황궁의 북벽, 송의 내성 북벽의 층위관계를 확인하였다. 이로써 송 내성(內城) 북벽에 대한 기초적인 이해가 가능하였다.[3]

③ 송대 황궁에 대한 지표조사와 시굴조사를 실시하였다. 이 작업은 조사의 주요 부분으로 곡선이 비교적 많아 논쟁이 치열하게 벌어졌다. 조사의 주요 성과는 다음과 같다.

첫째, 황궁 네 벽의 위치와 방향, 면적을 알게 되었다.

둘째, 황성 문지 3곳의 위치와 훼손 구덩이를 찾아냈는데, 그중 하나는 현재 오조문(午朝門) 앞 남쪽 성벽 중심에 있었는데, 문의 이름은 알 수 없다. 다른 하나는 북쪽 성벽 정중앙에 있고 남쪽의 훼손 구덩이와 대칭되는 위치에 있는 것으로 보아 황궁의 후문인 공진문(拱宸門)으로 보이고, 다른 하나는 동쪽 성벽에 있는 황궁의 동화문(東華門)이다.

....

1) 丘剛,「开封文物考古工作的回顾与展望」,『开封考古发现与研究』, 中州古籍出版社 1998년판.
2) 开封宋城考古队,「北宋东京外城的初步勘探与试掘」,『文物』1992년 제12기. 丘剛,『北宋东京外城的城墙和城门』,『中原文物』1986년 제4기.
3) 开封宋城考古队,「北宋东京外城的初步勘探与测试」,『文物』1996년 제5기.

셋째, 명대 주왕부 자금성 북벽 동쪽 부분에 트렌치를 넣어, 명 자금성 성벽을 확인하였고, 성 아래 부분에서 송대 황성 북벽을 확인하였다.

넷째, 명대 주왕부 남벽을 조사하면서 송금명 시기 성벽이 서로 중첩되어 있음을 확인하였다. 지금의 신가구(新街口) 부근에서 각각 4.5m, 6.3m, 8.2m 깊이의 세 층으로 구분되는 건축물 터[문지(門址)]를 발견하였다. 위쪽 두 층은 명 조왕부 소벽 정남문 '오문(午門)'과 금 황궁 정문 '오문(五門)' 유적이 틀림없다. 그러나 맨 아래의 송대 성문은 현재까지 논란의 대상이 되고 있다.[4]

④ 중요한 유적들을 발견해 발굴하였다.

첫째, 1980년대 초 명 주왕부 자금성을 조사 발굴해 자금성의 동서벽과 북송 황궁의 동서벽이 일치한다는 사실을 확인하였다.[5] 또한 중요한 건축 유적인 용정대전(龍亭大殿)을 발굴하였다.[6]

둘째, 1984년에 변하(汴河)와 중심 어가(御街)가 서로 교차하는 옛 주교(州橋) 유적을 발굴 조사하였다. 주교는 청석(靑石) 판으로 바닥을 깔았고, 3개의 길로 이어졌다. 아래에는 석회를 깔았고, 석회 아래에는 서로 다른 층수로 여러 층의 돌을 깔았다. 가장 많은 것은 4층이다. 돌계단으로 에워싸인 삼공교(三孔橋)는 돌로 교각 하부를 쌓아올렸다. 바닥은 종횡으로 교차한 직사각형의 긴 나무를 이용하였다.[7]

셋째, 1993년부터 1996년까지 변경(汴京) 외성 서쪽 성벽 밖에 있는 금명지(金明池)를 조사하였다. 금명지의 위치와 범위, 못 중앙에 있는 섬과 다섯 전각의 위치 및 못 남쪽의 임수전(臨水殿)과 변하 주수문의 위치를

....

4) 丘剛·董祥,「北宋东京皇城的初步勘探与试掘」,『开封考古发现与研究』, 中州古籍出版社 1998년판.
5) 开封宋城考古队,「明周王府紫禁城的初步勘探与发掘」,『文物』 1999년 제12기.
6) 「北宋古都面貌初步揭开」,『河南日报』 1988년 1월 21일.
7) 李克修·董祥,「开封古州桥勘探与试掘简报」,『开封考古发现与研究』, 中州古籍出版社 1998년판.

확인하였다.[8]

넷째, 1989년부터 변경의 2대 하천인 채하(蔡河)에 대한 전면적인 조사로 채하의 동경성 내의 흐름을 대략적으로 밝혀내었고 서수문(西水門)인 '광리수문(廣利水門)'의 위치와 채하 그리고 중심 어가가 서로 교차하는 용진교(龍津橋) 유적의 위치를 확인하였다.[9]

개봉성과 관련한 고고학 조사는 큰 성과를 이루었다. 그러나 여전히 논쟁거리가 존재한다. 처음에는 문헌에 따라 궁성 둘레가 5리(里)라고 하는 점은 문제가 없다고 생각하였다.[10] 그러나 1990년대 초에는 9리 궁성설이 출현하였다.[11] 그 후 고고학 탐사와 발견이 진행됨에 따라 동경에 궁성, 황성의 이중성이 있다는 의견이 제시되었고,[12] 송금 양 왕조의 궁성 범위가 서로 다르다는 의견이 있었다.[13] 학자들은 새로운 고고학 조사에 의한 더욱 믿을 만한 정보를 바탕으로, 오래지 않은 미래에 이 문제가 해결될 것이라고 기대하고 있다.

2) 개봉성의 편제

개봉성의 주요 도시계획은 후주(後周) 시기에 확립된 것으로, 여기에는 세 겹의 성벽이 있는데, 당나라 이후 도성의 전형이 되었다. 현재 이에 대해서는 서로 다른 견해가 있다. 개봉은 네 겹의 성벽, 즉 내성과 외성을 제외하고 궁성과 황성 등 두 성벽이 더 있었다고 하는 주장이다(그림 1).

궁성은 대내(大內)라고도 하고, 이 둘레 5리는 당나라 낙양의 편제를

....

8) 李合群, 「北宋東京金明池的营建布局与初步勘探」, 『开封考古发现与研究』, 中州古籍出版社 1998년판.

9) 刘春迎, 「宋东京城遗址内蔡河故道的初步勘探」, 『开封考古发现与研究』, 中州古籍出版社 1998년판.

10) 丘剛, 「北宋东京三城的营建和发展」, 『中原文物』 1990년 제4기.

11) 田凱, 「北宋开封皇宫考辨」, 『中原文物』 1990년 제4기.

12) 李合群, 「北宋东京皇宫二城考略」, 『中原文物』 1996년 제3기.

13) 丘剛, 「北宋东京皇宫沿革考略」, 『史学月刊』 1989년 제4기.

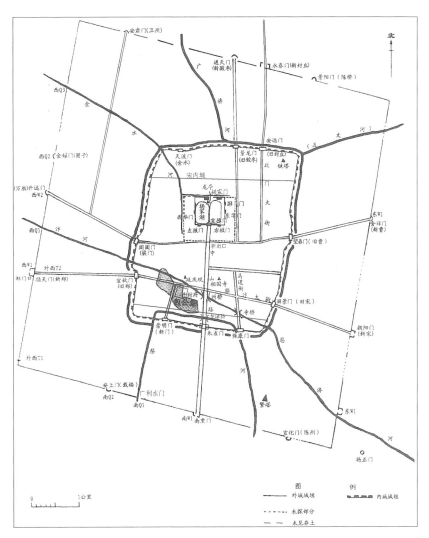

그림 1 북송 동경성 추정 복원도

따른 것으로, 원래 선무군절도사(宣武軍節度使) 치소(治所)를 개조해 만든 것이다. 선무군절도사 치소는 초기 건축 당시 둘레가 4리였으나 후주(後周) 시기에 증축이 있었지만 변동은 크지 않았다. 『소씨문견록(邵氏聞見錄)』 1권에는 이와 관련하여 "아직 왕의 제도가 아니다"라고 기록되어 있다. 북송 건국 당시 건융(建隆) 3년(962년)에는 궁성을 확장하여 건설하였다.『송사(宋史)』85권『지리일(地理一)』'경성(京城)' 조에는 "황성 동북 부근을 넓히고, 낙양궁전의 그림을 그리도록 명하였다. 그림에 따라 수리를 해, 황제의 거처가 더욱 웅장하고 아름다웠다.……궁성 주위는 5리이다"[14] 라는 내용이 담겨 있다. 궁성에는 다섯 개의 문이 있었다. 정남문은 선덕문(宣德門), 동쪽은 좌액문(左掖門), 서쪽은 우액문(右掖門), 동서 양 벽으로는 각각 동화문(東華門), 서화문(西華門)이 있었고, 북벽 정중앙은 공신문(拱宸門)이다. 동화문 북쪽에는 곁문인 이문(掖門)이 하나 있었는데, 이는 희녕(熙寧) 10년(1077년)에 만들었다. 네 모퉁이에는 각루(角樓)가 있었으며 높이가 10장(丈)이었다. 이러한 궁성의 배치는 당나라 낙양의 궁전을 따라 수리한 것이다. 어떤 학자는 그것이 두 개의 중심축을 이용한 것이라고 추측한다. 중간의 중심축은 대경문(大慶門)과 대경전(大慶殿) 및 조금 서쪽으로 치우친 자신전(紫宸殿)이고, 서쪽 중심축은 문덕전(文德殿), 수공전(垂拱殿), 복녕궁(福寧宮), 황의전(皇儀殿)이라는 것이다.

새로 발견된 고고학 자료를 살펴보면, 동경성의 궁성은 황성과 궁성을 모두 포함한다. 1990년대 이전에 사람들은 궁성이 곧 황성으로 하나의 성벽을 가졌다고 추정하였다. 문헌기록 대부분은 궁성 주위를 5리로 기록하고 있었기 때문이다.『송회요집고(宋會要輯稿)·방역(方域)』에는 "궁성은 궐성의 서북이며, 궁성 주위가 5리이다.……건륭(建隆) 3년 5월 낙양궁전을 그리라고 명령하였고, 그림에 따라 수리를 하였다"고 기록되어 있다.『송사(宋史)·지리지(地理志)』와 원경(袁褧)의『풍창소독(楓窗小牘)』등의 문헌에도 이 기록이 남아 있다. 맹원로(孟元老)의『동경몽화록(東京夢華錄)』에도 '궁성 5리'라는 기록이 있다. 그 밖에 진원정(陳元靚)의『사림광기(事林廣記)』갑집(甲集) 11권『동경외성지도(東京外城之圖)』에도 한 겹으로 구성된 궁성이 그려져 있었다.『신간대송선화유사(新刊大宋宣和遺事)』에는 "[휘종(徽宗)]……9리 13보의 황성에는 기쁘지 아니한 날이 없다"라는 기

....

14)　(元) 脫脫,『宋史』권85,「地理一」, '京城'條. 中华书局标点本 1997년판.

록이 있다. 그리하여 1990년대 초 일군의 학자들은 9리 궁성설을 제시하였다. 이 학파는 궁성과 황성의 개념은 다르다고 생각하였다. 9리는 황성을 가리키고, 5리는 궁성을 가리킨다는 것이다. 누월(樓鑰)의 『북행일록(北行日錄)』에 관련 내용이 있다. 남송 때의 『사연일록(使燕日錄)』에는 대경전(大慶殿) 뒤 융덕전(隆德殿)의 서편 복녕전(福寧殿) 서쪽에 작은 전(殿)이 있었고, "뒤가 바로 내궁 벽이다"라는 기록이 있다. 그것이 바로 소장(蕭墻)일 것이며, 황성은 소장을 이용하여 건설한 것이라고 추정하였다.[15]

고고학적 발견과 문헌기록은 차이가 있을 수 있다. 조사 결과, 궁성은 동서방향으로는 짧고, 남북으로는 조금 긴 직사각형 형태였고, 네 벽 전체 둘레는 2,521m 정도였다. 송대의 리를 약 559.872m로 계산하면 이 네 벽의 총 길이와 문헌기록의 대내(大內, 궁성)의 "둘레가 5리"라는 기록은 대체적으로 일치한다. 동서 성벽은 690m, 남북 성벽은 570m이다. 성벽의 폭은 8~12m, 깊이는 지표 아래 5m 정도이다. 궁성의 범위와 명 주왕부의 자금성은 대체로 일치한다. 궁성의 남벽, 북벽, 동벽에서는 세 개의 문지(門址)가 발견되었다. 벽 정중앙의 문지는 지금의 용정공원 정문 앞 한 쌍의 돌사자가 있는 곳에 위치하였다. 『여몽록(如夢錄)·주번기(周藩紀)』3권에는 이 돌사자를 '송의 진문 사자'라고 하였다. 지하 3.5~4m 되는 곳에서 동서로 폭이 70m, 남북으로 길이 30m인 문지가 발견되었다. 지하 6.5m 되는 곳에서도 문지 한 곳이 발견되었다. 아마도 상층의 문지는 명 주왕부의 자금성 정남문인 단예문(端禮門) 유적으로 추측되고, 하층은 송대 문지로 생각된다. 북벽 문지와 남벽 문지는 서로 대칭으로 마주보고 있으며, 구덩이의 폭은 30m로 명 주왕부 자금성 북벽인 승지문(承智門)일 것이다. 아래쪽 8m 되는 곳의 흔적은 북송 궁성 북문 공신문 유적으로 추정된다.

지금의 오조문(午朝門) 북쪽에서 철자형(凸字形) 항토 건축물의 토대가 발견되었다. 건물의 토대는 폭이 동서로 약 80m, 남북으로 최대 약 60

....

15) 위의 주 11과 같음.

여 m이고, 토대 잔존 높이는 6m 정도이다. 그리고 네 벽은 청석을 이용해 쌓았다. 이 터는 달을 감상하기 위해 쌓은 대형 건물 터일 것이다. 그 주변에는 폭 10m, 길이 약 1,000m로 돌을 쌓아 단단히 다진 복도가 있었다. 조사자는 이를 '용정대전(龍亭大殿)'이라 불렀다. 궁전의 규모가 이렇게 큰 것에 대하여 많은 학자들은 이것이 궁성 안의 주 건축물인 대경전(大慶殿)이라고 추정하였다. 그러나 용정대전 북쪽 15m 되는 곳은 궁성의 북벽이었다. 만약 이것이 대경전이라면 이 궁전 뒷면의 공간은 대경전 뒤쪽의 자신전(紫宸殿)과 후침(后寢) 등 여러 전각을 담기에 매우 좁다. 그러므로 용정대전은 대경전 뒤쪽의 자신전 혹은 수공전(垂拱殿)일 것이다. 궁성, 황성 북벽의 시굴을 통해, 북송 궁성이 명 자금성 북벽 아래에서 확인되고 잔존 높이 4.2~4.5m임을 확인하였다. 성벽은 상중하 세 층으로 나뉜다. 상층은 갈색의 잘 다져진 항토층으로 한 층을 쌓고 벽돌과 기와를 섞어 단단히 만들어, 성벽을 더욱 견고하고 오래가도록 만들었다. 중층은 전부 푸른 벽돌로 만든 벽돌층으로 두께가 0.6m, 모두 4층의 벽돌로 쌓았다. 하층은 다시 갈색의 항토층으로 두께가 0.4m이고, 아랫부분은 황토모래로 되어 있다. 중층은 진종(眞宗) 시기에 벽돌로 만든 벽돌 성벽이었고, 하층은 만당(晚唐)부터 송 초기까지의 지층이며, 상층은 북송 말 혹은 금원대에 축조한 것으로 추정된다.

황성은 궁성의 외곽성으로, 궁성과 북벽을 공용으로 사용하고, 동, 서, 남 3면을 쌓은 것이다. 명 주왕부 바깥으로는 소장(蕭墻)이 둘러싸여 있었다. 『여몽록 · 주번기』 3권에는 '소장 9리 13보'라는 기록이 있는데, 『신간대송선화유사』에 기록되어 있는 황성의 둘레가 되는 리의 숫자와 동일하다. 1985년, 지금의 개봉 서대가(西大街) 동서 일직선상의 현 지표면 지하 5m 지점에서 명대 소장(蕭墻)의 흔적을 확인하였다. 비교적 깊고 지하수의 수위가 높아, 낙양산(洛陽鏟)으로는 확인되지 않았고, 소수 몇 대의 지질시추기가 구멍을 뚫던 중 지표에서 11m 되는 곳에서 항토 성벽을 발견하였는데, 항토층이 상당히 분명하게 드러났다. 그 밖에 현 신가구(新街口) 일대

소장 정남의 오문 유적을 조사하였고, 그 아래 지면에서는 또다시 '초기 문지'를 발견하였는데, 남북 길이 40m, 동서 폭 60m 이상이었다(아직 주변까지 탐색한 것은 아니지만, 실제 폭은 이와 같다). 어떤 학자는 그것을 선덕문 유적이라고 유추함으로써 명대 소장과 송대 황성이 대체로 일치한다는 것을 알 수 있다. 1996년 오문 유적 동부의 철거 이주 공정을 진행하기 위해 탐사를 했는데, 지표에서 4.5m, 6.3m, 8.2m 되는 곳에서 3층의 건축물 유적을 발견하였다. 4.5m 깊이의 문지 폭은 동서로 70m, 남북으로 50m였다. 지층에서는 녹색 유리, 기와 조각이 발견되었다. 이는 주왕부 자금성 정문의 오문 유적이다. 그 아래 지표에서 6.3m 되는 곳의 터는 금 황성 오문 유적이다. 그리고 8.2m의 건축 터는 송대 문지 유적이 틀림없다. 이는 황성의 정남문일 가능성이 크다. 황성의 동서벽은 아직 발견되지 않았다. 그러나 문헌기록에 따르면 황성의 동서 간격은 4방(四坊)이라고 하였다. 1방의 길이는 310m이므로 사방에 중심 어가의 폭(200보)을 더하면 약 1,570m가 된다. 이처럼 황성의 둘레가 약 5,000m라면 『신간대송선화유사』에 기록된 9리 13보와 대체로 일치한다. 북송 동경의 궁성, 황성과 1960년대 초에 조사된 요대 중경의 궁성, 황성의 도시 계획이 유사하다는 점 역시 황성의 존재를 방증하는 것이다.[16]

현재 궁성, 황성과 관련된 문제는 아직 명확하지 않다. 일군의 학자들은 신가구지역의 문지가 바로 송대 황성의 문이라고 인식한다. 그러나 이 문에 대한 문헌기록은 남아 있지 않다. 또 다른 학자들은 이 문지는 금 해릉왕(海陵王)이 궁성을 증축한 이후의 금대 오문 유적이라고 주장하여 최근 많은 주목을 받고 있다. 그러나 1996년 발견한 세 문지의 층위적 상하 관계를 해석할 방법이 없다. 또 다른 의문점은 명대 주왕부 소장의 북벽이 시내 버스회사 정류장, 시 인민체육관 남부, 제28중학교가 나란히 일직선 상에 있어, 아래에 금 황궁 북벽과 송 내성 북벽을 두고 있고, 용정대전 뒤

....

16)　辽中京发掘委员会,「辽中京城址发掘的重要收获」,『文物』1961년 제9기.

쪽으로 500m 떨어져 있다는 것이다. 이를 근거로 송대 황성과 금대 황성, 명대 소장이 서로 같다면, 황성은 비교적 긴 직사각형으로, 궁성을 중간에 끼고 있기에는 적당하지 않다.

이성(里城)은 내성(內城) 혹은 구성(舊城)이라고도 한다. 송 초에는 궐성(闕城)이라고도 하였다. 즉, 당나라 때의 변주성(汴州城)이다. 『송회요집고(宋會要輯稿)·방역(方域)』에는 이렇게 적고 있다. "구성의 둘레는 20리 155보로, 당 변주성이다." 송대에 여러 번 수리, 보수, 증축하였다. 금 선종(宣宗)이 남경으로 천도한 후 내성은 남벽, 북벽으로 일정 정도 확장되어 명청대 개봉성 성벽의 기초가 되었다. 고고학적 조사를 통해 송대의 이성은 동서로 약간 길고 남북으로 약간 짧은 거의 정사각형 형태였음을 알 수 있다. 남벽은 지금의 대남문 북쪽 300m쯤에 위치하고, 북벽은 용정대전 북쪽 500m쯤에 위치한다. 동서벽과 현존하는 명청의 개봉성 동서벽은 서로 중첩한다. 네 벽의 총 길이는 1만 1550m 정도로, 환산하면 송리(宋里) 약 20.63리이다. 문헌에 기록된 20리 155보와 대략 일치한다. 이성은 성문이 10개 있었다. 남벽에 3개, 동벽과 서벽에 각각 2개, 북벽에 3개가 있었다. 그 밖에 2개의 각문(角門)이 있었는데, 여경문[麗景門: 변하(汴河) 남안(南岸)의 각문자(角門子)임]과 선추문(宣秋門: 변하 북안의 각문자임)이다. 방어를 목적으로 이성 밖에는 해자를 설치하였다. 개봉성고고학연구단은 북벽 쪽에 트렌치를 넣어, 송대 이성의 성벽 정상부가 지표면에서 4.45~7.32m였음을 밝혀내었다. 지하수의 수위가 매우 높아 발굴되지는 못하고, 성벽 아래 부분이 지표면에서 11.4m라는 것과 그 아래로 40cm 두께의 벽돌과 기와층을 확인하였다. 이성 안의 몇몇 길[가도(街道)]은 이미 확인된 바가 있다. 송대 중심 어가(御街)는 지금의 중산로(中山路)와 일치하고, 명대의 중심 대가(大街)와도 일치한다. 주교(州橋) 동쪽의 임변대가(臨汴大街)는 지금의 자유로와 일치한다. 송대의 마도가(馬道街)는 지금까지도 마도가라 불리고 있다.

외성(外城)은 나성(羅城) 혹은 신성(新城)이라고 불렀다. 후주(後周)

현덕(顯得) 5년(958년)에 완성되었다. 초기 건축 당시 둘레는 48리 233보였다. 신종(神宗) 희녕(熙寧) 8년(1075년)에 증축하여, 둘레가 50리 165보가 되었다. 외성의 성벽은 지금의 개봉시 명청 성벽의 1.2~2km 거리에 위치한다. 동서로 약간 짧고 남북으로 약간 긴 평행사변형이었다. 전체 둘레는 2만 9,120m, 송리(宋里)로 따지면 52리, 문헌의 기록과 대체로 일치한다. 외성 서벽 남쪽에 트렌치를 넣어 성벽의 단면을 확인하였다. 외성 성벽 정상부는 잔존 폭 4m였고, 바닥의 폭은 34.2m, 잔존 높이가 8.7m였다. 정상부가 심하게 훼손되었다는 것을 감안한다 하더라도 성벽의 위아래 축소 폭이 매우 컸음을 알 수 있다. 성벽은 적갈색 흙을 이용하여 항토, 즉 단단히 다져 사용하였고, 바닥은 붉은색의 굵기가 가는 진흙을 사용해 항토층의 구분이 분명하다. 항토층의 두께는 8~12cm이다. 성벽 단면에서는 벽이 3중의 항토로 축성되어 있음을 발견하였다. 첫 번째 층의 폭은 19m, 두 번째 층은 8m, 세 번째 층은 6m였다. 이는 벽을 계속해서 증축해 두꺼워졌다는 것을 알 수 있다. 외성에는 성문이 12개 있었다. 남벽에 3개, 동벽에 2개, 서벽에 3개, 북벽에 4개가 있었다. 외성 둘레에는 해자가 있는데, '호용하(護龍河)'이다. 고고학 발굴조사 중 다섯 개의 옹성 유적과 다섯 개의 구덩이를 발견하였는데 이는 모두 성문 흔적일 것으로 추정된다.

개봉의 주요 도로는 대부분 십자교차로였다. 가장 중요한 대로는 중심 어가 즉 궁성의 선덕문(宣德門)부터 외성의 남훈문(南熏門)까지로, 『동경몽화록』에는 너비가 200보라고 기록되어 있다. 왕궁 앞의 세로로 난 길은 개원문(開遠門), 창합문(閶闔門), 망춘문(望春門), 함휘문(含輝門)을 관통한다. 이것과 평행한 남쪽 길은 순천(順天), 의추(宜秋), 여경(麗景), 조양(朝陽) 4개의 문을 세로로 관통한다. 이 길은 직선은 아니지만, 개봉부와 상국사(相國寺)를 거쳐 여경문에 도착한다. 어가와 평행한, 왕궁 동쪽에는 두 개의 가로 길이 있었다. 하나는 통천문(通天門)부터 경용문(經龍門)을 거쳐 가로 길에 닿았고, 다른 하나는 영태문(永泰門)에서 안원문(安遠門)을 거쳐 가로 길에 닿았다.

3) 개봉성이 구현한 도성 제도의 변화

북송 동경성은 중국 봉건사회 후기의 도성 특징을 잘 구현하였다. 황제의 황권강화와 상품경제의 큰 발전이 있은 후 도시는 상업과 경제의 중심이 라는 특징을 가지게 되었다. 예법에 의하면, 개봉성은 당시 최고등급 도시 였기 때문에 도시는 3중, 4중의 성벽으로 둘러싸였다. 이것이 바로 후기 수도 및 도시 제도의 특징이다. 일반적으로 지방의 부성(府城), 주성(州城)은 모두 이중의 성벽을 사용하였고, 현(縣)은 하나의 벽만 사용하였다.

개봉성은 방어를 매우 중시하였다. 수도 개봉은 교통의 요충지로 상업이 발달하고 운하의 이용이 편리하였으나 방어에는 불리하였다. 황하를 건너면 바로 드넓은 평원이다. 후진(後晋) 개운(開運) 3년(946년) 요 야율 덕광(耶律德光)은 3개월 동안 개봉을 공격하여 점령하였다. 그 후 개봉성은 도시 건설에서 방어시설의 구비를 매우 중요하게 생각하였다. 『송회요 집고·방역』에는 다음과 같이 기록되어 있다. 외성의 성벽은 "두께는 5장 9 척, 높이는 4장, 성 위에 낮게 쌓은 담은 7척이며 진흙을 이겨 견고하게 하 였다." 또한 "매 백보(百步)마다 바닥[馬面]에 장막을 설치하여, 여두(女頭) 를 숨겨 놓고, 아침저녁으로 수정하고, 이를 바라보고 힘을 얻는다"[17]라고 적혀 있다. 외성의 해자 호용하에 관하여 『송회요집고(宋會要輯稿)』에는 "폭 50보, 하류 폭 40보, 깊이 1장 5척"이라고 기록하고 있다. 송 신종(神宗) 희녕(熙寧) 연간에는 외성에 적을 살피는 건물을 설치하였고, 옆문에 는 옹성을 축조하였다. 휘종(徽宗) 연간에 이르러 외성의 모든 성문에 옹성을 축조하였다. 『동경몽화록』에는 다음과 같이 적혀 있다. "옹성은 3층으로, 각 층은 어긋나게 문을 열게 되어 있는데[層曲開門], 유훈문(唯熏門), 신정문(新鄭門), 신송문(神宋門), 봉구시(封丘市) 모두 바로 이중문으로 되어 있고, 네 개의 정문으로 덮여 있는 것은 모두 방어길을 남겨 두기 위함이다." 동경에는 수문이 6개 있었다. 수문에는 괴자성(拐子城)을 설치하였

----

17) 孟元老, 『東京梦华录』 중 「东都外城」, 中国商业出版社标点本 1982년판.

다. 『동경몽화록』에는 "그 문은 강을 뛰어넘는다, 철로 창문을 감싸고, 밤에 마주하는 것은 수문이 수면을 드리우는 것과 같다. 양안(兩岸)에 각각 사람이 통행하는 문이 있다. 괴자성에 낀 해안은 백여 장(丈)이다."[18] 왕성의 사각루(四角樓) 역시 방어를 위한 것이다. 위에 언급한 대다수의 건축방식은 모두 변방도시 방어시설과 관련된 것이다.

후기 도성과 지방 중심도시의 구조에서 가장 중요한 변화는 폐쇄식 이방(里坊) 제도를 철저하게 취했다는 것이다. 대신 거리와 골목은 개방식이었다. 이로 인해 도시 경관이 크게 변화하였다. 고고학적 연구와 발굴 과정에서 직접적인 증거를 찾지는 못하였지만 문헌의 기록과 회화 자료로 보아 북송 동경의 도시 구획의 변화는 분명하다. 개봉의 행정구역은 개봉부 직할의 두 경기 지역인 개봉현(開封縣)과 상부현(祥符縣)으로 나뉜다. 현 아래로는 상(箱)이 있고, 내성에 4개의 상, 외성에 4개의 상이 있으며, 성 밖에는 9개의 상이 있다. 상 아래로는 방(坊)이 있다. 그러나 방은 수당 시기의 그런 폐쇄적인 방이 아니었다. 수당 시기의 도시는 이방제가 핵심이다. 성 중앙의 방은 매우 정형화되어 방안에는 십자로가 있고, 그 아래에 다시 작은 십자로가 있으므로 방은 16개의 작은 방으로 나누어진다. 큰길에서는 경비가 삼엄한 방의 담장만을 볼 수 있었다.[19] 만당 시기에 이르러 침가(侵街) 현상이 나타나 길가 쪽으로 문을 내기 시작하였다. 오대 시기에는 더욱 심각하였으므로, 후주 정부는 이러한 침가 현상을 허가하고 합법화하였다.[20] 북송 초기까지 이방제는 여전히 존재하였다. 그러나 태종

....

18) 위의 주 17과 같음.
19) 宿白, 「隋唐城址类型初探(提纲)」, 『纪念北京大学考古专业三十周年论文集』, 文物出版社 1990년판.
20) 王溥, 『五代会要』 권26 「街巷」에는 "주나라 현덕 3년에 명하기를……경성 내 폭이 50보가 되는 도로에는 양쪽 주택에 각각 5보 미만으로 나무를 심고 우물을 파고 햇볕을 가리는 덮개를 둘 수 있다. 35보에서 25보에 이르는 길은 3보로 정하여 그 차별을 둔다(周显德三年六月诏……其京城内假道阔五十步者许两边人户各于五步内取便种树, 掘井, 修盖凉棚. 其三十步以下至二十五步者各与三步, 其次有差.)"고 하였다. 中华书局标点本 1998년판.

(太宗) 태평흥국(太平興國) 5년(980년)에 이미 침가 현상이 나타나기 시작하였고, 정부는 이 현상에 대한 처벌을 지시하였다.[21] 지도(至道) 원년(995년) 관부(官府)는 동경 이방에 대해 대대적인 정돈을 시작하였다. 태종(太宗)은 장계(張洎)에게 명하여 오대까지 계속 이어져 내려온 80여 개의 방 이름을 다시 명명하고, 방(坊) 벽을 수리하였으며, 각 건물에 현판을 걸었다.[22] 또한 북을 설치해 어두운 새벽에도 경계할 수 있도록 하였다.[23] 함평(咸平)연간에 이르러서는 침가 현상이 더욱 심해졌다.『속자치통감(續資治通鑑) 장편(長篇)』15권에는 이렇게 기록되어 있다. 진종(眞宗)은 "경성 네 거리가 너무 좁기"때문에 합문지후(閤門祗侯) 사덕권(謝德權)에게 거리를 넓히라고 명하였다. 침가하는 사람들은 모두 권력자들이었으므로 어려움에 봉착하였고, "[함평(咸平) 5년 2월] 덕권은 네거리의 길이와 폭을 넓히고, 새벽과 밤에 북을 치는 것을 금하였다. 모두 장안의 옛 제도를 복원한 것이다. 개봉부 거리에 적(籍)을 설치하여, 백성들이 침범하지 않도록 하였다."[24] 이는 이방제를 회복하려는 가장 최근의 문헌기록이다. 도시 경제의 발전은 필연적으로 이방제의 한계를 깰 수밖에 없었다. 경우(景祐)연간(1034~1038년)에 결국 길가에 건물을 지을 수 있도록 합법화함으로써,[25] 이방제는 완전히 붕괴되었다. 인종(仁宗) 초, 혜민강 다리에서 누군가 "점포를 열어 죽을 팔았다." 이렇듯 거리에 점포들이 늘어섰다. 큰길과 작은 골목이 서로 연결되어, 도시 안의 거리가 방형 담장으로 이루어진 이방제

....

21) (宋) 李燾,『续资治通鉴长编』권21에는 "태평흥국 5년 기사에(太平兴国5年七月己巳) 천사 감을 수리하면서 담장이 경양문 도로를 침범하였으므로, 황제가 노하여 이를 허물기를 명하고, 곤장을 맞는 형벌과 관직을 숭의부사로 강등하였다(八作便段仁海部修天驷监, 筑垣墙侵景阳门街, 上怒, 令毁之, 仁海决杖, 责授崇仪副使."中华书局标点本 1979년판.

22) (清) 徐松辑,『宋会要辑稿·方域』, 中华书局影印本 1957년판.

23) (宋) 宋敏求,『春明退朝录』권상, 中华书局标点本 1980년판.

24) (宋) 李燾,『续资治通鉴长编』권51, 中华书局标点本 1980년판.

25) 『宋会要辑稿·舆服』에는 경우(景佑) 3년 8월 3일의 조서에는 "길가에 있는 사인 계층의 가게와 누각은 4포 넓이를 허용하며……(天下士庶之家, 凡屋宇非邸店樓閣临街市之处, 毋得为四铺作……)"라고 하였다. 길가에 있는 가게의 면적은 이미 법적으로 제한이 없어졌음을 말해준다.

에서 아기자기한 가게가 있는 거리 형태로 변화하였다. 북송 말기의 〈청명상하도(淸明上下圖)〉에서 이런 복잡하고 번화한 거리와 도시의 풍경을 볼 수 있다.

　개봉성의 또 다른 큰 특징은 자유롭게 길가에서 무역을 함으로써 '시장'의 금기를 깬 것이다. 당 장안의 시장 무역은 동시(東市), 서시(西市)에 주로 집중되었다. 당대 중기 이후에는 동시, 서시 부근의 길가도 교환 장소가 되었다. 또한 야시장도 출현하였다. 그러나 이러한 변화는 초기 맹아 단계였고, 여전히 시장이 주요 교역 장소였다. 북송 동경에서는 여러 곳에 무역 중심지와 다양한 형태의 무역거래 장소가 나타났다. 『동경몽화록』에는 개봉성에 정기적인 집시(集市)와 계절성 집시, 업종별 집시 등이 있었다고 기록되어 있다.[26] 그 밖에 새벽시장과 야시장도 나타났다. 『송회요집고(宋會要輯稿)·식화(食貨)』에는 이렇게 기록되어 있다. "태조(太祖) 건덕(乾德) 3년(965년) 4월 20일, 개봉부에서는 경성 야시장을 삼고가 울릴 때까지 금지시킬 수 없었다." 이것은 야시장과 새벽시장이 합법적이었다는 사실을 뒷받침한다.[27] 이방제가 완전히 사라진 후, 거주자들은 길가에 점포를 마

....

26) 동경 시내의 시장은 첫째, 정기시장이 있다. 『东京梦华录』 권3 「相国寺内万姓交易」에는 "상국사는 매월 다섯 번 모든 사람에게 교역시장을 개방한다(相国寺每月五次开放万姓交易)"는 기록이 있다. 둘째, 계절마다 열리는 시장이 있다. 예를 들어 단오절에 각종 북과 부채를 파는 시장이다. 5월 초부터 단오날까지 열린다. 이 시장은 "반루 아래, 여경 문밖, 주작문 안팎, 상국사 동쪽 회랑, 준친댁앞(在潘楼下, 丽景门外, 朱雀门内外, 相国寺东廊, 睦亲宅前)"에서 열린다. 이외에 칠석(七夕)에 열리는 걸교시(乞巧市)가 있다. 칠월 1일부터 5일 밤까지 열리며, 반루(潘楼) 앞이 가장 번화하고, 다음으로는 여경문(丽景门), 보강문(保康门) 等이고 목친문(睦亲门) 밖에서도 열리지만, 반루 앞의 번화함에는 미치지 못한다고 한다. 罗晔 『新编醉翁谈录』 권4 「京城风俗记」 4월 7월조, 辽宁教育出版社, 1998년판 참조. 이외에 『东京梦华录』 권8 「端午」, 「七夕」 참조. 셋째, 업종별 전문시장으로 도시 동쪽과 서쪽에 면시(面市), 육시(肉市), 소와 말 및 견과류 시장 等이 있다. 『续资治通鉴长编』 권300, 원풍(元丰) 3년 9월 병자(丙子) 기사, 권358, 원풍 8년 7월 경술(庚戌) 기사 참조.

27) 야시장에서 주로 경영하는 것은 음식업이다. 예를 들어 『东京梦华录』 권2 「州桥夜市」: "自州桥南, 去当街水饭, 煮肉, 干脯……直至龙津街桥须脑子肉止, 谓之杂嚼, 直至三更", 이외에 번루(潘楼) 동쪽 야시장, 남사가(南斜街), 마행가(马行街) 等이다. 蔡條 『铁围山丛淡』 권4에도 마행가 야시장에 대한 매우 생동감 있는 묘사가 남아 있다. 中华书局标点本 1983년판. 아침 시장과 관련해서는 『东京梦华录』 권3 「天晓诸人入市」: "매일 오경이 되면, 입조하

련해 고정된 시장이 아닌 길가에서도 영업을 시작하였다. 〈청명상하도〉에서는 강을 건너는 다리 위에서도 점포를 열어 죽을 팔고 있다.

2. 무림구사(武林舊事): 남송 임안성의 고고학적 신발견

임안성(臨安城)은 지금의 절강성 항주시에 위치했던 남송의 수도이다. 남송 통치자는 줄곧 종묘사직, 즉 북송 시기의 영토를 회복하고자 하였다. 그리하여 이 성은 항상 황제가 나들이 때 잠시 머물던 행재소(行在所)의 역할을 하였고, 제도적으로 주성(州城)과 같은 지위에 있었다. 임안성의 고고학적 연구는 1980년대 중반부터 시작되었고 최근에 중요한 발굴이 많아지고 있다.

1) 임안성에서 전개되는 고고학 작업과 주요 성과

1980년대 중반, 중국사회과학원고고연구소, 절강성문물고고연구소, 항주시문물고고연구소의 연합 조직인 남송임안성고고공작대가 남송 임안성, 특히 황성에 대한 대규모 조사를 시작하였다. 1984년, 1985년, 1988년, 1992년의 조사 발굴 중 황성에 대한 대규모 조사를 통해 남송 황성 궁전지구가 주로 현재 성(省)의 군사지역 내 지원부의 창고와 제54중학교 일대에 위치해 있음이 밝혀졌다. 또한 황성과 관련된 남송 건축 유적도 발견되었다. 중요한 것은 황성의 동편 성벽, 북편 성벽의 위치와 방향을 알아내어, 화녕문(和寧門), 동화문(東華門)의 대략적인 위치를 찾아낸 것이다. 또 황성의 서편 성벽의 일부를 조사하여 문헌상에 나타난 봉황산(鳳凰山)을

....

는 사람들과 시장 가는 사람들이 있고, 이 소리가 들릴 때부터⋯⋯주점들은 等촉을 밝히고 장사한다. 일인분이 돈 이십문에 죽과 간식이 포함되고, 또한 세면수를 파는 사람이 있고, 끓인 차와 약을 사려면 바로 천명으로 간다(每日交五更⋯⋯诸趋朝入市之人, 闻此而起⋯⋯ 酒店多点灯烛沽卖, 每份不过二十文, 并粥饭点心. 亦间或有卖洗面水, 煎点汤茶药者, 直至天明)." 번루가(潘楼街) 동쪽의 '귀자시(鬼子市)'는 여기서 나온 말이다.

병풍으로 삼았다는 기록을 확인하였다. 다만 남쪽 성벽의 위치는 결국 확인할 수 없었다. 항주 담배공장에서 육부(六府) 유적과 황성 내의 궁전 터를 발굴하였으며, 봉황산의 남송관요 유적을 3차에 걸쳐 발굴하여, 가마 몇 곳, 수공업 공장, 다량의 유물도 발견하였다.[28]

집중적으로 고고학 발굴조사가 이루어진 곳 이외 지역에서 항주시문물고고연구소도 동참하였고 몇몇 발굴을 통해 중요한 성과를 올렸다. 어도(御道), 육부아서(六部衙署), 태묘(太廟), 덕수궁(德壽宮), 공성인열황후(恭聖仁烈皇后)의 집, 노호동(老虎洞) 관요 등 중요 유적을 발견하였다.

1987년에는 중산남로 서쪽 항주 담배공장에서 어도 유적을 발견하였다. 잔존 길이 60m, 폭 15.3m 정도였다. 노면은 '향고전(香糕磚)'으로 불리는 진흙을 걸러내는 제작 방식으로 만든 고급 파란 벽돌을 써서 완성했으며, 양측에서 물이 빠지게 하였다. 이 길은 남송 시기에 황궁 북문인 화녕문의 주요 통로였다. 1988년, 항주시문물고고연구소는 봉황산초등학교 안에서 비교적 완전히 보존된 큰 면적의 항토 기단 터와 남북방향의 벽돌 길을 발견하였다. 1992년에는 또다시 성의 군사지역 내 지원부의 창고, 피복 공장 앞에서 두 개의 대형 항토 건축 터를 발굴하였다. 두 건축물 사이에는 수로가 서로 연결되어 있었고, 항토 기단 터 밖에는 벽돌로 쌓은 벽으로 둘러싸고 있었는데 대부분 벽돌에는 문자가 남아 있었다. 그중 '대원(大苑)'이란 글자는 그것이 황성 궁전 건축과 관련이 있다는 것을 말해 주고 있다. 이로써 남편 성벽의 위치가 북에서 남으로 점차 이동하였다는 사실을 발견하게 되었다. 1996년 봉황산 동쪽 마루의 송성로(宋城路) 동단 성의 군사지역 내 지원부 창고의 숙박시설 지표 아래 지하 3.3m 지점에서 남송 시기 벽돌길을 발견하였다. 이는 남송 황성 남문인 여정문(麗正門)에

....

28) 「杭州市南宋临安城考察」, 『中国考古学年鉴·1985년』, 文物出版社 1985년판. 「南宋临安城遗址」, 『中国考古学年鉴·1986년』, 文物出版社 1988년판. 「南宋临安城皇城遗址」, 『中国考古学年鉴·1993년』, 文物出版社 1995년판. 中国社会科学院考古研究所 等, 『南宋官窑』, 中国大百科全书出版社 1996년판.

서 황궁으로 통하는 주요 도로였을 것으로 추정된다. 1992년 송성로 일대에서는 보존 상태가 비교적 양호한 남송 항토 유적을 발견하였다. 항토 기단 터의 남쪽은 반듯한 장방형의 돌로 둘러져 있었고, 내부는 자홍색의 진흙층과 잡석 조각 층이 층층이 쌓여 다져진 상태였다. 이 기단 터의 동측에는 이와 연결된 또 다른 항토 유적이 있고 그 바깥쪽으로 불규칙한 돌을 쌓아 둘렀다. 이 항토 유적은 황성 남쪽 성벽과 직접적인 연관이 있다. 이로 보아, 임안 황성의 남쪽 성벽 서남단의 범위는 지금의 범천사(梵天寺) 북쪽에서 송성로(宋城路) 부근까지인 것으로 추정된다. 1994년부터 1995년까지 육부교(六部橋) 서쪽에서는 대형 집터와 도랑, 우물, 벽돌길 등의 유적이 발굴되었다. 『몽량록(夢梁錄)』 등의 문헌기록처럼 남송 육부관아의 일부분일 것이다.[29]

1995년 자양산(紫陽山) 동편 마루에서 종묘 유적을 발견하였다. 이 유적은 항주시 중산남로 일대에 위치했는데, 그 남쪽은 '삼성육부(三省六部)'로 황성 보호 범위 안에 위치한다. 종묘 동쪽을 싸고 있는 벽, 동문 문지, 대형 항토 기단 및 문에서 기단 터로 통하는 벽돌길도 발견되었다. 종묘 동쪽을 싸고 있는 벽은 남북향이고, 길이는 90m, 가장 높은 곳의 돌계단이 7층이었다. 위벽 안에는 도랑이 있었는데 폭이 1.25m였으며 직사각형 벽돌을 평평하게 깔았고, 그 바깥쪽이 남송대의 '어가(御街)'다. 바닥에는 직사각형 돌을 쌓았다. 동대문은 동쪽 벽을 둘러싸고 있는 벽의 중간에 있고 너비는 4.8m이며 아랫부분에는 장방형 벽돌을 세워 쌓았다. 이 유적의 규모는 매우 크고, 건축법이 매우 정교하여, 황가의 건축 양식을 알 수 있다.[30]

지금의 항주시 망선교(望仙橋) 동쪽에는 남송 시기 고종(高宗), 효종(孝宗)이 선위(禪位) 후에 거주한 덕수궁(德壽宮)이 있다. 『몽량록』에는 다

....

29) 杭州市文物考古所, 「杭州发现南宋六部官衙遗址」, 『杭州考古』 1995년 12월간.
30) 杜正贤, 「杭州发现南宋临安城太庙遗址」, 『中国文物报』 1995년 12월 31일 제1판.

음과 같이 적혀 있다. "망선교 동쪽에 있는 덕수궁은 진(秦) 태사(太師)가 준 것이다."[31] 송 고종은 선위 후 이곳에서 살았다. 소흥(紹興) 32년(1162년)에 증축하여 '북대내(北大內)'라고 불렀다. 현재 건축물은 현존하지 않는다. 1985년과 2001년 중하(中河) 동쪽 물가에서 궁 안의 도로를 발견하였다. 망강루(望江樓) 북측에서는 남궁 벽 유적을 발견하였다. 길상항(吉祥巷) 서측에서는 동궁 벽의 흔적과 궁 안의 일부 건축 항축 기단, 화랑, 배수로 등의 유적이 발견되었다.[32]

　　2001년 오산 기슭 아래 사의로(四宜路)에서는 공성인열황후 주택 유적의 주요 건축물들을 발견하였다. 그중에는 정방(正房), 후방(後房), 동서 두 개의 곁채, 정원, 담장 사이 길 등이 포함되어 있다. 정방은 정면 7칸으로 폭이 29.8m, 깊이는 3칸으로 10.43m이다. 집터와 지면은 모두 단단하게 흙이 다져져 있었다. 기단 주위에는 벽돌을 쌓아 벽을 보호하고, 호석(湖石)으로 주춧돌을 삼았다. 지면은 전부 벽돌을 깔아 완성하였다. 정원과 담장 사이의 길은 완벽한 배수시설이 갖추어져 있었다. 건축물은 대체로 좋은 재료를 써서 매우 정교하게 만들었다. 북측에는 월대(月臺)와 주랑(柱廊)이 있었다. 후방은 정방 북측에 위치했다. 동서의 두 곁채는 모두 정면 5칸이며 정원이 있고, 중심부는 방형 연못이 있다. 연못 벽은 4중으로 벽돌을 쌓아 완성하였다. 폭은 0.63m이고, 연못 바닥은 벽돌을 3층으로 깔았다. 정원 북쪽에는 태호석(太湖石)을 쌓아 만든 가산(假山)과 벽돌로 만든 가산으로 가는 통로가 잘 보존되어 있었다. 고대 정원에서 보기 드문 큰 규모이다.[33]

　　『건도림안지(乾道臨安志)』 2권 「해사(廨舍)·부치(府治)」에는 이런 기록이 있다. "부치(府治), 예부터 봉황산 좌편에……건염(建炎) 4년, 취화주화(翠華駐驊), 청파문(淸波門)의 북쪽으로 옮기라고 명하니, 봉국사 옛터에

....

31)　(宋) 吳自牧, 『梦粱录』 卷8 '德寿宫' 条, 浙江人民出版社 1980년판.

32)　「杭州市南宋临安城考察」, 『中国考古学年鉴·1985年』, 文物出版社 1985년판.

33)　「杭州吴庄发现南宋恭圣仁烈皇后宅遗址」, 『2001中国重要考古发现』, 文物出版社 2002년판.

창건하였다."[34] 원명청 3대에는 아직 터를 바꾸지 않았다. 송독서원(誦讀書院)은 남송 임안 부치의 일부분으로 2000년 하화연못 입구에서 발견하였다. 이것은 청당(廳堂)을 중심으로 한 건축으로, 앞에는 정원이 있고 뒤에는 천정(天井: 저택에서 방과 방 사이, 방과 담 사이에 만들어지는 하늘이 보이는 공간, 중국 남방 건축의 한 특징임 – 역주)이 있었다. 주위는 사랑채와 회랑으로 둘러싸인 폐쇄형 건축군이었다. 유적에는 도장무늬 직사각형의 벽돌[인화방전(印花方磚)]으로 바닥을 만든 청당과 무늬 없는 직사각형 벽돌로 바닥을 간 서상방(西廂房)이 있었다. 배수 설비가 있는 정원, 천정, 칠각형 우물 등의 유적도 있었다. 대량의 건축 자재와 생활용품, 병사 훈련 도구 등의 유물도 발견되었다. 이 건축물은 송나라 관방의 제조 방식을 따라 지어져 규모가 크고 자재가 고급이며 솜씨도 뛰어난데, 많은 건축 방식이 『영조법식(營造法式)』에 기재되어 있다.[35]

남송 시기 두 개의 관요(官窯) 유적의 발견과 발굴은 매우 주목할 만하다. 한 곳은 갑구(閘口) 오귀산(烏龜山) 서편 마루 교단(郊壇: 고대 제사를 위해 흙으로 쌓아 만든 단 – 역주) 아래에 위치하는 관요 요지(窯址)이다. 이 요지는 20세기 중반에 발견되어 이미 발굴되었다.[36] 1956년 절강성박물관은 소규모 발굴을 진행하였다. 1984년 임안성고고대는 전면적인 탐사와 발굴을 다시 시작해 중요한 성과를 얻었다. 이것을 기초로 남송관요박물관이 건립되었다.[37] 다른 하나는 만송령(萬松嶺) 남쪽 노호동 요지이다. 가마터는 1996년에 발견되어 발굴이 시작되었고, 1998년부터 2001년까지 모두 3차례에 걸쳐 전체가 발굴되었다.[38] 발굴 성과에 근거해 많은 학자들이 이곳이 바로 문헌에 기록되어 있는 '수내사관요(修內司官窯)' 혹은 '내

....

34) (宋) 周淙, 『乾道臨安志』 권2 「廨舍」, 丛书集成初编本, 商务印书馆 1937년판.
35) 杭州市文物考古所, 「杭州南宋臨安府衙署遺址」, 『文物』 2002년 제10기.
36) 周子竟, 「发掘杭州南宋官窯报告书」, 『国立中央研究院总报告』 제4책, 国立中央研究院文书处 1932년 편집 출판.
37) 『南宋官窯』, 中国大百科全书出版社 1996년판.
38) 杭州市文物考古所, 「杭州老虎洞南宋官窯址」, 『文物』 2002년 제10기.

요(內窯)'라는 것을 알게 되었다.

2) 임안성의 편제와 특징

항주성은 수나라 때 처음 지어졌다. 오대 시기 전씨가 수도로 정한 뒤 여러 번의 증축을 통해 둘레 담장이 70리가 되었다. 북송대에는 동남지역의 주요 진(鎭)이었고, 남송 소흥(紹興) 8년(1138년)에 정식으로 수도가 되었다. 땅의 형세 때문에 모든 성이 요고(腰鼓) 형태를 띠었다. 남부와 서남부는 구릉지대이고, 북부와 동남부는 수로가 얽힌 지대이다. 정치적으로 통치의 중심은 위에서 내려다보이는 곳에 위치하는 것이 편리하였으므로 남부의 구릉지대에 지어졌다. 오대 오월국의 자성(子城)이 봉황산 기슭에 지어졌고, 남송 임안의 황성 또한 이에 따라 지어져, 남쪽에 앉아 북쪽을 향하는 특수한 구조의 예가 되었다(그림 2).

남송의 황성은 규모 면에서 동경 왕궁보다 크지 않지만 전체적인 구조는 비슷하다. 봉황산 동쪽 기슭에 위치해 만두산(饅頭山)을 둘러싸고 있으며, 자연지형을 이용해 궁전과 정원, 정자를 배치하였다. 외조(外朝)에 해당하는 대경전(大慶殿)과 수공전(垂拱殿)은 모두 남쪽에 위치한다. 동북에는 동궁이 있었다. 다음으로 궁전, 침전, 후궁, 식물원은 북쪽에 있었다. 기본적으로 '전조후침(前朝後寢)'의 관례에 부합한다. 황성의 범위는 이미 북편 성벽 만송령로(萬松嶺路) 남측의 산비탈부터 동쪽으로 만두산의 동북쪽까지로 확인되었다. 동편 성벽은 만두산의 동쪽 산기슭을 따라 남쪽으로 지금의 항주 철도 하역수리공장 안까지 연장되어 있다. 길이는 390m, 폭은 10~11m, 모두 단단히 다져진 항토 성벽이다. 북편 성벽 화정문(和定門)과 동벽 동화문(東華門)의 위치도 확인되었다. 북편 성벽 안쪽에서는 포전(包磚)인 직사각형의 두꺼운 벽돌이 발견되었다. 황성의 서편 성벽은 주로 봉황산을 천연 병풍으로 이용하였다. 다만 지형이 비교적 완만한 산비탈 부분에만 성벽을 축조하였다. 몇 년간의 노력으로 남편 성벽의 위치도 지금의 범천사(梵天寺) 북쪽에서 송성로(宋城路) 부근까지로 대체로 그

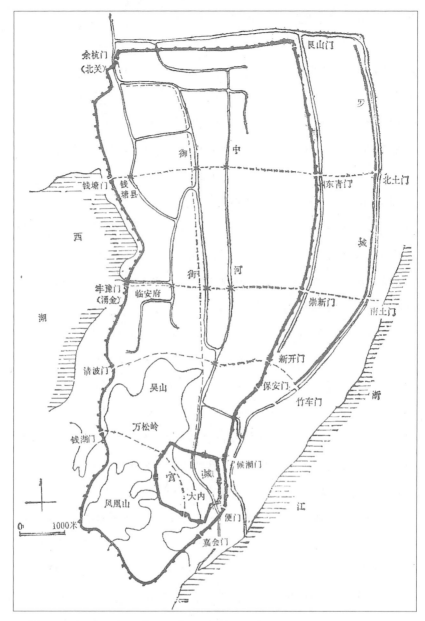

그림 2 남송 임안성 추정 복원도(『중국성시건설사(中國城市建設史)』에서 전재)

범위가 확인되었다.

　　왕궁은 봉황산 동쪽 기슭인 안산(案山)에 위치하였다. 현재 잔존 유적은 깊은 지하에 남아 있다. 아직 남아 있는 궁성 북벽은 길이가 100m, 동벽은 500m이고, 4개의 문이 있었다. 남쪽에는 정문 여정문(麗正門)이 있었고, 문은 3칸, 3개의 통로가 있었다. 동쪽에는 태자궁문(太子宮門)이 있는데 이것이 동편문(東便門)이다. 황성의 북문은 화녕문(和寧門)인데 왕궁의 후문이며, 대성 남쪽의 효인방(孝仁坊)과 등평방(登平坊) 사이에 있고, 역시 정면 3칸이고, 건축 방식과 배치가 여정문과 같다. 화녕문의 동쪽은 동편문이다. 『무림구사(武林舊事)』의 기록에 의하면 서쪽에는 서화문(西華門)이 있었다고 하나 구체적인 위치는 명확하지 않다. 임안의 왕궁은 산지에 있었기 때문에 이용할 수 있는 땅이 좁아서 단 하나의 정아(正衙)만을 두었고, 각종 의식은 모두 이 전각에서 집행하였다. 따라서 거행하는 의식에 따라 전문(殿門)의 현판을 바꾸었다. 그 후 작은 전각들은 모두 침전에 속하게 되었다. 궁성 남문 여정문은 정문이 되었다. 그러나 제사를 지내고 대례를 행할 때에만 이 문을 통과하였다. 화녕문은 의미상 후문이지만 실제적으로는 중요한 정문이 되었다. 그 이유는 주요 아서(衙署)를 포함하는 임안의 모든 도시의 주요 부분들이 모두 황성 북쪽에 있었기 때문이다. 이는 북송 동경성의 배치방향과는 정반대이다.

황성은 전체 임안성의 남단에 위치하여, 어가 역시 남쪽에서 북쪽을 향해 연장되었다. 어가는 화녕문을 기점으로 해서 북쪽으로 조천문(朝天門)을 통과하고, 서쪽으로 약간 기울어지다가 다시 일직선으로 북쪽을 향해 중안교(衆安橋), 관교(觀橋)를 통과해 만세교(萬歲橋)까지 이어진다. 다시 서쪽으로 약간 기울어지다가 신장교(新莊橋)와 중정교(中正橋)까지 직선으로 이어지며, 이 전체 길이는 1만 3500척이고, 깔린 돌판은 3만 5300여 개다. 어가는 임안성의 중심축[中軸線]이며, 화녕문부터 조천문까지 부분은 외조(外朝)의 성격을 가지고, 정월 초하루, 동지 대조회(大朝會) 때 모여 배열하는 장소였다. 중앙 관서는 왕궁 화녕문 북쪽의 어가 양측에 집중적으로 설치되었는데, 정치 및 통치의 핵심지역이었다. 관서는 주민들의 방(坊)과 항(巷) 속으로 들어갔다.[39] 예를 들어 삼성육부, 추밀원(樞密院) 등은 화녕문 밖 북쪽 초입이고, 모두 정역교(亭驛橋) 서쪽에 있었다. 그 외 다른 관서들은 분산되어 민가 사이에 분포하였는데, 간원(諫院), 검정좌우사(檢正左右司)는 삼성(三省) 부근에 설치되었다. 다염소(茶鹽所), 회자소(會子所), 공전소(公田所), 봉춘안변소(封椿安邊所)는 삼성 대문 안에 있었다. 어사대(御史臺)는 청하방[淸河坊: 지금의 하방가(河坊街)] 서쪽에 있었고, 비서성은 천정항[天井巷: 지금의 소정항(小井巷)] 동쪽에 있었다. 그 밖에 오사(五寺), 삼염(三鹽), 육원(六院) 등은 임안성 안의 각 골목 사이에 고르게 분포한다.[40] 지방 정부는 서쪽에 있고, 서편 성벽 풍예문(豊豫門) 동남쪽에는 임안부(臨安府) 아서와 양절로(兩浙路) 전운사(轉運司) 아서가 있었다.

예제(禮制)에 따라 축조된 건축물도 북송 동경성같이 어가 양측에 대칭으로 설치되지는 못하였다. 예를 들어 북송 시기 경영궁(景靈宮)은 황성 남쪽 어가 양측에 축조되었다. 그러나 남송 시기에는 소흥(紹興) 연간에 신장교(新莊橋)의 유광세(劉光世)와 한세충(韓世忠)의 구택이 경영궁으로 개조되었는데, 이들은 도성의 서북쪽에 위치하였다. 경영궁 부근에는 오천상제(吳天上帝)와 조상, 태조 이후의 황제를 모시는 도교사원인 만수관(萬壽觀) 그리고 오복태을신(五福乙太神)을 모시는 동태을궁(東太乙宮)이 있었다. 왕실 종묘는 지금의 중산남로 서쪽에 있었다. 관료의 주택과 가묘(家廟)는 거주 조건이 비교적 좋은 곳을 선택할 수 있어서 양사갱(漾沙坑)의 양태후(楊太后) 저택은 서북쪽에 있었고 서남의 구릉지대에는 관료의 주택이 비교적 적었다.

임안성의 나성(羅城) 평면은 직사각형에 가깝다. 남북편 성벽은 비교적 작고, 동서 양쪽의 성벽은 길고 휘었다. 완공한 후의 임안성은 남으로

....

39)   杨宽,『中国古代都城制度史研究』, 上海古籍出版社 1993년판.
40)   周峰主 编,『南宋京城杭州』, 浙江人民出版社 1997년판.

오산(吳山), 북쪽으로 무림문(武林門)까지 이어지고, 왼쪽에는 전강(錢江), 오른쪽에는 서호(西湖)에 이르며, 한성문(旱城門) 13개, 수문 5개가 있었다. 모든 성벽은 높이가 3장(丈) 정도, 터의 폭은 3장, 두께 1장 정도였다. 성내의 주요 도로는 앞에서 언급한 것처럼 세로로 관통하는 남북의 중심 어가(지금의 중산로)이고, 주 도로 동남쪽에는 두 개의 운하가 있었다. 성 안에 하천과 도랑은 아주 많아, 염운하(鹽運河), 모산하(茅山河), 시하(市河), 청호하(青湖河), 청산하(青山河), 내시하(萊市河), 하호하(下湖河) 등이 있었다. 성 안에는 4개의 세로로 난 큰길[縱街]이 있었다. 이 길 사이로 작은 골목[巷]이 있어 종가횡항(縱街横巷), 물길과 도로가 서로 엮여 있었다.

　임안성은 금나라와 대치하는 특수한 상황에서 남송 조정의 '행재소'가 되었다. 송나라 황제는 계속적으로 선조의 업적을 회복하기를 희망하였으며, 적어도 명목상으로라도 북송 동경성이 수도라는 개념을 유지하고자 하였다. 그 때문에 임안성에 정착한 이후 비록 황성을 새롭게 건축하고 각종 아서와 예제에 근거하여 건축물을 지으면서도, 도시의 기본 구조에는 본질적인 변화가 없었다. 그 기본 구조는 대체적으로 직사각형을 유지하였고 전체적으로 여전히 남북향의 큰 대로에서 동서향의 작은 골목들이 연결되는 '종가횡항식' 구조였다. 그리고 남방지역이 물의 고향이라는 특징도 이용하였다. 주요 큰길에는 인공적으로 운하를 뚫는 작업을 병행하여, 점포 앞은 길이고 뒤쪽은 강이 되었다. 성안의 교통은 빠른 도로 시스템을 이용할 수 있고, 수운(水運)도 가능하여 편리한 운송망을 갖추고 있었다. 임안성은 동남 경제발달지역으로 이후 형성된 직사각형 종가횡항식 구조로 된 지방 도시의 전형이 되었다.

3. 요대 도성의 고고학적 발굴과 연구

요나라는 5개의 수도[五京]를 건설하였다. 상경(上京) 임황부(臨潢府), 중경(中京) 대정부(大定府), 남경(南京) 석진부(析津府), 서경(西京) 대동부(大

同府), 동경(東京) 요양부(遼陽府)이다. 이 도시들은 3가지 유형으로 나뉜다. 첫 번째 유형은 상경이고 거란족 통치 특성을 가진 전형적인 도성이다. 두 번째 유형은 중경으로 요나라 중기에 중원지역의 도시를 모방해 건설한 것이고, 세 번째 유형은 남경, 동경, 서경으로 원래는 한족들이 모여 사는 도시였는데, 이 지역을 정치적으로 장악하기 위해서 도성으로 만든 것이었기 때문에 도시 구획에는 큰 변화는 없었다. 요나라 황제는 거의 주필(駐蹕: 황제나 황후가 출행 중 멈추고 거처를 정해 잠시 머무르는 일 – 역주)을 행하지 않았다. 요의 황제가 항상 도성 안에 머물렀던 것은 아니고, 유목 습성에 따라 계절마다 옮겨 다녔는데, 이를 '사시납발(四時納鉢)'이라 한다. 평소에 거란 관리들은 황제를 따라 이동하였고, 선발된 일부 한족 관리들도 수행하였다. 일반적으로 상경과 중경은 본토로 여겨 활동의 중심이 되었고, 남경은 송나라와 전쟁을 위한 곳, 서경은 서하와 전쟁을 위한 곳으로 인식되었다. 오경 중 상경, 중경, 남경에 대해서는 비교적 체계화된 고고학 조사가 이루어졌다.

1) 양성제(兩城制)의 새로운 모범: 요 상경

요의 상경 유적은 지금의 내몽고 자치구 파림식기임동진(巴林式旗林東鎭) 남쪽에 위치해 있다. 요대 오경 중 가장 먼저 건설된 곳으로 가장 중요한 도성이다. 『요사(遼史)』 48권 「백관지사(百官志四)」 '남면경관(南面京官)' 조에는 이렇게 쓰여 있다. "요에는 5경이 있었다. 상경이 황도이다, 조관(朝官), 경관(京官) 모두가 있었다. 나머지 4경은 편리에 따라 관(官)을 설치했으나 제도가 다르다. 대체로 서경은 여러 지역을 방어하는 관을 두었다. 남경과 중경은 재부관(財賦官)이 많았다."[41] 설사 이 도시들이 남면경관의 설치를 가리킨다고 해도, 상경의 중요함에는 미치지 못하였다. 그리하여 학자들은 상경을 수도로, 나머지 4경을 배도(部都)라고 불렀

....

41) (元) 脱脱, 『辽史』 권48 「百官志四」, 中华书局标点本 1974년판.

다.[42)

① 요 상경의 고고학 조사: 요 상경은 천현(天顯) 원년(962년)에 짓기 시작해 회동(會同) 원년(938년)에 완공되었다. 같은 해, 거란이 후당을 멸망시킨 후 연운(燕雲) 16주(州)를 얻으면서 '대요(大遼)'라고 국호를 고치고 상경(上京) 임황부(臨潢府)라고 개칭하였다. 이때 상경성의 구조에 중요한 변화가 생긴다. 바로 태종이 황성을 원래 동향에서 남향으로 바꾼 것이다. 『요사(遼史)』 37권 「지리일(地理一)」에는 이렇게 기록되어 있다. "태종이 진의 제도를 받아들여 재상 풍도, 류후를 파견하여 절구(節具), 로박(鹵薄: 황제의 가마, 의장대 등 - 역주), 법복(法服)을 받아들이고 태종과 응헌황후의 존호를 올렸다. 태종은 한족이 아닌 다른 민족이 사는 지역에서도 한족의 제도를 따르게 하고, 어가와 황전을 짓고, 승천문에서 예를 받고 황도를 상경이라고 하였다(太宗援立晉, 遣宰相馮道, 劉煦等待節具, 鹵薄, 法服至此, 冊上太宗及應天皇後尊號. 太宗詔番部並依漢制, 饗開皇殿, 辟承天門受禮, 因改皇都爲上京)."[43) 승천문(承天門)은 왕궁의 정남문으로, 이 시기 남향으로 바꾸었다는 것을 알 수 있다. 요 상경이 건설된 후 줄곧 통치의 중심이었으며 주요 경제, 문화의 중심이 되었다. 금 천보(天輔) 4년(1121년) 봄, 금나라 군대가 상경성을 점령하였다.[44) 금대에는 요 상경이 국도(國都)에서 죄수를 수감하는 역할을 하는 성으로 바뀌었다. 금대 중기 이후 상경은 점차 몽고와 마주한 변경의 자그마한 도시로 변해 갔다. 그 후 상경성은 빠르게 쇠퇴해 몽고인의 목장이 되었다.

20세기 초, 일부 외국학자들은 앞다투어 요 상경성 유적에 대한 조사를 시작하였다. 1908년, 일본학자 도리이 류조(鳥居龍藏)는 파림식기(巴林式旗)에서 조사를 진행하였다. 그는 상경 남탑 등에 대한 실측과 촬영을 진행하였다. 1912년과 1920년, 프랑스 신부 모리 [중문 이름은 민선화(閔宣

....

42) 杨树林·王承礼, 「辽朝的历史作用初论」, 『辽金史论集』 제2집, 书目文献出版社 1987년판.
43) (元) 脱脱, 『辽史』 권37 「地理一」, 中华书局标点本 1974년판.
44) (元) 脱脱, 『金史』 권2 「太祖纪」, 中华书局标点本 1975년판.

化)]는 적봉지역의 여러 요대 성터를 현지 조사하였다. 그는 문헌을 참고하여, 지금의 파림식기임동진 남쪽 일화리(一華里)의 '파라성(波羅城)'이 요 상경 고성이라고 단정하였다.[45] 1930년대, 1940년대에는 일본학자들이 여러 차례 요 상경성에 대한 조사를 하였고 전문적인 연구를 하였다. 도리이 류조, 에가미 나미오(江上波夫), 다무라 시쓰조(田村實造), 수기무라 유조(杉村勇造), 구로다 겐지(黑田源次), 오우치 겐 등이 상경성에 대한 깊이 있는 조사를 하였다.[46] 1940년, 고히야마 후지(小山富士夫)는 요 상경 가마터를 발견하였고, 1944년 구로다 겐지와 중국학자 이문신(李文信)은 함께 발굴조사를 진행하여,[47] 도자기 파편 8,000여 개를 가져갔고, 또한 외성의 남산요(南山窯)와 백음과락요(白音戈洛窯)를 발견하였다.[48]

중화인민공화국의 성립 초기 요 상경성은 많이 훼손되어 있었다. 왕우평(汪宇平)선생과 정육(鄭陸)선생은 성 유적 조사에 있어 훼손 상황을 매우 주목하고 있었다.[49] 그래서 1961년 요 상경성은 전국 제1호 중요 보호문화재가 되었다. 1962년 내몽고문물공작대는 황성에 대한 조사를 진행해 두 개의 트렌치를 파고, 도로 구획에 대한 조사를 진행하여 황성 유적의 평면도와 지형도를 작성하였다.[50] 그 후 관련 학자들이 다시 여러 차례 조사를 진행해 1994년에는 정식 조사보고서가 발표되었다.[51] 1997년 중

....

45) 闵宣化 著, 冯承钧 译, 「东蒙古辽代旧城探考记」, 『西域南海史地考证译丛』 제3권, 商务印书馆 1999년판.

46) 鸟居龙藏 著, 陈念本 译, 『满蒙古迹考』, 商务印书馆 1933년판. 魏建猷, 「鸟居龙藏氏调查热河省境契丹文化的经过」, 『燕京学报』 제15기, 1934년. 冯家昇, 「日人在东北的考古」, 『燕京学报』 제19기, 1936년. 安志敏, 「九一八以来日人在东北各省考古工作记略」, 『益世报史地周刊』 제32, 33기, 1947년 3월 11일, 25일.

47) 杉村勇造, 「辽の陶磁」, 『陶磁大系』 제40책, 平凡社 1974년판, 东京.

48) 李文信, 「林东辽上京临潢府故城内瓷窑址」, 『考古学报』 1958년 제2기.

49) 汪宇平, 「昭乌达盟林东古城发现古代碑座等遗物, 遗迹」, 『昭乌达盟林东清理了十座辽代墓葬」, 『文物参考资料』 1955년 제2기. 郑隆, 「辽代上京古城的遭遇」, 『文物参考资料』 1957년 제7기.

50) 辽宁省巴林左旗文化馆, 「辽上京遗址」, 『文物』 1979년 제5기.

51) 內蒙古文物考古研究所, 「辽上京城址勘查报告」, 『內蒙古文物考古文集』 제1집, 中国大百科全书出版社 1994년판.

국역사박물관 등의 기관에서는 항공 촬영을 통해 상경성에 대해 전면적인 조사를 진행하였다.[52] 2001년 사회과학원고고연구소와 내몽고문물고고연구소는 요금고고대를 조직하고, 요 상경에 대해 재차 전면적인 탐사를 진행해 등고선 실측 성지(城址) 지형도를 그렸다. 또 황성 안의 정남쪽 거리에 하나의 트렌치를 파고, 요 상경 유적의 유물은 요, 금, 원 세 시기로 나눌 수 있다는 것을 확인하였으며, 정남쪽 도로는 4차례에 걸쳐 비교적 큰 규모의 수리가 있었던 것으로 보았다.[53]

② **요 상경의 편제**: 요 상경은 남과 북 2개의 성으로 구성되었다. 북은 황성, 남은 한성(漢城)이라고 하였다. 문헌과 고고학 조사에서 두 성의 축조 시기의 차이가 확인되지 않아, 거의 같은 시기에 축조되었음을 알 수 있었다(그림 3).

황성은 거란 통치자의 거주지로 외성과 대내(大內) 두 부분으로 나뉜다. 외성의 성벽은 평면이 불규칙적인 육각형이며(그림 4), 남북의 길이는 약 1,600m, 동서 폭은 약 1,720m, 성벽의 둘레는 6,399m이다. 성벽은 항토판축으로, 높이는 6~9m이다. 『요사』의 '황성은 높이가 3장이다'라는 기록과 대체로 일치한다. 성벽 바깥쪽은 마면[馬面: 성벽 위에 적군을 방어하기 위해 쌓은 누대(樓臺)로 적대(敵臺), 돈대(墩臺), 장대(墻臺)라고도 함 – 역주]이 있는데, 주요 성벽 밖으로 12m 튀어나왔으며 현존하는 것은 45개이다. 마면의 최고 높이는 13m 정도이다. 이것이 바로 『요사』에서 말한 '누로(樓櫓)'일 것이다. 마면 사이 거리는 약 110m 정도이다. 성벽이 주벽과 안쪽의 보조 성벽대(城壁臺)와 마면 세 부분으로 이루어져 있었음이 발굴조사로 증명되었다. 주벽은 먼저 0.8m의 깊이로 기초 구덩이를 파고 여기에 이

....

52) 中国历史博物馆遥感与航空摄影考古中心·内蒙古文物考古研究所,『内蒙古东南部航空摄影考古报告』, 科学出版社 2002년판. 杨林·雷生霖·徐为群,『内蒙古东部地区古代大型遗址航空摄影考古勘察初步收获』,『中国历史博物馆考古部纪念文集』, 科学出版社 2000년판.

53) 中国社会科学院考古研究所内蒙古工作队, 内蒙古文物考古研究所 2001년 发掘资料. 董新林,『辽上京城址的发现与研究综述』참고, 출판 예정.

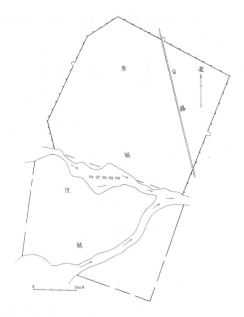

그림 3 요 상경성 성벽 윤곽도

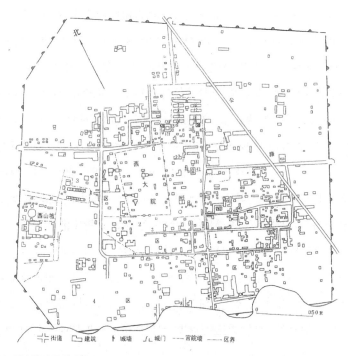

그림 4 요 상경 황성 유적 실측도

긴 진흙과 돌맹이를 채워 폭 15m로 기초공사를 하였다. 그 뒤 주벽 안쪽에 가로세로 5m 정도 되는 보조 성대(城臺)가 만들어졌다.『요사』37권「지리지일(地理志一)」'상경을 말하다' 부분에는 황성에 4개의 성문이 있었다고 기록되어 있다. "동쪽은 안동(安東), 남쪽은 대순(大順), 서쪽은 건덕(乾德), 북쪽은 공신(拱宸)이다." 지금은 동, 서, 북 세 곳의 벽에만 문지가 있고 모두 비교적 간단한 원형 옹성을 가지고 있다. 북벽 밖에서는 성을 보호하는 해자 흔적이 발견되었다.

1962년 요 상경에 대한 정밀조사 때에 황성에서 9개의 도로가 발견되었다. 3횡5종으로 그중 대내에서 건덕, 동안, 공신문으로 통하는 도로가 비교적 확실하게 남아 있었다. 그 밖에 궁성, 황성에 닿고 있는 정남가(正南街)도 확인되었다. 2001년 시굴조사를 진행할 때 발견된 노면은 10층 정도였다. 시대는 요, 금, 원 3왕조를 넘나든다. 이로 보아 성 안 도로를 실제와 같이 복원하기 위해서는 우선 시대 구분이 필요할 것이다.

대내는 황성의 중간부분 북쪽에 위치하였다. 여기에는 원래 높이 솟은 땅[구강(丘崗)]이 있어, 지세가 높아 모든 성을 내려다볼 수 있었다. 대내의 범위는 그다지 정확하지 않다. 단지 궁원(宮垣)의 북쪽 면은 비교적 보존이 잘 되어 있는 편이고, 남벽의 위치는 아직 발견하지 못하였다. 남아 있는 유적으로 보아 북벽의 길이는 450m, 서벽은 350m이다. 이와 관련한 『요사』기록에는 "내남문(內南門)은 승천(承天)으로 누각이 있다. 동문은 동화(東華)이다. 서쪽은 서화(西華)이다. 이들 문으로 출입한다"고 되어 있다. 보존이 비교적 잘된 북쪽 벽에서는 궁문이 발견되지 않은 것으로 보아, 대내에 3개의 문이 있다는 기록은 사실로 확인되었다. 대내 남쪽에서 발견된 제147호 기반은 정방형이었고 여기에 벽돌을 깐 지면과 주춧돌 구멍이 발견된 것으로 보아 궁성의 정남문 승천문의 터로 추정된다. 태종(太宗) 황제가 후진(後晉)을 옹립한 후 후진의 존호(尊號)와 절구, 로박, 법복을 받아들일 때 벼슬을 내린 곳이다. 제147호 기대 북쪽 서편에 동향의 건물이 두 개 있었다. 제145, 146호 기대이다. 문헌기록으로 보아 소덕전(昭德殿),

선정전(宣政殿) 두 건물로 보인다.[54]

대내의 중간에는 동서향의 가로로 된 격벽(隔壁)이 있다. 폭은 2m, 잔존 높이는 280m이다. 격벽 북쪽에는 가로 길이 하나 있는데, 폭이 10여 m 정도이다. 또 남북향으로 난 이 도로는 언급한 가로 길을 교차하도록 만들어져 대내의 중심이 되었다. 세로 길의 동편에도 격벽이 발견되었다. 가로 길과 격벽은 대내를 남과 북으로 나누고 있었다. 『요사』45권 「백관지일(百官志一)」 '북면조관(北面朝官)' 조에는 다음과 같은 기록이 있다. "거란의 북 추밀원이며……이 아장(牙帳: 흉노족, 선비족, 강족, 철륵, 유연, 회흘, 돌궐 등의 수도 – 역주)이 대내(大內) 장전(帳殿: 고대 황제 출행 시 휴식을 위한 장막, 즉 행궁 – 역주)의 북쪽이므로 이를 북원이라 하였다. ……거란 남 추밀원은……이 아장이 대내 장전의 남쪽이므로 남원이라 하였다(契丹北樞密院……以其牙帳居大內帳殿之北, 故名北院. ……契丹南樞密院……以其牙帳居大內帳殿之南, 故名南院)." 대내 중 이 남북 두 부분은 거란의 남원, 북원과 서로 대응한다. 대내의 주요 궁전 건축은 모두 높이 솟은 땅인 구강, 즉 고원지에 분포한다. 대부분 보존상태가 좋고, 지표면에서 0.5~2.5m로 표면이 고르지는 않다. 앞서 말한 소덕전, 선정전 외에 더욱 중요한 것은 대내 후(북)원인 세 곳의 대형 기단이다. 후원의 동반부 지형은 광활한데, 이는 『요사』 기록의 안치전려(安置氈廬: 텐트를 치다 – 역주)지역일 것이다. 나머지 건축은 대체적으로 3개의 무리로 나뉜다.

정전은 중앙 종가(縱街) 북단 서쪽에 남향으로 있다. 중앙 15호 기단을 중심으로 한다. 양 날개와 뒷부분은 9개의 대형 직사각형 기단으로 둘러싸여 있는 황성 최대의 건축물군이다. 15호 기단 높이는 최고 약 2m이다. 앞면에는 월대[月臺: 정중앙에 있는 것은 아닌 것으로 보이며, 이전에 이미 원형으로 보고되었다. 그래서 이 건물을 '전원후방형(前圓後方形)'이라고

....

54) 『辽史』 권37 「地理一」 『薛映行程录』에는 "승천문 안에 소득전과 선정전 두 전각이 있는데 모두 동향이며, 담요로 만든 위막도 모두 동향이다(承天门, 内, 有昭德, 宣政二殿, 皆东向, 其氈庐亦皆东向)"라고 적고 있다. 中华书局标点本 1974년판.

불렀다. 조사자는 이것을 '계대(階臺)'라고 하였다]가 있었는데 폭 32m, 깊이 50m이다. 15호 기대 양쪽에 8개의 직사각형 기대가 서로 대칭으로 나란히 순서 있게 배치되어 있었다. 기단은 가로 70m, 폭은 12~18m이며, 높이는 지표에서 0.5m로 주 건축물보다 낮은 것이 확실하고 모두 땅을 파고, 흙을 다져 항토 기단을 만드는 방식을 사용하였다. 제일 북쪽에는 6호 기단이 있다. 동서 길이 160m, 남북 폭이 18m로, 황성 건물군에서 가장 큰 규모의 직사각형 기단이다. 문헌에서 찾아보면, 제15호 전(殿) 기단은 대내 북부 3대 건축 중 하나인 '개황전(開皇殿)'으로 추정되는데, 이 개황전은 책봉 등의 중대한 의례 활동을 하는 곳이었다.

서로 대칭인 두 개의 동서 편전(偏殿)은 정전 남쪽 양측에 위치하였다. 모두 사합원(四合院) 식의 구조로 한 변이 약 50m인 정사각형 건물이다. 사면에 각각 건물 터가 있다. 문헌과 대조하면 안덕전(安德殿)과 오란전(五鑾殿)으로 추정되며, 이 두 건축에 개황전을 추가하면 『요사』 기록의 '삼대전(三大殿)'이 된다.

황성 안에서는 몇 무리의 중요한 건축이 발견되었다. 황성의 남북에는 정남 길을 축으로 해서 양쪽에 아주 많은 중소형 건축물들이 발견되었다. 어떤 학자가 『요사·지리지일』에 기록된 아서와 사당을 그린 후 이와 일일이 대조했으나 거의 일치하지 않는다는 것을 알 수 있다. 여기에서 대조 작업은 대부분 신뢰할 수 없었지만, 황성 동남 모퉁이에 있는 '천웅사(天雄寺)' 유적만은 일치하였다. 현재 지면에는 높이 3m 정도의 석조보살상 한 구가 보존되어 있다. 이를 둘러싼 네 방향으로 건축 터가 있었다. 학자들은 석상이 문헌에 있는 '선간황제(宣簡皇帝)'의 조각이라 추정하고 이 건축물들이 '천웅사'라는 것에는 의문을 제기하지 않았다.

서산파(西山坡)는 황성 남서쪽에 있는 비교적 높은 구릉으로 성 전체를 볼 수 있는 곳이다. 구릉 정상 북쪽에 보존되어 있는 건축 터는 남, 북, 가운데 세 부분으로 나뉘고 비교적 큰 정원이 있으며, 모두 동향이면서 황성의 서벽과 등을 맞대고 있다. 전체 규모는 남북 길이 360m, 동서 폭이 240m이다. 이 중 중원(中院)의 규모가 비교적 크고 매우 정교하고 보존도 잘 되어 있다. 정원의 중간에는 월대로 보이는 동쪽을 바라보고 있는 기단이 있다. 이 건물을 중심으로 그 둘레에 복도식 기단이 둘러져 있다. 정원의 뒤쪽(서쪽)에는 직사각형의 기단이 있다. 중앙의 건물들은 동서로 직선상에 있는, 주와 부 관계를 형성하기 위해 건물을 앞뒤로 배치하는 건축 분포양식이다. 이 정원은 서산파의 모든 건축물 중 가장 중요한 건축물이다. 남원과 북원의 보존 상태는 중원보다 좋지 않지만 구조는 중원과 같고 규모가 크지 않아 등급은 조금 낮다. 중원의 부속 건축으로 보인다. 서산파 위의 세 개의 정원은 앞뒤로 배치한 건물 터와 좌우 화랑이 있다. 동향으로 문이 열리는 동향의 건축 구조이다. 동향을 좋아하는 것은 요 초기의 풍속으로, 발굴자는 이것을 요 태종이 지은 '일월궁(日月宮)'으로 추정하였고, 일부 학자들은 태조 때 지은 '용미궁(龍眉宮)'으로 추정하기도 하였다.

한성(漢城)은 황성의 남쪽에 위치하고, 대체로 방형이며, 한족과 발해 등의 여러 민족과 강제로 이주시킨 장인들이 사는 지역이었다. 『요사』 37권 「지리지일(地理志一)」에는 다음과 같은 말이 실려 있다. "성 남쪽을 한성이라고 하고 남쪽에 길이 나 있고 각 건물이 마주보며 세워져 있고 그곳에 우물과 가게가 있으며……남문의 동쪽으로 회흘궁이 있고 회흘 상인들이 상경에 머무르며 이를 경영하며 서남쪽에 통번역하는 곳이 있어 여러 나라의 사신들이 여기에 머무른다. 역 서남쪽 황역에는 서하국 사신이 있다(南城謂之漢城, 南當橫街, 各有樓對峙, 下列井肆……南門之東, 回鶻宮, 回鶻商販留居上京, 置營居之, 西南同文譯, 諸國信使居之, 驛西南臨潢驛, 以待夏國使)." 이로써 남성(南城)에는 서역 상인과 각국의 사신이 거주했음을 알 수 있다. 성 북쪽의 백음과락하(白音戈洛河)와 남쪽의 작은 하천이 동남부에서 합쳐지면서 성터를 크게 훼손하였다. 특히 북쪽 성벽과 황성의 남벽은 남아 있는 것이 거의 없었다. 조사를 통해 한성의 둘레는 5,800m로 추정되었고, 현존 성벽은 높이 2~4m, 폭은 12m로 흙을 단단히 다져 만든 항토 판축기법으로 만들어졌다는 것을 확인하였다. 성벽에 마면은 설치되지 않았으나 옹성은 설치되었다는 것을 확인하였다. 그리고 성 안에는 남북 세로 길과 동남 가로 길의 흔적이 아직 남아 있었다. 가로 길 양쪽에는 사각형으로 돌출된 터가 있는데, 문헌에 기록된, 사람들을 감독하고 관리하기 위한 '간루(看樓)'로 보인다. 가로 길 양쪽 작고 좁은 거주지는 대개 일꾼 노예들이 사는 곳이다. 성 남쪽은 이미 일찍부터 농토로 전환되어 많은 건축 터의 흔적을 볼 수 있다.

현재 가장 큰 관심거리는 부곽(郭郭)이다. 『요사』 37권 「지리지일(地理志一)」에는 다음과 같이 쓰여 있다. "천현원년 발해를 평정하고 여전히 부곽을 설치하였다(天顯元年, 平渤海歸, 乃展郭郭)." 또 이런 기록도 있다. "성의 높이는 2장이며, 적루(敵樓)는 설치하지 않았다. 변경지역의 둘레는 27리……그 북쪽은 황성이라 하는데, 높이는 3장, 누로(樓櫓)가 있다." 이처럼 문헌기록에서는 적루를 설치하지 않았다고 하였고, 둘레는 27리가 되는 성이라고 했으니 부곽이 확실하다. 그러나 문제는 현재 요 상경 황성과 한성의 성벽 이외에는 다른 어떤 성벽도 발견하지 못하였으며, 황성과 한성 두 성벽의 길이를 합쳐도 27리가 되지 않기 때문에 학자들 간에는 서로 다른 견해가 있다. 첫 번째 견해는 요 상경 조사 보고와 관련된 문헌자료를 분석한 결과, 부곽(郭郭)은 한성, 황성 두 성 외에 또 다른 성으로 존재한다는 의견으로, 조사 보고서에서 몇몇 단서를 찾았다. 그러나 1990년대 말 항공 촬영을 통해서도 지금의 상경성 외에 다른 성벽의 흔적이 발견되지는 않았다. 두 번째, 일부 학자들은 한성, 황성 두 성의 둘레가 합쳐서 24.43당리(唐里)로, 부곽이 황성, 한성 두 성을 합친 것을 일컫는다고 보고 있다. 그러나 두 성의 둘레를 합쳐도 부족하다.[55] 또한 일부 학자들은 상경의 담의 둘레를 정확히 계산했는데, 합쳐서 17당리(唐里)였다. 그리하여 문헌에 기록된 27리는 17리의 착오일 가능성이 있다고

....

55) 王晴, 「辽上京遗址及其出土文物记述」, 『文物通讯』 1979년 제8기.

생각한다.[56] 이 주장의 문제는 문헌의 '적루를 설치하지 않았다'는 기록과 일치하지 않는다는 점이다. 세 번째로, 일부 학자들은 상경성은 황성과 한성으로 나누어지고, 소위 부곽이라고 하는 것은 상경 안에 있는 한성이라고 주장하였다. 그리고 당시 언급되었던 '자성(子城)'을 그 대내(大內) 궁성이라고 보았다.[57] 또한 일부 학자는 한성은 부곽에 속한다고 전제하고, 한성 동서벽의 북단과 황성의 남벽과는 서로 이어지지 않고, 서로 간의 거리가 황성보다 넓다고 지적하는 등 부곽은 지금의 한성과 황성 바깥에 존재하는 성벽의 총합임을 암시하였다.[58] 현재로서는 이 의견 또한 가능성일 뿐이다.

③ 요 상경의 특징과 의의: 요 상경은 중국 유목민족이 북방 초원지역에서 건립한 최초의 도성이다. 그것은 비록 거란족이 한족의 영향과 도움 아래 창건한 것이지만,[59] 북방지역의 많은 민족 중 처음 축조하였다는 공로가 있다. 그리고 이후에 세워지는 금, 원, 청의 왕조에게 많은 영향을 끼쳤다. 따라서 요 상경의 축조는 중국 고대 도성 발전사에서 아주 중요한 의미가 있다. 요 상경은 북방 초원지대에 정치, 경제, 문화의 중심지를 탄생시킨 것으로 동북 아시아지역과 중, 서 아시아지역 간의 교류와 소통에도 중요한 역할을 하였다.

요 상경이 후세에 가장 큰 영향을 끼친 점은 양성제(兩城制)이다. 이는 요나라가 추진한 "나라의 제도[國制]로 거란을 통치하고, 한나라 제도[漢制]로 한족을 대한다"는 통치 정책의 산물이다. 서빈방(徐蘋芳)선생은

....

56) 李逸友, 「辽代城郭营建制度初探」, 『辽金史论集』 제3집, 书目文献出版社 1987년판.
57) 李作智, 「论辽上京城的形制」, 『中国考古学会第五次年会论文集(1985년)』, 文物出版社 1988년판.
58) 张郁, 「辽上京城址勘查琐议」, 『内蒙古文物考古文集』 제2집, 中国大百科全书出版社 1997년판.
59) (宋) 薛居正, 『旧五代史』 권137 「外国列传第一」 契丹传에는 "그 풍속은 예전에 축목을 하는 것이었고, 원래는 마을에 집을 짓지 않았다. 연나라 사람들에게 배운 성곽과 궁궐의 제도는 사막 북쪽에 있다(其俗旧随畜牧, 索无邑屋, 德燕人所教, 乃为城郭宫室之制于漠北)"고 하였다. 中华书局标点本 1976년판.

"요 상경성의 모양과 구조에 있어 가장 큰 특징은 도성을 남북 두 부분으로 나눈 것이다. 두 부분은 병렬로 배치되었다"고 하였다. "도시 계획에서 요 상경은 1,500여 년 전인 동주(東周) 시대의 '양성제'를 다시 부활시킨 것이다.[60] 역사를 거슬러 선진(先秦) 시기의 '쌍성제(雙城制)'는 계층에 따라 거주지를 구별한 체제였다. 궁성에는 혈연관계로 맺어진 귀족층만 거주했으며, 일부 귀족의 전문적 통제를 받는 수공업 공방도 포함되었다. 그러나 곽성(郭城)은 평민 생활지역 및 공상업지역이었다. 이것은 지연(地緣)과 생업지구로 구분한 것이다. 요 상경의 배치는 이 제도와 매우 비슷하다. 황성에는 거란 황실과 귀족이 거주하였다. 이들은 대체적으로 혈연으로 연결되었다. 한성은 한족의 거주지이며 수공업, 상업지역이었다. 민족과 생업으로 구분한 것이다. 실제로 요 상경은 한족의 도움 아래 건설된 것으로 선진 시기의 제도를 참고한 것이다. 그러나 완전히 주대(周代)의 것을 그대로 따른 것은 아니어서 새로운 통치의 산물이라고 할 수 있다.

요 상경은 방어를 매우 중시하였다. 황성은 마면, 옹성, 성을 보호하는 해자[호성호(護城濠)] 등이 갖추어져 있었다. 동시에 내부 경계에도 만전을 기했다. 예를 들어 궁전지역을 전체 성 중 높은 지역에 건설한 것, 황성 서남부의 높은 언덕에 용미궁과 일월궁을 한 세트로 건축한 것은 모두 방어와 내부 감시의 목적 때문이었다. 성의 남쪽에서 가장 중요한 가로 길 양측에 높고 큰 시루(市樓)를 지은 것은 한족 장인과 상인을 감시하기 위한 것이었다. 상경성은 일부 거란족이 과거에 지녔던 습성과 유목습관을 유지하는 특징을 갖고 있다. 예를 들어 대내 안의 일부 건축물과 황성 서남부의 고대(高臺) 건축물은 동쪽을 향해 짓는 특징을 유지했고, 대내에 큰 평지를 두어 텐트촌으로 사용하였다.

....

60) 徐苹芳,「中国古代城市考古与古史年兌」,『中国历史考古学论丛』에 실림, (台北) 允晨文化, 1995년.

2) 변경(汴京)의 재현: 요 중경의 고고학적 연구

요 중경은 내몽고 소오달맹(小烏達盟) 영성현(寧城縣) 대명성(大明城)에 있다. 중경은 통화(統和) 23년부터 25년(1005~1007년)에 걸쳐 축조되었다.[61] 『요사』 37권 『지리지삼(地理志三)』에는 이렇게 기록되었다. "중경 대정부를 보면 영주 땅은 우나라와 같이……성종이 칠금산의 강가에서 남쪽으로 구름을 바라보니, 유곽의 누각이 장관이었다. 이로써 도읍을 축조하니, 연나라 땅과 계나라 땅에서 솜씨 좋은 공인을 데려와, 2년 동안 부곽, 궁액, 누각, 부고, 시사, 낭무를 짓고, 신도의 제도를 따랐다. 통화 24년 오장원을 고해왕 아장지에 짓고, 25년 성을 쌓고 한족들이 살았다. 이를 중경이라 부르고 대정부라고 하였다(遙中京大定府, 虞爲營州……聖宗嘗過七金山土河之濱, 南望雲氣, 有郛郭樓閣之狀, 因議建都. 擇良工於燕, 薊, 憧役二歲, 郛郭, 宮掖, 樓閣, 府庫, 市肆, 廊廡, 擬神都之制. 統和二十四年, 五帳院進故奚王牙帳地. 二十五年, 城之, 實以漢戶, 號曰中京, 府曰大定)." 중경 건설 후, 요나라 황제는 자주 이 성으로 주필(駐蹕)해 송과 신라, 서하의 사신을 접견하였다.[62] 또한 제사의식 등을 거행하였다. 중경은 요 중후기의 중요한 정

....

61) 辽中京城의 축조 시작 연대 혹은 건설 계획 연대에 관한 기록과 인식은 일치하지 않는다. 『辽史』 권37 「兵卫志下」의 기록에 따르면: "성종 통화 23년에 칠금산에 성을 쌓고 대중부를 축조하고 이를 중경이라 하였다(圣宗统和二十三年, 城七金山, 建大定府, 号中京)"고 전한다. 中华书局标点本, 428쪽. 『辽史』 권39 「地理志三」에는 25년이라 적고 있다. 中华书局标点本, 481쪽. 일부 학자들은 시작 연대를 통화 21년으로 보고 있다. 이는 『辽史』 권14 「圣宗纪五」 "해당부 오장 육절도는 칠금산과 토하천의 땅을 받치고 금화를 사여 받았다(奚王府五帐六节度献七金山土河川地, 赐金币)"고 하는 통화 20년의 기록을 근거로 들었다(中华书局标点本 481쪽 참조). 그러므로 다음 해인 21년 성종은 이땅에 도시를 축조하고자 하는 결심을 하였다는 것이다. 李逸友, 「辽中京遗址」, 『中国大百科全书·考古学』, 中国大百科全书出版社 1986년판 참고. 또 일부 학자들은 통화 21년 짓기 시작하여 흥종(兴宗) 초년 비로소 기본적으로 축조가 완성되었다고 주장하였다. 「辽中京遗址」, 『内蒙古东南部航空摄影考古报告』, 96-113쪽 참고.

62) 『辽史』 권39 「地理志三」에는 "대동역은 송나라의 사신을 맞이한 곳이고, 조천관은신라의 사신을 맞이하는 곳이며, 내빈관은 하나라의 사신을 맞이하는 곳이다(大同驿以待宋使, 朝天馆待新罗使, 来宾馆待夏使)"고 적고 있다. 中华书局标点本, 482쪽 참조. 王曾, 「上契丹事」 等의 저서 대부분에 중경의 사신들에 관한 기록이 있다.

치 중심지였다. 그러나 "실제 한족이 머물렀다(實以漢戶)"는 기록과 "대부분 서경 여러 곳에 방관이 있고, 남경과 중경에는 여러 재부관이 있었다(大抵西京多邊防官, 南京中京多財賦官)"는 기록으로 보아, 중경의 지위는 상경에 미치지 못한 것으로 보인다. 요 천조제(天祚帝) 보대(保大) 2년(1122년)에 금나라 군이 중경을 공략하였다. 그 뒤 머지않아 요는 멸망하였다. 금대 초기에는 요대의 옛 이름을 계속 사용하였다, 해릉왕(海陵王) 때 북경로(北京路) 대정부(大定府)라 개칭하였다.[63] 또한 원대 대녕로(大寧路)와 명대 대녕위(大寧衛) 성지(城址)가 있다. 명 영락(永樂) 원년(1403년) 위소(衛所)를 철거하고 성은 쇠퇴하였다. 요 중경과 관련된 기록으로는 송나라 사람이 쓴 글들이 있다. 예를 들어 노진(路振)의 『승초록(乘軺錄)』, 왕증(王曾)의 『상거란사(上契丹事)』,[64] 심괄(沈括)의 『희녕사로도초(熙寧使虜圖鈔)』 등이다.

요 중경의 고고학 작업은 20세기 전반기에 시작되었다. 가장 초기의 작업은 프랑스 신부 모리가 실시한 1912년부터 1920년 사이에 내몽고 동부 요대 능묘와 성터에 대한 조사와 도굴이었다. 그중 요 중경에 대한 기록이 있다.[65] 이후 일본인도 많은 조사 작업을 진행하였다. 예를 들어 도리이 류조는 1927년과 1933년에 중경 유적에 대한 조사하였다.[66] 1935년 교토제국대학 하마다 고사쿠(濱田耕作), 삼택종열(三宅宗悅) 등이 조사를 하였다.[67]

....

63) 『金史』 권24 「地理上」에는 "대정부는……요나라 중경이며, 통화 25년 중경을 축조하였는데 이는 건국 초기에 이렇게 불렸기 때문이다. 해릉왕 정원원년에는 북경으로 개칭하였으며, 유수사, 도전 운사, 경순원을 설치하였다(大定府……辽中京, 统和二十五年建中京, 国初因称之. 海陵贞元元年更为北京, 置留守司, 都转运司, 警巡院)"는 기록이 있다. 中华书局标点本, 557쪽.

64) 路振, 『乘轺录』은 晁伯宇, 『续谈助』, 丛书集成初编本 제3111책에 수록되었다. 中华书局 1991년판. 王曾, 『上契丹事』은 『契丹国志』 권24, 『辽史』 권37, 『续资治通鉴长编』 권79에 수록되었다.

65) 「东蒙古辽代旧城探考记附乘轺录笺证」, 주 45 참고.

66) 주 46과 같음.

67) 「九一八以来日人在东北各省考古工作记略」, 주 46 참고.

중국의 건국 이후, 내몽고 고고학자들은 여러 번 요 중경성에 대한 대규모의 정식 조사와 발굴을 진행하였다. 1959년부터 1960년, 내몽고문물공작대는 발굴과 심층조사를 진행해 요 중경성의 구조와 주요 건축에 관한 자세한 정보를 얻었다.[68] 1986년 내몽고문물고고연구소는 대명탑(大明塔) 건설과 수리를 진행하면서 중경 유적에 대한 대규모 조사와 발굴을 진행하였다.[69] 1997년부터 1998년까지, 중국 역사박물관 등 각 기관들도 성터에 대한 항공 촬영을 진행해 원 토산성(土山城)과 명 대녕성(大寧城)의 편제를 이해하였고, 또한 외성에 포함되는 일부 건축물들을 나누고 구별하였다.[70] 이러한 작업을 통해 사람들은 요 중경성의 기본 상황에 대해 초보적으로 이해할 수 있었다.

『요사』의 기록에 의하면, 성종(聖宗)은 중경성을 건설하면서 연나라 땅과 계나라 땅에서 많은 장인들을 데려왔고, 중경성의 성곽, 궁전, 누각, 창고, 시장 등 모든 것은 북송 제도를 모방하였다. 고고학 연구 결과로도 요 중경의 성곽은 삼중의 성벽, 즉 외성, 내성 및 궁성 등이 있는 북송 동경 개봉성을 모방하였다는 것이 확인되었다(그림 5).

외성은 장방형으로, 동서 폭이 4,200m, 남북 길이 3,500m이며, 남아있는 최고 높이는 4~5m, 기단 폭은 11~15m, 항토층의 두께는 0.1~0.15m이다. 서벽은 보존 상태가 비교적 좋아, 성벽 90m 간격으로, 망을 보기 위한 망루를 세우는 루로(樓櫓) 부분의 흔적이 남아 있고,[71] 서쪽 모퉁이에는 각루(角樓)가 있다. 남벽 정중앙에는 높이 6m의 단단한 항토 흙더미 두 곳이 있다. 정사각형 모양으로 서쪽에 활구(豁口)가 있어 문헌에 기록된 남문 주하문(朱夏門)으로 추정된다. 문에는 옹성도 설치되어 있다. 주하문의 북

....

68) 辽中京发掘委员会,「辽中京城址发掘的重要收获」,『文物』1961년 제9기.
69) 李逸友,「宁城县大明城辽中京遗址」,『中国考古学年鉴·1987』, 文物出版社 1988년판. 内蒙古文物考古研究所 等,「辽中京大塔基座覆土发掘简报」,『内蒙古文物考古』1991년 제1기.
70) 「辽中京城址」,『内蒙古东南部航空摄影考古报告』, 科学出版社 2002년판.
71) 1961년 보고서에서는 외성(外城)에는 마면(馬面)이 없다고 지적하였다. 그러나 최신 항공 촬영에 의한 고고학적 관찰 결과로는 마면이 확인되었다. 주 70 참고.

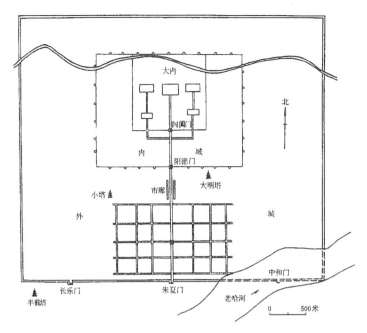

그림 5 요 중경 유적 평면도(『대백과전서 · 문물박물관』에서 전재)

쪽에는 폭이 64m 되는 큰 길이 있는데, 내성의 정남문(正南門) 양덕문(陽德門)과 직접 통해 있고 거리는 1,400여 m 정도이다. 노면은 부채꼴이고, 이 길 양쪽에 배수구가 있고, 위에는 석판과 목판으로 덮었으며, 석함 구멍으로 물을 성 밖으로 배출하였다. 주하문에서 500m 떨어진 큰 길 중심에는 말안장모양(U자형)의 흙더미가 남아 있는데, '시루(市樓)'로 추정된다. 왕증(王曾)의 『상거란사(上契丹事)』에는 이렇게 기록되어 있다. "남문은 주하라고 하고, 문 안쪽 통로에는 복도가 있고, 방문(坊門)이 많다. 또 천방, 대구, 통환, 망궐 4개의 시루가 있다(南門曰朱夏, 門內夾道步廊, 多坊門. 又有市樓四, 曰: 千方, 大衢, 通闤, 望闕)."[72) 대로 서편에서는 남북향의 직사각형 평면인 건물지 유적이 있었는데, 현재 직사각형의 주춧돌만이 남아 있다. 줄마다 4개의 항토대(夯土臺)가 있으며, 모두 25행으로 분포되어 있다.

....

72) 『续资治通鉴长编』 권79는 「上契丹事」를 인용하였다. 中华书局标点本, 1796쪽.

항토대는 남북으로 250m 길이로 분포되어 있다. 게다가 큰 길 동쪽에도 이와 대칭되게 분포되어 있다. 『상거란사』와 『승초록(乘軺錄)』의 기록에 의하면, 이 두 지역은 주민들의 시집(市集: 정기적으로 시장이 들어서는 장소 – 역주)이었을 것으로 생각된다.[73] 양덕문 서남 300m에서 관서(官署) 건축 유적이 발견되었다. 그 밖에 현존하는 대탑 부근과 외성 서남 모퉁이에서는 사당 유적이 발견되었다. 외성 서남 모퉁이에서는 작은 산이 하나 있었다. 요는 그것을 계단식으로 만들었고, 그 위 높은 곳에 사묘(寺廟) 유적이 밀집되어 있었다. 1960년에 이 중 정상의 한 곳을 발굴하였다. 그 터는 정사각형이고, 한 변의 길이는 각 37m이다, 폭과 깊이는 각각 5칸이며 정문 중간 부분에는 기둥 2개의 터가 없다. 무너진 흙 안에서는 불상, 보살상 등의 조각이 발견되었다. 외성의 남쪽 지역도 정밀 조사한 결과, 큰 길 양측에 각각 남북향의 길이 3개, 동서향의 길이 5개 있었다는 것을 발견하였다. 도로 폭은 4~15m 정도였다. 동서 양쪽은 서로 대칭되게 배치되고, 순서 있게 잘 정돈되어 있었다. 대로 양 옆에서는 방벽이 발견되었다. 『승초록』의 기록에 의하면, 외성 남쪽 지역 정중앙 대로 양 옆으로 각각 세 개의 방(坊)이 있어, 방은 모두 여섯 개라고 한다. 어떤 학자는 중경에서 발견된 묘지의 명문에 근거하여, 외성 남쪽 지역에는 아마도 여덟 개의 방이 있었음을 고증하였으므로[74] 큰 길 양 옆으로 각각 네 개의 방이 있었을 것이다. 외성 남부에는 큰 탑과 작은 탑, 반절탑 등 요대 석탑 3기가 잘 보존되어 있다.

내성은 외성 중부의 북쪽에 위치해 있다. 직사각형 모양으로, 동서 길이 2,000m, 남북 길이 1,500m의 넓이로 동, 남, 북 3면 성벽이 비교적 잘 보존되어 있다. 남아 있는 성벽의 높이는 약 5m이고, 폭은 13m 정도이다. 내성 성벽에는 마면(馬面)이 있다. 두 마면 사이의 거리는 약 100m이며 각루는 없다. 남벽 정중앙에는 두 개의 높고 큰 항토 기단이 있다. 이

....

73) 주 56과 같음.
74) 李逸友,「辽李知順墓志铭跋」,『內蒙古文物考古』창간호, 1981년.

들 기단 사이의 거리는 20m이며, 높이는 6m로, 양덕문 문지로 보인다. 북쪽으로는 40m 폭의 대로가 있는데, 궁성의 중문인 창합문과 통한다. 성안은 매우 넓지만 남아 있는 유적은 없다. 창합문의 남쪽 85m 지점에는 정중앙 대로에서 남서쪽으로 길게 두 개의 길이 있다. 길의 폭은 15m이고, 궁성 쪽으로 굽었으며 좌(左), 우(右) 액문(掖門)으로 통한다. 이는 요 상경의 제도를 참고한 것으로 문헌에서 말하는 '황성'으로 보인다. 성 중앙에는 "조상의 묘가 있고, 경종(景宗), 승천황후어용전(承天皇后御容殿)"등의 건축물이 있다.

궁성은 내성 중간 북쪽에 위치해 있다. 내성과 북벽을 함께 사용하였고, 정사각형으로 한 변의 길이가 1,000m이다. 항토 성벽은 홍수로 파손되었다. 네 모퉁이에는 각각 각루가 있다. 남벽 정중앙에는 보통 3칸의 창합문이 있었다. 문 안에는 폭 8m의 대로가 북으로 나 성 중앙의 궁전 유적과 닿아 있었다. 문의 동서 각 180m 지점에서는 두 개의 훼손된 부분이 발견되었는데, 이는 문헌과 대조해서 살펴보면, 좌, 우 액문이었던 것을 알 수 있다. 문 안에는 각각 북쪽 방향의 400m 길이의 도로가 있다. 이 도로의 끝부분에 궁전 터가 있다. 동쪽에 있는 것은 성종(聖宗)이 살던 무공전(武功殿)이다. 서쪽은 소태후(蕭太后)가 살던 문화전(文化殿)이다. 좌우 액문에서 북쪽 80m쯤 되는 곳에서 무공문과 문화문의 유적이 발견되었다.

요 중경에 대한 고고학 연구를 통해, 중경이 상경보다 북송 제도를 더 많이 실현했음을 알 수 있다. 예를 들어, 중성(重城)식 구조를 채택했다든가, 평면도 역시 개봉성과 매우 비슷한 점, 성시(城市) 중앙에 궁성을 배치하고 주변에 백성들의 집이 에워싸고 있는 점, 궁성과 황성의 배치 역시 북송의 변경과 서로 같다는 점을 알 수 있다. 주택지역과 상업지역이 서로 구분 없이 혼재하여 성시의 대부분을 차지하고 있었던 점 역시 변경과 유사하다. 이러한 것들은 '전연지맹(澶淵之盟: 1004년 북송과 요가 40여 년의 전쟁을 치르고 난 후 맺은 맹약, 이후 100여 년 동안은 전쟁이 없었다 – 역주)' 이후 거란족의 봉건화가 계속해서 심화되었음을 반영한다.

동시에 중경의 일부 지방은 여전히 당나라 제도[唐制]의 흔적 혹은 자신들의 특징을 유지하고 있다. 이 중에서도 가장 중요한 것은 방벽을 가진 이방(里坊)이 계속 존재하였다는 사실이다. 중경 외성 남쪽에는 주로 한족들이 거주하였고, 『승초록』의 기록에 의하면, 방벽이 있는 이방에서 한족들이 거주하였고 사병(土兵)들이 방문(坊門)을 지켰다고 한다. 이는 상경 양성제를 계승한 것이며, 외성 남부 산비탈이 한인 거주지와 시내 상점지역으로 집중 관리되는 등 요나라는 일관된 통치 방식을 고수하고 있었다는 것을 의미한다. 중경에서는 여전히 주민 관리에 특별히 주의를 기울였다. 주민들을 감시하기 위해 아서(衙署)와 사찰을 방시(坊市)와 주민지역 사이에 배치하였다. 특히 외성 서남 모퉁이에 있는 사찰은 높은 지대에 위치해 지세가 험하였으나, 주민을 감시하고 질서를 유지하기에 편리하였다. 대로 정중앙에는 시루(市樓)를 설치하는데, 문헌에 의하면 이러한 시루는 4개가 있었다고 한다. 상업중심지는 대로 양쪽에 설치했다. 그러나 자유롭게 길가에서 무역을 할 수 있지는 않았고 엄격하게 관리되는 시장이었다. 사실 한족과 그들의 생산 활동을 성 남부지역으로 한정하고 집중 관리한 것이다. 중경을 축조한 후 "한족을 거주하게(實以漢戶)" 한 것으로, 한족에 대한 관리를 중요시하는 것은 매우 당연한 일이었을 것이다. 그 밖에 내성 중앙에서 몇몇 터가 발견된 것으로 보아, 성 중앙에는 고정 건축물이 많이 있지는 않았던 것으로 보인다. 로진(路振)은 "길의 동서쪽으로 주민의 거주지는 없었으나, 낮은 담이 빈 땅을 막고 있었다"고 하였다. 또한 내성에는 '파오(유목민족의 주거용 원형 천막-역주)'가 있었다. 이 빈터는 파오를 만들기 위한 목적으로 남겨 둔 것이다. 이는 입성한 거란족이 전통적인 관습을 유지하기 위한 것으로 보인다.

4. 금의 상경(上京)과 중도(中都) 고고학

금은 차례로 3개의 도성을 축조하였다. 이 도성들의 구획이 점차 변화해

가는 것은 여진족 통치자가 계속해서 한족의 선진 문화를 받아들이려는 의도와 과정이 표현된 것이었다. 통치방식도 점차 당시 한족 정권에서 가장 발달한 중앙집권제를 받아들이기 시작하였다. 이는 황제의 권력을 강화하고 위엄을 세우고자 하는 것이 목적이었다. 금 남경(南京)은 몽고 군대의 압력에 내몰려 중도(中都)를 포기하고, 개봉(開封)으로 천도하게 되면서 축조되었다. 이때 도시의 구조는 대체로 남송 동경의 제도를 따랐다.

1) 금의 고도(古都): 금 상경(上京)의 조사와 연구

금 상경 회녕부(會寧府) 유적[속칭 백성자(白城子)]은 흑룡강성 아성현(阿城縣)의 남사리(南四里)에 위치해 있다. 왼쪽으로 아십하(阿什河)가 흐르는 금나라 초기의 도성지이다. 금 태조(太祖) 완안아골타(完顔阿骨打)가 황제를 칭한 1115년부터 해릉왕(海陵王) 완안양(完顔亮)이 정원(貞元) 원년(1153년) 연경(燕京)으로 천도할 때까지 이곳은 38년 동안 4명의 황제가 도성으로 사용하였다. 『대금국지(大金國志)』33권 '연경제도(燕京制度)'조의 기록은 다음과 같다. "국가 초기에는 성곽이 없었고 별처럼 흩어져 거주하였으며, 이를 '황제채(寨)', '상국채', '태자장'이라 부른다. 이후 황제채가 회녕부가 되었고 상경이 건설되었다(國初無城郭, 星散而居, 呼曰'皇帝寨', '相國寨', '太子莊', 后乘'皇帝寨'曰會寧府, 建爲上京)."[75] 태종(太宗) 때 상경의 외성이 갖춰지기 시작하고 부로 승격되었으며 정식으로 도성으로 정해졌다.[76]

태종 때(1123~1135년)는 금 상경이 대규모로 축조되던 시기이다. 천회(天會) 2년(1124년) 남성(南城)에 황성을 짓기 시작해 남북 이성(二城) 체제가 자리를 잡았다. 차례로 건원전(乾元殿)과 경원궁(慶元宮)을 지었다. 희종(熙宗)연간(1136~1149년)에는 주로 상경 황성을 확장하고 궁실을 지

....

75) 『大金国志校证』권33, 中华书局标点本, 470쪽.
76) 朱国忱, 『金源故都』, 114-119쪽, 北方文物杂志社 1991년 편집출판.

었다. 상경에 많은 궁전을 짓기 시작하였다.[77] 황통(皇統) 3년에는 종묘와 사직을 지었다. 『대금국지』에는 이렇게 기록되어 있다. 황통 6년(1146년) "상경 회녕부 내부가 너무 좁아 겨우 군의 치소와 같았다. 이에 오로의 공장으로 하여금 이를 허물고 새로 짓게 하였다. 규모는 변량성을 따랐으나 10분의 2, 3 정도만이 완성되었다(以上京會(寧)府舊內太狹, 才如群治, 遂役五路工匠, 徹而新之, 規模雖仿汴京, 然僅得十之二三而已)."[78] 연이은 수리와 확장으로 상경 회녕부가 탄생하였다. 특히 황성 궁실은 상당한 규모를 갖추었고 기타 경부(京府)와 비교되었다.

해릉왕이 희종을 시해하고 보위에 오른 1152년에 연(燕)으로 수도를 옮기기 시작하였다. 정원(貞元) 원년인 1153년에 정식으로 수도를 연경(燕京)으로 정하고 이름을 중도(中都)라고 하였다. 상경의 명칭이 아닌 회녕부라 하였다. 또한 종실과 귀족의 반란을 막기 위해 그들을 중원으로 옮겨가게 하였다. 정륭(正隆) 2년(1157년)에는 상경 궁전을 없애라고 명하였다. 『금사(金史)』 5권 『해릉양기(海陵亮紀)』에는 이렇게 기록하고 있다. 정륭 2년 "임인년 10월에 옛 궁전, 여러 귀족 저택과 저경사(儲慶寺)를 허물도록 회녕부에 명하였다. 오랑캐들은 여전히 이곳에 농사를 지었다(十月壬寅, 命會寧府毀舊宮殿, 諸大族第宅及儲慶寺, 仍夷其址而耕種之)." 금 세종(世宗)이 왕위에 오른 후 대정(大定) 2년(1162년)에는 상경 궁전을 중건하기 시작하고, 이때 제사를 지낸다.[79] 대정 13년(1173년)에는 "회녕부를 복원하여 상경이라 하였고(復以會寧府爲上京)", "대정 21년에 궁전을 다시 수리했다(大定二十一年復修宮殿)."[80] 대정 24년 세종이 상경을 순찰할 때 이미 상당한

....

77) 『金史』 권24 「地理上」, 中华书局标点本, 550쪽.
78) 『大金国志校证』 권13 「纪年·熙宗孝成皇帝四」, 中华书局标点本, 174쪽.
79) 『金史』 권33 「礼志六」 庙条에는 원래 "세조 대정 2년 12월에 '회녕부는 국가를 흥하게 하는 지역이므로 경원궁터에 9칸의 정전을 지어 옛이름으로 부르고 제사를 지내라'는 조서를 내렸다(世祖大定二年十二月, 诏以'会宁府国家兴王之地, 宣就庆元宫址建正殿九间, 仍其旧号, 以时荐享')"고 적고 있다. 中华书局标点本, 787쪽.
80) 『金史』 권24 「地理上」 '上京路'条 기록 참고. 中华书局标点本, 550-551쪽.

정도로 회복되었다. 그러나 황제는 항상 중도에 거주하였다. 상경에 온 것은 한 번뿐이었다. 아무튼 세종 대정 연간은 상경 회녕부의 황성과 궁실이 복원된 '중흥(中興)'기였다.

금 정우(貞祐) 3년(1215년), 포선만노(蒲鮮萬奴)가 금을 배신하고 자립하여 여러 번 상경을 노략질하고 종묘를 불태워[81] 상경은 다시 한 번 크게 훼손되었다. 원나라 초, 금 상경은 원나라 수달달로(水達達路)의 주요 도시가 되었고, 원나라 말기에는 진녕주(鎮寧州)를 설치하였다.[82] 명대에 이곳은 노아간(奴兒干)지역으로 통하는 중요한 역참 지역으로 동서 땅과 물길을 연결하는 거점의 하나였다. 청나라 초 성곽의 벽돌은 아성현(阿城縣) 성을 짓는 곳으로 옮겨졌으나, 그 후 이 성곽은 폐기되어 없어졌다.

20세기에 들어서 일부 외국학자들이 금 상경에 대한 현지 조사와 소규모 발굴을 시작하였다. 일본인 시라토리 구라카치(白鳥庫吉)가 가장 빨리 조사에 착수하였으나, 주로 지표 조사에 국한되었다.[83] 1925년 하얼빈에 체류하던 러시아 학자 A. C. Marchev(道利馬切夫)가 성터에 대한 소규모 도굴을 했지만 연구 보고서는 없다. 도리이 류조도 금 상경 유적을 여러 번 조사하고 비교적 자세한 연구를 진행하였다.[84] 1936년 소노다 가즈키(園田一龜)는 금 상경 유적을 조사하였다. 주요 대상은 왕성과 궁전 터이며 규모가 비교적 컸다.[85] 1937년 위만(偽滿) 아성현장(阿城縣長) 주가벽(周家璧) 역시 상경 성터와 주위 유적에 대한 고고학적 조사를 진행하였다.[86] 이러한 작업으로 주요 자료를 얻었을 뿐만 아니라 현재까지 보존될 수 있었다.

....

81) 『金史』권103 「纥石烈桓端传」과 『金史』권122 「忠义传二·梁持胜传」, 中华书局标点本, 2299, 2665쪽 참고.
82) 주 76과 같음. 195-196쪽.
83) 白鸟库吉, 「关于金上京」, 『考古界』 8편 9호, 1909년 12월 20일.
84) 鸟居龙藏, 「金上京城及其文化(上)」, 『燕京学报』 35기, 1948년.
85) 园田一龟, 「金の上京址·白城に就いて」, 『考古学杂志』 제29권 7호, 1939년.
86) 周家璧, 『金都上京会宁府白城遗址考略』, 1937년.

20세기 후반 흑룡강성 학자들은 여러 번 금 상경성을 조사하였다. 상경성 유적을 실측하여 이해의 폭을 넓혔다.[87] 동시에 주변지역 유적에 대한 조사와 발굴도 진행하였다. 소령(小岭) 일대에서 적지 않은 철광갱을 발견하였고, 아십하(阿什河)와 강 지류 연안에서 몇몇 고대 용광로를 발견하였다. 그 밖에 상경 성내에서는 상경로(上京路)에서 발견한 관인(官印)과 허리띠, '상경적가기(上京翟家記)'라는 도장이 찍힌 은팔찌, '상경(上京)'이라는 글자가 있는 은괴, '상경순경원(上京巡警院)' 등이 새겨진 동경 등 금나라 때 유물이 출토되었다. 또한 금대 묘와 가마 속에서 동전과 은그릇 등을 발견하였다.[88]

금 상경은 남북 두 개의 성으로 나뉜다. 도시의 구조와 기능이 요 상경성과 매우 비슷하며, 또 금나라 초기 도성의 특징을 가지고 있다(그림 6). 상경 성터의 평면도는 ㄱ자형이다. 남성(南城)은 남북 길이 1,528m, 동서 폭이 2,148m이다. 북성은 길이 1,828m, 폭 1,553m이다. 양 성 사이에는 벽[격장(隔墙)]을 만들었고 서로 통하는 문이 있었다. 두 성의 둘레는 10,873m로 22화리(1華里는 500m임 – 역주)가 안 되어 요 상경성보다 약간 작다. 항토 판축의 성벽 높이는 3~5m, 그 폭은 7~10m이다. 외성 벽에는 마면 89개가 현존한다. 사이 간격은 80~130m로 서로 차이가 있다. 전체 성에서 9개의 성 문지가 발견되었다. 중간 부분 담장 동쪽에 있는 것 하나를 제외하고 모두 옹성이 있다. 성 주위로는 해자 유적이 있다.

황성은 '대내(大內)'라고도 하고 남성 북부 서쪽에 위치해 있었다. 이 점은 요 상경과 다르다. 어떤 학자는 이것이 여진족이 서쪽을 중시하던 전통적 관습과 관계가 있다고 여긴다. 문헌기록에 따르면, 이것은 남송 동경

....

87) 许子荣,「金上京会宁府遗址」,『黑龙江文物丛刊』1982년 제1기. 敬斋,「金代上敬会宁府」,『黑龙江史志』1984년 제1기.
88) 閤井泉,「金上京故城内发现窖藏银器」,『黑龙江文物丛刊』창간호, 1981년. 张连峰,「金上京会宁府遗物」,『学习与探索』1979년 제5기, 封2. 王永祥,「阿城五道岭地区古代冶铁遗址的初步研究」,『黑龙江省博物馆资料汇编』제1집, 1964년.

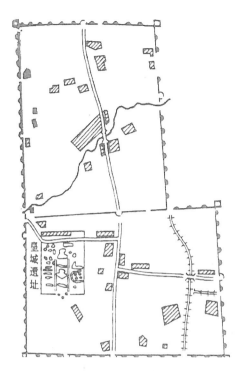

그림 6 금 상경 유적 평면도(『대백과전서·고고학』에서 전재)

과 요 중경을 모방하면서 점차 완성된 형태이다. 현재 발견된 황성 유적은 세종 시기에 중건한 것으로 보인다. 남북 길이 645m, 동서 폭 500m, 둘레가 2,290m로, 합쳐서 4.09송리(宋里) 정도이고, 황성 벽 담장의 폭은 6.4m 이다. 현재 황성 남벽에는 오문(午門) 유적이 보존되어 있다. 오문 앞에는 궐(闕)이 있고, 오문 뒤의 중축선(中軸線)에는 5개의 기단이 남아 있다. 뒤쪽에는 두 무리의 건물 터가 있는데, 앞쪽 건물과 뒤쪽 건물 중간에 주랑(柱廊)이 있어, 바닥은 '工'자 모양을 이룬다. 정전(正殿) 양쪽에는 좌랑(左廊)과 우랑(右廊) 터가 있고, 현재는 각각 길이 약 380m, 폭 약 11m 정도가 남아 있다. '工'자형 건물 터와 이런 전랑(殿廊) 구조는 전형적인 송대 제도이고, 개봉에서 발견된 '용정대전(龍亭大殿)'과 상당히 흡사하다. 희종(熙宗) 때 "허물고 새로 지었다(撤而新之)"는 "대내"는 북송 동경의 대내와 규모가 비슷할 뿐 아니라 궁전 건축도 북송의 제도를 많이 모방했다. 내성의 기타 유적은 비교적 흩어져 있어 어떤 규칙을 도출해 내기는 어렵다.

상경의 북성 안으로 하나의 수로가 성을 비스듬히 통과하고 있는데, 아마 양쪽에 방(坊)이 있었을 것으로 추측된다. 북성 남부에서는 제철 찌꺼기와 해면철조각이 있는 유적이 발견되었다. 북성에 철을 제련하고 가공하는 작업장이 있었다는 증거로 여기가 수공업 생산지역이었음을 말해 준다. 또한 학계 일부에서는 태종 시기에 이미 북성을 확장하고 남성을 짓기 시작했다고 주장한다. 남북성 사이의 벽(격장)에서는 대량의 제철 찌꺼기가 발견되었다. 북성에서 흙을 채취할 때 가져온 것으로 보인다. 이로써 북성의 철 제련소 혹은 공방이 매우 일찍 조성된 것으로 보인다. 북성에 현존하는 5개의 성문과 구덩이 흔적을 보면, 성안의 도로는 불규칙한 십자형 도로였을 것으로 추정되고, 이 도로는 성안을 불균등한 4개의 지역으로 나누었을 것이다. 남성 지역 도로의 주요 골격은 성문의 위치로 추정해 보건대, 황성 동쪽은 동향의 'ㅜ'자 모양의 길이 형성되었을 것으로 보인다.

금 상경성의 평면은 요 상경을 모방하여 남북 성으로 나뉜다. 남성은 여진족의 거주지이고, 북성은 상공업 지구였다. 여진족과 기타 민족을 나누어 통치하려는 목적으로, 여진족 귀족들은 건국 초기부터 요나라의 도성 제도를 쉽게 받아들였다. 북성을 먼저 건설하고(격장 및 옹성의 방향에 근거해), 일정 정도 축조 후, 남성을 '여진족 거주지'로 확장하였다. 따라서 남성은 개봉 내성의 의미를 가지고 북성은 외성에 해당되었다. 궁전에 활용된 'ㅗ'자형은 북송 이후부터 발전한 것으로, 금 상경 역시 송대의 선진 건축 기술을 받아들였다는 사실을 뒷받침한다. 성안의 유적은 무질서하게 흩어져 있어 통일된 규칙이 없어 보인다. 문헌기록에 의하면, 초기에 주민들은 스스로 흩어져 살았다. 그래서 이런 거주지가 불규칙적으로 형성되는 여진족 초기 사회 풍습이 반영된 것으로 보인다.

2) 번화한 신도(新都): 금 중도(中都)

금 중도 유적은 명청대 북경성 밖의 서남부에 위치한다. 지금의 북경시 선무구(宣武區)이다. 금 해릉왕이 보위에 오른 후, 그는 구도(舊都) 상경은 토지가 매우 척박하고 교통이 불편하며, 장성 안쪽의 연경(燕京)은 "땅이 넓고 토지가 비옥하고 인물이 많고(地廣土堅, 人物蓄息)", "그야말로 천지의 중심이다(乃天地之中)"라고 하였다. 그래서 천덕(天德) 3년(1150년) 3월, 인부 80만과 병사 40만 명을 징용해, 요나라 남경(南京)의 옛 성터 연경을 증축하고, 천덕 4년에 완성해 이주하였다. 정원(貞元) 3년(1153년)에는 "연경을 중도(中都) 대흥부(大興府)라 하였다, 변경(汴京)을 남경(南京)이라 하고 중경(中京)을 북경(北京)이라 하였다."[89]

① **금 중도에 대한 고고학 조사:** 금 중도에 대한 고고학 조사는 1950년대를 전후해 시작되었다. 1959년 베이징대학 염문유(閻文儒) 교수는 금 중도에 대한 조사를 시작하고 조사 보고서를 작성했으며, 복원 연구를 진행하기도 하였다.[90] 일부 학자는 금 중도(中都) 일부 유적에 대한 기록을 남겼다.[91] 1966년 중국과학원고고연구소는 외랑성(外廊城) 성벽, 궁성, 궁전, 길 등 유적에 대한 조사와 실측을 실시해 금 중도의 기본 구조를 파악하는 등 중대한 성과를 거두었다. 그 성과는 다음과 같다.

A. 외성의 위치와 방향을 확인하고 그 길이를 추정하였다.[92] 또한 조사를 통해 외성 각 성문의 위치를 파악하였다. 특히 광태문(光泰門)의 존재를 밝혀내어, 『금사』에 기록된 북성 4개 성문에 대한 기록을 증명하였다.

B. 1950년대 연하로(沿河路)를 건설하면서 궁전 터를 발견하였다. 조

....

89) 『金史』 권5 「海陵」 및 『金史』 권24 「地理地上」 '中都路'条, 中华书局标点本, 91-121, 572-573쪽 참고. 『大金国志校证』 권13 「纪年·海陵炀王上」, 中华书局标点本, 185-192쪽.

90) 閤文儒, 「金中都」, 『文物』 1959년 제9기.

91) 王璧文, 「凤凰嘴土城」, 『文物参考资料』 1958년 제8기.

92) 「金中都的考古调查与发掘」, 『北京考古四十年』 제4편 제2장 제1절, 北京燕山出版社 1990년.

사를 거처 황성의 위치와 길이를 확정하였고, 이전 왕조의 대안전 (大安殿) 터에 대한 탐사도 시작하였다. 이로써 금 중도의 중축선 (中軸線)을 정확히 파악하게 되었다.

C.조사와 연구를 통해 금 중도의 일부 도로 체계를 이해하였다.[93] 1990년 북경시 서상공정 건설 중 금 중도 남쪽 성곽의 담장 배수 유적을 발견하였다. 이는 송·금 시기의 '권련수창(卷輦水窓)' 제도 를 이해할 수 있는 실례를 제공함과 동시에 금 중도성 안의 수계 (水系) 방향을 연구하는 데 매우 중요한 실증적 자료를 제공한 것이 다.[94] 또한 금 중도의 궁성지역에 대한 조사 사업으로 항토 기단 13 곳을 발견하였고, 대안전에 대한 발굴도 진행하여, 대안전이 요대 궁전을 증축한 것이라는 사실을 밝혀내었다. 1996년에는 '금왕행 궁(金王行宮)' 공정을 위해 금 중도 '태액지(太液池)'에 대한 조사와 발굴을 진행하였다. 이로써 태액지의 초기와 말기 두 시기의 범위 와 변화를 증명하였고, 요지전(瑤池殿)과 어조전(漁藻殿)을 발굴하 였다.[95]

② 금 중도의 편제: 금 중도 외곽성은 대략 직사각형이다. 네 벽의 길이 는 서로 다른데, 서벽 4,530m, 동벽 4,510m, 남벽 4,750m, 북벽 4,900m이 다(그림 7). 성의 동남 모퉁이는 지금의 베이징 남역 서남 사로(四路)와 통 한다. 동북 모퉁이는 지금의 선무문(宣武門) 내 취화가(翠花街)에 있었고, 서북 모퉁이는 지금의 군사박물관 남쪽의 황정자(皇亭子)에 있었다. 서남 모퉁이는 지금의 풍대구(豊臺區) 봉황취촌(鳳凰嘴村)에 위치하였다. 중화 인민공화국 건국 초기까지도 서벽과 남벽 유적들이 많이 남아 있었다. 서

....

93) 徐苹芳,「金中都遺址」,『大百科全书·考古学』권, 238쪽.

94) 「金中都南城垣水关遺址」,『中国考古学年鉴·1991년』, 文物出版社 1992년.『中国考古学年鉴 ·1992년』150쪽, 文物出版社 1988년판.

95) 「金中都宮殿遺址」,『中国考古学年鉴·1991년』, 文物出版社 1992년판.「金中都'太液池'遺 址」,『中国考古学年鉴·1996년』, 文物出版社 1988년판.

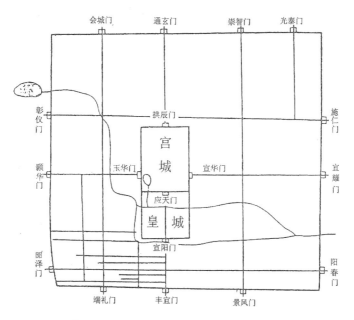

그림 7 금 중도성 실측도(『중국역사고고학논총』)

벽 남부의 갈자문(蝎子門)은 여전히 높이 6m, 바닥 폭 18.5m, 문 폭 약 30m가 되는 유적이 보존되어 있었다. 이는 여택문(麗澤門) 유적으로 보인다. 조사를 통해 외곽성에는 성문이 13개 있었음을 확인하였다. 이는 『금사』의 기록과 같지만 『대금국지(大金國志)』의 기록과는 다른데, 여기에는 광태문에 대한 기록이 없다. 조사를 통해, 내성의 도로가 대부분 현재 베이징 옛 성 안으로 이어지고 있는 것과 옛 성 밖으로도 이어지고 있는 것을 확인하였다.

궁성은 전체 성의 중앙에서 약간 서쪽으로 치우쳐 있었다. 평면은 직사각형이고 황성은 궁성의 남쪽에 있었다. 선양문(宣陽門), 응천문(應天門), 대안전(大安殿)의 위치를 확인하였다. 전조(前朝)는 대안전으로 8칸[間]짜리 건물이고, 터 안에는 주춧돌 받침[상돈(磉墩)]이 방치되어 있었다. 대안전 북쪽에는 가로 길이 하나 있는데, 이 길이 궁성을 두 부분으로 나눈다. 북쪽이 내조(內朝)이고, 정전(正殿)은 인정전(仁政殿)이다. 궁성의 위치는 현재 광안문(廣安門) 밖의 빈하(濱河) 남로(南路)이다. 궁성지역의 모든 지형은 높고, 약 2m의 토대(土臺)가 남아 있다. 여기에서 대안전, 인정전 등의 흔적을 발견하였다. 그 면적은 동서 폭 60m, 남북 길이 200m 였다. 기단의 항토층은 매우 단단히 다져져 있으며 많은 양의 석회가 섞여 있었다. 이는 습기를 막고 터를 단단히 하기 위한 것으로 보인다. 석회의 사용량이 놀라울 정도로 많았다. 1956년 수리한 빈하 남로가 이 토대를 관통하면서, 다량의 황록색 유리기와 파편이 출토되었다. 유리 조각의 바탕은 매우 조밀하였고, 유약층은 매우 두텁게 잘 응고되어 있었으며 무늬가 매우 정교하였다. 문헌에는 "연경 궁궐의 화려함은 고금을 막론하고 최고였다(燕京宮闕華麗爲古今之冠)"고 기록되어 있다. 유적의 상태로 보아 이는 과장된 것이 아닌 것으로 생각된다. 궁전 터 서쪽에는 강, 호수, 갈대, 저수지가 이어졌다. 거리가 1000여 m 정도였다. 이는 예전부터 연계(燕薊)지역의 유람지인 세마구(洗馬溝)인데, 금나라 조정은 그것을 궁성 안으로 편입하였다. 역대 황성 중에서 이렇게 큰 궁원(宮苑)을 지은 유래가 없으나 금 통치자는 여전이 부족하다고 여겨, 지금의 북해(北海) 경화도(琼華島)에 이궁(離宮)인 대녕궁(大寧宮)을 또 만들었다. 북송 변경의 간악(艮嶽) 산의 돌을 가져와 지었다고 한다.

금 중도의 도로 체계는 두 가지이다. 이미 조사를 통해 정확히 밝혀진 풍의문(豊宜門) 대로와 단예문(端禮門) 대로에서 회성문(會城門) 대로 사이의 일부 도로들이다. 풍의문과 단예문 사이에는 동서방향의 작은 골목들이 많이 있었다. 이 부분은 금 중도(中都)의 요대 남경 터에서 확장된 부분으로, 북송의 변량을 모방해 개방식 도로를 채용한 것이다. 동쪽으로 새로 확장한 부분은 현재 베이징 거리에서 보면 대부분 남북향의 도로이다. 예를 들어 선무문(宣武門) 대로, 즉 금 중도의 광태문 대로 양쪽에 있는 춘수(椿樹) 골목과 섬서(陝西) 골목 등이 개방형이다. 요 남경 옛 도성 범위 내의 도로는 기본적으로 사각형의 방제(坊制) 구조가 보존되어 있었다. 요 남경 석진부(析津府)는 실제로 당나라 유주성(幽州城)의 서남 모퉁이에 있는 옛날 관청을 양전(涼殿)으로 수리해 황제의 행궁으로 만든 것이다. 거리 체계는 요주의 井자형 도로 구조를 따랐다. 간선도로 사이에는 방(坊)을 배치하고, 방 안에는 십자로가 있고 네 개의 방문(坊門)과 연결되어 있다. 방은 다시 작은 십자로로 나누었다. 민충사[憫忠寺: 지금의 법원사(法源寺)]에 있는 방 중에는 아직도 이런 모습을 볼 수 있다. 금 중성은 요 남경의 도로를 그대로 사용하였다. 이 도시에서는 폐쇄 방제와 개방식 장항제(長巷制)가 공존하였고, 이는 금 중도의 특징 중 하나가 되었다. 중국 도시 구획이 수당 시기의 폐쇄식 방제에서 송 이후 개방식 장항제로 변화하는 과정을 잘 반영하고 있다.

③ 금 중도의 특징: 금 중도에서는 도성 건설과 관련하여 새로운 변화가 나타난다. 우선 중축선을 강화하여 변화가 더욱 두드러졌다. 그 중축선은 풍의문-선양문-응천문이다. 중축선 왼쪽으로는 종묘가 있고, 오른쪽에는 3성 6부의 아서가 있었다. 문헌에는 길 양쪽으로 복도가 있고, 복도 문을 열면 천보문(天步門)이 있었다고 기록되어 있다. 금 중도의 설계는 중축선의 최북단이 요대의 천녕사탑(天寧寺塔)을 향해 있다는 데 특별한 의미가 있다. 이는 기타 건축 혹은 경관을 이용한 대경(對景) 설계이다. 이런 '대경' 배치는 수많은 금대 대형 건축물에서 볼 수 있다. 이것은 중요 건축에 대한 관리를 강화하기 위한 것임과 동시에 불교를 존중하고 풍수를 선택한다는 의미가 담겨 있다. 역대 도성 중축의 역사 중 이러한 배치는 금 중도에 와서 새롭게 발전한 것이다. 풍의문에서 들어가 곧게 뻗은 어로(御路)를 지나 황성 안의 가장 큰 대안전까지 가면 800여 m에 달한다. 건물은 높게 솟아 있고, 건물 뒤에는 더 높은 각(閣)이 있다. 그 기세가 사람들을 압도하고 더 먼 곳을 돌아보면 더욱더 높은 불탑도 보인다. 이 경관이 위엄을 자아낸다. 그렇게 큰 건축물들을 배치한 이유는 황제의 존엄을 강조하기 위함이다. 그 목적은 도성 방어와 이데올로기의 장악에 있었다.

다음으로는 궁전에 각(閣)을 만들기 시작한 것이다. 『금사』는 여러 곳에 향각(香閣)에 대한 기록을 남기고 있다. 산서(山西) 번치(繁峙) 암산사(巖山寺) 주요 전각의 뒤쪽 벽에는 궁전 벽화들이 있는데, 이는 금 중도의 궁전을 그린 것이다. 이 건물들의 이미지에서 가장 마지막의 건물이 향각이라는 것을 알 수 있다. 향각은 이층으로 된 누각식 건축물이다. 이런 설계는 원나라 원(元) 대도(大都)에서는 후궁(後宮)의 연춘각(延春閣)으로 발전하였다.

　세 번째로는 궁성 사방에 배치한 원림(苑林)은 궁에서 차지하는 면적이 매우 넓어 궁정의 원유[園囿: 동식물을 키우는 황가화원(皇家花園) − 역주]화 현상에 주목하게 된다. 소수민족이 건립한 궁성에서 주로 나타난다. 특히, 원대 상도(上都)도 원림화 성격이 매우 강하다. 청대 피서 산장도 이런 성격으로 보인다.

3장 원명(元明)대 도성의 조사 및 연구

원명(元明) 시기 도성제도는 비록 송요금(宋遼金) 시기의 것을 이어받았지만 새롭게 나타난 현상도 많다. 특히, 원(元) 대도(大都: 수도 – 역주)는 송대(宋代) 이후 생성된 도시 변혁의 결과물로 중국 도성 발전사에서 아주 중요한 도시다. 또 원대에는 제2 수도와 행궁(황제가 순행 시 머물던 곳 – 역주) 제도가 매우 발달해서 청나라 때까지 도성과 관련된 많은 제도들이 계승되었다. 그러므로 본문에서는 원명 양대 도성을 특별히 하나의 단락으로 소개한다.

1. 조내만소묵(兆奈曼蘇默): 원대 제2 수도 상도(上都) 유적

1) 원대 상도의 건축 및 지위

원나라 상도는 몽고어로 '조내만소묵(兆奈曼苏默)'이라고 한다. '108개의 사원이 있는 곳'이란 뜻이다. 오늘날의 내몽고자치구 석림곽륵맹정람기(錫林郭勒盟正藍旗) '오일목장(五一牧場)' 내 난하(灤河) 상류[섬전하(閃電河)]의 북쪽 해안에 자리하고 있다. 이곳의 뒤쪽은 남병산[南屛山: 용강(龍崗)]이고, 남쪽은 유명한 금연천(金蓮川) 평원이다. 상도성(上都城)은 일찍이 원의 수도였으나, 원 대도가 축조된 후, 상도는 여름에 이용하는 피서를 위한 도시가 되었다. 그러나 원의 멸망까지 정치, 경제, 군사와 문화적 방면에서 매우 중요한 위치에 있었다.

몽고(蒙古) 헌종(憲宗) 원년(1251년)에 쿠빌라이는 황제의 동생이라는 지위를 이용해 고비사막 남쪽 한나라 땅의 군사를 총괄하였다. 헌종 5년(1255년) 쿠빌라이 칸은 금연천에 부(府)를 열고, 세상의 명사들을 널리 모아 유명한 '금련천막부(金蓮川幕府)'를 설립하고 몽고제국의 전통 정치 방식을 바꾸는 등 한식 통치로 가는 발걸음을 시작하였다. 헌종 6년(1256년)

쿠빌라이는 한족 책사 유병충(劉秉忠)으로 하여금 일정 지역을 정해 성곽을 짓게 하고 장기적으로 침략을 준비하는 곳으로 삼았다. 유병충은 항주(恒州) 동쪽을 선택한 뒤, 난수(灤水) 북쪽의 용강에 성을 짓기 시작하여 3년 후 완성하였다. 이 도성은 용강을 뒤로 하고 남쪽은 난하와 접해 있어 눈 앞에 끝없이 펼쳐진 초원이 있었기 때문에 '개평(開平)'이라 하였다. 중통(中統) 원년(1260년) 쿠빌라이는 이곳에서 칸의 지위를 계승하여 개평부를 임시수도로 정하고 중서성(中書省)을 두어 전국의 정무를 총괄하였다. 중통 4년(1263년) 정식으로 상도로 명명하였으며, 상경(上京), 난경(灤京)이라 부르기도 하였다. 또한 이곳을 근거지로 중국 통일의 대업을 시작하였다. 중원 지역을 통제하기 위해 원 지원(至元) 4년(1267년) 쿠빌라이는 수도를 축조할 것을 명령하였다. 중통 6년 8월 "개평부는 궁정이 있는 곳이며 이름을 상도로 한다. 연경(燕京)에 궁전을 짓도록 하고 각각 성을 세워 사방이 서로 만날 수 있게 한다"[1]라는 기록이 있다. 지원(至元) 24년(1286년) 대도가 축조된 후, 상도는 원 황제와 제후, 귀족들의 여름 별장으로, 공무를 보는 곳이자 사냥 및 고비사막 북쪽의 제후들이 동맹을 맺거나 해외 사신들을 접견하는 곳이 되었다. 원의 주요 행정 기구인 중서성, 추밀원(樞密院), 어사대(御史臺), 선정원(宣政院)에 분아(分衙) 혹은 소속 관서가 모두 상도에 있었다. 이처럼 상도와 대도는 모두 전국을 총괄하는 주요 정치 중심지였다.

원나라 상도는 지정(至正) 18년(1358년)과 지정 23년 두 번이나 홍건적에게 침략당했으며 궁전 등 건축이 완전히 파괴되었다. 지정 25년(1365년) 원나라 순제(順帝)가 상도의 궁전을 다시 수리하고자 하였으나 이미 국력이 쇠퇴하여 여력이 미치지 못하였다. 원 멸망 후, 명 홍무(洪武) 2년(1369년)에 원래대로 상경이 아닌 개평부라 하였고, 행정구역의 기능을 없애고 군사적 용도로 사용하였다. 선덕(宣德) 5년(1430년) 개평부가 독석구

....

1) 『大元聖政國朝典章』 권1 「建國都詔」, 『續修四庫全書』, 제787책, 上海古籍出版社 1995년판.

(獨石口)로 바뀌면서 도시 기능이 폐기되었다.

2) 원대 상도에 대한 고고학 발굴 작업

상도는 폐기된 후 다시 도성으로 활용되지 않아서 보존 상태가 비교적 좋다. 지금은 여행 성지가 되었으며, 잊혀진 고대 도시를 대표하는 곳이 되었다. 관련 고고학 조사는 송원명 고고학 중 가장 빨리 전개되었고 매우 중요한 작업 중의 하나였다.

1937년 일본 도쿄제국대학 하라다 요시타(原田淑人)와 고마이 카즈치카(駒井和愛)는 원대 상도 유적을 발굴하여 다량의 유물을 수습하고 바로 보고서를 간행하였다.[2] 이 작업과 보고서는 오늘날 전개된 원대 상도 고고학 연구의 중요한 참고 자료가 되었다. 왜냐하면 그 당시에 존재했던 많은 유적이 오늘날에는 이미 폐기되고 존재하지 않기 때문이다.

1956년과 1973년 내몽고문물공작대와 내몽고대학은 연이어 상도에 대한 조사를 진행하였다. 고고학 조사와 실측을 통해 상도의 기본적인 도시 구조를 명확히 알게 되었다.[3] 또한 많은 건축 유적과 정원을 조사하였다. 예를 들어 성 북부의 왕의 정원, 황성 네 모퉁이의 공자묘[孔廟], 화엄사(華嚴寺), 건원사(乾元寺), 대용광화엄사(大龍光華嚴寺), 궁성 안의 각종 건축들과 망루식의 목청각[穆淸閣: 처음에는 대안각(大安閣)으로 여겼다],[4] 및 성 밖 대로 주변의 거주지와 창고 터 등이다.

1990년대 내몽고문물고고연구소는 전문 고고학조사단을 조직하여 원나라 상도에 대한 체계적인 조사, 측량, 발굴을 진행하였다. 이 작업은 몇 년간 지속되었고 궁전 중앙에 위치한 대안각을 발굴하였으며 궁전 북쪽의 망루식 목청각을 실제로 실측하여 많은 중요 자료를 얻었다. 이런 작업의 기초 위에 1997~1998년 중국역사박물관의 원격탐지센터와 항공촬영고고

....

2)   原田淑人, 駆井和愛, 『上都』(東方考古学丛刊乙种第二册), 東亜考古学会, 1941년.
3)   賈洲杰, 「元上都调查报告」, 『文物』 1977년 제5기.
4)   叶新民, 「元上都宫殿楼阁考」, 『內蒙古大学学报』(哲社版), 1987년 제3기.

학센터의 협조로 원나라 상도에 대한 고고학 항공촬영을 진행하여 중요한 성과를 얻었다.[5)]

3) 원대 상도의 건축 방식과 특징

원대 상도 유적은 보존 상태가 좋은 편이다. 상도는 궁성(宮城), 황성(皇城), 외성(外城)과 그 일대 등으로 구성되어 있다(그림 8).

궁성은 내성의 중앙부에서 편북방향에 위치하며 평면은 직사각형이다. 동서 너비 570m, 남북 길이가 620m이다. 성벽은 땅을 다져서 만들었고 외부 표면은 벽돌로 둘렀다. 성벽의 높이는 약 5m, 바닥 너비는 10m, 꼭대기 너비 2.5m로, 줄어드는 비율이 비교적 큰 편이다. 네 모퉁이에는 각루(角樓)가 있고 3개의 문이 있는데 정남쪽의 문은 양덕문(陽德門)이다. 또 동화문(東華門), 서화문(西華門)이 있고 북문은 없다. 궁성 바깥 24m 지점에 쌓아 두른 협성(夾城)이 있다. 바닥 너비가 1.5m로 마치 양마성(羊馬城: 방어를 위하여 성 외곽을 둘러싼 울타리 – 역주)과 닮았다. 담장 바깥을 두른 길은 병사들의 순찰을 위한 것이다. 궁성 안의 도로는 '丁'자 모양이며 각각 동쪽, 서쪽, 남쪽 세 개의 문으로 통한다. 남북방향 대로 북단에는 독립적인 방형의 궁성 터가 있는데 한 변의 길이가 60m, 높이가 3m이다. 아마도 궁성 중 가장 주요한 건축인 대안각으로 추정되고, 금 시기 남경(현 개봉)의 희춘각(熙春閣)을 옮겨 개축한 것으로 상도의 상징적인 건축이다. 또한 칸이 조정에 나와 정무를 논하던 곳이며 국가의 중대한 예식을 거행하던 곳이기도 하다. 그 당시 쿠빌라이가 니콜로 폴로와 그의 아들 마르코 폴로를 연이어 대안각에서 접견하였다. 도시의 중심축선 좌우로는 전혀 규칙적이지 않고 들쑥날쑥하게 만들어진 건축물 군락이 분포되어 있다. 중심축선의 북쪽 벽 북문 자리에는 한 쌍의 궐식으로 된 대형 건축물이 있

....

5) 中国历史博物馆遥感与航空摄影考古中心 等 편저, 『內蒙古东南部航空摄影考古报告』, 科学出版社 2002년판.

84 | 중국 고고학—송·원·명

그림 8 원대 상도성 실측도

는데, 유명한 목청각이다. 상도는 행궁의 특징에 따라 설계된 것이기 때문에 건축의 배치가 규범에는 맞지 않는다.

황궁은 외성의 동남쪽에 위치하며 한 변의 길이가 1,400m인 직사각형이다. 외성의 동남쪽 성벽을 이용하여 만들었다. 남벽과 북벽의 각각 한 개의 문에는 사각형의 옹성(甕城)이 있다. 동서쪽 성벽에는 각각 2개의 문이 있는데 말발굽 모양의 옹성이 있다. 성벽은 흙을 다져 쌓아 올렸고 돌을 쌓아 둘렀다. 바닥 너비는 12m, 꼭대기의 폭은 2.5m인데 현존 높이는 6m이다. 성곽 바깥 측면에는 150m 간격으로 마면(馬面)을 배치하였고, 성의 네 모서리에는 크고 높은 각루가 있었다. 황궁 내의 도로는 가지런하게 정리되어 있고 좌우대칭을 이루고 있지만 너비가 일정하지 않아 주요 도로와 간선도로가 분명하다. 궁성 밖의 정남방향 도로는 폭이 25m이다. 이 도로의 양쪽으로 각각 전체 도시의 남북방향 도로를 관통하는 15m의 대로가 있어, 궁성의 남쪽 지역을 사등분한다. 거리의 양쪽으로 흐릿하게 비교적 큰 정원 유적이 보이는데 이것은 관청 건물로 추정된다.

문헌에서 알 수 있듯이 황궁 안에는 많은 관청과 사찰들이 있었다. 그러나 현재는 네 모퉁이의 사찰 유적만이 문헌에서 확인되고 있다. 동남 모서리는 공자 사당이며 건물을 앞뒤로 배치한 유적이다. 남서 모퉁이 부분은 화엄사이다. 이곳의 지반 조건이 좋지 않아 지반의 움푹 들어간 곳 안에 나무 기둥을 박아 견고함을 더했다. 북서 모서리는 건원사이며 앞뒤로 들어가는 정원이 있다. 앞쪽은 회랑을 가지고 있는 주 궁전이다. 북동 모서리는 대용광화엄사로 규모가 크다. 3중으로 병렬되어 있는 정원이 있다. 중간 정원이 주가 되며 정원 안은 앞쪽으로 달을 감상하기 위해 쌓은 단이 있고 뒤로는 복도가 있으며, 중간에는 불상을 모시는 단이 있는 궁전 터이다. 이처럼 내성 네 모퉁이에 종교 혹은 예를 갖추기 위한 건축물을 배치한 것은 매우 특색 있는 설계이다.

외성은 황성의 서쪽과 북쪽 성벽이 접하고, 전체적으로 정사각형이다. 한 변의 길이가 2,200m로 전체 성곽은 땅을 다진 판[夯土板]을 이용해 축조한 것이다. 보존이 가장 잘된 성곽은 높이가 5m, 아래 폭이 10m, 위쪽의 폭이 2m이다. 남쪽과 서쪽 성벽에는 각각 문을 하나씩 만들었다. 서쪽 성벽의 성문에는 U자형(말발굽형)의 옹성이 있고, 북쪽은 문이 두 개다. 남북 성곽의 성문에는 사각형의 옹성이 있다. 상도의 성문 건축은 마치 특수한 뜻을 함축하고 있는 듯하다. 남북방향의 성문에 있는 옹성은 모두 사각형이고 동서방향의 성문 옹성은 모두 U자형이다. 외성 바깥 서북쪽 모서리에는 지금도 성을 보호하는 강 한 구간이 보존되어 있으며 폭이 25m이다. 외성의 북부지역은 동서방향의 언덕이고 길이 없다. 북쪽 성곽 부근에는 몇몇 작은 건물 터가 있다. 중부지역에서 남쪽방향으로 직사각형의 돌로 쌓은 정원이 있다. 그 안에는 집터가 없어 원래 기이한 꽃과 풀, 희귀한 동물을 기르던 곳으로 추측된다. 이곳은 문헌에 기록되어 있는 황제의 정원이었을 것이다. 남쪽은 내성의 두 서쪽 문에서 시작되는 두 개의 동서방향 대로가 남북대로를 통과하여, 외성 성문과 성곽으로 통하게 되어 있다. 하나는 남북으로 향하는 대로이다. 이 몇 개의 도로는 외성의 주요 도로망을 이루고 있다. 건물 터는 모두 이 도로 양편 주위에 있으며, 대다수는 하나하나의 정원으로 이루어져 있다. 외성 남쪽은 관청과 공방지이다.

상도성 밖 동, 남, 서쪽에 큰 거리가 있다. 이 지역의 면적은 모두 넓다. 각각 성으로부터 이어진 길이가 약 800m, 600m, 1,000m이다. 큰 거리 일대에서 소형 건축 부지가 가장 밀집되어 있는 곳은 서민 거주지와 재래시장 교역지역이다. 기록에 따르면 동관(東關)은 파오(몽고식 집)가 구름처럼 몰려 있는 거주지이고, 시문(詩文)에는 "동쪽 일대의 파오는 마치 어지럽게 널린 구름 같다"라고 표현되어 있다. 주로 칸을 알현하고 공물을 바치기 위해 온 왕족과 귀족들을 수행하는 사람들이 거주하는 곳이었다. 조사 중에 이곳에서 비교적 큰 정원 유적이 발견되었다. 남관(南關)은 상도의 어도(御道)로 들어가는 곳이다. 서관(西關)은 말 시장이며 또한 상업구역이었다. 조사 중 밀집된 시장의 소형 건축 터를 발견하였다. 성 밖의 큰 길과 부근지역 외에도 몇몇 대형 정원 부지가 분포되어 있다. 이곳은 대부분 창고 터와 병영과 마구간[馬廐] 등의 건축 유적이다. 예를 들어 동쪽 교외의 양식 창고 '광제창(廣濟倉)', 서관 바깥쪽의 양식 창고 '만영창(萬盈倉)'이다. 항공 레이더 관측을 통하여 살펴보면, 대형 건축물들이 성곽 전체를 한 바퀴 둘러싸고 있는 구조이다. 북서쪽 교외에서는 곁채(사랑채)와 성벽을 세 면으로 둘러싼 두 개의 대형 건축물이 발견되었다. 아마도 문헌에 기록되어 있는 '실자알이타(失剌斡爾朵)'로 보인다. 이 건물은 행궁의 대형 군영으로 그 형상이 군영의 막사와 유사하다. 윗부분과 전체는 종려모[棕毛]로 덮여 있어서 장막 궁전, 종려모 궁전으로 불리기도 했다. 이것은 황실의 귀족들이 '사마연(詐馬宴: 몽고족 연회의 일종)'을 거행하는 곳이었다. 『마르코 폴로 여행기』에 묘사되어 있는 것은 모두 고비사막 이북지역과 대도(大都)의 광활한 역로(驛路)였다. 역로 위에는 상인들이 운집했으며 상점들이 즐비했다. 현재 항공 레이더 관측을 통하여, 상도성의 남쪽에는 동서로 가로지르는 큰길이 서쪽 큰길을 지나 초원 깊은 곳까지 연결되어 있어 마르코 폴로의 기록이 사실임을 증명하였다.

위에서 알 수 있듯이, 원나라 상도는 하나의 행궁으로 설계된 도시임을 알 수 있다. 동식물원의 성격이 강하다. 성 내부의 배치는 자유롭고 엄격한 좌우대칭은 아니며 명확한 중심축이 없는 고대 도시 중 특수한 예이다. 이와 비슷한 예는 청대에 더위를 피하기 위해 지은 피서산장뿐이다. 또한 상도는 특별히 궁성의 보호에 주의를 기울였다. 예를 들어 궁성의 성곽은 양마성(羊馬城) 울타리 형식을 채용했으며 바깥쪽은 병사가 순찰하는 길로 둘러싸게 하였다. 궁성 네 모퉁이에는 각루를 만드는 등 경계의 엄격함이 역대 도성 중 가장 돋보인다. 궁성 바깥과 황성 안의 네 모서리에는 대형의 사당을 지었으며 이 또한 일종의 성을 보호하기 위한 시설이었다. 주민 거주지와 상공업구역은 모두 성 바깥의 큰 거리 일대에 배치하였고, 무역 장소나 심지어 창고도 모두 성 바깥쪽에 두어 상도성을 강력한 요새의 성격을 가진 도시로 만들었다. 송원 시기의 도성 중 가장 특이한 곳이다. 축조 초기에 도시는 경제, 상업의 중심으로 작용한다는 사실을 인식하지 못하고 단지 요새나 궁전으로만 여긴 것임을 알 수 있다.

2. 세계적 대도시: 원(元) 대도(大都)

원 대도(원의 수도)의 고고학 조사는 원대 고고학에서 가장 자세하게 진행되었고, 연구사 또한 가장 길다. 보전되어 온 유적이 많고 문헌 자료도 비교적 많기 때문에 건축 특징과 배치 및 예법, 의례 등과 관련된 문제는 모두 비교적 분명하게 확인된다. 또한 완전히 새로 지은 것이어서 송대 이후 발전한 도시구획의 종합적 결과물이며 중국 도시 발전사에서 중요한 위치를 차지하고 있다.

1) 원 대도의 새로운 건축과 고고학 조사

원의 수도 대도(大都)는 북경시 구성(舊城) 및 그 북쪽지역에 위치하고 있다. 원 지원(至元) 4년(1267년)까지 원 세조(世祖) 쿠빌라이의 명에 의해 금대의 행궁―대녕궁(大寧宮)을 중심으로 새로운 도시를 건축하게 된다. '총서기(聰書記)'라고 불리는 한족 유병충의 설계로 수년에 걸쳐 건설되었다. 지원 22년, 쿠빌라이는 상도에서 새로운 성을 짓고 천도하기 위해 토지 점용법을 반포하면서 전면적으로 대도 건설에 들어갔다. "황제가 명령을 내려 옛성에서 거주하다가 새로운 성(대도)으로 이주하는 사람을 대상으로, 지위가 높은 사람 및 돈이 있는 사람에게는 우선적으로 토지 8묘(畝: 중국 토지 면적 단위로 1묘는 667m²임-역주)를 주고, 집이 8묘를 넘거나 집을 지을 능력이 없는 사람은 모두 거주할 수 없다. 이에 근거해서 집을 짓는다(詔舊城居民之遷京城者, 以貴高及居職者爲稱, 仍定制以地八畝爲一分, 其或地過八畝及力不能作室得, 皆不得冒据。聽民作室)"[6]고 하였다. 모든 귀족과 공신들은 주택지를 얻을 수 있고 저택을 넓게 지을 수 있었다. 지원 24년에는 축성 공사를 모두 끝냈다. 원 일대(一代)는 끊임없이 건축과 개축을 했으나 수도의 주요 공사는 원 세조 시기에 완성되었다. 고고학적 방법에 의한 원 대도 관련 조사 연구는 20세기 전기에 시작되었다. 당시에 봉관(奉寬)은 북평(北平)에서 많은 지표조사를 진행하여 문헌에서 보이는 요 남경, 금 중도, 원 대도와 명 북경성 건축의 배치와 구도에 대한 초보적 연구를 진행하였다.[7] 주계령(朱啓鈴)과 감탁(闞鐸)은 원대 도종의(陶宗儀)의 『남촌철경록(南村輟耕錄)』과 명대 소순(蕭洵)의 『원고궁유록(元故宮遺錄)』 등의 문헌을 지표조사 결과와 대조하여 원 대도의 궁정배치와 구획을 복원하는 등 유효한 시도를 진행하였다.[8] 이후로 주계(朱契)도 같은 방법으로 원 대도의 궁정과 명청 시대 북경 궁정의 건축배치를 도면으로 확인하

....

6) 『元史』 권12 「世祖紀十」, 中华书局标点本, 274페이지.
7) 奉寬, 「燕京故城考」, 『燕京学报』 제5기, 1926년.
8) 朱紫江, 闞铎, 「元大都宫苑图考」, 『中国营造学社汇刊』 1권 2기, 1930년.

였다.[9] 이들의 연구는 주로 평면적 배치와 도시 구획의 복원이었다.[10] 호인지(侯仁之)는 현지 조사를 기초로 원명 두 왕조 시기 금수하(金水河)의 흐름 및 변화에 대한 고증을 실시하였다.[11] 또한 도시 배치의 변화도 언급하였다. 또한 왕벽문(王璧文)은 원나라 대도의 방(坊)과 사찰 조사도 진행하였다.[12]

1950년대 중엽, 조정지(趙正之)는 원 대도의 도시 구획에 대한 전면적인 연구를 하였다. 도로 체계와 몇몇 중요한 건축을 복원했으며 고성의 '흔적'에 주의하여 원명청(元明淸) 세 왕조에서 북경성의 중심축이 변하지 않았다는 새로운 관점을 제시하여 학술계의 스포트라이트를 받았다.[13] 1964~1974년 중국과학원고고연구소와 북경시문물공작대로 구성된 원대 도고고학팀은 원 대도의 성벽, 도로, 강과 하천의 수계 등의 유적을 탐사하였다. 그 당시 존재했던 북토성(北土城) 지역과 명청(明淸) 시대 북경성의 철거 작업과 결부시켜 성문과 거주지 배수로 등의 유적 10군데를 발굴조사하고 측량하였다. 이것을 기초로 원 대도의 평면 구획을 복원하였다.[14]

이 작업은 고대부터 오늘날까지 줄곧 사용되어 온 도시의 특징에 근거한 것이다. 즉 현 도시 구획에서 출발하여, 현존하는 가장 오래된 도시 지도를 근거로 하고, 고대 문헌의 기록과 앞서 연구해 온 사람들의 성과를 참고한 것이다. 또한 대량의 시추와 발굴을 통해 성공적으로 원 대도의 도시계획을 복원해 냈고 역사상 도시 고고학의 본보기가 되었다. 얻어

....
9) 朱偰,『元大都宮殿图考(故都纪念集第一种)』, 商务印书馆 1936년판. 朱偰,『明清两代宫苑建置延革图考(故都纪念集第二种)』, 商务印书馆 1947년판.
10) 王璞子,「元大都平面规划述略」,『故宫博物院院刊』1960년 제2기.
11) 侯仁之,「北平金水河考」,『燕京学报』제30기, 1946년. 侯仁之,「北京都市发展过程中的水源问题」,『北京大学学报』(人文社会科学) 1955년 제1기.
12) 王璧文,「元大都城坊考」,『中国营造学社汇刊』6권 3기, 1936년. 王璧文,「元大都寺观庙宇建制沿革表」,『中国营造学社汇刊』6권 4기, 1937년.
13) 赵正之,「元大都平面规划复原研究」,『科技史文集』제2집, 上海科学技术出版社 1979년판에 실려 있음.
14) 元大都考古队,「元大都的勘查与发掘」,『考古』1972년 제1기. 徐苹芳,「元大都的勘察与发掘」,『中国历史考古学论丛』, (台北)允晨文化 1995년에 실려 있음.

낸 주요 성과는 아래와 같다. ① 원 대도의 도시와 황성 및 궁성의 위치와 방향을 밝혀냈으며 크기를 실측했고 도시의 11개 성문의 위치를 확인하였다. 명청대 북경성의 서직문(西直門) 망루를 철거할 때 원 대도와 의문옹성(義門甕城) 성루를 조사하였다. 1992년 태평장(太平莊) 이북의 원나라 대도의 성곽 발굴 작업을 진행해 성곽이 네 종류의 토질층으로 다져 만들어진 것임을 확인하였다.[15] ② 원 대도의 동북부 거리의 시추조사를 통해, 명청 북경성 동직문(東直門)에서 조양문(朝陽門) 사이의 거리 시스템을 비교하여, 많은 원 대도의 도로가 명청 북경성에서도 계속하여 사용하고 있었음을 밝혀냈다. ③ 1950년대 조정지의 연구 기초 위에 상세한 시추조사를 거쳐 원 대도의 중심축선과 명청 북경성의 중심축선이 변하지 않았음을 증명하였다. ④ 원 대도의 배수 시스템을 조사하여 두 물줄기의 시스템 구성과 성내로 흐르는 방향을 확인하였다. 특히 금수하의 방향을 밝혀냈다. 그 다음으로 북쪽 성 부근의 세군데 배수로 유적을 발견하여 정리하였다. 오늘날의 서사(西四) 일대에서 배수로를 발견하여 배수 시스템에 대해 초보적인 이해를 할 수 있게 되었다. ⑤ 명청 북경성의 북쪽 성벽 아래와 북쪽 성벽 부근에서 10여 군데가 넘는 건물 터를 발굴하여 정리하였다. 그중 후영방(后英房) 골목은 대형 주택 터이며 옹화궁(雍和宮) 뒤의 한 곳은 삼합원(三合院)의 정원이다. 건화(建華) 철(鐵)공장에서 발견된 것은 하나로 통일되게 지은 낡은 '낭방(廊房: 비가 들이치는 것을 막기 위해 지은 복도)'이다.[16] 서조(西绿) 골목에서 발견된 것은 창고와 유사한 건축물이다.[17] 상술한 예들은 원대의 건축을 이해하기 위한 가치 있는 자료들이다. 원 대도에서 복원할 수 있는 몇몇 대형 건축물들은 원 대도 내부의 각종 건축물의 점유 면적을 통해 등급을 이해할 수 있는 근

....

15) 「元大都城墙」, 『中国考古学年鉴·1992년』, 文物出版社 1994년판.

16) 元大都考古队, 「北京后英房元大居住遗址」, 『考古』 1972년 제6기. 徐苹芳 「元大都遗址」, 『中国大百科全书·考古学』, 中国大百科全书出版社 1986년판.

17) 元大都考古队, 「北京西绿胡同和后桃园的元代居住遗址」, 『考古』 1973년 제5기.

거를 제공한다.[18]

2) 원대 도읍 제도

원 대도는 금나라 중도가 요나라 남경의 옛터에 축조된 것과는 다르게 지어졌다. 황량한 들판의 평지에 세운 것으로, 구획과 각 건축물 및 거리 배치는 통일된 계획에 따라 웅장하고 세심하게 축조되었다.

원 대도는 한팔리성(汗八里城)으로 불리기도 한다. 점유 면적은 약 50여 km²이며 평면은 직사각형 모양(그림 9)이며 동서가 약간 길다. 실제 측량을 통해 남쪽 성벽(굴곡도를 제외하고) 길이는 6,680m이며 오늘날의 북경시 동서방향 장안가(長安街)의 약간 남쪽이다. 북쪽 성벽 길이는 6,730m이며 오늘날의 안정문(安定門) 소관(小關)과 덕승문(德勝門) 소관이 일직선에 있다. 명청 시대의 북경성 북쪽으로 5여 리 지점에 성곽 유적지가 현존한다. 동서 성벽의 위치는 명청 북경 내성의 동서 성벽과 같다. 동쪽 성벽은 7,590m이며 서쪽 성벽은 7,600m이며 전체 네 면의 성벽은 대략 평행사변형 모양이다. 성벽 전체는 땅을 다져[夯土] 축조되었고 아래 너비는 24m, 높이는 12m, 위쪽 너비는 8m이다. 절단면을 보면 비율은 3:2:1로 수분(收分: 기둥의 아래를 굵게, 위를 가늘게 만드는 옛날 건축 방식) 비율이 크지 않다. 성 바깥으로는 성을 보호하는 강[해자]이 있다. 원 대도에는 모두 합쳐서 11개의 성문이 있었는데 북면의 두 문을 빼고는 모두 한 면에 세 개의 문이 있었다. 각 문의 건축 초기에는 옹성이 없었고 지정 18년(1358년) 옹성과 조교[출렁다리]를 짓기 시작하였다. 1969년 서직문 망루 철거 때 명나라 시대 망루에 묻혀 있던 화의문(和義門)의 옹성 성문(그림 10)이 발견되었다. 대문 안쪽의 통로에서 '지정 18년'이란 명문이 발견되어 원 순제(順帝) 때 축조하였음이 확인되었다. 성루 건축물은 이미 철거되었고 단

....

18) 徐苹芳,「現代城市中的古代城市遺痕」,『远望集—陝西省考古硏究所华诞四十周年纪念文集』, 陝西人民美术出版社 1998년판.

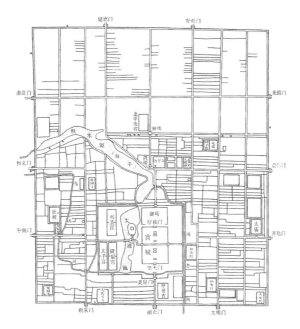

그림 9 원 대도 유적 복원도(『대백과전서·고고학』에서 전재)

그림 10 원 대도와 의문(義門) 옹성 성문

지 성문의 돈대와 대문 안의 통로만이 남아 있다. 문의 잔존 높이는 22m 이고 대문 안 통로의 길이는 9.92m이며 폭은 4.62m이다. 아치문의 높이는 내외 각각 6.68m, 4.56m이다. 문루 위에는 여전히 성문 위로 물을 대던 돌 경그레 등의 불 끄는 설비가 남아 있다. 그것은 여전히 송대에 유행했던 단동과량식(單洞過梁式: 하나의 통로로 지나는 방식)의 성문이다. 성 바깥쪽 의 네 모서리에는 각루가 있다.

원 대도 중심축선의 확정은 고고학 조사의 중요한 성과이다. 기존의 견해에 따르면 원 대도의 중심축선은 오늘날 북경 중심축선의 서쪽 면이 었다. 그 이유는 명청 시대 북경의 중심축선 뒤쪽이 종루와 정확하게 마주 하고 있기 때문에 원 대도의 중심축선도 마땅히 당시의 종루(지금의 옛 종 루는 대로에 있다)와 정확하게 마주하고 있었을 것으로 생각되었기 때문이 다.『춘명몽여록(春明夢余彔)』에서 명나라 영락[永樂, 명대 성조(成祖)의 연 호] 때 궁성을 축조하면서 "황성을 동쪽에 개축하였다(改建皇城于東)"라고 하였다.[19] 이와 관련하여 두 가지 견해가 있다. 첫 번째는 원나라 고궁의 동쪽은 명 고궁이다. 즉 명 고궁이 원 고궁보다 동쪽으로 이동하였다는 것 이다. 두 번째는 이곳은 원 고궁이 아니라 명 성조의 연왕부(燕王府), 즉 원 융복궁[隆福宮, 현 중해서부(中海西部)]이라는 것이다. 이 견해는 궁성이 이 동하지 않았다는 주장을 뒷받침한다. 1956년 청화대학 건축학과의 조정지 교수가 먼저 원, 명, 청의 북경 중심축선이 각 왕조마다 변하지 않았다는 의견을 제시하였다. 황성을 동쪽으로 수정하여 축조했다는 것은 기본적으 로 명나라 연왕부를 가리키는 것으로 여겼다. 또한 대도 궁성의 후문은 종 루와 정확히 마주하고 있는 것이 아니라 원 대천수만녕사(大天壽萬寧寺)의 중심 누각과 마주하고 있는 것으로 추정하였다.

1964~1965년 원대도고고학팀은 대도에 대한 전면적인 조사를 진행 하였으며 중심축선 조사에 특별한 주의를 기울였다. 궁성 북쪽에서 남북방

....

19) (清) 孫承澤,『春明夢余彔』권6, 文淵閣,『四庫全書』본 제868책.

향의 대로를 찾고자 하였다. 경산(景山) 뒤쪽에서 옛 종루와 마주하고 있는 대로 지점을 전면적으로 조사했으나 도로 유적은 보이지 않았다. 연이어 경산공원의 정중앙을 조사하여 경산 뒤쪽에서 대로를 발견하였는데 넓이는 28m에 달했다. 또한 경산 북쪽 벽 바깥을 파서 조사해 보니 대로는 통하게 되어 있어 지안문(地安門) 남쪽 대로와 서로 다시 합쳐졌다. 경산 북쪽의 '소년의 집', 즉 청대의 '수황전(壽皇殿)' 터에서 넓은 면적의 단단히 다진 땅이 발견되었는데 궁성의 후문 '후재문(厚載門)' 유적으로 추측되었다. 경산 아래층은 당연히 원나라 궁성 중의 연춘각(延春閣)이다. 이것으로 원 대도의 중심축선은 명청으로 계승된 것임이 증명되었다. 원 대도의 중심축선은 외성의 여정문(麗正門)에서 시작되며 황성의 영성문(靈星門), 궁성의 숭천문(崇天門)과 후재문을 거쳐 수도 중심부의 만녕사(萬寧寺) 중심 누각에 이른다.

대도의 황성과 궁성의 범위도 밝혀졌다. 황성은 대성(大城)의 중심 서남쪽에 치우쳐 위치하고 있으며 남쪽 성벽은 대략 지금의 고궁 태화문(太和門)과 일직선에 있다. 동쪽 성벽은 오늘날 남북 강변의 서쪽 측면이다. 서쪽 성벽은 지금의 서쪽 황성이며 북쪽 성벽은 오늘날의 지안문(地安門) 남쪽이다. 황성의 중부는 남북으로 연결된 태액지(太液池), 즉 오늘날의 북해(北海), 중해(中海)로 황제의 정원이다. 태액지 서남쪽에도 상당히 큰 궁전 군락이 축조되었으며 북쪽은 흥성궁(興聖宮), 남쪽은 태자궁(太子宮)과 융복궁(隆福宮)이다. 궁성은 황성의 동쪽에 있다. 궁성 정남문은 숭천문이며 오늘날 고궁의 태화전 일대에 위치하였다. 북문은 후재문으로 그 위치는 오늘날 경산 북쪽의 '소년의 집' 앞이다. 궁성의 동서 성벽과 명청 고궁의 동서 성벽은 서로 같다. 하지만 성벽 기초는 이미 명 초기에 철거되어 다시 지어졌다. 성벽 터를 파 보니 가장 넓은 곳이 16m였다. 원의 궁성은 금을 계승한 "앞이 궁전이고 뒤가 누각으로 된 배치"로, 조정은 대명전(大明殿)이고, 생활공간은 연춘각이다. 대명전의 위치는 오늘날 북경 고궁 건청궁(乾淸宮) 등 뒤쪽에 있는 세 개의 전각 자리이다. 명청 고궁의 뒤쪽 세 전각의 평면은 '공(工)'자형으로 원나라 대명전의 궁궐 터를 계속 사용한 것이다. 연춘각은 경산 아래에 있다. 명나라 초에 원나라 궁성의 성벽을 철거하면서 여기서 나온 흙을 쌓아 경산을 만들면서 그 아래에 묻힌 것이다. 앞뒤 조정 사이를 하나의 가로 도로가 동화문, 서화문을 관통한다. 궁성 뒤쪽에는 황제의 정원이 있으며 면적이 넓다. 홍성궁, 융복궁도 각기 앞뒤 정원이 있다. 궁성 안의 주요 궁전은 모두 '공(工)'자형이지만 외오이전(畏吾爾殿), 종모전(棕毛殿), 녹정전(盝頂殿), 원전(圓殿) 등 특이한 형태의 궁전도 있다.

대도의 거주민지역은 정비가 잘 되어 있고 기본 단위를 방(坊)으로 불렀다. 성 전체는 50방으로 설계되었다. 매 방은 안으로 10개가량의 간격이 비슷한 골목으로 나누어져 있다. 매 골목은 또한 대로로 통하게 되어 있다. 주요 도로는 모두 남북방향으로 너비는 약 35m이며, 기본 대로의 폭은 25m이다. 길 양 옆으로는 각각 하나의 배수로가 있으며 수로 양 옆에 각각 2.5m 너비의 작은 길이 나 있다. 가로로 난 골목은 일반적으로 7~9m 폭이다. 대로와 골목의 폭은 문헌에 게재되어 있는 것처럼, 대로 24보, 작은 도로 20보, 골목 6보로 기본적으로 문헌의 내용과 일치한다.

원대도고고학팀은 북토성(北土城) 범위 내에서 조사를 진행하였고 광희문(光熙門) 대로에서 북순성(北順城) 도로 사이를 조사한 결과 동서방향의 골목이 22개라는 것과 서로 같은 간격이라는 것을 밝혔다. 이를 통해 오늘날 동성구(東城區) 골목을 반대로 추리하여 제화문[齊化門: 오늘날 조양문(朝陽門)]에서 숭인문(崇仁門, 오늘날 동직문) 사이의 골목도 정확하게 22개이며 매우 규격에 맞게 설계되었다는 것을 알게 되었다. 이런 종류의 세로 대로와 가로 골목의 거리 시스템 구조는 송대(宋代)에 흥행하기 시작하여, 점차 당대(唐代) 이전의 방제(坊制)를 대체하게 되었다. 원 대도의 도로는 가장 가지런하고 획일적인 것으로 중국 후기 도시의 전형적인 모습을 대표한다. 원 대도 내부는 9개의 남북방향 대로와 9개의 동서방향 대로로 구성되어 있다. 『주례·고공기(周禮·考工記)』 중 '구경구위(九經九緯:

9경도와 9위도)'라는 도로 규정에 부합한다. 2개의 남북방향 대로 사이에는 동일한 폭으로 평행하는 가로 골목이 늘어서 도로가 반듯하고 출입하기 편리하게 구획되었다.

대도성은 내부의 각종 제단, 사당, 관청 등의 배치에 모두 신경을 썼다. 먼저 고대 도성에서는 예제 성격을 띤 두 건축물인 황실 종묘[太廟]와 사직단(社稷壇: 신을 모시는 단)의 배치를 중시하였다. 『주례·고공기』에 따르면, 마땅히 '좌조우사(左祖右社: 좌측은 조상, 우측은 신을 모시는 곳)'였다. 원 대도의 황실 종묘는 제화문 안쪽, 즉 대도성의 동남쪽이며 정확히 궁성의 왼쪽이다. 사직단은 화의문(和義門) 안, 즉 대도성의 서남부이며 정확히 궁성의 오른쪽이다. 각 관청은 별자리의 위치에 따라 배치하였다. 궁성을 중심으로 중서성은 봉지방(鳳池坊)에 있고, 적수담(積水潭) 북쪽, 궁성의 북쪽이었다. 추밀원(樞密院)은 궁성 동쪽 보대방(保大坊)에 있었고 궁성과의 거리는 비교적 가까웠다. 어사대(御史臺)는 숙청문(肅淸門) 안에 위치했는데, 오늘날의 학원남로(學院南路) 부근으로 궁성과 멀어 매우 불편하였다. 이것으로 알 수 있듯이 대도의 중앙 관청은 처음에는 분산 배치하였으며 당송 이후 관청을 황성 안으로 집중시켜 궁성 앞에 배치했던 것과는 다르다. 후에 이런 배치가 행정에 불편하여 조정을 할 수밖에 없었다. 중서성은 남쪽에서 궁성 앞 동쪽으로 옮겼고 중서남성(中書南省)이라고 불렀으며 옛터는 중서북성이라고 불렀고 후에 한림원(翰林院)이 되었다. 개축 후의 어사대는 문명문(文明門) 안의 징청방(澄淸坊)으로 옮겨 황성의 동쪽에서 약간 남쪽 방향에 위치하였다. 이 이후의 중앙 관청은 궁성 남측과 동측으로 집중되어 비교적 편리해졌다.

대도의 각종 건축의 점유지는 등급에 따라 모두 일정한 제약이 있었다. 예를 들어 2개의 골목 사이 폭 50보(步)를 기본 넓이로 하였기 때문에, 홍성궁, 융복궁(두 앞뒤 정원의 범위를 포함하지 않는다) 및 사직단은 모두 남북으로 250보, 동서로 200보 넓이의 토지를 이용하는 제1등급의 건축물이었다. 이 건축물은 세로로 5개의 골목길과 가로로 4개의 골목길을 포함하는 토지를 점유하였다. 태사원(太史院), 대도로총관부(大都路總管府), 국자감(國子監) 등의 기관 점유 면적은 남북으로 200보, 동서로 150보로 제2등급이며, 세로로 4개의 골목길을 차지하는 면적이며 가로로 3개의 골목을 차지하였다. 평민이 차지하는 면적은 엄격히 제한을 해서 8묘 이하로 세로 가로로 정확히 50보였으며 골목을 넘어서면 안 되었다. 엄격한 등급으로 구분하였는데 이는 중국 봉건사회 도시, 특히 도성의 특징 중 하나이다.

원 대도는 상업이 발달하여 성안에 3개의 주요 시장이 있었다. ① 대도성 내부의 가장 큰 시장의 형성은 통혜하(通惠河)가 개통된 후부터이며 조운(漕運)하는 배는 단지 대도성 안으로만 들어올 수 있었고, 정박은 적수담의 비스듬히 뻗은 도로 일대에만 할 수 있어서 북쪽 해안 전체를 번화한 곳으로 만들었다. 이로 인해 해자사가(海子斜街)는 도성 전체의 상업 중심이 되었다. 이곳에는 쌀과 밀가루 시장, 오리와 거위 시장, 비단과 보석 시장, 노동인력 시장이 있었다. 이 일대는 가장 큰 시장으로 도성 북쪽에 있어 『주례·고공기』에 기록된 '전조후시(前朝後市: 앞에는 조정이 뒤에는 시장)'이라는 황제가 사는 도성으로서의 특징과 부합한다. ② 오늘날의 서사(西四) 정자(丁字)거리 일대는 양 시장, 말 시장, 항아리 기와 시장이 있었고 전하는 말에 의하면 원나라 초기에 사람을 사고파는 시장도 있었다고 한다. 이곳을 서쪽 시장[西市]라고 부른다. ③ 동화문 바깥쪽 추밀원 모서리 끝, 즉 오늘날의 등시구(燈市口) 서쪽 입구 일대이며, 오늘날의 왕부정(王府井) 대로를 포함하는데 이곳을 동쪽 시장[東市]이라 한다. 북송시기 변경(汴京: 지금의 개봉) 동화문 바깥쪽의 번화한 거리와 약간 닮았다. 이런 시장은 명청대까지 모두 이어져 내려왔다. 이 외에 당시의 금(金) 중도(中都) 옛성도 아주 번화하였으며 성 바깥의 재래시장이 있다.

여러 자료를 살펴보면, 원 대도의 설계는 『주례·고공기』의 도성 건설 규범과 일관되게 맞아 떨어진다. 『주례·동관·고공기하(周禮·冬官·考工記下)』에서 "건축가는 수도를 건설할 때(위치를 선택할 때) 도시의 평면은 가로, 세로 각 9리(里)로 정하고, 각 면에 3개의 성문을 둔다. 성안의 거리는 가로로 9개, 세로로 9개로 한다. 도로의 폭은 동시에 9개의 마차가 지나갈 수 있는 너비이다. 궁전의 왼쪽(동쪽)은 선조의 묘가 있고 오른쪽(서쪽)에는 제단이 있다. 궁전의 앞은 조정 관리들이 국사를 의논하던 곳이고 궁전의 뒤쪽은 시장으로 한다(匠人營國, 方九里, 旁三門. 國中九經九緯, 經塗九軌, 左朝右社, 前朝後市)"고 하였다. 먼저 궁궐은 성 전체의 중심이고, 두 번째로 도로는 대체로 9개의 세로 길과 9개의 가로 길이다. 또한 의례와 관련된 건축물 배치는 앞이 조정이고 뒤가 시장이며, 왼쪽에는 조상을 모시고 오른쪽에는 신을 모신다는 형식을 따랐다. 당연히 이런 것은 단지 형식일 뿐이지 설계의 목적과 실제 도시 기능으로 봤을 때 주나라 시대를 목적 없이 따른 것은 아니라고 할 수 있다.

대도는 건설 과정에서 먼저 배수 공사를 고려했는데, 배수로의 배치와 지형, 도로의 배치와 대형 건축물들과의 조화가 이루어지도록 하였다. 성 북쪽 부근에서 3개의 배수로 구멍이 발견되었는데 학원로(學院路) 한 곳과 화원로(花園路) 한 곳으로 명청 북경성의 동북쪽 코너보다 약간 북쪽이고 모두 돌로 지어진 것이다. 3개의 배수로는 모두 정식발굴을 거쳤고 이 3개의 배수로를 서로 보충하여 완전한 배수로를 복원하였다. 2002년 북경시문물연구소는 학원로에 대한 전면적인 발굴을 진행하여 송원 시기의 완전한 '권련수창(卷輦水窗: 고대 도성의 배수 시설-역주)'을 엿볼 수 있게 해 주었다. 문헌 기록에는 원 대도에 7개의 배수로가 있었다고 전하는데 4개는 오늘날까지 위치가 분명하지 않다. 오늘날의 서사(西四) 지하에서 발견된 큰 길 양 옆의 배수로는 돌을 쌓아 만든 겉도랑(배수로를 땅에 묻지 않은 형태) 방식을 채택했다. 폭은 1m이며 깊이는 1.65m이다. 평즉문(平則門) 안의 대로를 지나가면서 윗 부분을 다시 돌로 덮었다.

대도에서는 생활용수를 공급하는 물길에 대한 공사를 여러 차례 진행하여 급수 문제를 해결하였다. 원 대도의 수도(水道)는 두 개의 시스템으로 나눌 수 있다.

첫 번째는 조운(漕運: 배로 양식을 실어 나르는 것) 시스템이다. 온유하(溫楡河) 상류의 창평(昌平) 백부(白浮)의 여러 하천의 물길을 수로로 끌어들였다. 서쪽으로 흐르는 물은 쌍 탑으로 꺾어 흘러 온유하, 일묘천(一亩泉)과 합류한 후 옹산박(翁山泊: 현재의 이화원)으로 흘러 들어간다. 고량하(高粱河)를 지나 대도 서북부까지 끌어들인다. 화의문 북쪽에서 성으로 들어와 적수담(해자)으로 모여 대도성 서쪽 중앙부를 관통한다. 적수담 다리 아래를 거쳐 통혜하로 들어가 동남쪽으로 흘러 남쪽 성벽으로 나와 동쪽으로는 통주(通州)까지 마지막으로 해하(海河)로 흘러 들어간다. 수도로 들어오는 물자는 통혜하를 거쳐 적수담까지 바로 도착해 정박할 수 있게 하여 물길 운송 문제를 해결하였다.

두 번째는 궁궐의 용수 시스템이다. 옥천산(玉泉山)의 물을 화의문 남쪽에서 성 안으로 끌어들였다. 원나라 지원(至元) 13년 성 안에 금수하를 만들어 전용 관개수로를 만들고 옥천물을 태액지까지 끌어들였다. 금수하가 대도성 안으로 흐르는 것은 문헌에 기록이 분명하게 되어 있지 않았으나 고고학 조사를 통해 금수하가 성안으로 흘러 들어온 후 북쪽 개울가[지금의 조등우로(趙登禹路)]를 따라 남쪽으로 흐르다 다시 동쪽으로 흘러 정협예당(政協禮堂)까지 간 후 동쪽으로 흐르고, 구불구불 몇 번의 흐름 뒤에 감석교(甘石橋)에 도착한다. 오늘날의 영경(靈境) 골목 서쪽 입구 안에서 남북 2개의 지류로 갈라진다는 사실이 밝혀졌다. 남쪽 지류는 영경 골목을 거쳐 오늘날의 중해(中海)에서 태액지로 흘러들고, 숭천문 남쪽의 주교(周橋) 아래 동쪽 통혜하로 유입된다. 북쪽의 지류는 황성 서쪽 성벽을 따라 북으로 흘러 다시 동쪽으로 꺾어져 오늘날의 북해(北海) 북쪽 끝에서 태액지로 들어간다.

원 대도는 몽고족이 전국을 통일하면서 황무지에 건설한 성이며, 그들이 세운 도시 구획의 규범(전형적인 본보기)이다. 원 대도는 3중의 성벽으로 지은 구조로 북송의 동경 변량(汴梁) 도시 구조를 계승하였다. 원 대도는 『주례·고공기』를 수도 제도의 모본으로 삼아 도시 내부의 구조를 구획하였다. 그러나 도시 기능을 구현하는 도로 시스템 방면으로는 세로로 대로, 가로로 골목을 배치하는 식의 그물 구조 배치를 활용하였다. 도시의 설계 중 엄격한 등급 제도를 수립했으며, 대규모 예법 의식을 거행하는 건축과 중요한 관청 외에 두 골목을 벗어나는 현상은 없었고 비교적 강한 의례적 성격을 나타내었다. 이 점은 원 상도와 비교했을 때 아주 크게 다른 점이다. 이는 몽고인이 한나라의 예법을 받아들인 것이며, 기본적으로 봉건화를 완성한 중요한 표식이 되었다.

원 대도는 또한 방어 방면에도 매우 주의를 기울였다. 예를 들어 모든 성문 안의 큰 도로는 서로 통하지 않게 했으며, 성 둘레의 강(해자), 각루, 옹성 및 성문 위의 방화 설비 등을 매우 완벽하게 갖추고 있었다. 한 예로 이런 설비를 점차 강화했는데, 옹성이 지정연간 동안에야 비로소 완성된 것은 원나라 군사력이 점차 약해지는 현상을 나타낸다. 원 대도는 상도의 건축 방법을 모방하여 황성 각 모서리에 사원과 관청을 지었는데 황성 외곽 북서쪽 멀지 않은 곳에 숭국사(崇國寺)를, 남서쪽에 대경수만안사(大慶壽萬安寺)를, 남동쪽에 어사대를, 북동쪽에 대도로총관부를 지은 것이 그 예이다. 주요 관청도 성 전체에 흩어져 있어 성 내부 주민의 방비와 관청과 황궁의 보호를 강화하려는 의지를 나타내었다. 태액지를 중심으로 세 궁전으로 궁원(宮苑) 지역을 조성하여 황성을 만들었다. 황궁 주위에는 주민을 배치하여 관청과 황성의 호위를 강화하였다. 번화한 상업구역에 높고 큰 중심 누각과 종루를 만든 것은 시민 모두를 보호하고 궁을 보호하려는 의도였다.

3. 명대 초기 도읍: 남경

명 남경성은 명 초기의 도읍으로 오늘날의 강소성 남경시에 위치하고 있다. 원 지정 16년(1356년) 주원장이 부대를 이끌고 집경로(集慶路)를 함락하고 응천부(應天府)라 하였다. 명 홍무(洪武) 원년(1368년) 황제가 명을 내려 응천(應天)을 수도로 선포하고 이름을 남경이라 하였다.[20] 주원장은 자신을 황제로 부르기 전인 지정 26년부터 스스로 남경의 건축 설계를 주관하였다. 대규모 건축물들을 지정 26년부터 홍무 2년(1366~1369년)까지 4년의 시간을 들여 짓는 등 새로운 도성과 궁성을 조성하였다. 홍무 2년에서 6년까지 두 번의 대규모 공사로 도시를 재배치하였다. 홍무 19년(1386년)까지 기초 공사를 마치는 데 21년이 걸렸다. 홍무 22년에는 외곽성을 더 축조하였다. 외곽성을 포함하면 명대 남경은 세계 고대 도시 중 가장 큰 도시다. 남경은 명의 초기 도성으로서 영락(永樂) 18년(1420년) 명 성조(成祖)가 북경으로 천도하기까지 50여 년 동안 도성으로 사용되었다. 성내부 유적은 1950~60년대 실시한 보호 작업으로 거의 완전하게 보존되어 있다. 명대 남경성, 특히 왕궁에 대한 조사와 제한적이었던 발굴은 20세기 전반에 시작되었다.[21] 이후 그에 상응하는 연구 작업은 끊이지 않고 계속되었다. 1970년대 이후 대규모 현대화 건설이 시작되기 이전에 이미 대부분 고고학적 연구 방법 혹은 현대 과학적 방법을 이용하여 기록 작업을 하였고, 앞으로의 연구와 보호 작업을 위하여 자료를 보존하였다. 남경성은 현재 보존이 가장 잘된 명대 성곽 중의 하나이다.

명 남경성은 외곽성, 응천부성, 황성의 삼중 성곽이다(그림 11). 외곽성은 방어의 필요에 의한 것이었고, 응천부성은 천연 황토 언덕을 이용해서 만든 것으로 둘레의 길이가 60km이며 모두 18개의 문이 있다. 궁과 황성을 마주 보고 있는 정남문은 정양문(正陽門)이며 성곽 바깥에는 해자가 있다.[22] 외곽성과 응천부성 사이에는 여전히 경작지와 촌락이 있다.

내성에 해당하는 응천부성은 오늘날의 남경성으로 둘레가 33.7km이다. 외성의 동쪽에서 약간 남쪽으로 내려오는 곳에 위치하며, 13개의 성

....

20) (淸) 張廷玉 等, 『明史』 권2 「太祖二」, 中华书局标点本 1974년판.
21) 葛定华, 『金陵明故宫图考』, 中央大学出版社 1993년판. 朱偰, 『金陵古迹图考』, 上海商务印书馆 1936년판. 缪凤林, 「南京明故宫发掘古物记」, 『史学杂志』 1권 6기, 1929년 12월.
22) 罗宗真, 「明南京城」, 『中国大百科全书·考古学』, 中国大百科全书出版社 1986년판.

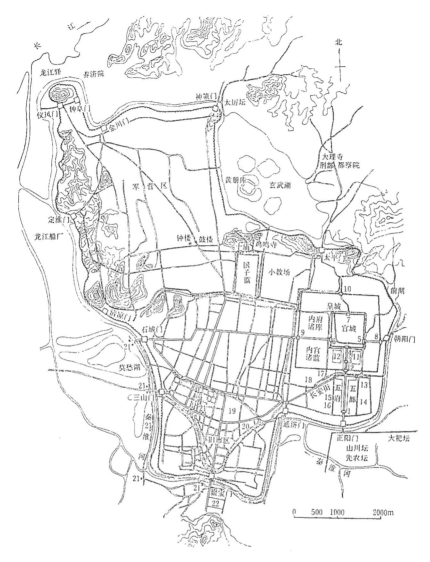

그림 11 명 남경성 평면 복원도(『중국건축사(中國建築史)』에서 전재)

문이 있고 모두 옹성이 설치되어 있다. 그중 취보문(聚寶門: 오늘날의 중화
문), 삼산문(三山門: 오늘날의 수서문), 통제문(通濟門)이 가장 견고하며, 삼
중의 옹성이 있다. 남경성의 성벽 축조는 대단한 공정이었다. 성벽은 평균
높이가 14~21m이며 지반의 폭은 14m, 정상부의 폭은 4~10m로 모두 장

방형의 석판을 기초로 쌓은 뒤 내부와 외부 벽은 큰 돌로 성벽을 쌓았고 석회, 찹쌀 풀에 등유를 넣어 만든 접착제로 붙여서 연결하고 중간은 벽돌, 자갈, 황토를 채워 넣었다. 그중 황성 동쪽과 북쪽을 둘러싸는 대략 5km의 성벽은 큰 성벽용 벽돌을 쌓아 만들었다. 사용된 성벽 벽돌은 장강(長江) 가의 118개 현(縣)에서 생산하여 공급한 것이다. 벽돌 위에 제조를 맡은 기술자와 관원의 이름이 새겨져 있고 모두 품질이 좋다. 성벽 위에는 성가퀴[堞口: 성벽 위의 요철형 낮은 담] 13,000개, 막사 200여 개를 설치하였다. 그 방어시설의 견고함은 역사적으로 보기 드문 것이다. 옛 성터의 거리는 여전히 원나라 집경로성의 도로를 그대로 따르고 있다. 또 전국에서 기술자와 부자들을 수도로 불러들여 머물게 하였다. 기술자들의 집은 직종에 따라 분리하여 마을을 편성하였다. 관청은 대량의 '낭방(廊房: 손님을 맞이하는 상점 안)'과 '탑방(塌房: 창고)'을 만들어 상인들에게 세를 놓았다. 그 외에 성 바깥쪽 진회하(秦淮河) 주변의 항구 부근 지역에 15개의 술집 건물을 만들어 남경을 더욱 번화하게 하였다.[23]

황성은 응천부성의 동남쪽 모퉁이에 있고 정사각형이다. 이곳은 땅의 형세가 평탄하고 그 중간에 면적이 그다지 넓지 않은 연작호(燕雀湖)가 가로로 놓여 있다. 북쪽으로는 부귀산(富貴山)이 기대고 있고, 남쪽으로는 진회하(秦淮河)가 있어 배산임수의 좋은 땅이다. 서쪽으로 시가지에 연결되어 있어 옛성의 원래 설비를 이용하는 데 편리하였다. 이로 인해 홍무제는 연작호를 메워 평평하게 하는 노역을 감수하여 완전한 궁성 터를 얻을 수 있었다. 황성 남쪽 어가(御街: 임금이 다니는 길) 양 옆은 문무 관청이고, 곧장 홍무문(洪武門)까지 연결된다. 정양문 밖으로 하늘과 땅에 제사를 지내는 대사전(大祀殿), 산천단(山川壇), 선농단(先農壇) 등의 예를 치르는 건축물은 그때까지 축조되지 않았다. 궁성은 종산(鍾山)의 남쪽 기슭에 있으며 남쪽으로 퍼져 나가 있고 남북 길이는 2.5km, 동서 너비가 2km로 황성의

....

23) 编写组,『中国建筑史』, 中国建筑工业出版社 1993년판.

중앙에 위치하고 있다. 정남문은 오문(午門)이고, 양측에는 동안문(東安門)과 서안문(西安門)이 있다. 오문 앞의 중심축선에는 단문(端門), 승천문(承天門)이 있고, 옆으로 태묘사(太廟寺)와 사직단(社稷壇)이 늘어서 있는데 전형적인 좌조우사(左祖右社: 왼쪽에 조상을 오른쪽에 신을 모심-역주) 구조이다. 궁성 유적에는 현재 주춧돌과 유리기와 등이 남아 있다. 명청대 도시의 구조는 남경성을 모델로 만들어졌다. 명 성조(成祖)는 북경으로 천도하면서, "규모와 형태가 남경과 흡사하며, 웅장함과 아름다움은 이를 넘는다"라고 하여, 북경성이 남경성을 본보기로 하고 있다는 것을 알 수 있다.

남경은 강과 호수, 산과 구릉이 합쳐지는 곳에 위치하고 있으며 지형이 복잡하다. 실제 지리형세와 방어의 필요에 따라, 성 전체를 각기 다른 기능을 지닌 세 개의 큰 구역으로 나누었다. 성 동쪽은 궁성과 황성이 있는 구역이고, 성 남쪽은 상업지역과 거주지역이며, 서쪽과 북쪽은 군사구역으로 20만 군대가 주둔할 수 있었다. 소식과 위험을 알리는 종루(鍾樓)와 고루(鼓樓)는 세 개 구역의 중심에 설치되었으며, 주위의 험준한 지형과 강가의 요새 모두를 성 안쪽에 포함시킨다. 남경의 건축물들은 비교적 자유롭고 틀에 얽매이지 않으면서 방어가 특별히 중시되는 등 중국 남방지역의 자유로운 구조의 지방 도시와 비슷하다.

4. 봉건제국의 권세와 무력의 최고봉: 명대 북경성

명청 시기의 북경성은 역대 도성 건설의 경험을 기반으로 지은 것으로 중국 봉건사회의 마지막 수도로서 봉건사회 후기의 도시 구획을 대표한다. 그 웅장함, 크고 치밀함, 세심한 준비성은 전국을 통일한 제국의 기세를 구현해 낸 것이며 중국 봉건사회의 위세와 권력이 절정에 달했음을 말해 준다.

1) 북경성의 건축 및 고고학 조사
홍무(洪武) 원년(1368년) 명군이 원 대도를 점령하고 즉시 대도성의 북쪽을 없애 버려, 북쪽 성벽이 남쪽으로 약 5리 정도 축소되고 새로운 북쪽 벽이 건설되었다. 그리고 원대 궁성을 모두 허물어 버리고 대도를 북평부라 하였다. 이후 주체(朱棣: 명나라 성조)는 연왕(燕王)으로 봉해졌고 변경의 왕이란 중책으로 북평부에 자리 잡았다. 원 융복궁을 자신의 번왕부 관저인 연왕부로 삼았다. 영락(永樂) 원년 난세를 평정하고 전쟁에서 이긴 후에 주체는 남경에서 황제로 즉위한 후 북평부를 북경이라 하였다. 영락 15년 새로운 궁성을 짓고 영락 17년(1419년)에는 남쪽 성벽을 지어 나갔다. 영락 18년에 새로운 궁이 완공되었으며 정식으로 수도를 이곳으로 옮겼다.[24] 정통(正統) 원년(1436년)에 성벽 내부와 바깥을 벽돌로 쌓았다. 가경(嘉靖: 명대 세종의 연호) 32년(1553년)에 외성을 증축하였다.

청대에도 북경성의 범위, 궁성 및 거리 시스템은 바뀌지 않았다. 그러나 내성의 주민을 외성으로 이주시켰다. 내성에는 팔기병(八旗兵: 청나라 만주족으로 이루어진 군대)이 주둔하게 하고 병영을 설치하였다. 동시에 내성에 많은 황실 귀족의 저택을 두었다. 이런 저택은 넓은 면적을 차지하였고 집들은 웅장하고 화려했으며 대부분 정원이 딸려 있었다. 청대는 주로 북경 서쪽 교외지역의 원림(園林)을 만드는 데 힘과 노력을 집중했기 때문에 세계적으로 유명한 황실 원림이 탄생하였다.

북경성에 대한 연구는 청 왕조의 멸망과 함께 바로 시작되었다. 앞서 언급한 바와 같이, 20세기 전반 학자들의 현지 조사 결과를 기초로 명대 북경성과 황실 정원에 대한 고증과 연구가 진행되었다.[25] 당시 북경성의 기본적인 구조는 모두 보존되어 있었으나, 1950~60년대 도성 내 유적은 파괴되었으며 빠르게 소실되었다. 성문, 패루(牌樓), 사당 등은 모두 무자비하게 철거되어 망가졌다. 1960년대 말기 북경성곽 전체가 철저히 철거되었다. 다행스러운 것은 이 전에 도시의 주요 부분이 모두 고고학적 방법

....

24) 『明史』 권7 「成祖三」, 中华书局标点本.
25) 주 7, 9, 11 참고.

과 현대적 방법으로 이후의 연구를 위해 기록으로 남겨 두었다는 사실이다. 1960년대 북경성곽 철거 당시 고고학자들은 명청 시대 북경성곽을 해체하는 발굴을 진행하였으며,[26] 많은 학자들이 명대 북경성의 구획에 대해 연구하였다.[27]

2) 명대 북경성의 구조 및 성곽, 성문

명대 북경성의 평면은 凸자형을 보이고 있다. 면적은 약 25.4km²이며 외성, 내성, 황성과 궁성으로 나누어진다(그림 12).

성 내부는 원 대도의 기본 구조를 따르고 있다. 원 대도에 비교하면 가장 큰 변화는 바로 동서의 위치를 바꾼 것이다. 원 대도는 금 중도의 행궁 대녕궁(大寧宮)을 중심으로 설계 축조되었고, 황성은 행궁 구역 일대를 포함하고 있었다. 대내(大內)와 융복궁 등은 모두 호수를 따라 배치되었다. 그러나 명 북경성은 중앙의 궁성을 기준으로 좌우로 대칭되게 배치하였다. 금 중도 옛성과 겹치지 않도록 원 대도는 될 수 있는 한 북쪽으로 확장하였지만, 원 말기까지도 발전시킬 계획으로 남겨진 북부의 대지는 여전히 상당히 넓었다. 명 초기에 북쪽 대지를 버리고, 북쪽 성벽 아래쪽 5리에 새로운 성벽을 만들고 두 개의 문을 열기로 결정하였다. 즉 덕승문(德勝門 -서쪽), 안정문(安定門-동쪽)이다. 원 대도 동편 성벽과 서편 성벽은 원래 각각 3개의 문이 있었는데 이때까지도 각각 2개가 남아 있었다. 내성 북쪽이 축소된 또 다른 원인은 당시 원군의 반격을 방어하기 위한 것으로, 명 북경성의 북쪽 성벽은 짧은 기간 내에 단시간에 확장하여 지은 것이다. 고고학 조사를 통한 성벽 단면의 노출로 북쪽 성벽은 네 개의 층으로 이루어졌음을 알게 되었다. 1, 2, 3층은 모두 명나라 때 다져서[夯築] 축조한 것으로 토질이 비교적 부드러웠다. 첫 번째 항토층은 두께가 일정하지 않고 다

....

26) 徐苹芳,「明北京城」,『中国大百科全书 · 考古学』에 실려 있음, 中国大百科全书出版社 1986년판.
27) 刘敦桢 主编,『中国古代建筑史』 제7장 제5절, 中国建筑工业出版社 1980년판. 徐苹芳,『中国历史考古学论丛』, (台北)允晨文化, 1995년에 실려 있음.

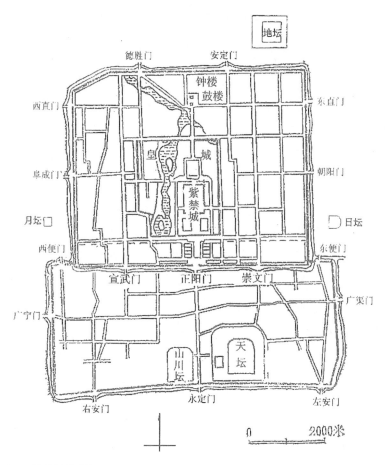

그림 12 명대 북경성 평면도

지기 위해 두드리는 방아의 크기는 같지 않았으며, 직경은 약 7cm였다. 2
층은 벽돌과 기와, 황토로 다져 만들었으며 불규칙적인 층이다. 그 사이에
각종 기와가 들어갔다. 몇몇 구간은 허물지 않고 깨끗이 정리되지 않은 집
터(최고가 1.8m에 달함), 장막과 기둥 및 각종 잡다한 물건이 포함되어 있
다. 원 복수흥원관지(福壽興元觀址)에는 여전히 관(觀) 비석과 깃발이 세
워져 있었다. 3층은 다져 쌓은 층으로 약 18~25cm이고, 층간에는 한 층
의 두께가 10cm 정도의 부서진 벽돌 조각이 끼워져 있다. 당연히 정통(正
統)연간에 성벽 벽돌을 둘러쌀 때 다져 넣은 층이다. 4층은 대충대충 다져

쌓아진 층이다. 벽돌 부스러기와 명대 도자기 조각 등의 회사토(灰碴土)로 가득 채워져 있으며, 성벽을 벽돌로 둘러쌀 때 쌓아 만든 것이다. 성벽 윗부분은 한 층의 두께가 20cm의 삼합토(三合土)로 깔았다. 그 위에 다시 해만문이 새겨진 대형 벽돌[海墁大磚]을 평평하게 한 층 깔았다. 성곽 내부 표면을 벽돌로 두 겹으로 둘러쌓았고, 안쪽은 두께가 약 1.3m의 작은 원대 소성전(小城磚)으로 끈적한 진흙을 이용해 홍무(洪武)연간에 쌓았다. 외측은 명대 대성전(大城磚)으로 표면을 둘러쌓았으며 두께는 0.7m로 석회를 섞은 진흙으로 쌓아 올려 만든 것으로 영락연간에 쌓은 것이다. 성벽 바깥측은 명대의 대성전으로 쌓아서 둘렀으며 두께는 약 1m이다. 석회를 발라 쌓아 지었으며 정통연간에 덧붙여 만든 것이다. 성벽 안과 바깥의 표면 벽돌로 쌓아 만든 층 아래 부분은 모두 2~3층까지 기본 돌을 받쳐 깔았다. 동서 성벽은 원의 항토층에 다시 쌓아 만든 것으로, 이는 원래 벽돌 파편들이 끼어 있는 명 시기의 항토와 관련이 있다. 벽돌로 쌓은 상황은 북쪽 성벽과 대체로 같다.[28]

  금 중도는 폐기된 지 오래되었으므로, 명대에 북경성을 축조할 때 장애가 되지 않았다. 원 대도의 황성과 궁성은 금 중도의 행궁 구역을 이용하였기 때문에 도시의 남쪽에 떨어져 있었고, 남쪽 성벽과 거리가 지나치게 가까워 성 남쪽 동서방향의 교통이 편리하지 않았다. 영락 17년(1419년) 새로운 궁전의 완공이 다가왔을 때 원 대도의 남쪽 성벽을 허물어 남쪽으로 2리 가까운 또 다른 새로운 성벽을 만들었다. 여전히 3개의 문을 열었는데 정양문(正陽門-중앙), 숭문문(崇文門-동쪽), 선무문(宣武門-서쪽)이다. 그리하여 명대 북경성 내에는 9개의 문이 있었다. 명 영종(英宗) 때 토목보(土木堡)의 변 이후 와자(瓦剌)에 의해 북경이 포위된 이후로 북쪽 변경의 위협은 여전하였다. 그리하여 정통연간에는 성벽을 보수하였다. 정통 원년(1436년)에 재건하였으며, 각 문에 옹성을 새로 만들었는데, 큰 벽

....

28) 北京市文物研究所 編, 『北京考古四十年』 제4장 「明代」, 北京燕山出版社 1990년판.

돌을 쌓아 만들어 매우 웅장하고 견고하였다. 동시에 9개의 성문과 옹성 성루를 만들었다. 성루는 모두 이중 처마가 있는 지붕[重櫓木] 구조로 만들어진 것이며, 아래층은 팔작지붕 처마[覆腰檐], 위층은 이중 우진각 지붕[覆重檐歇山頂]이다. 내성의 동남, 남서 두 모서리에는 평면에 굽은 자 형상의 높은 누각을 지었다.

명 가정(嘉靖)연간에 수도의 방어를 강화하기 위해 성곽을 둘러싸는 외성을 쌓을 것을 협의하였다. 먼저 거주 인구가 비교적 많은 남쪽부터 시작하였다. 하지만 재정적인 뒷받침이 부족하여 다른 세 방향의 성곽은 짓지 못했고 단지 남쪽의 천단(天壇), 산천단[山川壇: 청나라 때 선농단(先農壇)으로 개칭]과 주거가 밀집되어 있는 상공업구역을 외성 안에 지었다. 외성은 동서 길이 7,950m, 남북 길이 3,100m이며 벽돌로 성벽을 둘러싸고 강이 성을 보호하였다. 외성을 수리한 후 북경은 '凸'자형이 되었다. 외성 남면 3개의 문은 중간이 영정문(永定門), 동쪽은 좌안문(左安門), 서쪽은 우안문(右安門)이다. 동, 서편에도 각각 문이 하나씩 있었는데 동쪽은 광거문(廣渠門), 서쪽은 광녕문[廣寧門, 광안문(廣安門)이라고도 함]이며 동북, 서북 모두 문이 한 개씩 있었다. 외성 도로는 이미 확장하기 전에 자연스럽게 형성된 도로로 비교적 어수선하다. 동쪽과 서쪽에서 정양문을 향해 비스듬히 뻗은 도로가 있다.

황성은 내성 중부의 서남편에 위치한다. 명 초기, 군주의 권력은 하나가 되어야 한다는 관념으로 인해 원의 궁성은 모두 철거되었다. 성조(成祖)는 북경으로의 천도를 결심하고서야 비로소 궁성과 궁전을 짓기 시작하였다. 황성은 원 대도 황성을 바탕으로 동, 남 두 방면으로 넓히고 남쪽은 약 1리를 확장하였고, 태액지(太液池)도 남쪽으로 넓혔다. 이 부분이 바로 오늘날의 남해(南海)이다. 황성은 동서 길이 2,500m, 남북 길이 2,750m이다. 황성은 서쪽 정원 태액지와 동남 모퉁이의 '남내(南內)' 중화궁(重華宮)을 제외하고는, 동쪽과 북쪽 모두 황실에서 일하는 내관(內官) 관청과 수공업 창고 등이다. 황성의 남문은 승천문[承天門: 청나라 때 천안문(天安

門)으로 개칭)이다. 승천문 앞은 붉은색의 궁궐 벽이 둘러싸고 있는 정(丁)
자 모양의 돌출된 부분이 있는데 '성의 외곽'이라고도 불린다. 정자 머리의
정중앙은 대명문[大明門: 청나라 때 대청문(大淸門)이었고 후에 중화문(中
華門)으로 불리다 현재는 이미 철거됨])이었다. 문 안으로는 왕이 드나드는
길이 있어 승천문으로 직접 통한다. 왕이 다니던 길 양 옆에는 천보랑(千
步廊)이 있었으며 양편으로 중앙 관청을 배치하였는데, 대체로 왼쪽은 문
(文), 오른쪽은 무(武)를 배치하였다. 삼법사(三法司), 즉 형부(刑部), 도찰
원(都察院), 대리사(大理寺) 외에 중앙의 주요한 관청들은 모두 황성 앞쪽
양편으로 집중되어 있어 원 대도에서 관청을 성 곳곳으로 분산시켜 배치
했던 구조를 바꾸었다. 황성에는 이외에도 동안문(東安門), 서안문(西安門)
과 지안문(地安門) 등 세 개의 문이 있었고 성을 보호하는 해자는 없었다.

궁성의 또 다른 이름은 자금성이다. 내성 중앙에 위치하고 있는 것으
로 오늘날의 고궁이다. 그 동, 서쪽 성벽은 원 대도 궁성과 일치하며 남, 북
두 벽은 각각 남쪽으로 400m와 500m씩 이동하였다. 궁성에는 4개의 문이
있는데, 남문은 오문(午門)이고, 북문은 신무문(神武門)이다. 양 측면에는
각각 동화문(東華門), 서화문(西華門)이 있었다. 궁성 동서 길이는 760m이
고 남북 길이는 960m로 원나라 궁과 비교했을 때 약간 작고, 당 장안(서
안)의 태극궁(太極宮)보다 6분의 1이 크다. 앞쪽 조정은 황기전[皇机殿: 청
나라 때 보수한 후 태화전(太和殿)으로 개칭]이고, 뒤쪽 궁은 건청궁(乾淸宮)
으로 동화문, 서화문은 황극전(皇極殿) 앞쪽 좌우에 있었다. 두 문에 연결
된 옆길은 먼저 조정 앞에 이른다. 자금성 정북쪽은 헐어낸 원나라 궁전을
허문 흙과 자금성을 보호하는 강을 파낸 흙이 산을 이룬다. 높이 약 50m
인 '만수산(萬壽山)'으로 진산(鎭山) 혹은 경산(景山)이라 부른다. 만수산은
원대의 연춘각(延春閣) 위에 세워졌다. 진산이란 명칭은 원나라 왕가의 기
를 진압한다는 뜻이 함축되어 있다. 산꼭대기에 큰 정자를 만들고 '만춘정
(萬春亭)'이라 이름 지었는데, 이는 성 전체의 중심축선에 있으며 성 전체
평면의 중심이면서 가장 높은 곳이다. 만수산의 북쪽에는 중심축선을 따라

고루(鼓樓)와 종루(鐘樓)를 지었으며 경산과 멀리서 서로 마주 보고 있다. 궁성 앞쪽의 왼쪽은 왕실의 종묘(太廟: 오늘날의 노동인민문화관)이며, 오른쪽은 제사를 지내던 사직단(社稷壇: 오늘날의 중산공원)이다.

3) 명대 북경성 중심축선의 강화와 제단, 사당과 시장

명대 북경성은 원나라 대도와 비교해 보면 북쪽을 폐기하고 남쪽으로 확장하여 내성의 거주민들을 비교적 균일하게 분산시켜 황궁을 좀 더 중앙에 위치하게 하였고, 궁성 앞쪽으로 아주 긴 공간이 형성되도록 하였다. 도시 구획과 관련하여 궁성, 황성, 중심축선을 강화하였다. 외성의 확장공사 때문에 황궁 앞의 중심축선이 아주 길어진 것이다. 동시에 도시 북부의 종루와 고루가 중심축선의 끝부분에 놓이게 되면서 축선의 북쪽 끝이 길어져 중심축선이 균형을 이루었다. 중심축선은 총 8km로 역대 도성과 비교하면 긴 편이다. 학자들은 북경의 중심축선을 3구간으로 나눈다. 첫 구간은 외성의 영정문에서 시작하여 정양문까지이며 길이는 3,000m다. 시작 부분은 영정문의 천단과 산천단이며, 정양문 앞의 원형 옹성 및 다섯 칸인 대패루(大牌樓)까지 높고 큰 전루(箭樓)와 정양문이 뒤에 이어져 있다. 이곳은 번화한 상업구역과 대형 제단과 사당이 집중된 구역이다. 두 번째 구간은 정양문에서 경산까지로 중심축선의 핵심이다. 이곳은 성 전체의 중심이기도 하고 궁성과 황성의 중심축선이기도 하다. 황궁, 관아, 중요한 의례를 치르는 건물들이 이곳에 분산되어 있어 황권이 최고 절정에 달했음을 나타낸다. 정양문에서 '기반가[棋盤街: 천가(天街)로 유일하게 동서로 통하는 길]'까지, 그 다음 '대명문(大明門)', 뒤를 이어 '千步廊(천보랑)' 그리고 황성으로 들어오는 문 승천문과 단문(端門), 그 뒤로 오문으로 이어진다. 궁성에 들어오기 전 삼전삼궁(三殿三宮) 중 황극전(皇極殿), 건청궁(乾清宮)으로 이어지고, 황실 화원을 지나 신무문(神武門)으로 나와 만수산에 닿는다. 세 번째 구간은 경산에서 종루, 고루까지 길이가 2,000m이며 중심축선의 끝이다. 다시 먼 곳으로 득성문, 안정문의 두 고층 건물이 있어 그 기세가 먼 하늘까지 퍼지고 있는 듯 보인다.

북경성의 제단과 사당에 대한 세심한 배치는 질서와 운치가 있다. 외성 남쪽 부분은 동쪽으로 천단(天壇), 서쪽으로 산천단[山川壇: 지금의 선농단(先農壇)]이 있다. 내성의 바깥쪽에 지단(地壇)을 만들고 동쪽과 서쪽 벽 바깥으로는 조일단(朝日壇)과 석월단(夕月壇)을 지어 하늘[天], 땅[地], 태양[朝日], 달[夕月]을 모시는 단이 황성과 궁성을 둘러싸게 만들었다. 원 대도의 종묘와 사직묘는 각각 동쪽과 서쪽 성벽에 가깝게 근접해 있고 궁성에서 비교적 멀다. 명은 그것을 오문 앞쪽 좌우에 재건하여 황궁과 가깝게 하였다. 관아는 정양문 안 황성 외부의 T자형 광장 양 측면에 집중되어 있었고 전체적인 구조가 세심하고, 균형과 대칭을 이루게 배치되었다. 명 북경성에는 4대 상업 중심지가 있었는데 내성의 동사(東四) 패로(牌樓)와 서사(西四) 고루(鼓樓) 부근이며 원 대도의 옛 모습을 계승한 것이다. 외성 정양문 밖에도 한 곳이 있는데 그곳은 원 시기 금 중도성에서 옮겨온 것으로 오늘날의 북경 대책란[大柵欄: 북경 전문(前門) 밖 근처의 유명한 상업거리]이다.

4) 명대 북경성에 나타난 도성 건설의 특징

명대 북경성은 구조적인 측면에서 원 대도가 가지고 있던 모든 우수성을 계승하였다. 예를 들어 도로 시스템, 시장의 배치 및 주례(周禮)에 따른 도시 배치 등이다. 동시에 북쪽을 축소하고 남쪽을 넓혀 도시를 더욱 빈틈없고 효율적으로 구획하였다. 북경성의 두드러진 특징은 궁성의 위치를 강화하여 중심으로 깊숙이 들어가게 한 배치로 오부(五府: 관리들이 행정을 보는 곳 – 역주)와 육부(六部: 중앙 행정 기구 – 역주)를 궁성 앞에 자리 잡게 한 것이다. 황실 일을 돌보는 내관 관련 건물을 전부 황성 안으로 집중시켰다. 궁성과 황성은 북경의 중심이 되었고, 이 성의 위치로 동쪽과 서쪽 간 교통에 불편을 가져왔지만 황제의 존재감을 과시하게 되었다. 중심축선의 강화로 외성을 축조한 이후 중심축선은 길어졌고, 각 부분의 기능이 달라졌으며 각각의 부분들은 높은 건축물로 마무리를 하였다.

상업경제가 고도로 발달한 봉건제국 후기의 북경성은 도시의 기능적인 측면에서 상업발전을 매우 중시했다. 기본적으로 원나라 대도의 상업 촉진 정책을 계승했으며, 외성을 상공업지역이 둘러싸도록 함으로써 외성 보호를 한층 강화하였다. 외성의 출현은 명대 중엽 이후 북경 상공업자들과 시민 계층의 성장을 반영한다. 외성 축조 전 남성(南城)은 이미 상업과 집단거주 지역이었다. 당시에는 통일된 구획이 없었으므로 외성 도로는 반듯하거나 가지런하지는 않았지만 상업적 기능을 잘 표현하였다. 명청 시대 북경성은 수자원 부족으로 옥천산(玉泉山)의 물을 궁성으로 끌어들였다. 옥천산 물을 덕승문 수로로 성에 끌어들인 후 상수시설로 궁 안으로 들여왔고, 남는 물은 다시 적수담(積水潭)으로 돌렸다. 원 대도의 물 공급시설 두 개가 합쳐져 더욱 효율적이었으며 물을 절약할 수 있었다.

4장 송원명 지방 도시의 고고 발견과 연구

송원명 시기 지방 도시의 고고학 연구는 중국 고대 도시 연구의 중요한 부분이다. 이 시기에 지방 도시는 수당 시기의 토대 위에 아주 큰 발전을 이룩하였다. 오래된 도시들이 새롭게 발전했을 뿐만 아니라 새로운 도시들이 생겨났다. 교통의 요지인 강 하구와 길목들에는 원래 임시적인 성격의 재래시장(시골장)이 있었지만, 이들은 점차 큰 시장으로 발전하여 변화한 도시가 되었다. 이 때문에 이 시기 지방 도시의 면모에도 중대한 변화가 생겼다. 즉 도시들은 기존의 폐쇄적인 이방제(里坊制)를 타파하고 개방식의 도로 체계를 받아들였다. 지역이 다르고 성격이 다른 도시들 간의 격차는 이 시기의 도시 연구에 매우 중요한 내용이다. 지방에 있는 부주성(府州城)의 도시 구조와 기능에 근본적인 변화가 발생한 것이다. 당시에는 송(宋), 요(辽), 서하(西夏), 금(金) 등 현 중국 국경 내에서 동시에 여러 다른 민족이 세운 정권이 존재하였다. 북방 소수민족은 원래 '마상행국(馬上行國)'으로 '수수초이거(遂水草而居, 물과 풀을 따라 거주하는)' 생활을 하고 있었다. 이 시기에 그들은 보편적으로 중국 중원의 농경문화를 받아들여 여러 성곽과 해자를 만들어 자신의 통치체제를 보호하였다. 그로 인해 북방지역에 이 시기에 지어진 성지들이 많이 남아 있다.

1. 지방 행정 도시

도성의 고고학 연구 및 발견과 비교하면, 이 시기의 지방 성지(城址)에 대한 고고학 조사는 취약한 편이다. 내몽고와 동북 삼성의 요금원대 지방 성지의 조사와 발굴을 제외하고, 사천의 송대 항원산성(抗元山城), 몽원산성(蒙元山城)의 조사와 영하(寧夏)의 송원대 군사 요새에 관한 조사는 비교적 집중적으로 이루어졌다. 이외 지역의 이 시기 성지 고고학 조사는 산발적으로만 이루어진 것이 사실이다.

1) 오국성(五國城)에서 자동항(刺桐港)까지: 지방 도시의 확산과 고고학 조사
송대 지방 성지에 대한 고고학 조사는 많지 않았다. 그중 양주성(揚州城)의 고고학 조사가 대표적이다. 송나라 양주는 대성(大城), 보우성(寶佑城), 협성(夾城)으로 구성되어 있다. 대성과 보우성은 각각 당나라 나성(羅城)의 동남 변두리와 자성(子城)을 토대로 축소하여 지어진 것이다. 협성은 두 성의 중간에 위치하며 두 성을 연결한다.[1] 이는 송대 양주성의 군사적 역할과 관련하여 의의가 있고, 당 시기 양주성과 아주 큰 차이점이다. 양주의 송대 대성(大城) 유적에서 밝혀진 남송 시기 성문 터[門址]에서는 배차주(排叉柱: 문 터널 양측으로 빽빽하게 세운 기둥 – 역주)는 보이지 않는데, 성문의 권동식(券洞式) 건축은 이미 사용한 것으로 보인다.[2] 수당 시기의 양주는 수도의 영향을 받아 폐쇄적 방식의 이방(里坊) 제도였고 송대에 와서 개방식의 거리와 골목으로 변화하였다. 양주성 구획의 또 다른 특징은 전체 남북 간선도를 배로 물건을 실어 나르는 강이 가로로 관통한 것이다. 이는 도성 구획이 현지의 수로 밀집지형에 잘 적응하여 상업 발전에 유리한 조건을 만들었다는 것을 의미한다.[3]

양주성이 오늘날까지 사용되는 것은 고대와 현재가 겹쳐져 있는 지방 성지에 속하기 때문이다. 이런 성격의 성지 연구가 발달하지 못한 것은 특수한 경우에 해당되는 도시에 대한 연구 방법이 부족한 것에 원인이 있다. 이와 관련하여 숙백(宿白)선생은 두 편의 선도적 의의가 있는 중요한 논문을 발표하였다. 고대와 현재가 공존하는 지방 성지의 고고학 연구에 관한 몇 가지 중요한 사실에 관한 것이다. 예를 들어 도시가 축조된 후에 범위가 어떻게 변화하는지, 성문과 주요 거리의 위치에 변화가 있는지, 주요 관

....

1) 扬州城考古队, 「江苏扬州宋三城的勘探与发掘」, 『考古』 1990년 제7기.
2) 扬州唐城考古队, 「扬州宋大城西门发掘报告」, 『考古学报』 1999년 제4기.
3) 蒋忠义, 「隋唐宋明扬州城的复与研究」, 『中国考古学论丛』 科学出版社 1995년판.

청과 종교 건축물 위치가 변동되었는지, 성벽에 대한 수리를 하는지 등에 관한 것이다.[4] 또한 청주성(靑州城)의 고고학적 복원 시 이러한 의문을 구체적으로 확인하였다.[5] 숙백(宿白)선생은 선화성(宣化城)에서 당 후기, 오대 시기 도성 및 요의 무덤, 창고 유적, 탑기(塔基) 유적, 고대 건축 등에서 각기 다른 시기의 도성 내 구역이 있음을 확인하고, 더 나아가 당대 유적 지구의 도로 구획과 일부 건축물의 배치를 확인하였다.[6] 서빈방(徐蘋芳)선생도 일찍이 원 대도와 남송 임안성(臨安城)의 조사를 예로 들어 이런 종류의 도시 고고학의 연구 방법에 대해 언급하는 등 선도적인 의의가 있는 연구결과를 발표하였다.[7]

송대 낙양성은 매우 중요한 도시지만 오랜 기간 동안 학자들의 고고학 조사는 주로 한과 위 시기 고대 도성과 당 동도성(東都城)으로서의 역할에 대한 고찰과 탐구에만 집중되었다. 그러나 중요하게 언급한 적은 많지 않지만 그렇다고 북송 서경성(西京城)보다 중요도에서 뒤지는 것은 아니었다. 개인적 경험에 비추어 보면 대대로 사용된 도시를 중요하게 생각하고 진지하게 조사만 한다면, 각 시대의 유적은 모두 어느 정도 발견될 수 있을 것이라 생각한다. 낙양성의 조사를 통해 도광원(陶光園) 동서 양 끝에 있는 격성은 송대에 지어진 것임이 증명되었다. 낙양성의 주된 구조는 송대까지 이어진다는 것을 알 수 있었다.[8] 1984년 당 동도성 동쪽에서 북송 시기에 증축된 성문이 발견되었다. 『영조법식(营造法式)』에서 서술한 땅 지반에 나란히 끼워진 기둥이 열로 서 있는 '과량식(过梁式)'의 목재 대

....

4) 宿白, 「隋唐城址类型初探(提纲)」, 北京大学考古学系编 『纪念北京大学考古专业三十周年论文集』, 文物出版社 1990년판. 宿白, 「现代城市中古代城址的初步考察」, 『文物』 2001년 제1기.
5) 宿白, 「青州城考略」, 『文物』 1999년.
6) 宿白, 「宣化考古三题」, 『文物』 1998년 제1기.
7) 徐苹芳, 「现代城市中的古代城市遗痕」, 『远望集-陕西省考古研究所华诞四十周年纪念文集』, 陕西人民美术出版社 1998년판.
8) 段鹏琦, 「汉魏洛阳城的几个问题」, 『中国考古学研究』, 科学出版社 1986년판. 王岩, 「隋唐洛阳城近年考古的新收获」, 『中国考古学论丛』, 科学出版社 1993년판.

문 터널이다. 이런 유적은 처음 발견된 것이다.[9] 특히 1991년에서 1992년까지 수당 시기의 낙양 동쪽 성의 동남부에서 한 관청 유적을 발굴하였다. 유적지의 서쪽 절반은 뜰과 대청 건물로 이 건축물군의 주요 부분이었으나, 심한 손상을 입었음을 확인하였다. 그러나 동쪽 절반은 보존이 잘 되어 있었다. 전정(殿亭), 낭무(廊廡), 화사(花榭), 화전(花磚) 통로와 저수지 등의 유적을 정리했는데.[10] 관청 안 '후원' 부분으로 추정된다. 이것이 송대 관청 유적에 대한 첫 번째 발굴이었다. 2000년에는 항주시에서 남송 임안부 관청 유적을 발견하여 발굴하였다. 발굴한 부분은 주 건축물들 서쪽의 연병장과 서원(書院) 부분이다.[11] 두 곳의 관청 유적에 대한 발굴은 송대 대형 관청에 대한 더욱 폭넓은 인식을 가능하게 하였다.

강서(江西) 감주(贛州) 고성의 성벽은 기본적으로 보존이 잘 되어 있다. 감주성은 장(章), 공(貢) 두 강이 합류하는 곳에 지어졌는데 지세를 보고 지은 것이라 평면이 규칙적이지 못한 삼각형을 나타낸다. 고고학 조사와 방지(方志)의 기록을 대조해 보면 오늘날 감주 도로의 방향은 송나라 때 몇 개의 주도로의 방향과 배치를 그대로 유지하고 있다. 감주성은 오대(五代) 후량(后梁) 때 서북쪽에서 남쪽, 동남쪽으로 확장 건설되어 당대(唐代) 북부의 동서 길과 남북 길을 시작점으로 규칙적이지 않은 형태의 丁자 거리의 구조를 형성하고 있다. 동서길 북쪽으로 서북 고원에 자성(子城)이 있으며 관청구역이 있었다. 송대를 거쳐 다시 네 개의 주 거리가 형성되었는데 양가(陽街), 사가(斜街), 검가(劍街), 장가(長街)이며 오늘날 감주성 내의 6개 주요 도로의 기본이 되었다. 주요 거리 사이에 아주 많은 작은 거리가 서로 연결된 발달된 거리 체계를 형성하였다. 감주성의 서북지역은 관청구역이며, 동부지역의 검(劍), 장(長) 두 도로는 상업 구역으로 공강(貢江)과 나란히 평행을 이룬다. 공

....

9)   洛阳市文物工作队,「洛阳发现宋代门址」,『文物』1992년 제3기.
10) 中国社会科学院考古研究所洛阳唐城队,「洛阳宋代衙署庭园遗址发掘简报」,『考古』1996년 제6기.
11) 杭州市文物考古所,「杭州南宋临安府衙署遗址」,『文物』2002년 제10기.

강 연안에는 당시 많은 상업 부두들이 있었고 이것과 대응하여 성 내에는 업종별 시장 거리가 있었다. 예를 들어 쌀시장 거리, 도자기 거리, 면화 거리, 종이 골목, 장작 골목, 빵 골목 등이다. 북부 용금문(涌金門) 안에는 촌금항(寸金巷)이 있었는데 상업이 극도로 발달한 곳이었다. 동남부의 광활한 지역은 군사 주둔 방어 구역이며, 대대로 지어온 사당, 서원 등이 더해져 동남부는 종교 문화 구역이 형성되었으며 거주 집중 구역이기도 하였다. 감주의 도로는 당, 오대 때 기본적으로 丁자의 비교적 반듯한 성이었다. 송대에는 주로 교통과 상업 발전에 따라 형성된 도시였기 때문에 도시 구획은 장강, 공강이 흐르는 방향으로 불규칙한 형태가 나타났다.[12]

영파(寧波)는 당송대의 명주(明州)이다. 당시의 유명 4대 거리 중의 하나이다. 당대 장경(長慶) 원년에 자성(子城)을 축조하였다. 1997년부터 이곳에 대한 발굴이 진행되어 기본적인 건축 방식과 범위가 확인되었다.[13] 진강(鎭江) 고성에 대해 여러 차례 고고학 조사와 발굴 작업을 진행하였지만, 고성의 구조를 완전히 알기는 어려웠다.[14] 내륙의 송원명 성터 유적에 대해서는 일부 조사와 발굴이 진행되었다. 예를 들어 안휘성(安徽省) 봉대(鳳臺)의 '연성(連城)'에 대한 당원대의 성터 유적의 발굴,[15] 산동성(山東省) 관현(冠縣)의 소성(肖城)에 대한 송대부터 원대까지의 성터 유적,[16] 명대 서안성(西安城) 및 원대 안서왕부(安西王府),[17] 명대 개봉 노왕부(魯王府)에 대한 조사[18] 등이 이에 속한다.

송대 평강성[平江城, 지금의 소주시(蘇州市)]에 대한 연구는 주로 고대

....

12) 李海根, 刘芳义, 「赣州古城调查简报」, 『文物』 1993년 제3기.

13) 宁波市文物考古研究所, 「浙江宁波市唐宋子城遗址」, 『考古』 2002년 제3기.

14) 镇江六朝唐宋古城考古队, 「江苏镇江市环城东路宋代遗存的发掘」, 『考古』 1998년 제12기.

15) 南京博物馆, 「安徽风台 "连城" 遗址内发现一批唐—元时代的文物」, 『文物』 1965년 제10기.

16) 「冠县肖城宋至元代城址」, 『中国考古学年鉴·1997』, 文物出版社 1997년판.

17) 西安市文物管理处, 「西安城墙」, 『文物』 1980년 제8기. 马得志, 「西安元代安西王府勘查记」, 『考古』 1960년 제5기.

18) 开封宋城考古队, 「明周王府紫禁城的初步勘探与发掘」, 『文物』 1999년 제12기.

의 이미지 자료를 이용하거나 문헌 고증과 현장 조사를 종합하여 고대 도시에 대한 복원 연구를 진행하고 있다. 남송(南宋) 소정(紹定) 2년(1229년)에 새긴 '평강도비(平江圖碑)'는 송대 평강성 연구에 귀중한 자료이다.[19] 두유(杜瑜)가 문헌 중 평강부성 및 그것의 자성(子城) 범위에 대한 전통 데이터가 대부분 잘못되었다는 것을 지적한 것처럼, 실제 대성의 둘레는 약 32리이며 자성의 둘레 길이는 단지 4리였다. 성 전체는 하나의 중심축선이 있고 좌우는 기본적으로 대칭이다. 왕건(王謇)은 평강성 방(坊)에 대해 하나하나 고증하고 수정하였다. 여기에는 '평강도비 이후에 세워진 도로, 관청도 포함되었다. 전옥성(錢玉成)은 평강도의 비율에 대해 자신의 의견을 제시하기도 하였다.[20] 평강도비의 연구를 통해 송원대 평강성에 대한 대략적인 이해를 할 수 있게 되었다.

평강(平江)은 장강 하류 송나라 경제가 가장 발달했던 지역에 포함된다. 또한 대운하와 연결되어 있었기 때문에 당시 정치, 경제와 문화의 중심이 되었다. 특히 경제적인 중요도에 따라 강남지역 부성(府城)의 전형적인 대표 도시가 되었다. 평강도비에 기록된 바에 의하면 성은 북송 시대에 지어졌으며 평면은 대체로 직사각형을 나타내는데 남북 길이는 4km가 넘고 동서의 너비는 3km가 넘는다. 도비에 새겨진 그림은 약간 길게 늘여져 변형되었음을 보여준다(그림 13). 성벽은 약간 휘었고 모두 5개의 문이 있다. 성 내부의 도로는 그물 모양으로 분포되었음을 보여주고, 남북으로 4개의 주요 대로가 있으며 동서로는 3개의 주요 도로가 있다. 주요 도로는 서로 井자와 丁자 모양으로 교차한다. 8개의 주요 도로 옆에는 모두 수로가 있다. 이 도로와 수로는 방향이 같고, 상점들의 배치는 대체로 앞이 거리이고 뒤는 강인 구조이다. 배는 주요 운송과 교통수단이었으며 도시 북반부에

....

19) 钱镛,「平江图碑」,『文物』1959년 제2기.
20) 杜瑜,「从宋〈平江图〉看平江府城的規模和布局」,『自然科学史研究』제8권 1기, 1988년. 王謇,『宋平江城坊考』보완본, 江苏古籍出版社 1986년판. 钱玉成,「宋刻平江图的比例」,『文物』1994년 제4기.

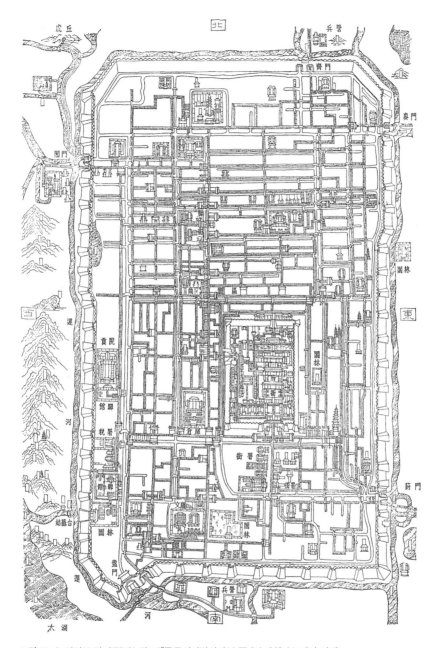

그림 13 송 평강부 각비(閣碑) 약도(『중국성시건설사(中國成市建設史)』에서 전재)

서 특히 뚜렷하다. 이런 수로는 모두 인공으로 판 것으로 가지런하게 박안(駁岸: 제방이나 선착장이 무너지지 않도록 한 구조물)을 지었다. 강 위에는 여러 길을 연결하는 다리가 있었다. 중심 도로 사이에는 비교적 작은 동서 방향의 골목들이 많았다. 이로 인해 성내는 편리하고 발달된 도로망 구조를 형성할 수 있어 매우 편리했으며 세로로 난 도로와 가로로 된 골목 형태[縱街橫巷式, 장항식(長巷式)이라고도 함]의 전형적인 도로 시스템이었다. 성 중앙에서 동남편에 있는 자성에는 평강부의 관청이 있으며, 정원, 큰 홀, 복도식 방, 화원이 하나의 세트로 구성되어 있다. 자성 주위에는 성벽이 둘러싸고 있다. 도시 중심에는 담으로 둘러싸인 관청이 있는데, 이는 당시 지역 정치, 경제의 중심인 부주(府州) 도시 등 지방 요충지의 특징이다. 〈평강도(平江圖)〉는 중국에 현존하는 가장 이른 시기의 것으로 가장 상세하고 정확한 도시 평면도이다. 전 세계적으로도 비교적 초기 작품에 속한다. 이 비석 그림은 중국 고대 지도의 전통적인 화법을 이용하여 평면적으로 간결하게 윤곽을 그린 것이다. 고고학적 실측조사 결과와 도비는 대체적으로 일치하였다.

이와 같은 도시로 유명한 예는 바로 계림성(桂林城)이다. 오늘날 계림시 북앵무산(北鸚鵡山)에는 〈정강부수축성지도(靜江府修築城池圖)〉라는 마애 석각이 있다. 여기에는 남송 말기 계림성의 평면도가 표현되어 있고, 그림 옆에는 중요한 명문도 새겨져 있다. 남송 말기 사임제(四任制)를 두어 계림성의 증축과 수리를 계획하고 실행했으며 사람을 쓰거나 재료를 쓰는 일, 사용하는 재화의 양 등을 기록해 두어 연구 가치가 매우 높다.[21] 부희년(傅熹年),[22] 장어환(張馭寰)[23]은 정강도비(靜江圖碑)에 대해 모두 비교적 꼼꼼하게 고증을 하였다. 그림 중에 표현된 것은 남송 말기의 상황인데, 역사적으로 당대(唐代) 계림주(桂林州)는 직사각형이며 복층의 아주

....

21) 桂林市文管会,「南宋〈桂林城图〉簡述」,『文物』1979년 제2기.
22) 傅熹年,「〈靜江府修築城池图〉簡析」,『傅熹年建筑史论文集』, 文物出版社 1998년판.
23) 张馭寰,「南宋靜江府城防建筑」,『古建筑勘察与探究』, 江苏古籍出版社 1988년판.

기획이 잘된 성으로 도로에 의해 구획된 사각형의 방(坊)이 있었다. 그러나 남송 후기 몽고 군대를 방어하기 위해 협성(夾城)을 만들면서 도시 구획이 변화하였다. 송대의 도시 구조는 하나의 세로 거리가 성 전체를 관통하는 구조이다. 즉 오늘날의 중산(中山) 남로(南路), 중로(中路), 북로(北路)이다. 세로 도로 옆으로 가로 도로가 있고 각 성문과 서로 통하게 되어 있다. 이런 종류의 세로 도로와 약간의 가로 도로 구조는 줄곧 현재까지 보존되고 있다. 그 외에 이 성은 자연환경에 따라 동, 서, 남 삼면이 모두 넓은 강이므로 유일하게 북면이 위험에 노출될 수 있는 구조였다. 그래서 특별히 협성을 축조하였던 것이다. 이처럼 도시 확장의 목적은 필연적으로 방어를 강화하기 위한 것이었다. 송원명대부터 오늘날까지 이어져 오고 있는 고대 도성에 대한 조사와 복원 작업에는 송원대 천주성[泉州城, 차동성(刺桐城)이라고도 함] 조사 연구,[24] 광주성(廣州城)의 조사 연구,[25] 호남성(湖南省), 장사성(長沙城)의 조사 연구[26] 등이 있다.

동북, 내몽고, 신강(新疆)과 남방의 몇몇 소수민족의 거주지역에서 요, 금, 원대의 지방 성지 유적이 다수 발견되었다. 고고학적 현지조사가 진행되고 있는 것 외에, 그중 몇몇은 과학적 발굴이 진행되고 있다.

최근의 통계에 따르면 요대(遼代)의 성지는 560여 곳이다. 『요사(遼史)』와 『거란국지(契丹國志)』 기록의 3분의 1을 넘는다. 항춘송(項春松)은 요대 도시를 황도(皇都), 배도(陪都, 제2수도), 두하성(頭下城), 알로타(斡魯朵), 봉릉읍(奉陵邑), 변방성(邊防城), 오국부성(五國部城), 지방주군성(地方州軍城)의 8종류로 나누었다.[27] 거란이 발명한 중심 성보(城堡) 주위에 위성 도시를 만들어 서로 의지하는 성 방어 시스템은 군사적으로 고대 도시

....

24) 庄为玑,「泉州历代城址的探索」,『中国考古学会第一次年会论文集』, 文物出版社 1979년판.
陈允敦,「泉州古城址踏勘纪要」,『泉州文史』, 1980년 제2, 3기 합장본.
25) 徐俊鸣,「宋代的广州」,『中山大学学报(自然科学版)』, 1964년 제6기.「我国古代海外交通和贸易对于广州城市发展的影响」,『中山大学学报(自然科学版)』 1979년 제4기.
26) 黄纲正 等,『湘城沧桑之变』, 岳麓书社 1996년판.
27) 項春松,『辽代历史考古』, 内蒙古人民出版社 1996년판.

방어 전술에 공헌한 바가 있다. 이일우(李逸友)는 요대의 도시를 도성, 부주현성(府州縣城), 두하군주(頭下軍州), 봉릉읍(奉陵邑), 변방성(邊防城) 5종류로 나누고 구획 배치에 대해 분석하였다. 그는 초기의 요나라 도시는 유목민족의 풍습이 많이 남아 있어, 도시와 건축물은 동남방향을 존중했으나, 야율득광(耶律得光) 이후 남쪽으로 향하게 되었다고 하였다. 그리고 도시 구획은 거란과 한족의 구역을 명확하게 구분하는 등 요의 통치 특징을 잘 표현하고 있다고 하였다.[28]

요대(遼代)의 부(府), 주(州), 현성(縣城)에 대한 고고학 조사와 발굴에서는 요(遼) 의주성(懿州城), 요주성(饒州城), 장춘주성(長春州城), 기주성(祺州城), 영강주성(寧江州城), 영주성(永州城), 녹주성(綠州城) 등이 중요하다. 고고학 조사와 문헌자료를 통하여, 요대 주, 현의 유적을 고증할 수 있다는 점은 요대 도시 유적 연구의 한 특징이다. 이와 관련, 비교적 중요한 작업은 내몽고 옹우특기(翁牛特旗) 백음타랍(白音他拉) 고성의 조사이다. 이 성은 거란족의 발원지이고, 후에 동나벌(冬捺鉢)의 소재지인 요 영주성(永州城)이 된다.[29] 또한 길림성(吉林省) 전곽현(前郭縣) 타호성(他虎城) 유적과 회덕(懷德) 진가둔성(秦家屯城) 유적에 대한 고고학 조사가 있다.[30] 전자는 요대의 장춘주(長春州)이며, 후자는 요대의 신주(信州)이다. 흑룡강 태래현(泰來縣) 탑자(塔子) 고성은 요대의 태주(泰州)이며, 성 안에서 대안(大安) 7년(1091년) 탑을 만들고 돌에 이름을 새긴 것이 발견되었다.[31] 내몽고 호륜패이맹(呼倫貝爾盟) 진파이호기(陈巴爾虎旗)의 호특도해고(浩特陶海固) 고성은 요대의 통화주(通化州)이다. 요대의 요주(饒州)는 아마도 내몽고 임서현성(林西縣城) 서남쪽 60km인 곳의 방형의 고성터

....

28) 李逸友, 「辽代城郭营建制度初探」, 『辽金史论集』 제3집, 书目文献출판사 1987년판.

29) 姜念思, 冯永谦, 「辽代永州调查记」, 『文物』 1982년 제7기.

30) 吉林省博物馆, 「吉林他虎城调查记」, 『考古』 1964년 제1기. 陈相伟, 「吉林怀德秦家屯古城调查记」, 『考古』 1964년 제2기.

31) 谔土, 「跋黑龙江省泰来县塔子城出土的辽大安残刻」, 『考古』 1960년 제8기.

로 여겨지고 있다. 성 내에는 많은 건물 터가 있고 대안 7년(1091년) 요주(饒州) 안민현(安民縣)에서 돌로 만든 경장(經幢) 잔편이 발견되었다.[32] 요대 이주(利州), 영안주(靈安州) 등의 도시유적도 모두 확인되었다.[33] 기타 요령성(遼寧省) 부신시(阜新市) 대파향(大巴鄕) 고성은 요 환주성(歡州城)이고, 오가자(五家子) 고성은 요 순주성(順州城)이다.[34] 강평시(康平市) 소탑자(小塔子) 고성은 요 기주성(祺州城)이며,[35] 요양시(遼陽市) 당마채(唐馬寨) 고성은 요 연주성(衍州城)이고,[36] 복현(復縣) 서양대(西陽臺)는 요 영주(寧州), 객좌북공영자(喀左北公營子)는 요 부서현(富庶縣), 백탑자(白塔子)는 요 택주(澤州), 건평방신(建平房身)은 요 금원현(金源縣), 의현(義縣) 영녕포(永寧鋪)는 요 검주(黔州)이다.[37] 법고남토성자(法庫南土城子)는 요 원주(原州), 삼합성(三合城)은 요 복주(福州)이다.[38] 이러한 조사 결과는 요의 사회, 경제, 상황을 연구하는 데 참고할 만한 가치가 있다.

봉릉읍(奉陵邑)은 특별히 황릉 관리를 위해 설치한 작은 성이다. 북송 황릉도 영안현(永安縣)을 봉릉읍으로 삼았고, 진종(眞宗) 경덕(景德) 4년(1007년)에 축조되었으므로, 요의 제도를 받아들인 것이 분명하다. 요나라에는 5개의 황릉 구역이 있었다. 그래서 그에 상응하는 5개의 봉릉읍성(奉陵邑城)도 있었는데 각각 조주성(祖州城), 회주성(懷州城), 현주성(顯州城), 건주성(乾州城)과 경주성(慶州城)이다. 그중 경주성에 관한 고고학 작업이 비교적 충분히 이루어졌다. 경주성은 내몽고 파림좌기(巴林左旗)에 위치해 있으며 목종(穆宗) 시기에 지어졌다. 요 성종(聖宗)이 경릉(慶陵)에 묻힌

....

32) 林西县博物馆, 「辽饶州故城调查记」, 『考古』 1980년 제6기.

33) 喀左县博物馆, 「辽宁喀左县辽代利州城址的调查」, 『考古』 1996년 제8기. 贾鹤龄, 「内蒙古库伦旗发现辽代灵安州城址」, 『考古』 1991년 제6기.

34) 冯永谦, 「辽代欢州, 顺州考」, 『北方文物』 1985년 제2기.

35) 冯永谦, 「辽代祺州探考记」, 『辽宁师院学报』 1981년 제3기.

36) 王棉厚, 「辽代衍州与鹤野探考」, 『辽金史论集』 제3집, 书目文献出版社 1987년판.

37) 冯永谦, 「辽宁地区辽代建制考述(上)」, 『东北地方史研究』 1986년 제2기. 冯永谦, 「辽宁地区辽代建制考述(下)」, 『辽海文物学刊』 1987년 제1기.

38) 冯永谦, 「辽代原州福州考」, 『北方文物』 1988년 제2기.

후 이 성은 봉릉읍이 되었다. 성은 안과 밖 이중으로 성곽이 있다. 외성 유적은 현재 명확하지는 않지만, 실측 조사를 통해 남북 길이는 1,700m, 동서 너비는 1,550m로 요대 주성(州城) 중 규모가 가장 크다는 것이 확인되었다. 내성은 동서 가로는 950m, 폭 950m이며 성벽은 흙으로 쌓았고, 현존 높이는 4m가량 된다. 성벽에는 마면(馬面)이 있다. 모든 방향에 한 개의 성문을 설치하였고 문에는 옹성이 있다. 성 내부의 도로 구조는 丁자 모양이고 가로 방향 도로에는 북으로 향하는 정중앙의 중심축선 위에 대형 건물터가 있다. 성종 소황후(蘇皇后)를 위해 능을 지킬 때 거주하던 행궁(行宮)이다. 행궁은 동쪽이 정원이고 서쪽은 일반 거주지이다. 이곳에 현존하는 7층 팔각 누각식 전탑(塼塔)이 있는데 높이는 64m로 석가여래사리탑(釋迦如來舍利塔)이다. 요 중희(重熙) 18년(1049년)에 건립되었다는 유명한 요대 탑이다. 탑 내부에서는 많은 중요한 문화재가 출토되었다.[39] 봉릉읍은 도시 구조가 주성과 비슷하나 기능은 다르다.

요대에 두하군주(頭下軍州)의 기능을 가진 성은 『요사(遼史)·지리지(地理志)』의 기록에 따르면 16곳이지만, 실제 이 숫자에만 그친 것은 아닐 것이다.[40] 이 16곳 두하군주의 지리적 위치에 대해서는 학술계에서 학자마다 견해에 차이가 있다. 풍영겸(馮永謙)은 고고학 조사 자료에 근거하여 『요사·지리지』에 기록된 16개 두하군주의 지리적 위치에 대해 하나하나 고증을 진행하였다.[41]

흑룡강성(黑龍江省)에는 금대(金代) 성지(城址) 유적이 많다. 가장 특징적인 것은 송화강(松花江)에서 눈강(嫩江) 지역 일대가 금대의 지방 도시이다. 전하는 바에 따르면, 발견된 옛 성들은 모두 200개가 넘는다. 왕영

....

39) 田村実造, 小林行雄, 『庆陵』, 日本京都大学文学部, 1953년. 「辽庆州城址」, 中国历史博物馆遥感与航空摄影考古센터 等이 저술한 『内蒙古东南部航空摄影考古报告集』, 科学出版社 2002년판에 실려 있음.
40) 冯永谦, 「辽代头下州探索」, 『北方文物』 1986년 제4기.
41) 冯永谦, 「辽志十六头下州地理考」, 『辽海文物学刊』 1988년 제1기.

상(王永祥), 왕굉북(王宏北)은 100여 개의 금나라 성터를 유형별로 분류하여 이들의 분포가 매우 규칙적임을 밝혔다. 따라서 이 성들은 강이나 하천을 끼고 각 거점에 순서대로 배열되어 교통로를 형성하였다는 것을 알 수 있다. 예를 들어 아심(阿什)강의 연안을 따라 열 몇 개의 고성이 있고, 랍림하(拉林河) 오른쪽 해안으로는 17개가 있으며, 각 성과 성 사이의 거리는 5~7.5km이다. 또한 송화강을 따라서는 40여 개의 고성이 배열되어 있어 교통은 주로 강에 의지했던 것을 볼 수 있다. 이 도시들에서는 주로 해운과 연해 육로 수송이 주를 이루었을 것이다. 그 다음으로 이 도시들은 금의 수도를 중심으로 하여 사방으로 퍼져 있고 상경(上京) 주위로 가장 밀집되어 있어 정치, 경제, 문화망이 형성되었다는 점이다. 이외에 언급할 만한 것은 중요한 산과 하천 요충지에는 성보(城堡)와 산성(山城)을 축조한 것 그리고 여기에 비교적 많은 자모성(字母城)을 축조한 점이다. 또 큰 규모의 성은 평지에 짓고 작은 규모의 성은 산간에 지어서 이 성들이 함께 더욱더 효과적으로 방어 시스템을 만들 수 있었다는 것이다.[42]

  이 성지 유적 중, 송화강 하류의 오리미(奧里米) 고성(古城)과 중흥(中興) 고성,[43] 극동현(克東縣) 고성과 조동현(肇東縣) 팔리성(八里城),[44] 란서학가성자(蘭西郝家城子) 고성, 청강통천(青崗通泉) 고성, 의란토성자(依蘭土城子)[45]에 대해서는 상세한 조사와 부분 발굴이 진행되었다. 이 몇 개의 성터 유적은 두 유형의 도시를 대표한다. 첫 번째 유형은 오리미와 중흥 고성이다. 이 성들은 원래 금나라 사람들이 활동하던 초원에서 여전히 살고 있었던 일부 여진족 부락의 성이었다. 또 다른 유형인 극동 고성은 금나라 표유로(蒲裕路)의 지방 관청이 있었던 유적이고, 팔리성은 금 조주(肇

....

42) 王永祥, 王宏北, 「黑龙江金代古城述略」, 『辽海文物学刊』 1988년 제2기.

43) 黑龙江省文物考古工作队, 「松花江下游奧里米古城及其周围的金代墓群」, 『文物』 1977년 제4기. 黑龙江文物考古工作队, 「黑龙江畔绥滨中兴古城和金代墓群」, 『文物』 1977년 제4기.

44) 黑龙江省文物考古研究所, 「黑龙江克东县金代蒲峪路古城发掘」, 『考古』 1987년 제2기. 肇东县博物馆, 「黑龙江肇东县八里城清理简报」, 『考古』 1960년 제2기.

45) 呂遵禄 等, 「黑龙江省的金代古城」, 『辽金史论集』 제8집, 书目文献出版社 1998년판.

州)의 관청이 있던 유적이며, 의란토성자는 호리개로(胡里改路)의 행정구역[路治]으로 이들은 지방 주성(州城)을 대표한다. 언급할 만한 지방 도시로는 흑룡강성 극동현의 포유로[蒲裕路: 금나라는 대개 도시 명칭에 하천 또는 강의 이름을 사용하였는데, 포유는 여진족 지명으로 오유이하(烏裕爾河)의 한자 음역인 포유(蒲裕)라는 단어와 행정단위인 로(路)를 결합한 도시 명칭임 – 역주] 고성인데 금나라 때 북쪽의 요충지였다. 1975년과 1979년 이 고성에 대한 발굴을 진행하였다. 이때 성문 터와 관아의 유적을 집중 발굴하여 관청 구역과 수공업 및 거주지역을 분리하여 계획성 있게 배치하였음을 알 수 있었다. 이 도시는 가장 먼저 발굴된 금대의 성터이고 성의 평면은 규칙적이지 않은 타원형으로 남북 각 문에는 반원형의 옹성을 설치하였다. 이 문에는 단 하나의 문 터널[문동(門洞): 굴처럼 생긴 문 – 역주]이 있었고 문 양 벽에 15개의 배차주(排叉柱, 문동 양 옆으로 나란히 배열한 기둥 – 역주)가 있었다. 남북 각 문 중간에 있는 큰 도로는 도시를 동서로 나누었다. 관청 유적은 성 내부의 북쪽 모퉁이에 위치하고 그 앞쪽에는 달을 관망하는 월대(月臺)가 있다. 정면 5칸, 측면 8칸의 높은 건물이다. 이 건물의 실내에는 엔타시스공법(기둥이 위로 갈수록 점차 가늘어지는 기법)의 기둥이 있다. 건물 내 동측에는 불아궁이가 있고 서북부에는 주방을 설치하였다. 이런 종류의 구조는 여진족의 생활 습관과 관련이 있다. 성 안에서 금 중기와 후기의 문물이 많이 발견되었다.[46]

이 유형의 도시 유적들의 공통점은 다음과 같다. ① 도시 형태가 통일적이지 않다. 대다수가 사각형이지만 여전히 여러 형태의 불규칙적인 형태의 성이 적지 않았다. ② 예제(禮制)에 따른 등급의 차이가 있었다. 이와 관련하여, 성의 둘레 길이를 예로 들면 금 상경(上京)의 둘레 길이는 15리 이상이고, 주부성(州府城)의 둘레 길이는 8~12리이다. 주(州) 혹은 부(府)의 둘레 길이를 관찰해 보니 5~7리, 현급(縣級) 혹은 맹안성(猛

....

46) 黑龙江省文物考古研究所,『黑龙江克东县金代蒲峪路古城发掘』, 주 44와 같음.

安城)은 3.5~5리, 모극성(謀克城)은 2~3.5리 정도였다. ③ 모든 성들은 방어 성격이 매우 강하다. 마면, 옹성, 각루, 성을 보호하는 해자, 봉화대 등의 시설을 구비하였다. 이외에도 여러 자모성(子母城)도 있었다. ④ 비교적 규모가 큰 성 부근에는 늘 큰 무덤과 무덤군이 발견된다. 이것은 이런 성들이 아마도 명문대가의 채읍[采邑, 식봉(食封)이라고도 하며 봉건 제후가 분봉한 전답]이었을 것으로 추정된다. ⑤ 성 밖에는 넓은 면적의 유적이 발견되는데 이는 거주민이 주로 성 밖에 살면서, 전쟁 등 비상시에 성 안으로 들어온 것이다. 이는 성이 요새의 기능을 가지고 있었다는 것을 말해 준다.

동북지역에는 요금대의 성지가 매우 많다. 대개는 요가 사용한 후 금이 연이어 사용하였다. 분포 배치 규칙, 건축 규범과 그 외 특징도 흑룡강성의 금대 성지와 비슷한 점이 많다. 문물 조사를 통해, 길림성에서만 260기가 넘는 고대 성들이 발견되었다.[47] 1982년에서 1986년까지 길림성 문화재 관련 부서에서는 이런 성지들에 대해 하나하나 조사를 진행하였고, 이 중 몇몇 유적을 발굴하였다. 1986년 길림성에서 금대의 덕혜현(德惠縣) 후성자(后城子) 고성이 발견되었다. 도시의 평면은 대체로 방형이고 면적은 크지 않았다. 둘레 길이가 926m이며, 군사적인 건축물이 두드러지고, 유적에서 철기(鐵器)가 대량 발견되었다.[48] 요령성에서도 100여 기가 발견되었다.[49] 그 외 현지 조사를 거치거나 혹은 시굴한 도시로는 흑룡강 액우기(額右旗) 흑두산(黑頭山) 성지가 있다. 아마도 칭기즈칸의 동생 적합살아(赤合撒儿)의 분봉지(分封地)였을 것이다.[50] 길림성의 오랍(烏拉) 고성

....

47) 吉林省文物考古研究所,「吉林省近十年的文物考古工作(1979~1989)」,『文物考古工作十年』, 文物出版社 1991년판.
48) 吉林省文物考古研究所 等,「吉林德惠后城子古城发掘简报」,『考古』1993년 제8기.
49) 辽宁省文物考古研究所,「辽宁近十年来文物考古新发现」,『文物考古工作十年』, 文物出版社 1991년판.
50) 黑龙江省博物馆 等,「黑龙江文物考古三十年主要收获」,『文物考古工作三十年』, 文物出版社 1979년판. 景爱,「黑头山古城考」,『吉林大学学报』1980년 제6기.

과 휘발(輝發) 고성은 명나라 때 해서(海西) 여진(女眞) 오랍부(烏拉部)와 휘발부(輝發部)의 중심도시였다. 조사 중 그와 관련된 적지 않은 문화재가 출토되었다.[51] 길림성 전랑탑호성(前廊塔虎城)은 요, 금대의 성지였다. 일찍이 일본인이 발굴을 한 적이 있었고, 1970년대 지표조사를 하고 1995년에 다시 발굴하였다.[52] 길림 농안현(農安縣)의 농안(農安) 고성은 요 황룡부(黃龍府)와 금 제주성(濟州城)이었다. 이 외에 길림성 영길(永吉) 지역의 요, 금 고성 7기와 5개 봉수(烽燧) 유적 5기의 조사 연구도 진행하였다.[53]

내몽고자치구는 여러 금대의 성지 유적 위치를 자세하게 밝혔다. 이 중 서경로(西京路) 유적은 오늘날의 호화호특(呼和浩特: 내몽고 자치주의 중심도시 – 역주) 동쪽 교외의 백탑(白塔) 고성이고 운남주성(雲南州城) 유적은 호화호특 서쪽 교외의 백탑 고성이다. 이 외에 로(路) 아래 행정단위인 주현(州縣) 고성에 대한 조사가 이루어지기도 하였다.[54]

몽고 초기 몽고족이 발전을 이루면서도 성벽이나 가옥이 없었고 처음 중원에 들어왔을 때에도 도시에 대해서 단지 불태우고 파괴하는 것밖에 몰랐다. 따라서 초원 도시의 축조는 거의 한나라 문화의 영향을 받은 결과라고 할 수 있다. 마요기(馬耀圻)와 길발습(吉發習)은 내몽고 영역의 24개 원나라 성터의 조사에서도 이 점을 지적하였다. 이런 도시들은 도시 구획 배치 또는 건축에 관한 부분에서도 모두 중원 도시와 지극히 비슷하였다.[55] 이일우(李逸友)는 내몽고의 원대 성지 유적을 요금대의 것을 완전히 그대로 계승하여 사용한 것과 요금대의 성을 개조한 것, 새로 지은 것의 세 가

....

51) 吉林省文物管理委員会,「輝发城调查简报」,『文物』1965년 제7기. 吉林省博物馆,「明代扈伦四部乌拉部故址-乌拉古城调查」,『文物』1966년 제2기 .

52) 何明,「记塔虎出土的辽金文物」,『文物』1982년 제7기.「前廊县塔号城辽金时期城址」,『中国考古学年鉴·1995』, 文物出版社 1997년판.

53) 唐音,「吉林省永吉县辽金遗址迹略」,『北方文物』1992년 제2기.

54) 内蒙古文化厅文物处,「内蒙古自治区文物考古五十年」,『新中国考古五十年』, 文物出版社 1999년판.

55) 马耀圻, 吉发习,「内蒙古境内的元代城址初探」,『内蒙古社会科学』1980년 창간호.

지로 분류하였다. 또한 그는 이런 성지 유적을 도성, 두하성(頭下城), 로
(路), 부(府), 주(州), 현성(縣城) 등급에 따라 나누고, 이 도시들의 도시 구
획과 등급 제도에 대해서 설명하였다.[56]

내몽고자치구는 원나라 성지 고고학 연구 중, 찰우전기(察右前旗) 파음
탑랍향(巴音塔拉鄕) 토성촌(土城村)의 원나라 집녕로(集寧路) 유적을 비교
적 중점적으로 조사하였다. 1958년 발굴조사를 진행하여 많은 양의 생활 도
구가 출토되었고,[57] 도시 북쪽의 문선왕묘(文宣王廟) 유적을 발견하였다.[58]
1976과 1977년 두 번 지하 창고 유적 출토 문화재를 발견하였다.[59] 2002년
다시 대규모 발굴조사를 진행하여, 집터, 도로, 우물, 시장 등의 유적을 확인
하였다. 이 중 24곳의 지하 창고 유적에서 수천 개의 정교하고 아름다운 원
대 도자기가 출토되어 이곳이 초원의 실크로드 남단의 중요한 거점이었음
이 증명되었다.[60] 호화호특 동쪽 교외의 백탑촌 고대 성지 유적은 요금대
풍주성(豐州城)이었다. 성 안의 만부(萬部) 화엄경탑(華嚴經塔)에 현존하는
여섯 편의 금나라 비명(碑銘)과 금원명대의 도로 명칭을 적은 명문에서 서
로 다른 시기 풍주성의 도로가 변화하는 과정을 확인할 수 있다.[61] 탁극탁
현(托克托縣)의 탁극탁성((托克托城)은 '대황성(大皇城)' 유적이며 요금원
대의 동승주(東勝州) 유적이다. 약간 기울어진 직사각형 평면을 나타내고
서북부에는 두 기의 작은 성이 있으며 두 성은 서로 연결되어 있어 각각 대
황성, 소황성으로 불린다. 대황성 내부에는 요, 금, 원대의 문화재가 풍부하
다. 소황성은 금대에 축조되었으며 성 안에서 대형 건물 터가 발견되었다.[62]

....

56) 李逸友, 「内蒙古元代城址所见城市制度」, 『中国考古学会第五次年会论文集』, 文物出版社
1988년판.
57) 内蒙古文物工作队, 「元代集宁路遗址清理记」, 『文物』 1961년 제9기.
58) 张驭寰, 「元集宁路古城与件筑遗物」, 『考古』 1962년 제11기.
59) 潘行容, 「元集宁路古城出土的窖藏丝织物及其他」, 『文物』 1979년 제8기.
60) 陈永志, 「集宁路古城发掘集市窖藏几千件瓷器囊括元代九大名窑」, 『文物天地』 2003년 제11기.
61) 李逸友, 「呼和浩特市万部华严经塔的金代碑铭」, 『考古』 1979년 제4기.
62) 李逸友, 「内蒙古托克托城的考古发现」, 『文物资料丛刊』 (4), 文物出版社 1981년판.

원대(元代) 응창로(應昌路) 성은 원나라 때 가장 중요한 투하성(投下城)이고 홍길자부로(弘吉刺部魯) 왕조의 거주지이다. 그 성터는 소맹(昭盟) 극십극등기(克什克騰旗) 경붕진(經棚鎭)의 서쪽에 위치하고 있으며 노왕성(魯王城)이라고 부르기도 한다. 원이 멸망한 후(1368년) 원 순제(順帝)는 북쪽으로 달아나 이 도시로 왔으며, 이곳에서 생을 마감하였다. 명 홍무(洪武) 3년(1370년)에는 명군이 응창(應昌)을 공격하여 점령하였다. 명 초기 달단(韃靼: 북방 유목민족인 타타르족 – 역주)이 한때 이곳에 거주하였지만 이후에 응창성은 점차 버려지고 사용되지 않았다. 1960년대 초 내몽고 문물공작대가 조사와 실측을 진행하였다. 1997년에서 1998년 중국 역사박물관 등에서도 항공촬영을 통한 고고학 조사를 진행하여 비교적 자세하게 이 도시의 구도와 배치를 알게 되었다.[63] 응창로 고성 유적은 방형으로 남북 길이는 650m, 동서 너비 약 600m이다. 성벽은 흙으로 지어졌으며 현존 높이가 3m가 넘는다(그림 14). 동, 서, 남 삼면의 정중앙에 문이 하나씩 있고 이 문에는 옹성도 있다. 성 내부의 주요 도로는 동문과 서문을 잇는 대로와 남문 대로가 丁자형의 도로를 이루고, 가로 도로의 남쪽 면에는 소형 건물터가 있어 주민 거주와 시가 구역으로 보인다. 동문 안쪽 도로 남쪽에는 두 곳의 건축물 군이 있는데 사면이 담으로 둘러싸여 있다. 동쪽 일련의 대형 건축물들은 유교사당[孔廟]이다. 서쪽은 주요 건물군의 남쪽에 있는 한나라 백옥으로 만든 『응창로신유학기(應昌路新儒学記)』 비석이 있는데 원대에 세운 것으로 건축물들이 유교와 관련이 있음을 증명하였다. 주요 건축물인 노왕부는 丁자 거리 북쪽에 있으며, 정확하게 남북 중심축선을 마주하고 있는 사방이 담으로 둘러싸인 작은 성이다. 동서 너비가 200m이고 남북 길이가 300m로 남쪽 면 정중간에는 피문(辟門)이 있다. 성 안에는 궁전 터와 정자 등의 건축물 유적이 있다. 측면 삼 칸의 건축물

....

63) 李逸友, 「元应昌路故城调查记」, 『考古』 1961년 제10기. 『内蒙古东南部航空摄影考古报告集』 科学出版社 2002년판. pp. 204-217.

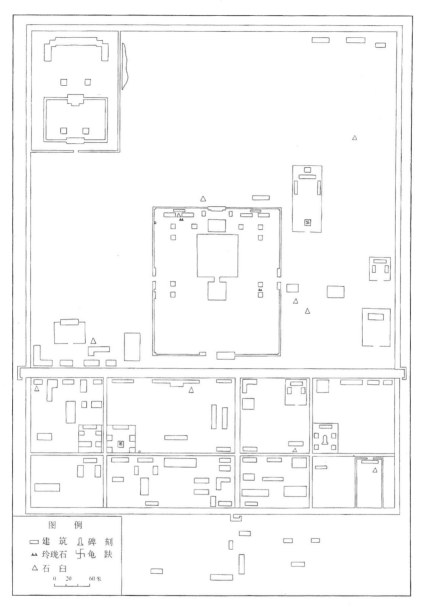

그림 14 원 응창로(應昌路) 고성 평면도

좌우 양 측면은 각기 서로 대칭을 이루고 있다. 왕부(王府) 내부의 주요 유적에는 한나라 백옥 주춧돌 기둥과 유리기와 등이 남아 있다. 왕부 양편으로는 몇 개의 담으로 둘러싸인 건축물들이 있다. 이들은 동서 양측으로 대략 각각 두 곳의 건축물군인데 건물의 형상과 크기가 다양하다. 당시의 관청이었음이 분명하다. 특히 서북 모퉁이의 한 무리 건축물은 바깥으로 비교적 높고 큰 담이 있으며 내부에는 두 곳의 대형 터가 있다. 모두 높이가 대략 2m 정도이다. 남아 있는 돌기둥 주춧돌은 규모로 봤을 때 당시의 주요 건축물이었음을 알 수 있다. 성 내부의 주요 건축물은 왕부(王府), 관청, 공방지 및 사당이었고 일반 백성들의 거주지는 남문 바깥쪽의 대로 양측이었다. 이 성의 기본 구조와 배치는 앞에서 서술한 요 시기 경주성(慶州城)과 비슷하다. 모두 성 내부에 특수한 대형 건축물을 가지고 있는 유형에 속한다. 이 외에 내몽고 사왕자기성(四王子旗城) 복자(卜子) 고성, 찰우중기(察右中旗) 광익륭(廣益隆) 고성[64] 및 원 정주로(淨州路) 고성[65]도 발굴하였다.

내몽고 액제납기(額濟納旗) 흑성(黑城) 유적은 서하(西夏)의 흑수성(黑水城)과 원대의 역집내로(亦集乃路) 유적을 말한다. 앞서 서술한 바와 같이 20세기 전기 외국인들과 서북과학고찰단(西北科學考察團)은 이곳을 여러 차례 발굴하였다. 1963년에서 1984년까지 여러 차례 진행된 조사와 발굴에서 서하 흑수성과 역집내로 성터의 지층 선후 관계에 대한 문제를 풀었다. 또한 서하, 원나라 성의 성벽 및 성벽 배치와 내부 구조를 밝혀내고 실제 거리를 측정하였다. 원대 역집내로의 도로와 주거지 분포를 실측하였으며, 280여 개의 거주지를 발굴하였고, 대량의 문서, 지폐와 기타 문물이 출토되었다. 흑성은 크고 작은 두 개의 성으로 구성되어 있다. 소성은 대성의 동북편에 위치하는데 이 성이 서하의 흑수성이다. 성 안에는 크고 작은 十자형의 도로가 있다. 대성에는 동서 양쪽 성벽에 각각 문이 있는데, 두 문은 서로 비슷하지 않고, 정자 도로 모양의 배치를 하고 있다.[66] 이렇

....

64) 「四王子旗城卜子古城及墓葬」, 「察右中旗广益隆元代古城」, 『中国考古学年鉴·1996』, 文物出版社 1998년판.
65) 郑隆, 「元代净州路古城的调查」, 『考古通讯』 1957년 제1기.
66) 内蒙古文物考古研究所 等, 「内蒙古黑城考古发掘纪要」, 『文物』 1987년 제7기.

게 모양이 같지 않은 것은 서로 다른 시기에 지어진 것으로 두 시기의 도시 구조 구획의 변화를 보여준다. 이는 서하 고고학 조사의 중요한 결과라고 할 수 있다. 이 외에 영하(寧夏) 석취산시(石嘴山市) 서하성외성(西夏省嵬城)에 대한 시굴조사[67]와 1995년 내몽고 오심기(烏審旗), 삼빈하(三貧河) 지역의 서하에서 원대 고성에 대한 조사와 시굴[68]이 있었다.

신강(新疆)에서도 일부 송원명 시기의 고대 성지 유적이 발견되었고 이 중 몇몇 고성에 대한 고고학 조사와 발굴이 실시되었다. 예를 들어 창길현(昌吉縣)의 동쪽 원대 창팔리성(昌八里城)은 평면이 직사각형이다. 성 안의 동남부 지하에서 저장 자기항아리가 발견되었는데 그 안에는 1,370개의 아랍문자 은화가 들어 있었다.[69] 파초현(巴楚縣) 탈고자살래(脱庫孜薩來) 고성은 시대가 북위에서 송나라 말기까지 사용되었다. 원 아력마리(阿力麻里) 고성에서도 성 내부에서 귀중한 원나라 문화재가 많이 발견되었다. 황문필(黄文弼)은 출토된 14세기 은화와 돌에 새겨진 시리아 문자 및 접는 의자 등의 유물과 유적을 근거로 원대 아력마리고성이 극간산(克干山) 남쪽의 아이태(阿尔泰) 유적이라고 추정하였다. 1975년에서 1977년까지 연이어 이곳에서 저장 항아리와 아랍문자 은화 등의 유물을 발견하였다.[70] 그 외 조사를 진행한 고성은 곽성현(霍城縣) 미하(靡河) 성터, 이녕현(伊寧縣) 투루판 우자성(圩子城)[71]과 곽성현 색윤(索倫) 고성이 있다. 이녕현 포랍극파십(布拉克把什), 포랍나십(布拉那什)과 가탄매리(可坦買里)의 3개 성은 서로 거리가 매우 가깝고, 모두 둘레 길이가 800m 정도의 작은 성이다. 축조 연대는 대략 원대부터 준갈이(准噶爾, 몽고족의 한 갈래가 세운 왕조, 1676~1757년 – 역주) 시기까지이다.[72] 이 외에 찰포사이현(察布

....

67) 宁夏回族自治区展览馆, 「宁夏石咀山市西夏城址试掘」, 『考古』 1981년 제1기.

68) 「鸟审旗三岔河西夏至元代古城和墓葬」, 『中国考古学年鉴·1996』, 文物出版社 1998년판.

69) 新疆维吾尔自治区社会科学院考古研究所, 「昌吉古城调查记」, 『文物参考资料』 제4집.

70) 黄文弼, 「元阿力麻里城考」, 『考古』 1963년 제10기.

71) 黄文弼, 「新疆考古的发现-伊犁的调查」, 『考古』 1960년 제2기.

72) 「霍城县索伦古城遗址」, 「伊宁县布拉克把什城址」, 「伊宁县布拉那什城址」, 「伊宁县可坦买里

查爾縣)의 해노력극(海努力克) 고성과 창길현(昌吉縣)의 창길(昌吉) 고성,
오로목제(烏魯木齊: 중국 신강 위구르자치구의 수도 우루무치 – 역주) 남쪽
교외의 오랍박(烏拉泊) 고성[73] 등이다.

근래에 운남성(雲南省) 대리시(大理市) 외산현(巍山縣), 이원현(洱源
縣), 미도현(彌度縣)과 등충현(騰沖縣) 등에서 남소국[南詔國: 중국 운남 고
원에 있었던 고대 왕국(738~702년) – 역주], 대리국[大理國, 고대 중국 운남
성있었던 고대 왕국(937~1094년) – 역주] 시기의 고성이 많이 발견되었다.
그중 등충현 서산패(西山壩) 성터는 1994년에서 1996년까지 3차에 걸쳐
성벽, 면적, 도로와 집터를 조사하였다. 그 시대는 남소국 말기에서 원나라
까지이고 대리국의 변경 요충지였다. 이 외에 운남성에서 몇몇 명나라 때
소수민족 왕성인 서려현(瑞麗縣)의 광하한(廣賀罕) 성터, 노서(潞西)의 과
랑(果郎) 왕성(王城), 농천현(隴川縣)의 근윤(近允) 성터 등을 조사, 확인하
였다.[74]

서장(티벳) 아리(阿里) 지역 찰달현(扎達縣)의 고격(古格) 왕국의 도성
찰포란(扎布蘭) 유적은 폐허가 된 후 줄곧 보존이 잘 되어 왔다. 1978년과
1985년에 조사를 진행하여 고격 도성 외에 탁림사(托林寺), 여러 방향에
세워진 성보(城堡) 등의 유적들에 대해 고고학 조사를 진행하였다.[75] 1992
년에서 1998년까지 여러 차례 조사하였고, 1997년에는 초기 전당(殿堂)
건축의 특징을 반영한 감주랍강(甘珠拉康), 즉 경서전(經書殿) 및 두 기의
석굴 건축 유적을 발굴하였다.[76]

⋯⋯⋯⋯
　　城址」, 『中国考古学年鉴·1996』, 文物出版社 1991년판.

73)　新疆维吾尔自治区博物馆 等, 「建国以来新疆考古的主要收获」, 『文物考古工作三十年』, 文物
　　出版社 1979년판. 王炳华, 「盐湖古墓」, 『文物』 1973년 제10기.

74)　云南省文物考古研究所, 「云南省文物考古五十年」, 『新中国考古五十年』, 文物出版社 1999년
　　판. 「腾冲西山坝南诏至大理国时期城址」, 『中国考古学年鉴·1997』, 文物出版社 1999년판.

75)　西藏自治区文物管理委员会, 『古格故城』, 文物出版社 1991년판.

76)　「古格王国都城遗址」, 『中国考古学年鉴·1997』, 文物出版社 1999년판.

2) 송원명 지방 도시의 유형과 배치

서빈방(徐蘋芳)선생은 송원명대의 지방 도시 유적을 도시의 배치와 도로 시스템을 근거로 4개의 유형으로 분류하였다.[77] 이 연구는 이 네 종류의 도시 발전 상황과 구역 분포는 각지의 경제 발전 과정을 잘 반영한 것이어서 고고학 조사와 역사 사실 연구의 상호 연관관계를 잘 보여주었다고 평가된다. 상술한 지방도시 유적의 네 가지 유형은 아래와 같다.

첫 번째 유형: 방형의 十자 도로식 도시 구획이다. 이 유형은 당나라 때 성행했던 도시 평면 구획 양식이다. 그 특징은 도시 평면이 반듯하고, 관리에 유리하다는 것이다. 도시는 일반적으로 정사각형이며, 모든 면에 성문이 하나씩 있고 十자형의 도로로 네 개의 문이 서로 통하고 이 도로로 인해 성 안은 네 개의 구역으로 나누어진다. 숙백(宿白)선생은 수당 도시를 다섯 가지 유형으로 나누었는데 그중 대주(大州)는 III형으로 16방(坊)을 차지한다. 일반적으로 방의 한 면 길이는 500m이다. IV형은 일반 주성(州城)이며 4방을 차지하고, 이는 다시 두 개의 유형으로 나눌 수 있다. IV A형은 중하도독부성(中下都督府城)이고, 둘레의 길이는 일반적으로 6.5km이다. IV B형은 일반적으로 주성이며, 둘레 길이는 4.5km이다. V형은 규모가 작은 주(州)와 현(縣) 유적이며 하나의 방(坊)을 차지하고 둘레 길이는 2km이다. 그는 송나라 이후 이러한 유형의 도시가 중원 북부지역에서 출현한다는 점을 지적하였다. 그는 "공교롭게도 중원 북부지역에 전란이 빈번하여 인구가 빠져나가면서 농업 생산과 도시 경제가 특별한 지역을 제외하고는 대체로 장기적으로 정체되고 발전하지 못하는 국면으로 빠져들게 되었다는 사실에 대한 중요한 실물 증거를 제공하였다. 반대로 당나라의 번성 이후 경제 중심이 남쪽으로 이동하였으므로, 남방의 농업과 수공업은 날로 번영하여 도시가 급격하게 발전하였다. 그래서 송나라 때부터 긴 골목 형식 구조의 도시가 장강 이남에서 비교적 많이 출현하였

....

77) 徐苹芳, 「宋元明時代的城市遺迹」, 『中国大百科全书·考古学』, pp. 486~492.

다……"[78]고 설명하였다. 위에서 서술한 세 가지 유형의 도시는 송원명대에 계속해서 사용되었다. 특히 Ⅳ, Ⅴ형이 많이 사용되었고, 일부 도시는 두 유형이 연이어 사용되어 왔다. 당 운주성[雲州城, 오늘날 대동시(大同市)]은 요금대의 서경성(西京城)으로 전형적인 방형의 十자형 도로 구획이다(그림 15). 성은 전체적으로 정사각형으로 동서 1.5km, 남북 길이 1.75km, 둘레 길이는 약 6.5km이다. 성의 성벽 네 가장자리 성벽 정중앙에는 각각 하나의 문이 있다. 주요 간선도로는 정확하게 성문과 마주한다. 十자형의 주요 간선 도로는 도시의 골격을 형성하고 4개의 방(坊)으로 성을 나눈다. 성 안의 서북 부분은 역대로 관청 터다. 현존하는 가로 도로 남쪽의 두 방에서 확인되는 것처럼, 방 내부는 다시 十자 도로로 나누어 하나의 방을 네 개의 작은 구역으로 나눈다. 성의 동남쪽 하나의 방에서 이러한 상황이 더욱 자세하게 확인되어 더 작은 각각의 작은 단위에서 작은 十자형 도로가 확인되었다. 이러한 구획은 아주 중요한 현상으로, 十자형 도로에 의한 크고 작은 十자형 도로들이 한 세트가 되는 구획법이다. 예를 들어 층층이 구분하여 나누면 매 방은 32개의 작은 구역으로 나눌 수 있다. 0.5km2가 평균인 방의 크기로 계산하면 가장 작은 단위의 면적은 약 60m2로 이것이 가장 최소의 단위를 이룬다. 몇몇 송원명대에 새로 지은 것도 있는데, 여전히 같은 방법을 사용하였다. 북송(北宋) 희녕(熙寧) 3년(1070년)에 건축된 박주성[博州城, 현재 산동 요성현(聊城縣) 옛성]이 그 예이다. 또 명(明) 가정(嘉靖)연간에 지어진 봉현(奉賢) 현성(縣城)은 왜구를 막기 위해 지어진 것으로, 방어적인 성격이 강한 군사적 요새와 지방 행정 두 가지를 겸비한 작은 도시였다. 이런 종류의 도시는 요금대 이 지역에서 특히 많이 볼 수 있다. 이는 북방지역 도시경제가 아직 발달하지 않았음을 설명하는 측면도 있고, 또 다른 한편으론 요대에 많은 부분 당의 문화 요소를 계승한 것으로도 볼 수 있다. 여러 지방 도시들이 당나라 도시 같기도 하고 송나라 같

....

78) 주 4 참조.

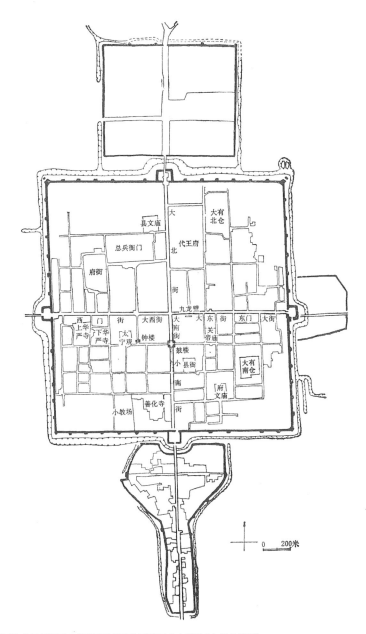

그림 15 산서 대동성도(『중국성시건설사(中國成市建設史)』에서 전재)

기도 한 것은 또 하나의 중요한 특징이다.

두 번째 유형: 방형 또는 직사각형의 丁자식 거리 구조이다. 이런 유형

의 도시는 일반적으로 남북이 조금 길다. 하지만 동, 서, 남 삼면에만 문을 만들고 동서방향의 가로 거리가 동쪽과 서쪽의 문을 관통하였고, 남문에는 세로방향의 대로가 있었다. 이런 성 내부의 주요 도로는 모두 丁자형이며, 일반적으로 가로 도로의 북편에 관청, 사당과 학교 등을 짓는다. 가로 도로 남쪽의 세로방향 도로 양편에는 거주지, 시장 그리고 공방지가 있다. 이런 종류의 도시 특징은 중앙에 비교적 중요한 관청이나 의례적 성격의 건축물이 있다는 것이다. 도시의 규모는 중앙의 건축물과 비교했을 때 상대적으로 규모가 작다. 그러나 도시 자체의 실제 모습은 첫 번째 유형과 대체로 일치한다. 전형적인 예는 원의 응창로성(應昌路城)이다. 요대의 특수한 지방 도시인 봉릉읍성도 이런 형식을 취하고 있으며, 요 경주성도 같은 예이다. 이런 유형의 도시는 남방지역에도 있는데, 오대(五代) 후주(後周) 현덕(顯德) 5년 (958년) 축조된 통주성[通州城, 지금의 강소성 남통시(南通市)]이다. 이외에 송대의 정해현(靜海縣)과 해문현(海門縣)이 있다. 농업 및 소금업의 발달로 이곳은 점차 강소성 북쪽 장강 입구 지역의 중요한 경제 중심이 되었다. 해문현 아래에 이풍감(利豊監)을 설치하여 소금을 관장하였다.[79] 남방지역에서는 이처럼 방형의 丁자 도로 구조의 도시가 유행하였는데 이는 도시 중앙에 관청을 두기 위한 것이었다. 특히 중소 도시에서 성 안에 주로 관청을 배치하였으며 몇몇 중요한 상업 구역과 주거지역은 종종 성 바깥쪽에 발달하였다. 남통주(南通州)는 명청대에는 주로 성 밖의 동서 양측으로 상업과 수공업이 발전하였다.[80] 이는 군사적으로 안전한 지역이었기 때문에 불편을 느낄 수 없었기 때문이다.

세 번째 유형: 장방형 평면에 세로방향 도로와 가로방향 골목식 구조이다. 이 유형의 구조는 강남(江南)지역에서 많이 볼 수 있다. 일반 관청은 중앙이나 한쪽 모서리에 치우쳐 있다. 남북방향으로 주요 대로(세로방향 도

....

79) 『宋史』권 88「地理四」, 中华书局标点本.
80) 董鉴泓 主编,『中国城市建设史』, 中国建筑工业出版社 1989년.

로)가 있고 어떤 경우에는 한 개만이 아니고 여러 개가 있다. 남북 주 대로 (세로방향 도로) 사이에 동서방향으로 향한 골목(가로방향 도로)이 교차하는 도로 시스템이다. 대로는 종종 작은 강과 평행을 이루고 강, 도로가 병행하는 수륙교통망이 형성되는 지역 특징이 나타난다. 전형적인 예로는 송대 평강부성[平江府城, 오늘날 소주시(蘇州市)]인데 이런 유형의 도시 중 가장 전형적인 예이다. 이 유형의 도시 중 하나의 세로 거리가 있는 예는 계림성(桂林城)과 앞서 언급한 양주성(揚州城)이다. 이런 세로방향 도로와 가로방향 골목의 구조는 매우 개방적이어서 상업 발전에 유리하고, 이는 상품경제 발전과 도시경제 형성의 중요한 징표가 된다. 동시에 크고 작은 수로로 물자를 운송하여, 물의 고장 강남의 편리한 조건을 충분히 이용하는 강남지역에 아주 적합한 유형이다.

네 번째 유형: 불규칙적인 형태의 도시 구조이다. 이런 유형의 지방 도시는 대다수 남방 구릉과 하천 지역에 있다. 주로 지형의 변화에 따른 것인데, 성벽과 도로 모두 지형, 즉 하천과 호수의 굽은 방향에 따라 바뀐다. 규칙이 없고 변화에 따라 왜곡된다. 이런 유형의 도시 구조 혹은 송 이후의 발전은 당연히 현지 경제 발전을 반영한 것이고, 특히 상업과 무역 발전을 반영한 것이다. 이런 유형의 도시는 다시 두 개의 유형으로 구분된다.

I형은 당나라 때 비교적 반듯한 도시의 기초 위에 확장하여 지은 것을 송원 시기에 확장한 것을 가리킨다. 그것은 원래 비교적 중요한 부주성(府州城)이었을 것이다. 하지만 송원대에 상업과 수공업의 발달로 비교적 큰 변화가 있었다. 송의 천주성과 광주성이 전형적인 예이다. 이 두 성은 모두 당나라 때에는 반듯반듯하게 지어진 성이었는데 송대와 원대 상업무역과 수공업 발전으로 도시가 끊임없이 확충되었고, 명나라 때 비로소 형태가 굳어졌다. 이런 종류의 도시 형태는 수로 등의 지형에 의한 제한 때문이거나, 또는 경제 발전에 의해 점차 확장됨에 따라 결국 불규칙적인 도시 형태로 형성된 것이다.

II형은 주요 수륙교통로에서 발전한 상업 도시이다. 원래 도시가 없었는데 시장과 비교적 중요한 부두 등의 교통 발전으로 만들어진 도시이다. 대표적인 도시는 호북성(湖北省) 사시(沙市)이다. 당나라 때에는 오늘날의 사시(沙市) 범위 안에 도시가 없었으나 강남 연안의 부두 건립에 따라 이곳에 작은 도시가 형성되었다. 송나라 때부터 이곳에 도시를 건설하고 사두시(沙頭市)라고 불렀다. 시내에는 하나의 가로 도로가 있었는데 오늘날의 북경로(北京路)다. 원명청대를 거치면서 이 구조는 기본적으로 변하지 않았다. 기본 구조는 장강 연안으로 불규칙적인 장방형으로 발전하는 형태를 보이며, 육지의 교통은 주로 강을 따라 난 대로를 이용한다. 도시도 이 길을 따라 뻗어 나갔다. 사시의 발전과 교통, 운송 그리고 상업의 발전은 서로 밀접한 관계가 있다. 강서성 감주성(贛州城)도 불규칙적인 지방 도시에 속한다. 하지만 그것의 발전 과정을 볼 때 I과 II형 사이의 과도기적 도시라고 볼 수 있다.

2. 송원명대의 군사 유적과 고고학 조사

군사 유적은 변경 성벽, 방어용 마을, 방어적 성격의 진지 그리고 군사적 도시 등이다. 송원명 시기 중원 왕조와 주변 소수민족은 오랫동안 대립하여 계속적인 정복 전쟁이 발생하였다. 그래서 현존하는 군사 유적이 비교적 많다. 20세기 송원명 시기의 군사 유적에 관한 고고학적 연구조사의 주요 방향은 바로 금의 계호변보(界壕邊堡: 금의 군사 방어 시설 – 역주)와 명대 장성(長城)의 조사와 실사였다.

1) 금대의 장성(長城): 계호변보

계호변보(界壕邊堡)는 금 조정이 북부, 서부지역 부족의 방어를 위해 설치한 것으로 금 말기에는 주로 몽고족의 습격을 방어하기 위해 축조한 방어 진지, 참호, 군사 도시 등이다. 이 웅대한 군사 방어 시설은 동북에서 일어나 눈강 우측 연안, 서남 대청산 이북에 이르기까지 가로 2,500km, 실질적인 총 길이는 약 7,000여 km이다.

금대의 북방 계호변보에 대한 조사, 측량, 발굴 작업은 송원명 시기 군사 유적에 대한 가장 중요한 작업이었음에 의심의 여지가 없다. 이 작업은 이른 시기 시작되었으며 오랜 기간 지속되었다. 1920년대 왕국유(王國維)는 계호(界壕)의 건설에서 연이은 개조, 분포 상황에 대해 고증하고 해석하였다.[81] 1940년대 이문신(李文信)은 금대 임황로(臨潢路)의 계호변보에 대해 조사하였다.[82] 1958년 이후 흑룡강성, 길림성과 내몽고 지역의 고고 공작대는 각지의 계호변보에 대해 조사하였고, 이 작업은 각 성(省) 고고학 작업자들의 공동노력과 협조로 완성된 고고학적 성과로 손꼽힌다. 아직도 몇몇 지역에서 여전히 크고 작은 발굴이 진행되고 있다. 예를 들어 길림성 서란현(舒蘭縣) 서부와 내몽고 철리목맹(哲里木盟) 곽림하(霍林河)의 광산지역 발굴은 이 지역 계호의 구체적인 구조를 이해할 수 있게 해 준다.[83]

이런 작업들을 통해, 금나라 북쪽 계호의 방향, 길이, 서로 다른 지대 참호의 층수와 계호의 구조 및 참호와 방어용 촌락의 구조와의 결합 등에 관해 기본적인 이해를 할 수 있게 되었다.[84] 이는 대체로 아래 몇 가지로 정리할 수 있다. ① 금의 계호변보는 남, 북 두 구간으로 나뉜다. 북쪽 구간은 천착(天着) 원년 이전에 축조한 계호이다. 동쪽 내몽고 호맹(呼盟) 근하(根河)의 남쪽 해안에서 시작되어, 러시아를 거쳐 몽골공화국 긍특산(肯特山) 남록(南麓)까지로 길이는 약 700km이다. 남쪽 구간은 금 대정(大定),

....

81) 王国维,「金界壕考」,『燕京学报』제1기, 1927년.

82) 李文信,「金东北路界壕边堡调查」,『辽海引年集』1947년.

83) 李逸友,「金代界壕遗迹」,『中国大百科全书·考古学』, pp. 233-234. 哲里木盟博物馆,「内蒙古霍林河矿区金代界壕边堡发掘报告」,『考古』1984년 제2기.

84) 黑龙江省博物馆,「金东北路界壕边堡调查」,『考古』1961년 제5기. 宠志国,「金东北路, 临潢路吉林省段界壕边堡调查」,『中国长城遗迹调查报告集』, 文物出版社 1981년판. 景爱,「吉林舒兰县古界壕, 烽台及城堡」,『考古』1987년 제2기.「内蒙古文物考古工作三十年」,『文物考古工作三十年』, 文物出版社 1979년판. 项春松,「巴林左旗金代临潢路边堡界壕踏查记」,『北方文物』1987년 제2기. 景爱,「关于呼伦贝尔古边壕的考察」,『博物馆研究』1986년 제3기.

명창(明昌), 승안(承安)연간에 세 차례 지어진 계호로 금 계호변보의 주요 부분이다. ② 남쪽 구간 계호의 출발점과 종착점, 방향, 갈라지는 곳, 합쳐지는 곳 및 지나는 지역에 대해 기본적인 사항을 알게 되었다. 상세한 내용은 이미 앞서 서술하였으므로 여기서는 생략한다. ③ 계호의 기본 구조: 계호의 주요 구조는 하나의 긴 참호(해자 기능의 구덩이 길 – 역주)를 파는 것인데, 이는 전쟁 중 말이 공격하여 건너오는 것을 방어하기 위한 것이다. 참호 위쪽 입구 너비는 5~6m, 바닥의 너비는 3m, 깊이가 2m로 파낸 흙이 안쪽에 쌓여 긴 벽을 형성하였다. 참호 아래에서 벽 꼭대기까지는 높이가 대략 4~5m였다. 구간에 따라 계호 구성도 조금씩 달랐다. 일반적으로 주벽과 보조 벽이 있는데 주벽, 내부 해자, 보조 벽, 바깥쪽 해자로 구성되었다. 어떤 곳은 단층이고 어떤 곳은 3층이었다. ④ 계호 위의 방어 진지: 긴 벽 위에 마면, 봉화대가 있었고 승안 5년에 축조한 성가퀴[女墻] 등 방어 설비가 있었다. 주벽 위에는 술보(戍堡)와 요새를 지었다. ⑤ 계호의 부속으로 변보(邊堡)와 작은 성이 있다. 변보는 계호 안쪽으로 몇 m에서 5km 사이에 있고, 이들 간의 거리는 약 10km마다 하나씩이다. 변보는 일반적으로 한 변의 길이가 약 600m인 사각형의 작은 성이다. 일반적으로 문이 하나 있고, 마면이 있으며 각루와 옹성 등 방어 설비도 있어 군사 주둔과 일정 등급의 장교가 주둔하던 곳이다. 작은 성의 위치는 변보보다 더 안쪽에 있으며, 둘레 길이는 1km 정도이며 똑같이 완벽한 방어 설비이다. 북부 200km 거리에 3개의 작은 성이 있다. 변보 전체는 또 각각 동북로(東北路), 임황로(臨潢路), 서북로(西北路)와 서남로(西南路) 네 곳의 초토사(招討司)에 속하여, 하나의 완전한 방어 체계를 이룬다.[85]

....

85) 賈洲杰,「金代长城」,『中国长城遗迹调查报告集』, 文物出版社 1981년판.「辽金城址的调查与发掘」, 第6章, 二, (二),『新中国考古发现和研究』文物出版社 1984년판.

2) 만리가 넘는 명대 장성

명대의 장성은 명나라 중후반기에 북방의 유목민족을 방어하기 위해 지은 방어 요새이다. 규모가 크고 만리가 끊어지지 않고 이어져 있다. 인류 역사상 보기 드문 기적적인 일로 역대 고고학 연구자들의 주목을 받았다. 1949년 이전에 몇몇 학자들은 명나라 장성의 연구를 시작하였다. 그러나 대다수 역사사료의 고증에 머물러 있었고 단지 몇몇 중요한 길목, 성보에 대해서만 조사하였다.[86] 1952년 곽말약(郭沫若)선생은 장성의 주요 유적을 보수해야 한다는 의견을 제시하였다. 문화국은 계속 전문가를 파견하여 거용관(居庸關) 팔달령(八達嶺), 산해관(山海關), 가욕관(嘉峪關)에 대해 조사하고 설계 및 보수를 진행하였다. 1956년 명나라 장성의 각 부분에 대한 초보적인 조사를 진행하였고, 주요 구간과 요충지를 발표하고 국가급 및 성급 중요 문화보호 기관을 지정하였다. 1981년 국가문화국은 또 4개의 팀을 구성하여, 명나라 장성 전 구간에 대한 현지조사를 진행하였다. 몇 차례의 대규모 조사와 실사를 통해 그것의 분포, 방향, 구조와 보전 상황에 대해 기초적인 이해를 하게 되었으며, 점차적으로 보존하거나 보수하는 단계로 접어들었다. 하북성(河北省) 난평(灤平) 금산령(金山嶺), 북경(北京) 회유(懷柔) 모전욕(慕田峪)은 1981년 조사에서 확인되어, 점차적인 수리 후 개방된 곳이다.[87] 최근 몇 년 동안 명나라 장성 동쪽 끝의 호산장성(虎山長城)과 요대 동진강성(東鎭長城) 서쪽의 구문구장성(九門口長城)을 발굴하였다. 장성 동쪽 끝의 출발점 관전현(寬甸縣) 호산향(虎山鄉) 압록강 강변에서 흙을 다져 지은 사각형의 건물터를 조사하였고, 수중현(綏中縣)의 이가보향(李家堡鄉) 구강하(九江河)에서 7,000km²의 가지런한 포석(鋪石)을 조사하였다. 즉 '일편석(一片石)' 유적으로 구공성(九孔城) 성곽다리의 구

....

86) 王国良, 『中国长城沿革考』, 商务印书馆, 1931년. 寿鹏飞, 「万里长城考」, 『国学丛刊』 제1기, 제2기, 1941년. 黄鹏霄, 王作宾, 「明陵长城调查报告」, 『古物保管委员会工作汇报』, 1935년.

87) 罗哲文, 「明长城」, 『中国大百科全书·考古学』, pp. 332-334.

조와 외부의 두 성곽에 대해 확실히 알게 되었다.[88]

3) 기타 군사 유적

위에서 서술한 계호변보와 장성 외에 영하시(寧夏市), 섬서성(陝西省), 사천성(四川省), 중경시(重慶市) 등 성(省)과 시(市)의 송원명대 군사 성보(城堡)에 대한 조사도 성지(城址) 유적 고고학 조사의 중요한 부분이다. 그 외에 몇몇 기타 군사 유적도 비교적 중요한데, 하북성 웅현(雄縣)과 한단시(邯鄲市) 봉봉(峰峰)광산 지역에서 발견하여 조사한 송 말기부터 금 초기의 지하터널은 원래 금을 방어하기 위한 설비였다. 또한 금 초기 두 강 지역의 금에 항거하는 의군이 활동한 유적이었을 가능성도 있다.[89] 하북성 중부의 요를 방어하기 위해 지은 크고 작은 저수지들로 만든 소위 '수장성(水長城)'에 대한 조사도 많은 성과가 있었다.[90]

서하(西夏) 숭녕(崇寧) 원년(1102년)부터 변경지역에 대규모 성채(城砦) 건축이 시작되었다. 영하(寧夏) 문물고고학연구소는 1992년 힘을 모아 영하 남부 경원현(涇源縣), 고원현(固原縣) 등의 송원대 군사 성보에 대한 고고학 조사를 진행하였다. 이런 성보는 평지의 것과 산 위의 것 두 종류로 나눌 수 있다. 평지 성보는 규칙적인 사각형과 직사각형의 형태를 보이지만 산지의 성보는 험준한 지세에 의지해 지은 것으로 평면 형태가 불규칙적이다. 고원현의 마원성(馬園城) 유적과 호대보성(胡大堡城)은 모두 둘레가 1,000~2,000m의 작은 성이고, 마면, 옹성, 각대(角臺) 등 방어 요새가 완전히 갖추어진 형태로 축조된 북송, 금이나 서하 시기에 속하며, 아마도 송(宋)과 하(夏) 혹은 금(金)과 하 대치 기간의 군사 도시였을 것이다. 영하

....

88) 「绥中县九门口明长城遗址」, 『中国考古学年鉴·1990』, 文物出版社 1992년판. 王晶辰, 「九门口长城」, 『中国文物报』 1994년 4월 3일 4판. 薛景平, 「明辽东镇长城东西两端的实地考察」, 『北方文物』 1996년 제3기.

89) 夏清海, 「河北省雄县祁岗村发现古代地道」, 『文物』 1984년 제6기. 峰峰矿区文物保管所, 「河北邯郸市峰峰矿区宋代地道清理报告」, 『考古』 1990년 제8기.

90) 高恩泽, 「北宋时期河北"水长城"考略」, 『河北学刊』 1983년 제4기.

경원현, 영풍고성(永豊古城)은 아마도 『무경총요(武經總要)』에 기록된 '원주칠관(原州七關)'의 하나인 '제승관(制勝關)'이었을 것이다.[91]

세 번째 문물 조사 통계에 따르면, 섬서성의 수당대 주현성(州縣城)은 30개가 넘는다. 송원대의 성터는 130여 개 정도이고 그중 주현성은 비교적 적고 대다수는 군사적 목적의 성보, 군 주둔지, 요새 등이었다. 비교적 중요한 것은 부정현고성(敷政縣古城), 대래고성(代來古城), 개광현고성(開光縣古城), 연곡진고성(連谷鎭古城), 인주고성(麟州古城), 부주성(府州城), 오보고성(吳堡古城), 통진채고성(通秦寨古城), 가로고성(葭蘆古城), 태화채고성(太和寨古城), 나올고성(羅兀古城), 회연채고성(懷寧寨古城), 안달성고성(安達城古城), 석성자고성(石城子古城), 단두채고성(丹頭寨古城), 만안채고성(萬安寨古城), 안새보고성(安塞堡古城), 용안채고성(龍安寨古城), 보안군고성(保安軍古城), 덕정채고성(德靖寨古城), 금탕고성(金湯古城), 철변성(鐵邊城) 유적과 백표고성(白豹古城)이다.[92] 유사한 성보로는 감숙성 롱산(隴山) 일대의 송나라 성채 유적도 있다.[93]

중경 삼협댐 구역에 행정을 위해 축조한 도시들이 있다. 조사에 따르면 삼협 수몰지역 고성은 산성, 평지성, 몽고를 방어하기 위한 산성 세 종류로 나눌 수 있다. 그중 산성은 자신만의 뚜렷한 특징이 있어 중원지역의 성터와 비교적 큰 차이를 보인다. 하지만 평지성은 동일한 점이 많다.[94] 기초 조사에 따르면, 사천성과 중경시에는 남송 때 지은 원나라를 방어하기 위한 산성이 50여 개가 된다. 그중 유명한 것은 조어성(釣魚城), 금대 당운(堂雲) 정산성(頂山城), 광안(廣安) 대량성(大良城), 의빈(宜賓) 등고성(登

....

91) 「泾源县永丰唐宋古城」, 「固原县马园宋城址」, 「固原县卧羊山宋城」, 「固原县头营宋元城」, 「固原县二营宋夏城」, 「固原县胡大堡宋城」 모두 『中国考古学年鉴·1993』, 文物出版社 1995년판에 실려 있음.

92) 「重要古城址」, 『文博』 1997년 제3기.

93) 陈守忠, 「陇山左右宋代城寨遗址调查」, 『西北师院学报(社会科学版)』 1986년 증간.

94) 王然, 邓辉, 「因寇准而著名了一千年-巴东旧县坪遗址」, 『文物天地』 2003년 제6기. 杭侃, 「重庆忠州城址调查」, 『四川文物』 2001년 제4기.

高城), 선려성(仙侶城), 홍문(興文) 능소성(凌霄城), 검문(劍門) 약죽채(若竹寨), 만현(萬縣) 천생성(天生城) 등이다. 이 산성들에 대해 과학적인 조사가 진행되었고, 이 중 운정산성을 발굴 조사하였다. 이런 산성들은 모두 험준한 지세에 지어진 교통 요지로, 사방으로 바둑판처럼 촘촘히 연결되어 있어 원나라 군대의 공격을 방어하는 데 중요한 역할을 하였다. 건축사적으로도 매우 창의적인 구조로 생각된다. 그 한 예로 둥근 아치형 성문 건축은 정강도비(靜江圖碑) 중의 아치형 성문에서 확인할 수 있어, 이 시기에 남방에서 발전하기 시작한 새로운 기술이라는 것을 알 수 있다.[95]

군사 유적의 조사와 발굴을 통해, 송원명대의 변경지역 성벽과 성보의 건축 특징에 대해 알 수 있게 되었다. 이런 성보는 일반적으로 비교적 작고, 방형과 장방형의 十자형 도로 구조를 주로 사용하거나, 혹은 단지 하나의 길과 하나의 문을 배치하기도 하였다. 마면, 옹성, 각루 등의 방어 설비가 완벽히 갖추어져 있었다. 이런 성터에 대한 조사는 당시 전투 병력의 배치를 이해하는 데 중요한 의미가 있다.

오늘날 송명대 지방 도시의 고고학 발굴조사와 연구는 부족한 편이다. 고대부터 근대까지 중첩된 각 지역의 지방 성지들은 오늘날 개발과 보존이라는 두 명제 사이에서 첨예하게 대립하고 있는 것이 현실이다. 유물과 유적을 연구하는 고고학계가 사실상 도시 개발의 수요를 따라가지 못하고 있는 실정이다. 도시 개발과 관련하여 반드시 이 연구의 중요성을 인식하도록 해야 할 것이다.

....

95) 薛玉林 主编, 『云顶山记』, 四川省社会科学出版社 1988년판. 邹重华, 「金堂宋末云顶山城遗址再探」, 『四川文物』 1988년 제5기. 胡昭曦, 「南宋云顶山石城遗址」, 『成都文物』 1984년 제1기. 胡昭曦, 「广安县宋末大良城遗址考查」, 『四川文物』 1985년 제1기. 丁天锡, 「宜宾地区境内的三座抗元山城遗址」, 『四川文物』 1985년 제2기. 何兴明, 「南宋抗元遗址-剑门苦竹寨」, 『四川文物』 1985년 제3기.

5장 송대 능묘의 고고학 연구

송원명대의 황제릉, 사대부와 평민 등 각 계층의 무덤 조사발굴은 줄곧 사람들의 주목을 받아 왔다. 이러한 관심에 따라 중화인민공화국 건국 이후 계속적인 발굴조사의 진행으로 적지 않은 성과를 얻었다. 1970년대 중반 이후 조사 작업의 규모는 더 커졌고 더욱 체계화되었다. 몇몇 초기 조사 성과도 연이어 정리되어 보고서가 간행되었다. 송대에서 명대까지 무덤 중에서도 북송 시기 황제릉에 대한 고고학 발견과 조사연구가 비교적 많다.

1. 북송 황릉: 변혁과 전통의 결합

1) 북송 황릉의 고고학적 조사 연구

북송 황릉은 공의시(鞏義市) 서남부에 위치한다. 동쪽에는 북송의 동경[東京, 오늘날의 개봉(開封)]이 약 122km 거리에 위치하고, 서쪽으로는 북송 서경성[西京城, 오늘날의 낙양시(洛陽市)]이 약 55km 지점에 위치한다. 즉 동경과 서경을 오고 갈 때 반드시 지나가야 하는 곳이다. 지리적으로 숭산(嵩山)과 이낙하(伊洛河) 사이의 깊지 않은 산과 구릉 지역이다. 황릉 지역은 오늘날의 지전진[芝田鎭, 송나라 때 영안현치(永安縣治)]을 중심으로, 동으로는 청룡산(靑龍山)을 접하고 있고 서로는 회곽진(回郭鎭)까지 닿으며, 남쪽은 지전진 팔릉촌(八陵村)까지, 북으로는 효의진(孝義鎭)에 이르는 지역이다. 동서로는 13km, 남북으로 12km이고, 총면적은 156km² 정도이다.

북송 황릉의 건설은 송 태조(太祖) 개복(改卜)의 아버지 조홍은(趙弘殷)의 영안릉(永安陵)으로부터 시작되었다. 즉 이 황릉은 건덕 2년(964년)부터 시작하여, 북송이 멸망할 때까지 160년 동안 사용되었다. 황릉에는 태조(太祖) 영창릉(永昌陵), 태종(太宗) 영희릉(永熙陵), 진종(眞宗) 영정릉(永定陵), 인종(仁宗) 영소릉(永昭陵), 영종(英宗) 영후릉(永厚陵), 신종(神

宗) 영유릉(永裕陵), 철종(哲宗) 영태릉(永泰陵) 등 7명의 황제 무덤에 선조(宣祖) 조홍은의 영안릉까지 포함하여 모두 7황제 8릉이다. 송 휘종(徽宗)은 금(金)의 오국성[五國城, 지금의 흑룡강성(黑龍江城) 의란현(依蘭縣)]에서 사망하고, 소흥(紹興) 12년(1142년)에 남송(南宋)으로 보내져서 회계(會稽) 상정향(上亭鄕)에 묻혔다. 그러나 공의(鞏義) 능 구역에도 의관총[衣冠塚: 시신을 찾을 수 없거나 다른 곳에 묻힌 경우, 죽은 사람의 의관만을 묻은 무덤 – 역주)인 영우릉(永佑陵)이 있다. 또한 소흥(小興) 31년(1161년) 흠종(欽宗)의 사망 후, 금 대정(大定) 11년(1171년)이 되어서야 금나라 사람들은 천수군공(天水郡公) 여재(旅梓)를 일품의 예로써 공락(鞏洛) 평원에 묻고 이름을 영헌릉(永獻陵)이라 하였다. 그리하여 황릉 구역에 이 두 무덤을 더하여 '8황제 9릉'과 '9황제 10릉'이라는 설도 있게 되었다. 연구 결과, 이 두 무덤의 위치는 오늘날의 공의시 서쪽 15km의 회곽진(回郭鎭)의 청중촌(靑中村), 청서촌(靑西村) 남쪽 고개로 비정되었다.[1) 이곳에는 왕비의 능 22개와 수천 개의 배장묘(陪葬墓)가 거대한 능묘군을 형성하고 있다.

북송 황릉은 네 개의 구역으로 나눌 수 있다(그림 16). ① 서촌(西村) 능역에는 영안릉, 영창릉, 영희릉의 3개 능이 분포되어 있다. 그중 영안릉에는 선조(宣祖)와 소헌두황후(昭憲杜皇后)가 묻혀 있는데, 능 내에서 유일하게 합장한 무덤이며, 네 기의 부장(祔葬) 능이 있다. 영창릉에는 두 황후의 부장 능이 있다. 영희릉에는 세 황후의 부장 능이 있는데, 각각 태종의 두 황후와 진종의 황후 한 명이다. ② 채장(蔡莊) 능역에는 영정릉과 세 황후의 능이 있다. ③ 효의(孝義) 능역에는 영소릉, 영후릉과 각각 한 기의 황후 능이 있다. ④ 팔릉(八陵) 능역에는 영유릉과 영태릉이 있다. 영유릉에는 네 황후의 부장 능이 있으며, 영태릉에는 한 기의 황후 부장 능이 있다. 휘종의 영우릉과 흠종의 영헌릉도 이곳에 속한다. 북송 황릉군의 구역을 나눈 이유는 송 황실의 풍수지리에 따른 것이다. 송 황실은 어떤 구역에서

....

1)　傅永魁 等,「北宋徽钦二帝陵墓考」,『中原文物』1992년 제4기.

그림 16 북송 황릉 배치도

는 적당한 무덤자리가 부족하였기 때문에 큰 능 구역에서 별도로 적당한
장지를 선택하여 형성하였다.

　북송 황릉은 금나라 초기 심각한 파괴를 당했다. 문헌 기록에 따르면,
위제(僞齊) 때 '하남도사관(河南陶沙官)'을 설치하여 능 안에서 수은 등의

물질을 파냈다. 『송사(宋史)』475권 「유예전(劉豫傳)」에는 "시하(時河), 회(淮), 섬서(陝西), 산동(山東)에 모두 북군이 주둔하였고, 린[麟, 유예자(劉豫子)]은 민병[鄕兵] 10만여 명을 모집하여 황자부(皇子府) 13군을 두었다. 그 병사들을 하남(河南)과 변경(汴京) 두 곳에 도사관(淘沙官)으로 두고 그들을 이용하여 두 도시의 무덤을 완전히 도굴하였다"고 한다.[2] 국가에 의한 도굴 외에 일반인들에 의한 도굴도 심각하였다. 원이 중원을 통치한 후 송대의 황릉은 다시 큰 화를 입었다. 다행스러운 것은 명청대의 통치자는 송나라 황릉 보호를 중시하였기 때문에 무덤군 토지를 관아의 땅으로 정하고 땔나무하는 것을 금지시켰고 농작물을 심지 못하게 했으며 수시로 관료를 보내 제사를 모셨으며 비석을 세워 기념하였기 때문에 그 지방의 능과 단, 돌비석 등이 보호를 받게 되었다. 1960년대에서 70년대까지 농경지의 개조가 송대 능 유적을 매우 심각하게 훼손하였기 때문에, 근래 몇 년 동안 이에 대한 보호를 강화하고 주의를 기울이고 있다. 1982년 송대 능 유적이 국가급 중요 유물 보호 지역으로 정해져, 1983년 공의시 정부는 영소릉 구역 범위의 토지를 국유화하였으며, 이에 따른 보호 사업을 펼쳤다. 현재 지상 건축에 대한 부분적인 복원이 진행되고 있다.

공현(鞏縣)의 송릉에 대한 고고학 조사는 대략 20세기 초에 시작되었다. 일본인 세키노 다다시(關野貞)는 송대 능에 대한 현지 조사를 진행하였고 관련 자료를 남겼다.[3] 중화인민공화국 건국 이후에도 송릉에 대한 작업은 계속되고 있다. 1950년대 말에서 60년대 초 남경대학 공업대학 곽호생(郭湖生) 등은 공현을 두 차례 조사하여 비교적 많은 실물 자료를 확인하였다.[4] 1970년대 후기에서 80년대 초까지, 공현 문물보호연구소는 송대 능에 대한 자세한 조사를 진행하여 다량의 석각, 묘지명 등의 자료를 수습하였다.[5] 1980년

....

2) 『宋史』권475 「刘豫传」, 中华书局标点本, p. 13796.
3) 关野贞, 『支那の建筑と艺述』. 关野贞, 常盘大定, 『支那文化史迹』
4) 郭湖生 等, 「河南巩县宋陵调查」, 『考古』1964년 제11기.
5) 傅永魁, 「巩县宋陵」, 『河南文博通讯』1980년 제3기. 傅永魁, 「河南巩县宋陵石刻」, 『考古学集

대 중반 송 태종(太宗) 원덕(元德) 이씨 왕후의 능을 발굴하였다.[6] 이 외에 연이어 3기의 친왕 배장묘를 발굴하였다. 어떤 학자들은 도굴 구멍으로 들어가 영희릉의 지하궁전과 영후릉에 부장(祔葬)되어 있는 선인성열황후(宣仁聖烈皇后) 능의 현실(玄室) 내부를 조사하기도 하였다.[7] 1992년에서 1995년까지 송릉 보호 방안법의 제정을 위하여 하남성 문물고고연구소 등은 송대 능에 대한 대규모 조사와 시굴, 문서화 작업도 진행하였다. 송 진종(眞宗) 영정릉(永定陵)에 대한 답사와 시굴조사를 진행하고, 영정선원(永定禪院)을 발굴하여,[8] 송릉에 대한 체계적이고 상세한 인식이 가능하게 되었다. 2001년 공의시 청중촌(淸中村) 남쪽에서는 또 호랑이 석각이 발견되었다. 부근에서 다량의 벽돌, 기와, 도자기의 파편이 발굴되었고 또 많은 기와편에 '관(官)'이라는 글자가 찍혀 있었다. 또 청중촌에서 일찍이 이 마을로 옮겨온 네 개의 석각을 조사하였다. 조사자는 이곳이 아마도 흠종 영헌릉 혹은 휘종의 의관총인 영우릉일 것이라고 추정하였다. 이것이 고고학 조사 과정에서 최초로 이 확인된 두 능의 흔적이다.[9]

2) 북송 황릉의 건축 제도

북송 황릉의 능원과 그 주변 시설의 축조 방법은 거의 대동소이하다. 평면 배치는 가지런하고 획일적이며 모두 조역(兆域), 상궁(上宮), 하궁(下宮), 부장(祔葬) 황후릉과 배장묘(陪葬墓)로 구성되어 있다. 아래에서 태종 황제의 영희릉을 소개한다(그림 17).

조역(兆域)은 토역(塋域)이라고도 하는데, 능의 주위에 심어진 가시나무, 탱자나무로 둘러싸여 있는 '이채(蒿寨)' 혹은 일정하지 않게 이어지는

....
　　『刊』 제2기, 中國社會科學出版社 1982년판.
6)　　河南省文物硏究所 等, 「宋太宗元德李后陵发掘报告」, 『华夏考古』 1988년 제3기.
7)　　주 4, 5 참고. 周到 等, 『巩县石窟寺·宋陵·杜甫故里』, 中州书画社 1981년판.
8)　　河南省文物考古硏究所 等, 『北宋皇陵』, 中州古籍出版社 1997년판.
9)　　蔡全法, 「巩义发现北宋石刻」, 『中原文物』 2002년 제5기.

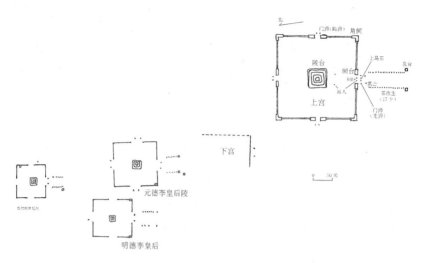

그림 17 북송 황릉 영희릉(永熙陵) 평면도

토층 및 흙으로 쌓은 단으로 둘러싸인 '봉후계(封堠界)'이다. 이들은 영역을 표시하는 경계의 역할을 하였다. 조역 안쪽으로 황제릉과 황후릉 및 종실 자손들의 배장묘가 있다.[10] 현재까지 고고학 조사를 통해서는 조역 유적을 확인하지 못하였다.

상궁(上宮)은 능원[陵垣: 신장(神墻)이라고도 하며 능원 내부의 담장을 말한다 – 역주] 안쪽에 있고, 신도석각(神道石刻)도 포함한다. 능대(陵臺)는 상궁의 중심이며 흙을 다져 만들었다. 송대 이유(李攸)의 『송조사실(宋朝事實)』13권에는 영종(永宗) 영후릉 '능대(陵臺)는 3층으로 이루어져 있고 높이는 53척이며 상궁은 넓이가 150보'[11]라고 기록되어 있다. 영정릉(永定陵) 능대의 시굴을 통해 '능대삼층(陵臺三層)'은 능대 아래에서 위로 좁아지며 바닥을 다져 만든 두 층의 항토층과 함께 꼭대기 부분의 평평한 단을 포함하여 모두 3층으로 된 계단형 단을 가리키는 것으로 확인되었다. 아래 두 층을 벽돌로 둘러싸고, 바깥쪽은 붉은 가루로 채색하였다. 가장 윗부

....

10) 冯继仁,「北宋皇陵建筑构成分析」, 北京大学考古学系 편찬『考古学研究(二)』, 北京大学出版社 1994년.

11) (宋) 李攸,『宋朝事实』, 文渊阁,『四库全书』本, 史部册 608, 台湾商务印书馆影印本.

분의 1층은 복두형(復斗形)으로 벽돌로 둘러싸지 않고, 흙 위에 직접 붉은 가루로 색을 입혔다. 영정릉 상부 표면은 붉은색과 회색으로 된 층이 열한 겹인 것으로 보아 여러 차례 보수하면서 색을 입히고 제를 지낸 것으로 보인다. 영정릉 능대의 밑바닥 너비는 51~53m이고 정상 부분의 너비는 10~11m, 높이는 16.4m이다. 능대 남쪽 면에는 궁인(宮人) 석각이 한 쌍 있다. 신도의 담은 흙을 다져 만든 정방형의 울타리로 울타리의 네 모서리에는 각궐(角闕)이 있고 담장 한 변의 길이는 약 240m이고 앞서 서술한 문헌의 '방백오십보(方百五十步: 넓이가 백오십보 - 역주)'라는 기록과 일치한다. 사면에는 각각 문이 하나씩 있고 모든 문에는 두 개의 궐대(闕臺)가 있다. 당대(唐代) 능의 문궐(門闕) 궐대는 사신문(四神門) 바깥 24~99m 되는 곳에 위치하여 간격이 일정하지는 않다. 송대 능의 문궐 궐대는 신도(神道) 담과 서로 연결되어 있고 두 개의 凸자형이며 항토층을 벽돌로 둘러쌓았다. 아마도 그 위에 당연히 세 개로 솟은 궐(闕)이 있는 궐루(闕樓)가 있었을 것이다. 동, 서, 북쪽 세 문의 바깥쪽에는 각각 웅크리고 있는 돌사자 한 쌍이 있었고 남쪽 정문 통로에는 한 쌍의 궁인(宮人)이 있고 또 달리는 사자와 무사가 각각 한 쌍씩 있다. 남쪽 신문(神門) 바깥은 신도(神道)와 연결된다. 각각의 능에는 모두 독립적인 신도가 있다. 남쪽에서 북쪽으로 순서대로 까치단[鵲臺] 한 쌍, 유대(乳臺) 한 쌍, 유대 북쪽으로 신도 석각(石刻)이 있다. 석각은 먼저 망주(望柱) 한 쌍, 코끼리 및 코끼리를 훈련하는 사람 각각 한 쌍, 서금석병(瑞禽石屛) 한 쌍, 각단(角端) 한 쌍, 석마(石馬) 두 쌍, 말을 끄는 사람[挖馬官] 네 쌍, 돌호랑이 두 쌍, 돌양 두 쌍, 객사(客使) 세 쌍, 문무관(文武官) 각 두 쌍, 말을 타고 있는 사람 두 쌍 등 모두 62개의 석각이 순서대로 도열하고 있다.

하궁(下宮)은 침궁(寢宮)이라고도 한다. 무덤 주인의 혼령을 지키며 일상의 시중을 드는 장소로서, 죽은 자의 의관을 진열하고 평소 제사를 지내던 장소다. 『송사』에는 "주나라 제도는 사당과 잠자는 곳이 있어야 한다. 즉 인간 세계의 왕과 같이 앞에는 공무를 보는 곳이, 뒤에는 잠을 자는 곳이 있어야 한다는 것과 같다. 사당에는 무덤 주인을 나무로 만들어 두고 뒤에 잠을 자는 곳에는 옷을 두었다(周制有廟有寢, 以像人君前有朝後有寢也. 廟藏木主, 寢藏衣冠)"[12]고 하였다. 송나라 때 하궁의 의미와 그 배치는 이전 왕조와는 그 성격이 달라졌다. 『송조사실』13권에는 북송 시기 하궁은 독립적으로 모여 있는 하나의 건축군이었다고 기록되어 있다. "궁에는 정전(正殿)이 있고 용 상여를 두었으며, 뒤에는 임금의 의자를 두었고, 영전(影殿)에는 임금의 얼굴을 두었으며, 동쪽 장막에는 와신백(臥神帛)을, 뒤쪽에는 어의수사(御衣數事)를 두었다. 주거 궁전 옆은 모두 무덤을 지키는 궁인들이 거주하는 곳이다. 그 동쪽은 빨래를 하는 곳이고, 남쪽에는 주방이 있고, 주방 남쪽 무덤에는 해사(廨舍)를 두고, 궁전 서쪽에는 부해사(副廨舍)를 두었다(宮有正殿, 置龍楯, 後置御座. 影殿置御容, 東幄臥神帛, 後置御衣數事. 齋殿旁皆守陵宮人所居, 其東有浣濯院, 有南廚, 廚南陵使廨舍, 殿西使副廨舍)"고 한다. 『송회요집고(宋會要輯稿)』의 기록에 따르면, 영희릉 하궁 내부에 태종 신상(神像)을 두었고 500명의 위병을 파견해 지키게 하였다. 아침, 저녁으로 음식을 올리고 사계절 제사를 지냈다. 하궁의 위치에 관하여는 『송회요집고』 예기 29의 27에 기록되어 있다. 태종을 매장할 때 "오늘 영혼을 모시고 먼저 상궁 신장 바깥의 임지(壬地)에 하궁을 새로 지어 편안히 모신다(今請靈駕先于上宮神墻外任地新建下宮奉安)"라고 기록되어 있다. 하궁이 건설된 곳이 '임지(壬地)'라는 것을 분명하게 밝힌 것이다. 발굴조사에 따르면, 영안릉, 영창릉, 영희릉 등 세 능의 하궁은 부장한 황후 능의 남쪽에 위치한다. 기타 다른 다섯 기의 능은 황후릉 북쪽에 위치하지만, 제국의 수도가 황제릉의 서북방향에 위치하므로 문헌기록의 임지와 부합한다. 각 능의 하궁은 모두 이미 훼손되었고 하궁에는 현재 남쪽 문에 사자 한 쌍만이 남아 있다. 시추를 통해 하궁의 남북 길이는 150m, 동서 너비는 125m라는 것을 알 수 있었다.

....

12) 『宋史』 권108 「礼志九」, 中华书局标点本, p. 2569.

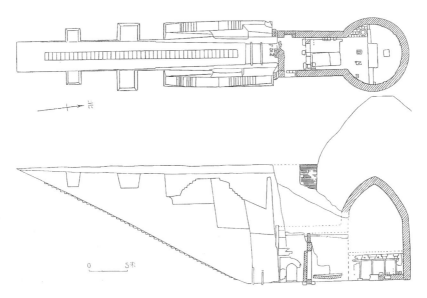

그림 18 송 태종 원덕 이황후릉 지궁(地宮) 평면도 및 부면도

　　각 능의 서북쪽에는 하궁의 앞뒤에 여러 황후 능이 있고 다시 뒤로 더
가면 황실 종친의 배장묘가 있다.

　　송대 능의 지하궁은 현실(玄室)이나 황당(皇堂)으로 불린다. 지하궁은
발굴한 적이 없기 때문에 정확하게 상황을 알 수가 없다. 이미 발굴된 송
태종 원덕(元德)황후 이씨의 묘실을 통해 황후 능의 지하궁에 대한 개략적
인 모습을 엿볼 수 있다(그림 18). 이 무덤은 이미 도굴된 적이 있고 도굴
구멍이 오랜 기간 동안 방치되어 있었다. 1960년대 초 곽호생(郭湖生)은
무덤 앞의 도굴된 구멍으로 묘실에 들어가 조사를 진행한 적이 있다.[13] 결
국 1985년 하남성 문물고고연구소에서 '구조 발굴'을 진행하였다. 이씨 황
후 능은 방목(仿木) 구조의 원형에 가까운 다변형의 단실 벽돌무덤이었다.
묘실의 직경이 7.95m이고 높이는 12m가 넘고, 천장은 궁륭형(穹窿形)이
었다. 앞에는 아래로 경사진 무덤길이 있고 비탈에는 계단이 있다. 궁륭형

....

13)　주 4와 같음.

천장 무덤의 복도는 길이가 9.1m, 폭은 4.3m, 높이가 약 6m이며 평면 벽돌을 순서대로 쌓은 것이다. 묘문(墓門)은 복도 중간 부분의 약간 남쪽으로 치우친 부분에 있고 석판문이다. 두 문의 문짝 위에 무사 상이 새겨져 있는데 매우 아름답다. 문 상방에 선각의 두 비천이 있다. 묘실 뒷부분에는 불교의 수미좌 같은 관상(棺床)이 있다. 관상의 앞쪽에는 얕은 부조의 화훼(花卉) 문양이 있다. 묘실 안에는 열 개의 벽돌로 쌓은 기둥이 있으며, 천장 부분은 중공사포(重栱四鋪)의 두공(斗栱)이다. 기둥 사이의 11개 공간은 네 벽면이 훼손된 것 외에 나머지 다른 벽면은 벽돌에 탁자, 의자, 등잔걸이, 옷장, 대야 받침대, 화장대, 문과 창문을 조각하였다. 일부 꽃을 새기기도 하였다. 일반적으로 백색가루 한 겹을 칠하고, 가구 위에 부분적으로 붉은색을 칠했으며, 어떤 것에는 금칠을 하였다. 벽돌 조각 처마 부분 위쪽으로는 채색한 궁전 누각이 있었다. 1960년대에는 널문, 바른 격자 창문, 협옥(挾屋: 큰 건축물의 옆에 지은 작은 건축물로 큰 건축에 속해 있음 – 역주), 네 기둥의 지붕 및 꼬리 등의 형태를 알아볼 수 있었다. 궁전 누각 사이에는 백색의 구름이 그려져 있고, 무덤 천장 부분에는 채색 '천상도(天象圖)'가 그려져 있어, 벽돌 조각 위에 연기 같은 구름과 안개가 빙빙 돌며 올라가는 궁전 누각도가 그려져 있었을 것으로 생각된다. 이씨 황후 능의 도굴은 심각하고 장기간 방치되었으나 그럼에도 불구하고 유물 181점이 출토되었다. 대다수 훼손이 심한 상태였지만, 기물의 일부를 확인할 수 있었다. 부서진 옥으로 된 익책[玉謚册] 36점, 옥으로 만든 애책[玉哀册] 41점, 또 3점의 정교한 월요(越窯) 자기가 있는데 대표적인 비색(秘色) 자기였다. 정요백자 37점에는 '관(官)'자 도장이 찍혀 있는데, '관'자가 찍힌 가장 늦은 시기의 기년이 있는 도자이다. 이 외에 몇몇 투박한 자기는 현지에서 생산된 것으로 보인다. 어떤 것은 묘도(墓道)의 쌓인 흙에서 출토된 것으로, 무덤을 짓던 장인들의 용품으로 추정되며 총 46점이다. 석기 30점이 출토되었는데 여기에는 석기 도구도 포함된다. 묘도에서 출토된 돌로 된 절구공이[石杵杵]는 28점이다. 또한 청동기 28점, 철기 18점, 나무 장신구 17점 및 건축 부품들도 있다.

그 외 송대 능역에서 연이어 위왕(魏王) 조군(趙頵) 부부 합장묘,[14] 연왕(燕王) 조호묘(趙顥墓), 연왕(兗王) 조준묘(趙俊墓)를 발굴하였다.[15] 모두 영후릉의 배장묘이다. 특히 주목할 만한 것은 연왕(兗王)의 무덤이 아래 위 2층으로 되어 있다는 것이다. 위층은 벽돌로 쌓은 원형 묘실이고, 궁륭형(穹隆形) 천장으로 직경이 8m이며, 아래층은 방형에 돌을 쌓아 올린 관실(棺室)이다.

이 외에 일부 학자들은 일찍이 도굴 통로 입구로 송 태종 영희릉의 묘실과 영후릉에 부장된 선인성열고황후(宣仁聖烈高皇后)의 능 안에 들어가 조사하고 간단한 기록을 남겼다. 영희릉의 지하궁은 "청색 벽돌로 쌓아올렸는데 7겹을 가로로 다시 7겹을 세로로 쌓아서 모두 14층 두께가 되었고 매우 견고하였다. 천장부에는 천상도를 그리고 천상도 아래에는 궁전 누각을 그렸다. 전체 무덤은 아래가 방형이고 위로 솟은 형상이다"고 전한다.[16] 선인성열고황후릉은 "장방형의 돌로 쌓았다"고 한다.[17] 발굴조사 결과와 문헌자료를 근거로 각 황릉과 일부 황후릉의 '황당(皇堂)'을 살펴보면, 송대 능묘 지하궁전의 형태와 구조의 변화는 대략 세 단계로 나눌 수 있다. 첫 번째 단계는 벽돌로 쌓은 단실묘(單室墓)로 영안릉, 영창릉, 영희릉과 여기에 부장된 황후의 능을 포함한다. 두 번째 단계는 여전히 단실묘지만 석조로 바뀌었으며 영정릉, 영소릉과 부장된 황후의 능이다. 세 번째 단계는 묘실을 아래 위층으로 나누고, 돌로 쌓은 묘실 안에 다시 석곽을 만든다. 영후릉, 영유릉, 영태릉과 부장된 여러 황후의 능들이다.

북송 황릉은 다양한 석각예술품을 남겼다. 현존하는 망주(望柱), 인물, 동물과 말을 타고 있는 석상 등이 800여 개에 달한다. 그 외에 최근 몇

....

14) 周到,「宋魏王赵頵夫妇合葬墓」,『考古』1964년 제7기.
15) 傅永魁 等,『巩县石窟寺·包拯墓·北宋皇陵』, 河南人民出版社 1989년판.
16) 周到 等,『巩县石窟寺·宋陵·杜甫故里』, 中州书畵社 1981년판.
17) 傅永魁,「巩县宋陵」,『河南文博通讯』1980년 제3기.

몇 황제와 황후릉 그리고 배장묘(陪葬墓)의 담장[신장(神墻)]사방 둘레 지하 약 1m가량에서 각각 8개의 12지신 돌조각이 출토되었다. 황제와 황후의 능 및 순장된 묘에서 출토된 것은 그 크기가 달랐다. 황릉 주위에서 출토된 것은 높이가 약 40~50cm이고, 황후릉과 순장된 묘에서 출토된 것은 약 20~30cm였다. 이것은 당나라 후기, 오대 때 묘실 안에 십이시(十二時)의 석각 혹은 순장용 인형을 두는 것과 같은 의미다.[18]

　　당 능묘의 석각 수량과 위치는 모두 확실치 않다. 그러나 송릉 석각의 수량은 고정적이다. 『송조사실』의 기록에 따르면, 황릉 상궁의 석각은 60점, 하궁 앞에는 4점, 황후릉 상궁의 석각은 황릉의 석각보다 반이 적은 30개이다. 『송사』 77권 「예(禮)27」에는 훈척(勳戚) 대신의 "무덤에는 양과 호랑이 석각이 있고, 망주(望柱)는 각각 2, 3품 이상에 가능하고 석인(石人)을 더할 수 있다"[19]고 나와 있다. 이 기록에 따르면 한 쌍씩 8개가 있어야 한다. 하지만 오늘날 각 무덤의 배장묘 앞에서는 망주, 호랑이, 양, 문무관, 말 및 말을 끄는 관리, 사자 등의 석각이 발견되었다. 한 세트 14개로 황후의 무덤보다는 반 정도 적다. 각 무덤 앞 석각의 수는 같고 배열 순서도 획일적이며 수량은 당나라 무덤에 비해 많고 새로운 종류도 포함되어 있다. 예를 들어 당나라 무덤 중에는 위치가 고정적이지 않았던 '번추(番酋: 이민족 수장－역주)'가 송나라 무덤에서는 6개의 객사(客使: 외교 사신－역주)로 바뀌었다. 각단(角端)을 익마(翼馬)가 대신하였고, 상서로운 새가 새겨진 돌병풍을 높게 돋을새김한 타조가 대신했다. 새로 더해진 것은 코끼리, 코끼리 사육사, 호랑이, 양, 궁인, 문을 지키는 무사 및 말을 탄 사람 석각 등이다. 당릉 석각과 비교했을 때 송릉 석각은 더욱 현실 생활 속의 궁정 의장(儀仗)과 비슷하다. 이런 석각들은 여러 가지 형상을 표현한 것일 뿐만 아니라 선각, 부조, 입체조각 등 표현 기법이 다양하다.

....

18)　宿白, 「关于河北四处古墓的札记」, 『文物』 1996년 제9기.
19)　『宋史』 권77 「礼二七」, 中华书局标点本, p. 2910.

여기에서 북송 석각 예술의 풍모와 대형 석각 발전의 맥락을 확인할 수 있다.[20]

　　북송 황릉에 부장된 황후의 능은 제왕 무덤의 서북부에 있다. 황실 배장묘들은 다시 황후의 능 서북부에 있고 상대적으로 집중적으로 매장되어 있다. 『송사』76권 「예(禮)26」에는 진종(眞宗) 경덕(景德) 4년 영안릉, 영창릉, 영희릉의 배장 무덤의 수는 "그 세 능에 배장된 왕자, 왕손, 출가하지 않은 공주 및 일찍 죽은 제왕의 부인은 각각 지위를 정하고 모두 무덤 하궁의 동쪽에 순서대로 모셨다. 무덤의 순서에 따라 121개, 열세 분을 모셨고 …… 창릉에는 15개 무덤에 열 분을 모셨다. 희릉 8개 무덤에 다섯 분 ……."이것은 배장한 사람이 모두 황제의 아들, 손자, 출가하지 않은 공주 및 일찍 죽은 제왕의 부인이라는 것을 말해 준다. 역대 황릉 구역에서 출토된 묘지명도 이러한 사실을 증명해 준다. 이 외에 문헌에 기록에 따르면 영안릉에 배장된 소헌(昭憲) 황태후의 여동생은 사후에 제국태부인(齊國太夫人)으로 추봉되었고 유일하게 왕실 종친이 아니면서 배장된 묘이다. 영정릉(永定陵) 구역에는 '포증묘(包拯墓)', '구준묘(寇准墓)'가 있다. 이 두 무덤에 관해 문헌상의 기록을 확인하면, 명나라 때 시작되었다고 하고, 무덤 앞의 비석은 강희 황제 때 세운 것이라고 되어 있어 축조 연대와 관련된 의문이 남는다. 상술한 여덟 능의 배장묘 이외에 청역진(淸易鎭) 묘역과 백욕(柏峪) 묘역 등 두 배장묘가 있다. 그들은 구역의 끝자락에 위치하고 있으며 북송 중후반기에 지어진 것이다. 이 두 무덤군은 주로 '신분이 낮은 사람들을 안장한 것이다. 이들은 황실 3대 이하의 방계 자손과 부인 및 미성년자 그리고 단명하여 일찍 요절한 아들과 딸이다. 이처럼 황제의 먼 친척들은 매장 기간에 관한 제한이 없어서, 어느 시기 집중적으로 안장이 되었고, 대개는 부부를 같은 분묘에 묻는 합장묘이다.

....

20)　楊伯達, 「古代艺术瑰宝-巩县宋陵雕刻」, 『河南文博通讯』 1980년 제3기.

3) 북송 황릉의 특징

북송 황릉의 고고학 조사, 발굴, 연구 결과를 한대(漢代), 당대(唐代) 황릉과 비교하면, 북송 황릉은 그 이전 시기 제왕의 무덤과는 다른 뚜렷한 특징을 찾아볼 수 있다. 북송 황릉의 특징은 다음과 같다.

첫째, 역대 황릉처럼 높은 곳에서 아래를 굽어보는 배산임수와 달리, 북송 황릉은 모두 숭산 소실산맥의 음지에 북으로는 이락하(伊洛河)를 의지하는 듯, 산을 마주 보고 물을 뒤로 하고 있다. 능원(陵園)은 비교적 평탄한 황토 언덕의 북쪽에 자리 잡고 있다. 지표면은 남쪽은 높고 북쪽이 낮으며, 동쪽은 치켜 올라가고 서쪽은 처져 늘어뜨려진 지세이다. 작대(鵲臺), 유대(乳臺)에서 상궁(上宮) 궁성으로 점차 비스듬히 내려간다. 능대(陵臺, 중심 건축물)는 전체 무덤의 낮은 곳 凹자처럼 움푹 들어간 곳에 위치한다. 각 무덤은 남쪽에서 북쪽으로 모두 수 미터에서 10여 미터 간격이다. 이런 특별한 상황은 북송 시기에 성행했던 음양풍수의 영향을 받은 것이다. 사마광(司馬光)은 『장론(葬論)』에서 "오늘날 사람들의 장례 예식은 옛날 사람들보다 후장(厚葬)을 하지는 않지만, 음양금기 등의 영향을 많이 받는다. …… 오늘날에도 산세의 지형이나 밭도랑의 형세 등 풍수를 신경 쓰기 때문에 지리적인 영향을 받고 일시(日時)의 영향도 받는다. 이는 자손의 영달, 부귀, 장수, 현명함 등을 위하는 것과 모두 관계가 있다. 이곳이 아니고 이 시간이 아니면 장례도 지내지 않는다(今人葬不厚于古, 而拘于陰陽禁忌則甚焉……今之葬書乃相山川岡畎之形勢, 考歲月日時之支干, 以爲子孫貴賤, 貧富, 壽夭, 賢愚皆系焉, 非此地非此時不可葬也)"[21]고 말한다. 인종(仁宗) 때 왕주(王洙) 등은 명을 받아 『지리신서(地理新書)』를 편찬했는데 관리들의 음양술을 수련하기 위해서였다.[22] '오음성리설(五音姓利說)'에 따라 장례에 대한 규정을 내렸다.[22] "오음성리설은 사람을 성씨에 따라 궁(宮), 상(商),

....

21) 司马光, 「葬论」, 『温国文正司马公文集』 권71, 『四部丛刊』 초판본.
22) (宋) 王洙等奉敕撰, 『图解校正地理新书』, 台湾集文书局影印金明昌三年钞本. 1985년판.

각(角), 치(徵), 우(羽) 오음계로 나누며 토(土), 금(金), 목(木), 화(火), 수(水)와 서로 대응시킨다. 조씨(趙氏)는 각(角) 음에 속하고 각 음은 목행(木行)에 대응한다. 목주(木主)는 동방이고 양기는 동에 있다. 그러므로 조씨 성은 음양지리상 소위 '동쪽은 높고 서쪽은 낮은 곳은 각지(角地)이고……남쪽이 높고 북쪽은 낮은 곳은 치지(徵地)'라고 하며, 각성(角姓)도 이곳에 머무를 수 있다"고 하였다. 이는 송대 황릉의 지세와 서로 부합한다. 그러나 한대(漢代)와 당대(唐代) 이래로 황제의 무덤은 모두 높고 밝고 시원한 곳에 짓는다는 전통과는 어긋나는 것이다.

둘째, 오음성리설에 따라, 상서로운 곳을 골라 황제의 능과 부장 황후의 능 그리고 하궁의 위치를 정한다. 상궁은 대형 제사 의식을 거행하던 곳이고, 하궁은 무덤 주인의 영혼을 모시고 의관(衣冠)과 신상(神像)을 두던 곳이다. 당릉의 하궁 유적이 대다수 무덤의 서남쪽에, 작대는 서북쪽인 것과 달리, 북송 황릉 하궁은 모두 황릉 상궁의 북서쪽에 지었다. 이것은 장경(葬經)에 따라 임(壬), 병(丙)의 상서로운 땅을 선택한 것이다.『지리신서』권7에서 5음에 각각 5가지 방향이 있다. 각음(角音)의 가장 상서로운 곳(가장 길한)을 임향(壬向)이라 하고 무덤 자리를 병혈(丙穴)에 두었다. 그 다음 상서로운 곳(그 다음 길한 곳)을 병향(丙向)이라 하고 무덤을 임혈(壬穴)에 두었다. 그 다음으로 상서로운 곳(다음으로 길한 곳)은 경향(庚向)이며 무덤을 갑혈(甲穴)에 두었으며, 위치가 좋지 않은 곳(위치가 안 좋은 곳)은 을향(乙向)이라고 하였다. 제일 안 좋은 곳은 묘향(卯向)이라고 했으며 무덤을 두기에는 좋지 않다고 전한다. 이것으로 알 수 있듯 각성(角姓)을 묻는 가장 좋은 방위와 위치는 임향(壬向)과 병향(丙向)이며, 병지(丙地)와 임지(壬地)가 가장 좋은데 병지(丙地)는 임지(壬地)보다 더 좋다(그림 19). 그리하여 북송 황릉은 하궁을 상궁의 서북부에 만들었다. 황후의 능, 배장묘, 사원은 모두 황릉의 서북부에 두었다. 같은 능역 안에서 늦게 지은 황제와 황후의 능은 먼저 묻힌 황제와 황후 능의 서북쪽에 묻었다. 동남(병지)에서 서북(임지) 쪽으로 순서대로 묻었다.

그림 19 각성 소목장도(角姓昭穆葬圖)[천혈(天穴)]

　　셋째, 황제와 황후를 같은 곳에 묻지만 황후의 능은 단독으로 따로 만든다. 북송 황릉 중 선조(宣祖) 조홍은(趙弘殷)과 소헌(昭憲) 두태후(杜太后)를 한 분묘에 합장한 영안릉 외에는 기타 다른 황제와 황후는 모두 한 곳에 다른 분묘를 만든 형태로 합장하였다. 이 경우 황후는 분묘를 쌓아 단독으로 무덤을 세우고 황제의 무덤 서북쪽에 부장하였다. 이는 전한(前漢) 시기의 제도와 같다. 『사기(史記)』 49권 『외척세가(外戚世家)』 제19에서는 『관중기(關中記)』를 인용하여 "고조릉은 서쪽에, 여씨 황후는 동쪽에 묻었다. 한나라 제왕과 황후는 무덤을 함께 두었고 이를 합장이라 한다. 함께 장례를 지낸 것은 아니다. 한나라 제왕들의 무덤은 모두 이러하다(高祖陵在西, 呂后陵在東. 漢帝后同塋, 則爲合葬, 不合葬也. 諸陵皆如此)"고 전한다.[23] 이것은 당과 송 이후의 역대 왕조와는 다르다. 이외에 북송의 몇몇

....

23)　(汉) 司马迁, 『史记』, 中华书局标点本 1959년판, p. 1969.

황후는 한 능에 부장하여 합장했을 뿐 항렬을 따지지 않았다. 황후가 일찍 사망하는 경우에도 선조 황제릉 옆에 같이 묻힐 수 있었다. 예를 들어 태조 왕후인 하후(賀后)는 영안릉에 부장되었고, 진종(眞宗)의 곽후(郭后) 또한 영희릉에 부장되었다. 단지 매장하는 방향에서 같은 항렬의 왕비 무덤은 동남에서 서북방향으로 배열하였고 항렬이 낮은 사람은 항렬이 높은 왕비의 북쪽에 있었다.

넷째, 능읍(陵邑: 무덤을 지키는 마을 – 역주)을 만들고 사원(寺院)을 지었다. 당릉에는 능읍이 없었고, 송에는 하나의 능읍이 있었는데 요 봉릉읍(奉陵邑)의 영향을 받은 것이 분명하다. 그 외에 송대 능 네 곳에는 능 옆에 모두 황가 선원(禪院)이 있었다. 무덤 구역 서북부에 자리 잡고 있었는데, 영창선원(永昌禪院), 영정선원(永定禪院), 소효선원(昭孝禪院), 영신선원(寧神禪院) 등이 그것이다. 여기에 승려나 비구니를 거주하게 하여 무덤 주인의 영혼을 달래기 위해 불경을 독송하였다.

다섯째, 송대 능의 규모는 당 황릉의 웅장함에 훨씬 못 미친다. 이는 북송 시기에는 황제의 생존 시 '수릉(壽陵)'를 만들지 않았고, 모두 사망 후에 비로소 무덤을 만들었기 때문이다. '칠월장기(七月葬期:『예기』의 기록에 따라 천자는 7일 동안 의식[殯]을 지내고 7개월 후 무덤에 묻는다[葬]는 의미 – 역주)'의 제한 때문에 황후의 장례 기간은 일반적으로 3개월이나 5개월이었고 공사 기간이 매우 짧았다. 게다가 모두 평지에 분묘를 만들어, 당 소릉(昭陵), 건릉(乾陵)처럼 산에 의존한 무덤이 아니었기 때문에 규모가 당릉보다 작고 또 기운차 보이거나 장관을 이루지는 않았다.

2. 남송 황릉의 연구와 복원

남송 황릉은 모두 소흥(紹興) 동남 12.5km의 보산(寶山)에 있으며, 소흥(紹興) 원년(1131년)부터 조성되었다. 소흥 원년에 철종(哲宗) 소자황후(昭慈皇后)는 "염을 할 때는 평소에 입는 옷을 입히고, 금이나 옥 등 귀중한 물건을 사용하면 안 된다. 부근에 비교적 상서로운 곳에 잠시 매장하고 전쟁이 끝나고 나면 원릉(園陵, 북송 시기 원래 황제가 묻혔던 곳)으로 옮겨달라고 유언하였다." 그리하여 남송 능은 권빈(權殯: 앞서 언급한 것처럼 잠시 머무는 정도로 장례 지내는 비교적 간단한 매장법 – 역주)이다. 그래서 비교적 소박하므로 '찬궁(攢宮)'이라 하였다. 고종(高宗) 영사릉(永思陵), 효종(孝宗) 영부릉(永阜陵), 광종(光宗) 영숭릉(永崇陵), 영종(寧宗) 영무릉(寧茂陵) 등 네 기의 능은 산의 남쪽 높고 험준한 곳에 있으며 남릉으로 불린다. 그중 고종, 효종, 영종의 세 능에는 각각 황후의 능이 부장되어 있다. 이종(理宗) 영목릉(永穆陵), 도종(度宗) 영소릉(永昭陵)은 산의 북쪽에 있으며 북릉으로 불린다. 일반적으로 남릉과 북릉을 합하여 송육릉(宋六陵)이라고 한다.

찬궁은 대체로 북송 시기 능원 제도를 따르면서도 좀 더 간소해진 것이다. 여기에는 능대(陵臺), 상생(象生), 선장(禪墻)이 없고 묘실도 없다. 단지 관을 하나의 돌로 만든 큰 상자 안에 두었고, 이것을 '석장자(石藏子)'라고 하였다. 일부 학자들은 주필대(周必大)가 쓴 『사릉록(思陵錄)』의 자세한 기록을 근거로 '찬궁'과 '석장자'의 복원 연구를 시도하였다.[24] 남송의 모든 무덤은 원나라 초기 심각하게 훼손되었다. 원나라 지원(至元) 15년(1278년) 강남행성(江南行省) 총통(總統) 승려 양련진가(楊璉真珈: 티베트 불교 승려 – 역주)와 승상 상가(桑哥)가 결탁하여 송대 능을 찾아내고 여섯 능을 모두 파서 도굴한 후 무덤을 파괴하고 시신을 훼손하는 등 철저하게 파괴하였다.[25] 그래서 남송 찬궁의 유적은 이미 존재하지 않는다. 1960년대 초 소주 장사성(張士誠)의 모친 조씨(曹氏) 무덤의 발굴은 석장자의 실제 예를 보여주었다. 장씨 가의 묘는 원나라 지정(至正) 25년(1365년)의 것으로, 이때 장사성은 오왕(吳王)으로 불렸다. 그래서 그의 모친 장례 방식

....

24)　陈仲篪,「宋永思陵平面及石藏子之初步研究」,『中国营造学社会刊』 제6권 제3기, 1936년.

25)　全祖望,「答史雪汀问六陵遗事书」,『鲒埼亭集外编』 권43,『四部丛刊』 초판본.

은 송대 능의 능원제도를 따른 것으로 보인다(그림 20). 묘는 정사각형이고 묘문(墓門), 묘도(墓道), 석광(石壙, 돌로 만든 묘혈)이 없으며 가장자리의 길이가 3.79m이고, 흙 구덩이를 따라 네 벽은 흙과 돌로 쌓아 만든 벽이다. 내부는 청색 벽돌과 흙을 쌓아 두 개의 상벽(廂壁)을 만들었다. 상벽 중앙에 정사각형의 석광을 배치했는데 묘혈 안에는 두 개의 목재 관과 외관[槨]을 두었다. 석벽, 상벽, 석광 사이에는 진흙, 모래, 석회를 섞어 가득 채웠다. 위에는 돌을 이용해 밀봉하여 닫았으며 전체 묘광을 하나로 결합시켜 매우 견고하였다. 방수 능력이 뛰어나서 조씨의 시신은 완벽하게 보존되었다. 무덤 안의 견사 제품, 의복, 금관, 옥대 및 기타 금, 은, 옥 장신구 등 부장품 모두 보존이 잘 되어 있었다. 또한 음각하여 금을 채운 상아 애책(哀冊: 장례식 때 읽고 관에 넣었던 문장을 새긴 것) 한 세트가 출토되었다.[26]

문헌 기록에 따르면, 남송 능은 상벽 위에 또 한 층의 측백나무 판을 깔고 그 위에 돌 뚜껑을 닫았다. 돌 위에는 다시 벽돌을 깔고 지면까지 덮었다. 능대를 만들지 않고 위에 바로 헌전(獻殿)을 지었다. 헌전은 凸자형이어서 거북이 머리 모양이라 하여 귀두(龜頭) 헌전으로 불렸고, 석장자는 그 아래쪽에 있었다. 그 외에 하궁이 있었는데, 기록에 따르면 전후에 각각 전(殿)이 있고, 동서쪽으로 복도가 있었다고 한다. 그래서 남송 능은 외관상으로 봤을 때는 무덤인지 알아볼 수 없는 형태이며, 전각과 같이 완전히 임시적인 성격의 것으로 북송 시기 능원이 있었던 하남성 공현(鞏縣) 조상 무덤으로 돌아갈 준비를 하고 있었다. 이는 명청대 이후 방형 성곽 건축의 연원이 되었다. 그리고 이 석장자 제도는 이 시기 평민의 무덤에도 많은 영향을 끼쳤다.

....
26)　苏州市文物保管委员会 等,「苏州吴张士诚母曹氏墓清理简报」,『考古』1965년 제6기.

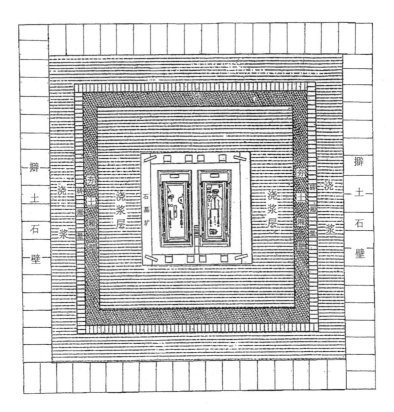

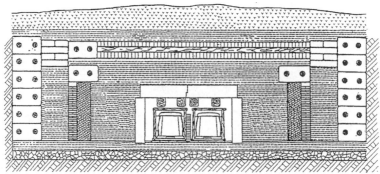

그림 20 원 장사성(張士誠)의 어머니 조씨(曹氏) 묘 평면도 및 부면도

3. 세속적인 느낌이 충만한 중원 북방지역의 송대 무덤

일반적으로 무덤에 대한 고고학 작업은 전체적인 송원명 고고학의 발전
정도 및 그 중요도에 따라 정해진다. 1970년대 중반 이전에는 요대 무덤을
제외하면 무덤의 발견과 발굴은 그다지 많지 않았다. 어떤 것은 발견하고
도 중시되지 않았고 어떤 것은 발굴을 하고 보고를 하지 않기도 했다. 무
덤을 소재로 발표한 간행물들이 있었지만 대다수 문화재 단신의 형식으로
간단하게 보도되었을 뿐이다. 1970년대 중반 이후 사람들의 관심이 높아
짐에 따라, 무덤의 발견과 발굴이 급격히 증가하였다. 조사 작업도 나날이
체계화되었다. 각지에서 발견된 무덤은 유형이 다양하고 수량도 많아 초보
적인 결론을 끌어내고 연구를 종합하기에 충분하였다.

북송과 남송의 무덤은 분명한 특색을 가지고 있다. 구조와 스타일, 장
식, 부장품 등이 모두 비교적 큰 차이를 보이는데, 대체로 남방과 북방 두
개의 큰 구역으로 나눌 수 있다. 각각의 큰 구역은 다시 몇 개의 작은 구역
으로 나눌 수 있다. 중원 북방지역은 송나라 영역 중에서 장강 이북지역을
가리킨다. 그것의 남쪽 경계선은 대체로 회하(淮河)에서 한중(漢中)이다.
이 지역은 북쪽으로 요와 변경을 접하고 있고 서쪽은 서하(西夏)와 이웃하
고 있다. 시간적으로 봤을 때 대부분 지역은 북송 건립 시기부터 송 왕조
의 통치하에 있었다. '정강의 변(靖康之變)'이 있은 후 신속하게 금의 통치
구역이 되었다. 이 일대는 오대 시기(五代) 중원지역 5개의 단명한 왕조의
통치 구역이었다.

1) 중원 북방지역 송대 무덤의 상황 및 특징

북방지역 송대 무덤은 비교적 뚜렷한 특징을 보인다. 비록 이 구역의 송
대 무덤은 당 후기와 오대의 고분 풍격을 계승했지만 여러 방면에서 새로
운 면이 보이고 또한 변화도 비교적 빨라서 당과 송의 무덤은 현저하게 차
이가 드러난다. 중원 북방의 송대 무덤에는 소형의 토동묘(土洞墓), 전실묘

(磚室墓) 그리고 소량의 석실묘가 있다.

　　토동묘와 수혈토광묘(竪穴土框墓)는 일반적으로 북방지역에서 발견된다. 가장 특색 있는 것은 신발 모양의 토동묘인데, 즉 수혈의 묘도 통로 측면벽으로 묘실을 파들어가서 묘실 통로 바닥 부분이 묘실보다 낮기 때문에 단면으로 봤을 때 신발 모양으로 보인다. 북방 토동묘의 사용자는 북송 전후 시기로 나누어 뚜렷한 변화를 보인다. 초기의 토동묘 중에는 종종 일정한 정도의 부장품이 발견되고 일부 무덤에서는 묘지(墓志)도 출토되었다. 서안시 장락동로(長樂東路)에서 발견된 건덕(乾德) 5년(964년)의 여원묘(呂遠墓)는 관료 무덤이다. 방형의 토동묘실을 사용하였고[27] 서안지역 당 후기 무덤과 유사하였다. 태원시 소정욕(小井峪)에서 정리한 100개에 가까운 토동묘에는 거의 모든 무덤에 몇 점의 도자기가 부장되었다. 이 중 3기의 무덤에서 묘지가 출토되었고 무덤 주인의 신분은 '유생(儒生) 유방신(劉方伸)'과 '병주(幷州) 우상(右厢)에서 음식점을 열었던 왕신(王信)의 부모' 등이다.[28] 이런 묘지를 가지고 있는 무덤은 모두 북송 전기의 것이었다. 이로써 섬서지역 북송 전기의 무덤이 당의 장례 풍습을 그대로 계승하고 있다는 사실을 알 수 있었다. 동시에 북송 전기에 관료들, 도시 시민, 농촌의 자작농, 유생 등 사회에서 비교적 지위가 있는 사람들이 토묘(土墓)를 사용하였다는 것도 알 수 있었다. 북송 후기의 토묘는 형식적인 면에서 큰 변화가 없었다. 하지만 제대로 된 부장품이 거의 출토되지 않아 토묘를 사용하는 사람들의 신분이 낮아졌음을 추측할 수 있었다. 전기에 토묘를 사용한 부류의 사람들은 대체로 소형 전실묘를 사용하였던 것으로 보인다. 이런 상황은 북송 사회경제가 빠르게 번영한 결과일 것이다. 북송 말기, 즉 휘종(徽宗) 이후에는 국고에서 자금을 내어 가난한 사람과 주인 없는 뼈를 집단으로 매장한 '누택원'묘지가 전국적으로 발견된다. 산서 여양(呂梁)에서 발견된 누택원(漏澤

....

27)　魏逐志,「西安市东郊后晋北宋墓」,『中国考古学年鉴·1987』, 文物出版社 1988년판.

28)　解希恭,「太原市小井峪宋明墓第一次发掘记」,『考古』, 1963년 제5기. 戴尊德,「太原市小井峪宋墓第二次发掘记」,『考古』1963년 제5기.

園)이 가장 먼저 발견된 예이다.[29] 『송사』15권 「신종본기이(神宗本記二)」에 [원풍(元豊) 2년] "신미(辛未)년에 황제가 수도 주변의 땅을 내려 …… 죽은 사람이나 죽어서 돌아갈 곳이 없는 사람을 관아에서 매장하여 준다(辛未, 詔 給地葬畿內寄葎之喪, 無所歸者官瘞之)"고 기록되어 있다. 『송사』19권 「휘 종본기일(徽宗本紀一)」에 숭녕(崇寧) 3년 2월 "정미년에 누택원을 설치하였 다"고 기록되어 있다. 이것으로 보아 누택원 제도는 대체로 신종(神宗) 원풍 연간에 생겼지만 그 제도가 완숙해지고 발전한 것은 휘종 시기이다.[30] 현재 볼 수 있는 누택원과 관련하여 기록으로 확인되는 확실한 연대는 모두 휘종 대(徽宗代)로 숭녕연간에 시작되어 선화(宣和), 정강(靖康) 연간까지 이어진 다. 일반적으로 도자기나 자기 독에 유골을 넣어 매장하였다. 중요한 것은 이런 종류의 고분은 죽은 사람을 묻을 때 모두 기록을 하여 무덤에 표시했 다는 것이다. 항아리 위에 혹은 죽은 사람의 몸에 벽돌을 덮고 벽돌 위에 일 련번호, 출생지, 신분, 사인, 수장한 시간을 새긴 것을 비교적 많이 볼 수 있 다. 각지에서 이런 종류의 무덤을 여러 차례 발견하였다. 예를 들어 하남(河 南) 남양(南陽), 삼문협(三門峽), 낙양(洛陽), 활현(滑县), 강소(江蘇) 단양(丹 陽), 하북(河北) 자현(磁縣), 섬서(陝西) 기산(岐山), 사천(四川) 면죽(綿竹) 그리고 비현(郫縣) 등지에서 모두 발견된 적이 있다. 관아에서 한 것도 있고 사찰에서 한 것도 있다. 요지(窯址) 주위 등 노동력이 집중된 지역에도 있었 다. 매장 방식은 지역마다 달랐다. 예를 들어 하남 낙양에서 발견된 것은 구 덩이를 파고 기록을 새긴 벽돌을 매장하는 방식이다. 비슷한 것으로 하남 남양에서 발견된 누택원묘도 있다.[31] 하북 자현 관대(觀臺) 요지 주변에서

....

29) 杨绍舜, 「呂梁县发现了罐葬墓群」, 『文物』1959년 제6기.

30) 『宋史』권178 「食货志上六」 "振恤"条(宣和二年, 诏) "居养, 安济, 漏泽可参考元丰(神宗年 号)旧法, 裁立中制. 应居养人日给粳米或粟米一升, 钱十文省, 十一月至正月加柴炭, 五文省, 小儿减半. 安济坊钱米依居养法, 医药如旧制. 漏泽园除葬埋依见行条法外, 应资给若斋醮等 事悉罢." 中华书局标点本, p. 4340.

31) 贺官保, 「西京洛阳漏泽园墓砖」, 『文物资料丛刊』(7), 文物出版社 1983년판. 南阳市博物馆, 「河南南阳发现宋墓」, 『考古』1966년 제1기.

발견된 누택원 터에는 목관을 사용하고, 글자를 새겨 붉은색으로 채운 전용 묘지(墓志)를 넣은 무덤도 있다. 노동 밀집 지역에서 비교적 고급스러운 매장 방식을 사용했다는 것을 알 수 있다.[32] 하남 활현에서 150여 기를 정리한 적이 있는데 죽은 자를 흙에 묻고 몸 위아래로 각각 벽돌을 하나씩 두었다.[33] 누택원묘에서 피장자의 신분은 군인[상군(廂軍) 중의 사병, 하급 군관 및 그의 가족 포함], 노동 집중 지역의 노동자 및 그 가족들, 백성들, 안제방인(安濟坊人), 거양원인(居養院人), 감옥 내의 범죄자 및 외지인과 노숙자이다. 이런 사람들은 송나라 사회에서 가장 하층의 사람들이었다.

북방지역에서 발견된 석실묘는 많지 않지만, 오늘날까지 발견된 석실묘는 모두 관리들의 고분이거나 관리 가족의 무덤으로 피장자의 신분이 조금 특수했기 때문에 사람들의 관심을 끌었다. 송나라 때는 국가에서 석실묘 사용을 엄격하게 법으로 금지하였다. 『송사』 124권 「예27(禮二七)」은 『예원예책(禮院例冊)』을 인용하여 "매장할 때 돌로 관이나 석실을 만드는 것을 금한다. 관은 채색으로 그림을 그리거나 조각을 하면 안 되며 창문과 문턱을 둔다. 관 안에는 금, 옥, 보석을 넣으면 안 된다(諸葬不得以石爲棺槨及石室. 其棺槨不得雕鏤彩畫, 施方牖檻. 官內不得藏金寶珠玉)"고 하였다. 북송 시기에 중원지역의 무덤은 대체로 송나라 장례법을 따랐고 특히나 관리들은 조정에서 매장을 감독하는 사람을 파견하였기 때문에 보통은 제도를 벗어나기 어려웠다. 북방지역 조사 시 발견한 몇 개의 석실묘는 모두 매우 특별한 의미를 가지고 있다. 예를 들어 하남 밀현(密縣)에서 발견된 원우(元祐) 9년(1094년) 선휘원(宣徽院)의 남원(南院) 원사(院使)인 풍경(馮京) 부부묘는 직사각형으로 4개의 석실묘가 병렬로 있고 고분의 길이는 3.4m이다. 이런 종류의 장례 방식은 북방에서는 여전히 보기 드문 예에 속한다. 풍경은 악주(鄂州) 강하(江夏) 사람으로 조사되었다.[34] 구덩이에 나란히 합장

....

32) 磁县文物保管所, 「磁县发现北宋漏泽园丛葬墓地」, 『文物春秋』 1992년 제2기.

33) 顿维善, 「河南滑县发现宋代墓群」, 『史学月刊』 1986년 제4기.

34) 河南省文物研究所 等, 「密县五虎庙北宋冯京夫妇合葬墓」, 『中原文物』 1987년 제4기.

한 이런 석실묘는 바로 호북지역에서 유행한 매장 방식이었던 것이다. 산동 가상(嘉祥) 조어산(釣魚山) 2호묘도 2층의 장방형 쌍실 석실묘로, 제주사(齊州使) 조무구(晁無咎)는 사천 사람으로 이런 2층 고분은 단지 사천 성도 평원 주위 산간지역에서만 발견된 것이었다.[35] 하남 방성(方城)에서 발견된 상서(尙書) 좌승지 범치허(范致虛) 가족묘는 장방형의 전실(磚室) 석정묘(石頂墓)이다. 방성(方城) 염점장촌(鹽店莊村) 범치허(范致虛)의 계모 강씨묘, 방성현(方城縣) 금탕채(金湯寨) 범치허(范致虛)의 부친묘와 그의 남동생 범치상(范致祥)의 묘도 여기에 포함된다.[36] 범치허는 복건성(福建省) 건양(建陽) 사람으로 그의 부모는 건주(建州)에서 범치허를 따라 하남으로 왔고 범치허가 등주(鄧州)에 있을 때 방성에 따라와 머물다 죽었다.[37] 이런 종류의 전실 석정묘는 바로 복건지역에서 유행하던 무덤 형식이다. 비슷한 예로는 하남 겹현(郟縣) 삼소분(三蘇墳) 발굴 무덤 가운데 '선화(宣和)5년'(1123년) 승의랑(承議郎) 소적묘(蘇適墓)는 장방형의 병렬쌍실전묘(竝列雙室磚墓)이다. 소적의 본적지는 사천이며, 그의 묘와 사천 성도 평원지역의 송대 무덤 형식은 같다. 이것으로 보아, 각지 관료 묘제의 다양성은 관료의 서로 다른 본적지의 장례 풍습과 밀접한 관계가 있다. 송나라 때의 관리 채용과 과거제도의 발전으로 인하여 대대로 관리가 되는 상황은 감소하였고 소위 "수시로 재능이 있는 사람을 뽑는 진사와 과거제도가 많았다. 유명한 사람, 지위가 있는 사람들은 모두 여기에서 뽑힌 사람들이다. …… 진사와 과거를 통과한 사람들은 얼마 지나지 않아 귀한 신분이 되었다"고 전한다.[38] 이런

....

35) 山东嘉祥县文管所,「山东嘉祥县钓鱼山发现两座宋墓」,『考古』1986년 제9기.

36) 河南省文化局文物工作队,「河南方城盐店庄村宋墓」,『文物参考资料』1958년 제11기. 方城县文物工作队,「方城县朱庄宋墓发掘」,『文物』1959년 제6기. 南阳地区文物队,「河南方城金汤寨北宋范致祥墓」,『文物』1988년 제11기.

37) 『宋史』권362「范致虚传」,"范致虚字谦叔, 建州建阳人. 举进士, 为太学博士. 邹浩以言事斥, 致虚坐祖送获罪, 停官. 徽宗嗣位, 召见, 除左正言, 出通判郢州"中华书局标点本 p. 11327. 그 부모에 관한 일은 杜绪赞, 张家谋 著,『民国方城县志』, 民国31년판 참고.

38) 『宋史』권155「选举志一」, 中华书局标点本, p. 3611.

사람들은 평민에서 각지의 관료가 되었고 본인이나 가족이 임지에서 죽으면 그곳에 묻혔으며 본적지의 매장 풍습에 따랐다는 것을 알 수 있다. 이러한 현상은 송대 무덤의 지역 차이를 확인해 주기도 한다. 즉 지역 간 경제, 문화 발전 정도의 차이뿐만 아니라 각지의 매장 풍습의 차이가 주요 원인이었던 것이다.

주목할 것은 낙양 원풍 8년(1085년) 왕공진묘(王栱辰墓)이다. 방형의 삼실석실묘(三室石室墓)로 묘의 형태가 하남지역에서 자주 볼 수 있는 석실묘이다. 왕공진은 동경(東京: 지금의 낙양 – 역주) 사람이라 방형의 방이 여러 개인 석실을 만들었다.[39] 이런 상황을 다른 측면에서 생각해 보면, 북송 신종 시기 조정 내에서 변법을 둘러싼 당쟁이 생겼을 때 왕공진은 구당(舊党)의 주요 인물이었다. 철종(哲宗) 초 구당이 정권을 잡았을 때 사망하여 아마도 특별한 예우를 받았던 것 같다. 이것은 풍경의 묘와 비교할 때 특별히 주목된다.

북방지역에서 가장 주목되는 것은 전실묘로 발굴조사 작업과 보고서가 가장 많다. 석실묘는 두 유형으로 나뉘는데 한 종류는 간단한 전실묘이다. 묘실에 방목구조[仿木結構: 미관을 위해 건축물의 내부는 돌이나 시멘트류로 만들고 표면은 채색하여 목재 질감을 살리는 기법 – 역주]가 없고, 벽돌에 조각한 것과 채색으로 벽면을 장식한 것도 없다. 또 다른 종류는 방목구조의 전실묘이다. 보통 묘문(墓門)은 방목구조의 문이나 문루를 만들었다. 무덤 내부는 소재가 다양한 벽화와 조각 벽돌로 장식하였다. 이 두 유형의 무덤 모두 큰 변화가 있었다. 가장 중요한 변화는 무덤 주인의 신분이 바뀐 것이다.

첫 번째 종류는 간단한 석실묘다. 북송 초 이런 유형의 무덤 크기는 아주 작고 벽면은 장식이 없고 부장품도 많지 않았다. 북송 초기에 어느 정도의 경제적 지위가 있는 평민이 주로 토동묘를 많이 사용했던 것처럼,

....

39) 洛阳地区文物工作队, 「北宋王栱辰墓及墓志」, 『中原文物』 1985년 제4기.

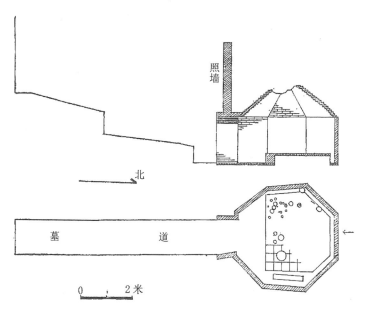

照墙

北

墓　　　道

0　,　2 米

그림 21 산서 흔현(忻縣) 전자무묘(田子茂墓) 평면도 및 부면도

작고 간단한 유형의 전실묘도 평민 중 비교적 경제적 지위가 있는 사람들이 사용하였다. 예를 들어 하북 곡양(曲陽) 간자촌(澗磁村)에서 발견한 몇 기의 북송 초기 전실묘는 모두 원형이며 장식이 없고 약간의 정요(定窯) 자기가 출토되었다. 많은 것은 5점, 적은 것은 한 점이 부장되었다.[40] 신종 (神宗, 1067~1085년 재위) 이후 비교적 단순한 전실묘가 발견되기 시작하였다. 그러나 무덤의 규모는 커지고, 일반적으로 비교적 많은 수량의 부장품이 출토되었다. 예를 들어 산서 흔현(忻縣)에서 발견된 정화(政和) 4년 (1114년) 하동로(河東路) 전자무묘(田子茂墓)(그림 21)는 무덤의 길이가 3.5m이고 청동기를 포함한 29점의 부장품이 출토되었다. 그러나 묘실에는 장식이 전혀 없었다.[41] 앞서 언급한 송 능역의 위왕(魏王) 조군(趙頵)의 묘도 마찬가지였다. 북송 후기부터 북방지역 관료들의 묘는 이 유형으로 장

....

40)　河北省文化局文物工作队, 「河北曲阳澗磁村发掘的唐宋墓葬」, 『考古』 1965년 제10기.

41)　冯文海, 「山西忻县北宋墓清理简报」, 『文物参考资料』 1958년 제5기.

식이 없는 간단한 형태의 묘가 대부분이다. 이는 앞서 서술한 것처럼 장례시 "관곽에는 조각이나 그림을 그려서는 안 되고, 사각형의 창문과 문턱을 둔다(棺槨不得雕鏤彩畵, 施方牖檻)"는 송대의 규정과 관계가 있다.

두 번째 유형은 방목구조의 전실묘이다. 이 유형의 무덤은 묘문이나 묘실 안에 벽돌을 이용해 방목구조의 기둥, 횡목[枋], 두공(斗拱: 중국, 일본, 한국 등의 목조 건물에서 지붕을 받치기 위해 나무로 맞춘 구조물 – 역주), 첨부(檐栿) 그리고 문과 창문 등을 표현하였다. 묘실을 거실 혹은 정원처럼 장식하였다. 묘실 내부는 조각한 벽돌과 벽에 그림으로 장식하고, 벽돌을 조각하여 목재로 만든 건물과 가구처럼 만들었다. 위진(魏晉) 시기에도 감숙(甘肅)과 장강 하류지역에서 산발적으로 발견되기도 하였고, 북위(北魏) 시기에도 진남(晋南)지역에서 비교적 복잡한 조전묘(雕磚墓)가 발견되기도 하였으나 모두 개별적인 현상이었을 뿐이었다. 방목구조 전묘가 본격적으로 유행한 것은 당 말기 대중(大中)연간이다. 주로 하북 북부와 북경에서 발견되었는데 모두 관료와 그 자손의 묘였다. 예를 들어 북경 해정구(海淀區)의 당나라 대중원년(847년) 유격 장군 기제(紀制) 부부의 묘이다.[42] 이런 종류의 방목구조 장식은 오대(五代)부터 북송 전기까지 줄곧 관료와 제후의 고분에서 유행하였다. 예를 들어 남경 남당(南唐) 2릉, 원덕(元德) 이씨 황후릉 및 요의 영경릉(永慶陵)에서 모두 방목구조의 조전(雕磚)을 사용하였다. 이 시기의 두공은 매우 간단하다. 영경릉과 이씨 황후릉의 중공사포식(重拱四鋪式) 두공을 제외하면, 그 외에는 모두 간단한 일두삼승식(一斗三升式) 혹은 파두문항조식(把頭紋項造式) 두공이다. 그러나 묘실은 모두 크고, 벽면에는 탁자와 의자 두 개, 문 하나에 창문 두 개, 등잔받침, 상자, 옷장 등을 부조로 새겼다.

대략 북송 중기에는 이 유형 무덤의 피장자 신분이 변화하였다. 대형의 관료 귀족 자제의 무덤 안에서 더 이상 방목구조의 장식을 사용하지 않았다. 점차 벽면에 장식이 사라졌다. 동시에 방목구조 전실묘는 평민들에

········
42) 洪欣,「北京市近年来发现的几座唐墓」,『文物』1990년 제12기.

의해 사용되었다. 오늘날 알고 있는 초창기 무덤으로는 하북 무읍(武邑) 용점촌(龍店村) 경력(慶歷) 2년(1042년) 묘이다.[43] 이 후에 북송 중, 후기 방목구조 전실묘는 북방지역에서 가장 흔히 볼 수 있는 형식이 되었다. 방목두공(仿木斗拱)과 벽면 장식은 끊임없이 복잡하게 변하였고, 금 후기 즈음에 최고봉에 달했다가 원대에 쇠락하여 명대 이후에는 비교적 적게 보인다. 이 유형의 무덤 규모는 대부분 크지 않다. 부장품도 많지 않아 적게는 한두 점, 많아도 10점 정도이다.

방목구조의 전실묘는 평민들 사이에 보급된 후 벽면 장식이 급속하게 발전하였다. 사람들의 생활, 의식, 문화와 풍습과 관련된 풍부한 내용을 담고 있는, 북방에서 가장 대표적인 무덤 양식이 되었다. 관련 자료를 통하여 우리는 중원 북방 각 지역의 차이를 알 수 있다. 대체로 세 개의 작은 구역으로 나눌 수 있다. 첫 번째는 하남, 산동지역이다. 방형, 원형, 다각형 묘가 있고, 방형이 원형보다 많다. 묘실 장식은 일정한 배치로 되어 있다. 후벽에 가짜 창문과 문을 만들고 벽 양측에는 무덤 주인 부부가 서로 마주 보고 앉아 있고, 기악(伎樂: 음악 춤극의 일종 – 역주) 장면, 잡극(雜劇: 원나라 대도에서 유행하던 중국 전통 극 – 역주)장면, 그리고 효행도(孝行圖)와 기타 집안 장식용 물건들을 소재로 표현되어 있다. 마치 묘실을 하나의 거주지로 표현하였다. 벽면 장식에서 조전(雕磚)보다는 주로 자, 가위, 다리미, 칼 등의 소형 도구 한 세트, 그리고 탁자, 의자, 상자, 궤짝, 등잔걸이, 옷걸이, 경대(鏡臺) 등의 가구 한 세트, 여기에 그릇, 접시, 술주전자, 찻잔과 받침판, 항아리, 술을 담는 병 등의 음식 도구 한 세트 등을 표현하였다. 부장품은 일반적으로 극히 적고, 그릇과 단지 등이 발견되었다. 우현(禹縣) 백사 1호묘가 대표적이다(그림 22).[44] 두 번째 하북, 산서성 중부와 동부지역이다. 묘의 형태는 원형이 많고 묘실 내부의 장식은 후벽, 좌벽, 우벽 등 3면

....

43) 河北省文物研究所, 「河北武邑龙店宋墓发掘报告」, 『河北省考古文集』, 东方出版社 1998년판.
44) 宿白, 『白沙宋墓』, 文物出版社 1957년판.

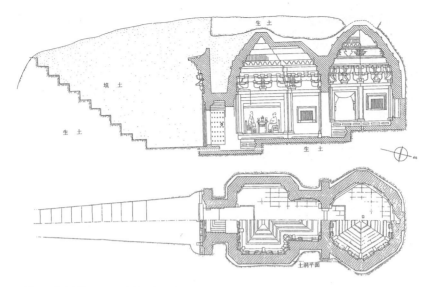

그림 22 백사(白沙) 1호묘 평면도 및 부면도

모두에 가짜 문과 창문 혹은 문루를 향해 있는 산꽃을 그려, 마치 묘실을 하나의 정원으로 표현한 것 같다. 벽면 장식은 첫 번째 지역보다 복잡하지 않고, 무덤 주인 부부가 마주 앉아 있는 것, 기악, 잡극 등 완전한 줄거리가 있는 장면은 많지 않다. 벽돌 조각으로 장식한 것이 많은 편이다. 부장품은 첫 번째 지역보다는 많고 거의가 도자기류이다. 세 번째 지역은 진남(晉南), 관중(關中)지역이다. 대다수가 방형 묘이다. 방형 묘에 팔각형으로 벽돌을 쌓아 올려 뾰족 지붕을 만드는 것이 매우 유행하였다. 이실(耳室)을 만들고, 합장하는 것이 유행하였다. 벽면 장식이 매우 화려하고 층을 나누어 장식하였는데, 벽돌에 조각한 것이 절대 우위를 차지하였다. 주로 인물, 꽃, 동물과 영적인 동물 등을 표현하였다. 부장품은 앞의 두 지역보다 많지만 거의가 도자기류였다.

　　방목구조 전실묘의 변화 발전 과정을 중심으로 다른 무덤 유형을 비교하면, 대체로 중원 북방지역의 송대 무덤은 간단한 것에서 복잡한 것으로 발전하였다는 것을 알 수 있다. 어떤 형식의 당대 장식은 송대에 세속화되는 경향을 보인다. 중원 북방의 송대 무덤은 대체로 세 시기로 나눌 수 있다. 첫 번째 시기는 북송 개국부터 인종(仁宗) 천성(天聖) 이전까지 (960~1022년)이며 무덤장식 관련 소재가 아주 적다. 섬서성에서 피장자가 관료인 토동묘를 발견하였을 뿐 화려한 벽면 장식을 한 평민묘는 찾아볼 수 없었다. 단지 부장품이 비교적 고급 집기들인 토동묘와 벽면에 장식이 없는 소형의 방형 전실묘 및 방목구조를 사용한 관료의 묘가 발견되었다. 두 번째 시기는 인종 천성 원년에서 철종 원우 원년 이전까지(1023~1085)이다. 평민들의 소형 전실묘에서 방목두공이 사용되기 시작한다. 전실묘는 거의 방형이나 원형이고 두공은 비교적 단순하다. 주로 일두삼승탁체목식(一斗三升托替木式) 혹은 파두교정(把頭絞頂)이며 몇몇 두구도식(斗口跳式)도 있다. 벽면 장식은 비교적 간단하고 대다수는 가구와 도구만을 표현했을 뿐이다. 신종 후기부터 무덤 주인이 마주 앉아 있는 장면과 기악, 출행 장면 그리고 생활 장면이 일부 나타나기 시작한다. 벽돌 조각은 비교적 단순하다. 대형 장면은 거의 채색하여 표현하였고, 문과 창문은 대부분은 판문(板門), 직령창(直欞窗) 그리고 파자령창(破子欞窗)이다. 세 번째 시기는 원우 원년에서 북송 말기(1086~1127년)이다. 방목구조 전실묘가 대량으로 출현하였고, 다각형묘와 방형의 다각정묘가 대부분이었다. 벽면 장식은 매우 화려하게 변화하였고, 방목두공도 매우 복잡하게 변화하여 사포(四鋪), 오포의 중공두공(重拱斗拱)이 출현하였다. 묘 주인 부부가 마주 앉아 있는 장면, 기악 및 잡극 장면, 신선이 하늘로 올라가는 장면, 예불도, 효행도, 연회 준비 장면, 머리 빗거나 치장하는 장면, 서예 장면 등의 장식이 매우 유행하였다. 문과 창문 그림은 비교적 복잡한 격자문(格子門)과 영화창(欞花窗)이 많았다. 평민들이 사용한 석관묘도 이 시기에 많이 출현하였다. 또한 휘종 시기 각지에서 누택원묘가 설치되기 시작하였다.

2) 중원 북방지역 송대 무덤에 보이는 매장 풍속과 사회생활

방목구조의 전실묘에는 대개 풍부한 벽화 장식이 있다. 이에 관한 깊이 있는 검토를 통하여 당시의 매장 풍습과 사회생활을 이해하는 중요한 자료를 얻게 된다.

초기 방목구조의 전실묘에서 나타나는 조전과 벽화는 몇몇 가구와 건축 채색화를 제외하고는, 주로 문과 창문 벽화 혹은 탁자 하나와 의자 두 개가 그려진 벽화 등 두 종류의 소재였다. 탁자 하나와 의자 두 개의 벽화 장식은 묘실 내의 한 벽면에 하나의 사각형 탁자를 쌓아 만들고 양측 사이드에 한 쌍의 의자를 놓은 것을 가리킨다. 이런 종류의 소재는 초기 고분에서 자주 볼 수 있는데 통상적으로 방목조전(仿木雕磚)의 고분에서 확인된다. 이후 새로운 변화는 대략 북송 중기부터 시작된다. 탁자 위에 그릇, 접시, 잔 받침, 술주전자, 술항아리 등의 주방 용구들이 출현하기 시작한다. 또한 탁자 아래나 그 부근에서는 자, 가위, 다리미, 칼, 은정(銀鋌: 은으로 만든 덩어리, 당나라 이후 고대 화폐의 기능을 함 – 역주) 등 소형 용구 한 세트가 확인된다. 대략 신종 때(1067~1085년 재위)부터는 의자에 앉은 무덤 주인 부부의 형상이 출현하기 시작한다. 부부는 양쪽에 앉아 마주보고 앉아 있고, 뒤쪽에는 시중드는 사람이 서 있다. 그 위쪽에는 휘장이 있어 마치 대청 가운데 있는 듯하다. 이후 이런 종류의 소재는 중원 북방에서 가장 유행하는 장면이 되었다. 금나라 때는 이 장면이 더욱 발전하여 진남(晋南)지역에서는 묘의 주인 부부가 정면을 보고 앉아 있는 모습이 출현하였다. 중간의 탁자 위에는 하나의 큰 모란 다발이 놓여 있으며 앉은 자리도 세 칸짜리 통벽의 격자문 앞으로 바뀌었다. 숙백(宿白)선생은 이 장면과 마주 보는 벽의 기악 장면을 함께 보면 문헌 중에 기록되어 있는 "대청 앞에는 음악과 춤이 있고, 대청 위에선 연회를 연다는(廳前歌舞, 廳上會宴)" '개방연(開芳宴, 부부가 서로 마주보고 연회를 즐기는 특별한 연회 – 역주)' 장면과 일치한다고 지적하였다.[45] 그래서 아주 오랜 시간 동안 이런 무덤 주인 부부가 마주 앉아 있는 장면을 '개방연'이라고 불렀다. 그러나 송대와 금대의 많은 무덤들이 발굴됨에 따라, 기본적으로 이 유형의 소재가 발

....

45) (宋) 罗晔, 「新编醉翁谈录」壬集卷一, 『红绡密约张生负李氏娘』, 辽宁教育出版社 1998년판.

전하고 변화한 과정을 확인할 수 있었다. 이런 종류의 소재가 가장 성행했던 것은 북송에서 금대까지이고 마주 앉아 공연을 보는 것과 기악 혹은 잡극 장면이 서로 대조되는 묘의 예는 단지 소수에 불과하다는 점을 확인하였다. 더 나아가 탁자 아래위에 놓아둔 용구들을 다시 살펴보면 연회용 도구 세트라고 하기는 어렵고, 제사를 지내기 위한 도구 세트에 더 가깝다는 것을 알 수 있었다. 산서 진광(晉光) 약공장에서 발견된 금 대안(大安) 2년 (1210년) 묘의 북쪽 벽은 응접실 형태로 만들었고 안에 무덤 주인 부부가 앉는다. 남자는 염주를 쥐고 있고 여자는 경전을 들고 있으며 뒤에는 시중 드는 아이가 있다. 중간 탁자 위에는 큰 화분이 놓여 있다. 이외에 우촌(牛村)에서 발견된 금 천덕(天德) 3년(1151년)의 무덤 중에는 묘의 주인 위쪽에 '영위공양(永爲供養)'이라는 네 글자가 쓰여 있는 것이 있다.[46] 산서 직산마촌(稷山馬村)의 M7 금묘(金墓) 안에 적힌 '단즙예수묘기(段楫預修墓記)'의 "이 묘를 만든 것은 후대 자손이 제사를 지내기 위한 장소로 하기 위함이다(修此穴以爲後代子孫祭祀之所)"는 말과 결부된다.[47] 이는 초기의 탁자 하나와 두 의자 그림에서, 무덤 주인 부부가 마주 앉아 있거나 나란히 앉아 있는 장면으로 변화한 것으로 무덤 중 가장 중요한 장식이며, 마치 무덤 안에 무덤 주인 부부의 위패를 모신 것으로 해석된다는 것이다.

방목구조 전실묘 한 벽면의 춤과 음악을 즐기는 장면은 북송 후기에 매우 유행하였다(그림 23). 이런 기악(伎樂) 장면에서 등장하는 사람 수는 같지 않다. 적게는 5~6명, 많게는 10여 명이다. 완벽한 장면은 한두 명의 무인과 악기를 연주하는 사람들이 한 조이고, 무인(舞人)은 당시 『몽량록(夢梁錄』에 기록된 '무선색(舞旋色)'이고, 악기는 필률(觱篥: 관악기의 일종 - 역주), 횡적(橫笛, 피리), 생(笙, 생황), 배소(排簫: 팬파이프와 비슷한 관악기 - 역주), 박판(拍板: 박자를 맞추는 악기 - 역주), 대고(大鼓, 큰북), 요고(腰鼓: 허

....

46) 山西省考古硏究所侯马工作站,「侯马两座金代纪年墓发掘报告」,『文物季刊』1996년 제3기.

47) 山西省考古硏究所,「山西稷山金墓发掘简报」,『文物』1983년 제1기.

그림 23 백사(白沙) 1호묘 동벽의 기악 벽화

리에 차고 두드리는 북－역주), 비파(琵琶)가 있었다. 보통은 필률이 중심이었으나 악기 조합에 일정한 규칙이 있었던 것은 아니다. 하지만 필률, 횡적, 박판, 요고는 꼭 필요한 것이었다. 어떤 종류의 악기는 악대(樂隊)에서 수량이 많거나 적을 수 있었다. 이런 조합은 『요사(遼史)』「악지(樂志)」중 '산악(散樂: 서커스와 음악이 하나 된 것－역주)'의 기록에서 확인된다는 의견이 있다. 『요사』중 명확하게 기록된 요나라 땅의 배우령관(排憂伶官: 전통극의 배우－역주)은 후진(後晉) 시기에 중원에서 뺏어온 것으로 '요나라의 산악은 모두 여기로부터 온 것이다'라고 한다. 그러므로 이 『요사』의 기록은 당연히 중원의 상황을 짐작할 수 있게 한다. 공연 형식은 당연히 대곡(大曲)으로 곡의 형식은 '산서(散序: 곡의 전반 부분－역주)'과 '노래', '파(破)'로 이루어진다. 송나라 묘에서 순서 그대로 반영되어 있어, 산악이 민간에서 매우 유행하였음을 보여준다. 송나라 때 국가의 교방(敎坊: 궁중 음악을 담당하던 부서－역주)에 네 개의 부서가 있었을 뿐만 아니라 지방 정부에도 강제노역 성질의 '아전악인(衙前樂人)'이 있었다. 민간의 부호도 개인 음악대를 육성하였고, 저자거리에도 노래를 생업으로 삼는 악대가 있었다. 『몽량록』20권

'기악(伎樂)'조에는 "거리에는 음악인이 3~5명 팀을 이루어, 한두 명의 여자 아이를 들어 올려 돌리고 소사(小詞)를 부르고 거리에 사람이 많은 곳을 찾아 공연을 한다"고 기록되어 있다.[48] 이런 민간 악대들도 자주 민간 혼례와 장례에도 참가할 수 있었다. 당나라 때 은소경(殷少卿)의 『유양잡조(酉陽雜組)』13권 '시석(尸夡)'에 "당시 사람들은 사람이 죽으면 음악을 연주하며 장례식을 했었는데 이것을 '악상(樂喪)'이라 했다"고 기록되어 있다.[49] 동치(同治)의 『직산현지(稷山縣志)』 중의 하나인 『풍토(風土)』에 "경문을 크게 읽고, 극을 통해 죽은 자를 즐겁게 하는 풍습이 지속되었다(通經超度, 扮劇愉尸, 習爲固然)"고 기록되어 있다.[50] 무덤에 출현한 기악 장면은 당나라 때 이미 시작되었고, 송금원 시기에 평민 고분에서도 크게 유행하였다. 이는 이런 음악 공연이 궁궐의 정식 장례식에서 민간으로 광범위하게 퍼져 흡수되었음을 보여준다. 모두 '장례를 즐겁게'와 '죽은 자를 유쾌하게'라는 목적을 이루기 위한 것이었다. 기악은 장례식에 사용되었을 뿐만 아니라 무덤 안의 벽화로 장식되어, 대부분 피장자 부부가 마주보는 소재로 나타났다. 이는 앞서 서술한 '영원히 봉양한다'는 목적과 관련이 있을 것이다. 이런 종류의 장면은 모든 무덤에서 볼 수 있는 것은 아니었으며 주류를 이루었던 것도 아니어서 "무덤 주인이 살아 있을 때의 풍습에 따라 정했을 것"이라는 기록과 관련이 있다.[51]

무덤 벽화에 산악이 대량으로 장식되는 것과 동시에, 잡극도 나타났다. 현존하는 자료로 볼 때, 잡극 장식은 북송 신종 시기 이후 먼저 개봉, 낙양을 중심으로 하는 수도권에서 출현하였다. 금대에 진남(晋南)지역으로 퍼져 나가 최고조에 달했으며, 원 이후 점차 쇠퇴하였다. 잡극 장식이

....

48) (宋) 吳自牧, 『梦梁录』, 中国商业出版社 1982년판.

49) (唐) 段少卿, 『酉阳杂俎』, 『四部丛刊』 초판본.

50) 『中国方志丛书』, 台湾成文出版社 1976년판에 수록.

51) 徐苹芳, 『宋元墓中的杂剧雕刻』, 徐苹芳, 『中国历史考古学论丛』에 수록, (台北) 允晨文化, 1995년.

그림 24 하남성 언사(偃師) 주류구(酒流溝) 저수지 송묘 잡극 조각전(彫刻磚)

유행했던 지역은 그리 넓지 않았으나 생동감 있고 정확한 표현은 문헌 기록과의 대조를 통하여 송대와 금대에 발전했던 구체적 모습을 복원하게 하였다. 예를 들어 하남 언사(偃師) 주류구(酒流溝) 저수지에서 발견한 송대 무덤은 벽면에 잡극 장면을 새겼는데 모두 다섯 인물이 등장한다(그림 24).[52] 남송 내득옹(耐得翁)의『도성기승(都城記勝)』'와사중기(瓦舍衆伎)' 중의 기록에는 당시 잡극의 배역을 나눌 때 '말니(末泥: 원나라 잡극에서 노인역을 담당하던 남자-역주)'를 선두로, '인희색(引戲色: 극을 시작하는 역할-역주)', '부정색(副淨色: 문제를 일으키는 역할-역주)', '부말색(副末色: 조연-역주)'도 있었고, 어떤 때는 '장고색(裝孤色: 엉뚱한 역할-역주)'도 추가되었다. 공연 형식은 '네 명이나 다섯 명이 한 번 무대에 올라 먼저 평상시에 익숙한 일을 한 단락 공연하는데 이것을 '염단(艶段)'이라 하고, 그 다음에 그날의 중요 공연을 하는데 이것을 통상적으로 '양단(兩段)'이라 한다. 가장 마지막에 한 차례 웃음을 주는 '잡반(雜扮)'을 더한다.[53] 주류구 저수지 송대 무덤에서 다섯 명의 잡극 인물은 대략 위에

....

52) 董祥,「偃師縣酒流沟水庫宋墓」,『文物』1959년 제9기.
53) (宋) 耐得翁,『都城纪勝』, pp. 8-12, 中国商业出版社 1982년판.

서 서술한 다섯 배역과 일치한다. 그들은 한 차례 염단 혹은 정잡극(正雜劇)공연을 하고 있는 참이다. 이것은 잡극의 예술형식이 북송 후기에 이미 상당히 성숙했다는 것을 말해 준다. 금대에 와서 배역이 나뉘고 연출방식, 악대와 무대 등도 더욱 성숙해지는 추세였으며, 원곡(元曲)의 찬란한 탄생을 위한 기초가 되었다.

방목구조 전실묘는 많은 평민들에 의해 사용된 이후 자연스럽게 민간의 각종 사상의식을 반영하게 되었다. 북송 원풍(元豊)연간(1078~1085년)에 시작하여 방목구조 전실묘에서 조전(雕磚) 혹은 벽화를 사용하기 시작하였다. 벽화 위에는 인물의 이야기를 이미지 형식으로 일련의 효행도[효제고사(孝悌故事)]로 완성하였다. 효행도의 위치가 정해진 것은 아니었다. 어디든 빈 공백이 있으면 모두 끼워 넣었다. 예를 들어 하나의 문에 두 개의 창문이 소재인 창문 아래, 두공 사이의 공안벽(拱眼壁), 어떤 때는 묘문 앞의 통로 옆에도 있었다. 이는 무덤에서 고정적인 작용을 한 것이 아니라 단지 일종의 관념이나 소망을 나타낸 것으로 보인다. 효행도의 수량도 일정하지 않다. 적은 것은 4폭이고 통상적으로 15~24폭이다. 효행도는 출현 후 빠르게 유행하였고, 요나라 지역 및 남방의 사천, 귀주 등지의 고분에서도 모두 발견되었다. 금나라 때 가장 유행하였고 원나라 이후에 점차 고분 장식에서 사라졌다. 송나라 때 효행 소재의 범위는 넓어 언급된 인물은 순(舜), 한문제(漢文帝) 등의 제왕, 황정현(黃庭賢) 등의 관원, 다음으로는 동영(董永), 곽거(郭巨) 등 가난한 백성 등 남녀노소를 불문하고 모두 표현되었다. 모든 사람들은 그 안에서 자신이 속한 계급의 대표적 인물을 만날 수 있었다. 효행도는 평민의 무덤에서 크게 유행하였는데, 이에는 특정한 역사 배경이 있었다. 당나라 때 효행을 장려하기 위해, 승려들이 부처님과 조상님을 받든다는 명목 아래 부처님의 명성을 빌어 『부모은중경(父母恩重經)』을 만들어냈다. 이 경전이 처음으로 보이기 시작한 것은 무주(武周) 시기 경전의 목록에서다. 이 경전은 위조한 흔적이 확실하여 당나라 때는 경전으로 받아들여지지는 않았다. 그러나 일반인들에게 여전히 광범위하게 전해져 쓰여졌고 많은 변상(變相)이 생겨났다.[54] 이것은 효자 이야기의 전파와 그 자체에 담긴 의미가 확장되는 데 중요한 작용을 하였다. 돈황(敦煌)에서 발견한 오대 말 송 초기의 『고원감대사이십사효압좌문(故園鑒大師二十四孝押座文)』은[55] 10세기 중엽 효행의 소재에 이미 큰 발전이 있다는 것을 보여준다. 그러나 효행 소재는 100여 년 이후 북송 후기 무덤 안에서 표현되었다. 특히 평민 무덤에서 광범위하게 출현하였다. 이 시기에 와서야 비로소 민간으로 퍼져 나가며 인정을 받을 수 있었음을 나타낸다. 송나라 때 효의 유행은 송학(宋學), 이학(理學)에서 강조하는 '지경(持敬), 늘 존경을 갖춘다', '화락(和樂), 다른 사람과 충돌하지 않는다' 등의 수양 방법으로, 행동과 감정을 자제하는 기능을 하는 의리(義理) 사상과 관련이 있다. 송나라 때 이학의 기초를 다진 사람 중의 하나인 장재(張載)는 그가 상세히 밝힌 효의 저서 『서명(西銘)』에서 "태어나는 것에는 순서가 있다. 그래서 하늘의 순서이다. 나이가 많고 적음, 지위가 높고 낮음은 변하지 않는다. 이것이 하늘의 질서이다. 만물에도 질서가 있다. 네가 먼저 이런 자연의 법칙을 알아야 도리에 맞게 행동할 수 있다"고 하였다. 나이 많은 사람과 어린 사람의 순서를 명확히 하는 것으로 도덕 행위를 구속했다는 것을 말해 준다.[56] 이것이 효가 유행한 이론적 근거라는 것은 의심할 여지가 없다. 동시에 통치자도 효를 강력하게 권장하였다. 북송 후기 조정과 사대부는 당시에 현명한 사람 주수창(朱壽昌)을 대대적으로 추앙하였다. 결국 원나라 때 편찬하여 묶은 『24효(二十四孝)』에도 수록하였다. 이것은 민간에서 효행과 관련된 예의범절을 더 강조하게 만들었고, 가족의 영광으로 여기게 하였다. 도교도 효도를 장려하였다. 송과 금의 교체기에 북방에서 일어난

....

54) 马世长, 「〈父母恩重经〉写本与变相」, 『中国佛教石窟考古文集』, 觉风佛教艺术基金会 2001년 판에 기재.

55) 王重民이 편집한 『敦煌变文集』에 수록, 北京人民文学出版社 1984년판.

56) (宋) 张载, 『张载集』, 中华书局 1978년판.

전진도교(全眞道敎)의 교의 역시 효도를 강조하는 것이었다.[57] 이와 같이 북송 후기부터 무덤 안에 효행도가 유행하기 시작한 것은 민간의 효 사상이 광범위하게 받아들여진 것과도 관계가 있다. 이런 상황이 형성된 것은 유교, 불교, 도교가 모두 장려한 결과이기도 하다. 송대 이후 세 종교가 합류하는 추세였고 부모에게 효도하고 윗사람을 공경하는 것을 추진하는 데서 사상적 교집합을 발견한 것이다.

중원 북방의 방목구조 전실묘는 평민에게 널리 사용된 후부터 부장품이 매우 적다는 하나의 뚜렷한 특징이 생겼다. 가장 자주 볼 수 있는 것은 한두 점의 식기나 소량의 자기 항아리이다. 그중 잔은 주로 등잔으로 사용되었고 항아리도 특별히 의미가 있었던 것이지 단지 부장품인 것만은 아니었다. 이런 현상은 아마도 두 방면으로 생각해 볼 수 있다. 첫째, 어떤 물건들, 특히 신살용(神煞俑, 나쁜 귀신을 쫓아내는 인형) 같은 대형 물건은 아마도 종이 부장품을 이용했을 것이다. 이와 관련된 문헌기록이 남아 있다. (송)조언위(趙彦衛)의 『운록만초(雲麓漫鈔)』5권의 기록에 따르면 "고대의 부장품은 신령하다. 현재는 종이를 이용해서 대신하는데 그것을 명기(冥器)라 한다. 돈은 '명재(冥財)'라고 한다"고 하였다. 숙백선생은 종이 부장품에 대해 자세하게 검토하고 확인한 적이 있는데,『동경몽화록(東京夢華錄)』,『정화오예신의(政和五禮新儀)』,『요사』,『자치통감(資治通鑑)』등에서 관련 기록을 인용하여, 종이 부장품은 매장할 때 '그때 바로 태운다'는 사실을 논증하였다.[58] 두 번째, 숙백선생이 『백사송묘(白沙宋墓)』에서 논평했던 것처럼, 벽화 속 물건이나 벽돌 조각품으로 실제 물건을 대신한 것이다. 집고 넘어갈 만한 것은 벽화로 대체한 물건이 가위, 다리미, 자 등의 한 세트의 도구만이 아니었다는 점이다. 앞에서 서술한 것처럼 무덤 주인 부부가 마주 앉아 있는 소재처럼 아마도 제사를 받는 영위를 표시한 것일 것

....

57) 徐萃芳, 「关于宋德芳和潘德沖墓的几个问题」, 『考古』 1960년 제8기.
58) 주 44와 같음

이다. 그중 탁자 위나 아래에서 표현한 것은 당연히 제사를 지내는 한 세트의 물건들이었다. 이와는 달리 북방에서 몇 개의 도굴되지 않은 무덤이 발견되었는데, 묘실 안은 어떠한 장식도 하지 않은 관료의 묘였다. 이 벽화나 벽돌 조각이 없는 무덤에서는 그릇, 등, 술주전자, 병 등 탁자 위를 장식하는 실제 물건들이 출토되었다. 전형적인 예는 하남 방성현 주장(朱莊) '영국부인(榮國夫人)' 강씨(疆氏)묘이다. 묘실 안에서 수십 개의 돌 인형과 돌로 만든 생활용기들이 출토되었는데 앞서 말한 몇 종류의 물건도 포함된다. 심지어 방목구조 전실묘 벽면에 종종 출현한 상자, 장(옷장, 서랍장 등) 등의 실제가구 한 세트였다.[59] 남방지역 무덤과 관련해서는 대략 북송 후기에 시작하여 원래 함께 매장했던 무덤 안의 각종 신살용이 점차 흙으로 빚은 병의 목 부분(뒤에 자세히 서술하겠음)으로 옮겨갔다. 이것으로 보아 송나라 때 사람들은 이미 한나라, 당나라 시기 무덤 안에 금속이나 도자기의 실제 물건 혹은 인형 등을 놓아 두는 명기(明器) 부장에서 각종 방식으로 의미를 표시하는 방향으로 변해 갔다. 다시 말하면, 송나라 사람들은 사후 세계에서 그 물건들의 실질적인 용도에 대해서는 이미 개의치 않았고, 단지 살아 있는 자가 죽은 자에 대한 그리움을 대신하는 등 관념적인 만족, 즉 살아 있는 자를 위로하기 위함이었다. 앞에서 서술한 관료가 타지에서 객사했을 때 여전히 선조가 있는 곳의 매장 풍습을 따랐다는 것은 또 다른 측면에서 이런 경향을 반영한 것이라 할 수 있다. 이것은 당연히 송나라 사람들의 사후세계와 영혼에 대한 인식 변화를 보여준다.

4. 견고하고 밀폐된 남방지역의 송대 무덤

1) 남방지역 송대 무덤의 분포와 시기 구분

남방지역은 장강 이남 남송이 통치하던 광활한 지역을 일컫는다. 이곳의

----

59) 「方城县朱庄宋墓发掘」, 『文物』 1959년 제6기.

송대 무덤은 일정하게 공통적인 특징을 갖고 있다. 그뿐만 아니라 오대 시대의 할거 국면이 지방 경제의 발전을 가져오게 함으로써 뚜렷한 지방 문화의 특징을 형성하게 만들었다. 이는 남방지역의 송대 무덤을 몇 개의 작은 구역으로 나눌 수 있게 한다.

장강 하류지역: 오늘날의 강소성, 안휘성의 회하 이남지역, 절강성과 상해시이다. 이곳은 오대 시기 남당(南唐)과 오월국의 통치구역이었으며 양송(兩宋) 시기에는 전국에서 경제가 가장 발달한 지역이었다. 이 일대는 무덤 안에 표현된 소재가 매우 풍부하여 이 소재들로부터 무덤의 변화 발전의 규칙을 추론할 수 있다. 이 무덤 형식이 대체로 남방 전체 지역을 대표한다. 이 지역에서 발견한 송대 무덤의 소재는 비교적 많은데, 몇 종류로 나눌 수 있다. 첫째, 장방형 수혈토갱묘(竪穴土坑墓)다. 두 번째는 장방형 전실권정묘(磚室券頂墓: 직사각형의 전실 평면에 아치형의 지붕 무덤 – 역주)이다, 이 중에는 단실 혹은 병렬로 나란히 있는 아치형 지붕의 전실묘가 있다. 쌍실묘는 두 묘실을 나누는 하나의 벽을 공동으로 사용하며, 작은 창이나 기타 다른 방식으로 서로 통한다. 소식(蘇軾)은 이런 매장 방법에 대해 상세한 기록을 남겼는데 "동분이이장(同墳而異葬) 혹은 동용이이광(同壙而異壙), 하나의 분묘에 장례를 달리한다"고 하였다. 그 목적은 부부가 죽는 순서가 다르므로 나중에 죽은 사람을 묻을 때 만약 먼저 죽은 자의 시신이 썩은 것을 보면 효자의 마음을 아프게 할 것이므로 그렇게 하였을 것으로 추정된다. 두 묘혈 사이에 통로를 남겨 '다른 방에 장례를 치르지만 죽어서는 같은 무덤에 묻힌다(殼則異室, 死則同穴)'는 요구를 만족시킬 수 있었다. 소식은 "가장 예법에 맞다"고 하였다.[60] 세 번째는 전실묘이지만 지붕은 돌로 만든 묘 혹은 벽돌과 돌을 섞어 만든 묘이다. 이것은 이 지역에서 가장 유행하던 무덤 형식으로 앞의 예와 같이 단실과 병렬로 있는 쌍실 두 종류이다. 네 번째는 석실묘이다. 수량이 많지는 않고 대체로 산간지

....

60)　苏轼, 『东坡志林』 권7, 子部, 863책, 文渊阁, 『四库全书』 本.

역에 많이 분포되어 있다.

강 하류지역의 송대 무덤은 무덤 형식, 유형과 부장품의 변화에 따라 대체로 세 시기, 다섯 단계로 나눌 수 있다.

첫 번째 시기는 북송 건국에서 진종(眞宗, 960~1022년)까지로 남당(南唐)과 오월국 통치 말기이자 송이 통치하는 초창기이다. 무덤은 당 후기와 오대의 특징을 계승하였다. 묘제는 수혈토갱묘, 전실묘, 벽돌과 돌을 섞어 만든 묘로 세 종류였다. 남당과 오월국 통치구역은 각자 자신만의 특징을 유지하고 있었다. 남당은 방형 평면에 이실(耳室)이 여러 개인 권전묘(券磚墓)를 위주로 하였다. 오월국 지역은 당나라 후기 이래로 형성되어 온 후실이 배 모양인 쌍실묘(雙室墓)를 여전히 사용하였다. 큰 무덤은 월요(越窯) 청자(靑瓷)를 부장한 것이 많고, 일부 무덤에서는 정교하고 아름다운 백자가 부장되기도 하였다. 부장품은 주로 접시, 사발, 주전자[注壺] 등과 사계관(四系罐) 도자기 및 각종 신살도용(神煞陶俑)이었고, 도용의 형태와 내용은 당 후기, 오대 시기와 일맥상통하는 것이었다. 일부 고분에서는 '도성동방(都省銅坊)'의 명문이 있는 청동거울이 출토되기도 하였다.

두 번째 시기는 북송 중, 후기로 다시 전기와 후기로 나눌 수 있다. 두 번째 시기 전반은 북송 인종(仁宗), 영종(英宗), 신종(神宗) 세 왕조(1023~1086년) 시기이다. 이 시기의 무덤은 당, 오대 시기의 영향을 벗어나기 시작하면서, 송대 무덤의 특징을 형성한다. 오월과 남당 지역의 고분이 서로 같아지는 추세가 시작된다. 수혈토갱묘와 소수의 아치형 지붕 전실묘가 매우 유행하였다. 부장품에도 비교적 큰 변화가 발생하였다. 월요 자기는 보이지 않고 청백자가 많이 보인다. 도자기 공예 기술이 뛰어났으며 주전자와 완[碗注子], 화장품 합[粉盒], 잔탁(盞托) 등이 있다. 많은 무덤에서 검은 유약을 바른 물건들이 출토되었다. 자기 항아리와 자기 인형이 크게 감소하였고 보편적으로 '도성동방(都省銅坊)' 혹은 '□□전감(錢監)' 명문이 있는 동경이 출토되었다. 두 번째 시기 후반은 철종(哲宗) 때부터 북송 말기(1087~1127년)까지이다. 이 시기에는 수혈토갱묘, 전실석정묘

(磚室石頂墓), 권정전실묘(券頂磚室墓)가 증가하고, 석실묘가 출현하였다. 가장 뚜렷한 변화는 병렬쌍실묘(竝列雙室墓)가 크게 증가했다는 것이다. 부장품 중에서는 청백자가 지배적인 위치를 차지하였고 도자기 성질의 작은 상자가 가장 보편적인 부장품이 되었으며 검은 유약을 바른 도자기 사발이 출현하기 시작하였다. 동경이 보편적으로 출토되었다. 그러나 무늬가 없는 거울이 대다수이고 '도성동방' 혹은 '□□전감' 등의 명문이 있는 것도 보이지 않고 개인적으로 제작한 호주경(湖州境)도 많이 보이지 않았다.

세 번째 시기는 남송 시기이다. 이것은 송대 무덤 발전의 전성기이며 전, 후 두 단계로 나눌 수 있다. 전반기는 고종에서 영종 시기(1127~1208년)까지이다. 가장 주류를 이룬 무덤의 종류는 석정전실묘(石頂磚室墓)인데 바닥 부분에 벽돌이나 돌이 대체로 많이 깔려 있었고 일반적으로 모두 벽감(壁龕)이 있었으며 내부 중앙에 부장품을 놓아두었다. 부장품 중 청백자의 수량은 대량 감소하였고 흑유잔(黑釉盞)과 항아리가 증가했으며 모든 무덤에서는 반드시 호주경이 출토되었다. 도기, 자기, 칠기가 감소하고 금, 은 장신구와 문구, 청동기가 많이 발견되었으며 철기를 이용한 진묘(鎮墓)와 철지권(鐵地券)을 이용하기 시작하였다. 후기는 이종(理宗)에서 남송 말까지(1209~1278년)이다. 이 시기에는 여전히 방형의 쌍실전묘(雙室磚墓)가 주를 이루었다. 그러나 석정묘는 감소하고 권정묘(券頂墓)가 증가하였다. 무덤 바닥은 보편적으로 벽돌을 깔았다. 어떤 무덤은 송진이나 수은을 이용해 부패를 막는 등 시신의 보호를 매우 중시했다는 것을 알 수 있다. 아마도 황제릉인 '석장자(石藏子)'의 영향을 받은 것 같다. 부장품 중에서 도자기가 감소하였다. 어떤 무덤에서는 대량의 주석 부장품과 대나무, 나무 제품이 있었으며 몇몇 무덤에서는 용천요(龍泉窯) 자기(瓷器)가 나타났는데 그 수량은 많지 않았다.

장강 중류지역: 이 지역은 주로 오늘날의 호북, 호남 그리고 강소성이다. 송나라 때 대체로 형호북로(荊湖北路), 형호남로(荊湖南路)와 강남서로(江南西路)에 속했다. 각지에는 본고장만의 특징이 있었다.

호북지역은 일종의 교통 요충지여서 무덤들은 주변지역 무덤 스타일의 특징도 가지고 있었다. 호북성의 서북부지역은 주로 북방지역의 영향을 받아 방목구조 전실묘가 유행하였다. 정방형이나 방형이 많았고 다각형도 있었으며 일부 쌍실대묘(雙室大墓)도 발견되었다. 호북성의 동쪽과 동남지역은 장강 하류지역의 스타일과 비슷하다. 전실석정묘가 유행하였다. 전실석정묘는 단실과 병렬(竝例) 쌍실 두 종류로 나눌 수 있다. 장방형 전실묘의 제작 형태는 장강 하류지역보다 약간 복잡한데, 일반적으로 장방형의 권정(券頂) 전묘(磚墓)이다. 하지만 어떤 것은 북부지방의 영향을 받아 벽면에 문, 창문 모양 전조(磚雕) 장식을 만들었다. 쌍실묘에는 병렬쌍실묘와 방의 위치가 가지런하지 않은 쌍실묘 두 종류가 있었다. 또한 몇몇 특수한 형태의 전실묘가 있었는데, 예를 들어 배(船) 모양, 쐐기 모양, 칼 모양 등이다. 호북성 동쪽의 효감(孝感), 무한(武漢) 그리고 황구(黃區)지역에서는 석곽목관묘(石槨木棺墓)가 발견되기도 하였다. 돌을 쌓아 무덤의 벽과 지붕을 만들고 내부에는 나무로 만든 관이 놓여 있으며 어떤 것은 곽 안에 방목구조의 문, 창문, 두공 등을 만들었다.[61]

강서성은 송나라 때 주로 강남서로에 속했다. 북송과 남송 시기의 고분은 오늘날 절감선(浙贛線: 절강성과 강서성을 잇는 철도 간선 – 역주) 북쪽, 파양호(鄱陽湖) 동쪽지역이다. 그 면모는 장강 하류의 강소, 절강 지역과 비교적 비슷하다. 수혈토갱묘이고 장방형의 권정전실묘와 전실석정묘가 있다. 또한 전실묘도 있다. 남부와 서부 지역은 권정전실묘가 많으며 동시에 석곽묘(石槨墓)도 유행하였다. 부장품은 대체로 특색이 있는데 인형 종류의 변화가 가장 뚜렷하다. 북송 전기에는 늘 도기 인형을 같이 묻었다. 북송 말기에서 남송 중기에는 자기 인형이 유행했는데 실제 사람 모양도 있고 상당 수량의 신살용도 있었다. 남송 후기에서 원대까지 인형 종류는 감소하고 사신(四神), 12지신 등 신살용이 도기 병의 목 부분에 붙여지기

....

61) 黃義軍, 「湖北宋墓分期」, 『江汉考古』 1999년 제2기.

시작하였다. 도용 외에도 평범한 부장품들이 있었다. 북송 전기에는 도기 항아리, 네 귀가 있는 항아리[四系罐], 다각형 항아리[多角罐]가 주로 보이고, 중기 이후에는 다양한 종류의 좋은 품질 청백자를 대량으로 부장하였다. 남송 시기에는 흑유 항아리 및 사발을 같이 묻기 시작하였다. 남송 중기 이후에는 주로 길주요(吉州窯) 생산 도자를 부장하였고, 동시에 요주(饒州)에서 생산한 동경과 철로 만든 소 등의 물건을 묘의 네 모서리에 두었다. 이곳에서는 도교 소재의 장식품과 물건도 여러 차례 발견되었다.

호남성은 송대에 주로 형호남로에 속했다. 이곳에서 발견한 대형 고분은 많지 않고 중, 소형의 무덤이 주를 이룬다. 북송 시기에는 긴 사다리형의 작은 감실의 수혈토갱묘가 주를 이루며 일부 석곽목관묘도 있었다. 남송 시기에는 장방형의 전실묘와 석관목관묘가 비교적 많이 출현하기 시작하였다. 부장품은 도기가 많고, 다각형 항아리와 퇴소단(堆塑壇)을 대표로 하는 기물들이 남송 시기 거의 모든 무덤에서 나왔다.[62]

장강 중류지역의 송대 무덤은 전체적으로 봤을 때 하류지역의 변화만큼 뚜렷하지는 않다. 고분 형태의 변화, 특히 부장품의 변화로 이 일대의 송대 무덤을 세 시기로 나눌 수 있다. 첫 번째 시기는 북송 초기에서 영종(英宗) 지평(至平)연간(960~1067년)이다. 두 번째 시기는 신종(神宗) 희녕(熙寧) 원년(元年)에서 북송 말기(1068~1127년)이다. 세 번째 시기는 남송 시기(1128~1286년)이다. 이 세 시기는 당 후기, 오대 시기 스타일을 계속 연이어 사용한 시기이자, 송대 무덤 스타일의 형성과 발전 시기이며 번성기이다.

장강 상류지역: 오늘날의 사천성, 중경시와 귀주성의 일부 지역을 포함한다. 이 지역에서 발견된 송대 무덤의 수량은 비교적 많아 대략 1,000기에 이르는데 대체로 네 종류가 있다. 지역 분포로 봤을 때 성도평원지역은 장강 중하류지역의 영향을 크게 받아서 무덤의 형태, 심지어는 부장품도

....

62) 周世榮, 「略谈长沙的五代两宋墓」, 『文物』 1960년 제3기.

모두 상당히 비슷하다. 그러나 성도평원 주위의 산간지역 및 중경시에서 귀주성까지의 송대 무덤은 확실히 북방지역의 영향을 받았다.[63)

첫 번째 종류는 토갱묘(土坑墓)이다. 각지에서 보편적으로 발견되며, 신분이 낮은 사람들이 사용하였다. 서창(西昌)지역에서는 일종의 특수한 고분이 발견되었는데 흙 구덩이 안에 12시간을 나타내는 소조품을 붙여 둔 것과 문관 관리의 유골함이 놓여 있었다.

두 번째 종류는 직사각형의 전실묘인데 장강 중류지역과 비슷한 내부 벽에 장식이 없는 석곽묘도 소량 포함된다. 어떤 것은 간단한 방목구조의 전조가 있는 것도 있고, 성도를 중심으로 한 중부 평원지역에서 집중적으로 발견되었다. 이 무덤들은 중권(重券), 단권(單券), 첩삽권(叠澀券)의 세 종류 중 하나의 무덤 지붕을 가지고 있다. 북송 시기에는 단실묘가, 남송 시기에는 병렬쌍실묘 혹은 삼실묘가 많았다. 남송 시기 무덤은 크기가 작아지고 화장이 유행하였다. 아래위층의 복층 무덤도 출현했고 중간에 석관이 있었다. 이런 종류의 북송 시기 무덤은 부장품이 비교적 적었고 주로 자기였다. 같이 묻는 인형도 비교적 적었다. 북송 중기와 후기에 삼채용(三彩俑, 세 가지 유약을 발라 구운 인형)이 출현하였고, 남송 시기에는 도기 인형과 삼채용이 대량으로 묻혔으며 무덤 주인의 인형, 무사 인형, 시종 인형, 각종 신살용과 동물 모양도 있었다. 이런 종류의 무덤에는 종종 묘지(墓志), 집 매지권(買地券), 칙서 보고문, 화개문(華蓋文), 진묘진문(鎭墓眞文) 등이 있어 비교적 강력한 도교 색채를 띤다. 성도 부근에서는 비교적 특수한 무덤이 몇몇 발견되었다. 첫 번째 종류는 장방형의 권정(券頂) 전묘(磚墓) 안에 몇백 개의 유골함이 놓여 있었다. 면죽(綿竹), 비현(郫縣)에서 발견된 예가 있다. 이는 북송 말기의 누택원묘이지만 사천지역만의 특징을 매우 많이 가지고 있었다. 또 다른 종류는 아주 작은 방형 벽돌 공간

----

63) 陈云洪, 「试论四川宋墓」, 『四川文物』 1999년 제3기. 洪剑民, 「略谈成都近郊五代至南宋的墓葬形制」, 『考古』 1959년 제1기.

[전광(磚壙)] 안에 유골 항아리가 놓여 있는 것도 있었다.

세 번째 종류는 석실묘이다. 장강 상류지역의 석실묘는 두 유형이 있다. 첫 번째는 조각이 있는 석실묘로 돌을 쌓아 만들었고 일반적으로 권정(券頂)이다. 남송 시기에는 쌍실이 많고 병렬쌍실이 있으며 앞뒤쌍실도 있다. 무덤 안에는 석관대, 배수로와 벽감을 많이 만들었다. 이런 석실묘들은 모두 정교하고 아름다운 석각이 있는데 그 내용은 방목건축 부품이다. 그리고 무사, 사신(四神), 무덤 주인 인형 및 연회 장면, 부인이 문을 열고 나오는 장면 및 기타 생활 장면 등이 새겨져 있다. 각종 꽃, 길상 도안, 기악(伎樂), 시녀 등 인물 그림 및 각종 동물과 생활용기 등도 새겨져 있다. 중경지역에서는 효행도가 발견되었다. 몇몇 무덤에서는 채색으로 장식을 조화롭게 했다. 조각기술이 정교하고 아름다우며 내용이 다채롭다. 어떤 소재는 북방 진남(晉南), 관중(關中) 지역에서 유행하였고 하남, 하북 지역에서는 보기 힘든 것이다. 이것은 사천지역의 이런 종류 고분의 기원이 주로 진남관중(晉南關中)지역이었다는 것을 나타낸다. 또 다른 종류의 석실묘는 주로 오강(烏江) 이남의 귀주 중부에 분포되어 있다. 현지 사람들은 '묘관분(苗罐墳)' 혹은 '흘로분(仡佬墳)'이라고 하는 소형 석실묘이다. 또는 네 개의 긴 돌과 두 개의 사각형 돌을 세워서 만든 것이거나 혹은 돌을 쌓아 벽을 만들고 석판으로 지붕을 만든 좁은 직사각형이고 지면에 작은 봉토(封土)가 있다. 부장품은 비교적 적고 주로 몸에 지니는 장신구이다. 청진간(淸鎭幹) 제방에서 84기를 발굴했으며 평파(平壩) 말목장에서 100여 기가 발굴되었는데 흘로족(仡佬族)과 묘족(苗族)의 고분으로 여겨진다.

네 번째 종류는 현관장(懸棺葬)이다. 현관장, 암관장(巖棺葬), 동관장(洞棺葬)으로 나눌 수 있다. 모두 흙에 묻지 않는 매장 방식이다. 각각 목관을 깎아지른 듯한 절벽 위에 놓아두거나 암석 구덩이에 두거나 혹은 동굴 안에 쌓아 두는 방법이다. 이런 종류의 무덤이 분포된 지역은 주로 사천 남부 및 중경시의 장강 협곡지역이다. 서쪽에서부터 귀주성의 동, 남쪽, 동인(銅仁), 안순(安順) 등 지역까지이다. 귀주성에서 비교적 많이 발견되었다. 이미 수천 기가 발견되었으며 일부는 발굴이 진행되었다. 이런 종류의 무덤은 송나라 때부터 출현하기 시작해서 줄곧 명나라 때까지 계속하여 사용되었다. 그것은 문헌의 기록처럼 백족(白族)과의 관계는 크지 않고, 아마도 흘로족(仡佬族)과 묘족(苗族)의 유적일 것이라고 여겨진다. 장강 상류지역 송대 무덤의 시기별 현상은 중류지역과 대체로 비슷하고, 일부는 변화가 거의 없었다.

민광(閩廣)지역: 오늘날의 복건, 광동 그리고 광서성을 포함한다. 그러나 오늘날의 복건성과 광서, 광동 두 지역과는 약간 다르다. 복건성은 오대 시기 민국(閩國)에 속했고 민국의 전통을 어느 정도 계승했다. 예를 들어 북송 시기 장방형 전, 후실의 전실권정묘는 묘의 형태가 민국의 무덤과 비슷하다. 복건성의 송대 무덤은 전체적으로 강서지역과 비슷하다. 권정전실묘, 전실석정묘, 전석혼축묘(磚石混筑墓)와 석실묘가 있었다. 남송 중, 후기에는 일종의 석실전광목관묘(石室磚框木棺墓)가 크게 유행하였고, 병렬로 세 개 혹은 네 개의 묘실이 있었다. 복건지역에서는 방목구조를 돌로 새겨 만든 석실묘가 소량 발견되었다. 이 외에 몇몇 무덤들은 크기가 비교적 작고, 도기 관이나 자기 항아리를 쓴 화장묘(火葬墓)이다. 부장품 중에서 다각형 항아리, 퇴소단(堆塑壇), 모형 종류의 물건과 용, 호랑이병으로 만든 곡물을 저장하는 종류의 부장품과 생활용 자기, 문구, 및 동경이 유행하였다. 대량으로 인형을 부장하는 것은 복건지역 송대 무덤의 큰 특징이다. 북송과 남송 전기에는 도기로 제작한 십이시용(十二時俑), 각종 부장품인 신살용, 인물 인형, 동물 모형이 유행하였다. 남송 시기 복건지역에서는 수산석용(壽山石俑)이 유행하였다. 남송 후기에는 이런 인형 종류들이 대부분 용호병(龍虎瓶)에 붙여 빚어진 것으로 바뀌었다. 남송 시기에는 철로 만든 소나 돼지로 무덤을 지키는 것이 유행하였다.[64] 무덤은 대부분 장식이 없었으나 우계(尤溪), 남평(南平), 건구(建甌), 장락(將樂), 삼명(三明) 등

....

64) 林忠干,「福建宋墓分期研究」,『考古』 1992년 제5기.

의 지역에서는 전실벽화묘가 유행하였다. 벽화의 내용이 건축, 인물, 각종 생활 장면, 사령(四靈), 12지신, 신선, 행복과 장수, 길상도안 등으로 다채로웠다.[65]

광동, 광서 지역과 해남(海南)의 송대 무덤은 주로 방형 권정전실묘, 전실석정묘, 석관묘이다. 오늘날까지 발견된 것은 모두 중소형의 무덤이다. 비교적 특색이 있는 것은 화장묘이다. 크기가 작고 방형이나 원형의 전광(磚框) 안에 유골을 담은 도자기 단(壇)이 놓여 있어 '혼단장(魂壇葬)'이라고 불렸다. 이런 도자기 단의 장식은 매우 특색이 있다. 비교적 초기에는 장식이 비교적 복잡하였고, 시간이 지남에 따라 단순해졌다. 예를 들어 소성(紹聖) 4년(1097년) 남웅현에서 다각관(多角罐)이 출토되었는데 이 도자기 관에 붙여진 소조상들은 상당히 복잡하다. 똬리를 틀고 있는 용·거북·뱀, 누각·망루·정자탑, 음악에 맞춰 춤을 추는 사람 등이다. 어떤 것은 불상을 붙이거나 조각한 것도 있다.[66] 뇌주(雷州)지역 남송 이후의 화장묘는 대다수 유약 아래 갈색 채색화 그림을 그린 자기 관을 사용하였다. 관은 방형이고 뒷면에는 판이 끼워져 있어 열고 닫을 수 있으며 관 위에는 매우 다채로운 채색 그림과 상서로운 말을 써 놓았다. 뇌성 오르막 비탈 M1에서 출토된 황이공(黃二公)과 유씨(劉氏) 두 구의 자기 관에는 도사, 십이지신, 사신(四神)을 그리고 꼭대기에는 '천문(天門)', '지호(地戶)'라고 적혀 있었다.[67] 이외에 부장품 인형과 자기가 유행했는데, 예를 들어 광동 자금현(紫金縣) 교외에서 발견된 북송 시기 무덤 안에서는 돌 인형과 경덕진(景德鎭) 자기 등이 대량 출토되었다.[68] 또 광서성 계서남(桂西南)과 서북 지역에서 애동장(崖洞葬, 절벽 동굴에 만든 무덤)이 유행하였다. 이 애동장은 춘추전국시대부터 청나라 때까지 줄곧 현지 토착민들의 장례 방식이었

....

65) 杨琮, 「福建宋元壁畵墓初步硏究」, 『考古』 1996년 제1기.
66) 曾广亿, 「广东出土的古代陶罈」, 『考古』 1962년 제2기.
67) 邓杰昌, 「广东雷州市古窑址调查与探讨」, 『中国古陶瓷硏究』 제4장, 紫禁城出版社 1997년판.
68) 广东省博物馆, 「广东紫金县宋墓出土石雕」, 『考古』 1984년 제6기.

다. 남단리(南丹里) 호수 일대에서도 송대 애동장이 확인되었다.

민광(閩廣: 복건과 광동, 광서)지역의 송대 무덤 변화에 따른 시기 구분은 장강유역과는 다르다. 이 일대에서 발견된 북송 시기 무덤 자료는 풍부하지 않고, 변화도 뚜렷하지 않아 하나의 시기로 구분한다. 그러나 남송 시대 예를 들어 광종(光宗) 시기 전후로는 비교적 큰 변화가 있어 두 시기로 나눌 수도 있다. 광종 시기 이후의 큰 변화는 특히 부장품이 많이 출토된다는 점이다. 아마도 남송 시기 해로를 통한 외국과의 무역이 발달하면서 민광지역 수공업 상품과 문화적 면이 비교적 빠르게 발전한 것과 관련이 있다.[69]

2) 남방지역 송대 무덤에서 보이는 문화적 특징

남방지역 송대 무덤의 가장 큰 특징은 보편적으로 각종 인형을 매장했다는 것이다. 무덤 주인 부부가 앉아 있는 인형, 남녀 시종 인형, 신살용이 포함된다. 강서(江西) 임천(臨川)의 남송 경원(慶元) 4년(1198년) 주제남(朱濟南) 묘에서 한 무더기의 자기 인형이 출토되었다. 바닥에 글귀가 씌어 있어 이런 인형들에 숨은 의미를 구체적으로 엿볼 수 있다. 그것들은 왕과 제후들의 인형, 서왕모 인형, 길을 가리켜 주는 인형, 길을 이끌어 주는 인형이 포함되는데 죽은 자를 신선 세계로 올라갈 수 있도록 이끌어 주고 맞이하여 영접해 주는 역할을 한다. 이외에 손에 나침반을 들고 풍수를 관장하는 장선인(張仙人) 인형이 있다. 매지권(買地券)에 늘 출현하는 서계인(書契人)'과 '지견인(知見人)' 역할을 담당하는 장견고(張堅固) 용(俑), 이정도(李定度) 용, 표계신(表契信), 그리고 사신용(四神俑), 십이지신용, 남자아이, 금으로 만든 닭, 옥으로 만든 개, 숙이고 듣는 모양 혹은 올려다보는, 크고 작은 두 마리 쥐 등의 신살용도 있다.[70] 이런 인형들은 대부분 『대한

....

69) 广西壮族自治区博物馆,「广西考古十年新收获」, 文物编辑委员会 『文物考古工作十年』, 文物出版社 1990년판.
70) 临州县文物管理所,「临州温泉乡宋墓」, 『江西历史文物』 1986년 제2기.

원릉비장경·맹기신살편(大漢原陵秘葬經·盟器神煞篇)』에 기록되어 있다.[71] 신살용을 표현하는 방식은 지역마다 다르다. 예를 들어 강서지역에서 발견된 장선인(張仙人), 이정도(李定度), 장견고(張堅固)는 다른 지역에서는 보이지 않는다. 사천 성도평원지역 부장품 인형 종류가 가장 많다. 종종 몇십 개 혹은 몇백 개에 달한다. 여기에는 『비장경(秘葬經)』에서 말한 각 부서 관원들의 인형도 포함된다. 그 외에 사천지역은 종종 일종의 다리가 하나고 몸이 없는 인형이 출토된다. 『유양잡조(酉陽雜俎)』에 따르면, "귀신 탈을 이용해 죽은 자의 영혼을 보존하는 역할을 하였다"고 기록되어 있는데 이것은 귀신 탈을 매장한다는 뜻이다. 사천지역 송대 무덤은 깨끗한 물을 가득 담은 도자기 항아리로 서약을 나타내었고, 칙고문(敕告文), 진묘진문(鎭墓真文)을 사용하여 도교적 측면에서 무덤을 안전하게 한다는 의미를 표현하였다.

부장품에서 보이는 신살(神煞)의 표현 형식도 시간에 따라 약간의 변화가 있었다. 또한 각 지역마다 같은 것도 아니었다. 장강 중하류지역에서는 북송 전기에 통상적으로 실물 크기의 인형을 같이 묻었으며, 이는 당 후기 오대 시기를 계승한 것이다. 북송 후기에는 인형 종류를 매우 적게 묻었다. 절강 일부 지역과 강서, 복건 지역에서는 일종의 퇴소병(堆塑瓶)이 출현하였다. 가장 초기의 예로는 강서 남성현(南城縣) 가우(嘉佑) 2년(1057년) 무덤 중에 한 쌍의 퇴소병이 있다. 이때는 단지 용, 호랑이 형상만을 빚었지만, 그 후로 매우 복잡하게 변하면서 퇴소병의 목 부분이 점점 길어졌다. 남송 시기에 와서 목 부분에 거의 완전한 한 세트의 신살을 빚었다. 십이지신, 올려 보는 것, 내려 듣는 것, 관풍조(觀風鳥), 옥으로 만든 말, 금으로 만든 닭, 옥으로 만든 개, 당광(當壙), 당야(當野)가 포함되며 구름 위의 해와 달을 이용해 태음(太陰), 태양(太陽)을 나타냈다. 이런 종류의 퇴소병은 강서, 복건의 남송, 원나라 거의 모든 무덤에서 출현했으며 가장 유행하

....

71) 『大汉原陵秘葬经』, (明) 姚广孝等纂, 『永乐大典』, 中华书局影印残本 1959년판.

는 부장품이 되었다.[72] 광동지역 송대 무덤 중의 도단(陶壇)과 후기에 출현한 채색 자기 관은 퇴소(堆塑)와 채색 그림을 이용한 신살용을 대신하였다. 해강(海康)에서 발견된 원나라 때의 전실석정묘 중에서 네 벽면에 상감 기법으로 이름이 새겨져 있는 음각한 신살(神煞) 형상은 십이시(十二時), 사신(四神), 구진(勾陳), 금계(金鷄), 옥견(玉犬), 묘문판관(墓門判官), 복청(覆聽), 고리노인(篙理老人), 우굴객(右屈客), 동규(東叫), 서응(西應), 환비(喚婢), 천산(川山), 지축(地軸), 복시(伏尸), 무덤 주인이 앉아 있는 상 등이다.[73] 이것들은 광동지역의 부장품 조합과 기타 지역의 차이를 보여준다. 또한 벽면 그림을 이용하여 부장품을 대신한 예이기도 하다.

남방 송대 무덤과 북방과의 가장 큰 차이는 무덤 방의 건축에 있다. 북방이 추구한 것은 주택의 화려한 방과 흡사하게 하는 것이었다. 그러나 남방이 강조한 것은 견고하고 밀폐되어 시체를 보존하기 위한 집이었다. 장강 하류지역은 종종 찹쌀풀과 석회를 섞어 만든 회반죽을 무덤 바깥에 부어 넣어 습기를 막았다. 장강 중류지역은 무덤 외부에 거친 진흙과 가는 모래 그리고 석회를 채워 넣어 습기를 방지하였다. 광동지역의 회진흙[灰砂] 판묘(板墓)도 똑같이 견고하고 물기가 스미는 것을 방지하는 기능이 있었다. 남송 시기 이런 관념은 한층 더 강화되어, 무덤 바닥에 보편적으로 벽돌을 깔았고 어떤 것은 심지어 다섯 겹을 만들었다. 묘실과 관 사이에는 송진을 부어 넣어 밀봉을 하였고, 무덤 내부와 관 안에 수은을 더 넣어 부패를 방지하였다. 바로 정이(程頤)의 『장설(葬說)』에서 "이미 묻은 후에는 송진으로 관곽에 바르고 석회로 무덤의 문을 닫았다. 이것이 바로 간단한 설명이다"라고 하였다.[74] 이렇게 정성들여 보호한 시신에서는 종종 정교하고 아름다운 금은주옥(金銀珠玉) 등의 장신구와 의복 한 세트가 갖추어져 있다. 특별하게 보존을 목적으로 하였기 때문에, 남방에서는 많은 칠기 제품과 견직물 등 쉽게 부패되는 부장품

....

72) 杨后礼, 「江西宋元纪年墓出土堆塑长瓶研究」, 『南方文物』 1992년 제1기.
73) 曹腾非 等, 「广东海康元墓出土阳线刻砖」, 『考古学集刊』 2, 中国社会科学出版社 1982년판.
74) 程颐, 「葬说」, 周必大 『皇朝文鉴』 권108에 실려 있음, 『四部丛刊』 초판본.

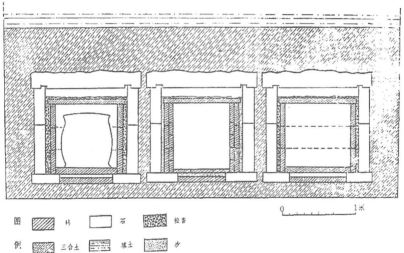

| 図 | ▨ 木 | □ 石 | ▧ 松香 |
| 例 | ▨ 三合土 | ▤ 填土 | ▦ 沙 |

그림 25 복주(福州) 남송 황승묘(黃昇墓) 평면도 및 부면도

들도 그대로 출토되어, 송나라 시기의 수공업과 공예 기술을 연구하는 데 상
세하고 확실한 자료를 제공한다. 가장 중요한 하나의 예는 복주(福州)에서 발
굴한 순우(淳佑) 3년(1243년) 송(宋) 종실(宗室) 조여준(趙與駿)의 처 황승(黃
昇)의 무덤이다(그림 25). 이 무덤은 석실전곽목관묘(石室磚槨木棺墓)였고,
묘실과 곽(槨) 사이에 송진을 채워 넣어 보존이 아주 잘 되어 있다. 무덤 안에

서 출토된 대량의 견직물과 의복은 모두 도포와 짧은 윗옷 64벌, 바지 23벌, 치마는 20벌, 그리고 완전한 한 폭의 각종 옷감이 134개이다. 그중 라(罗: 견직물의 한 종류 – 역주)가 가장 많고, 그 다음으로 견(絹: 견직물의 한 종류 – 역주)과 릉(綾: 견직물의 한 종류 – 역주)이다. 사(紗: 면화나 삼 따위의 실 – 역주)와 추(縐: 크레이프-강연사 – 역주)도 소량 출토되었다. 라와 견은 대다수 자카드 무늬이고 견과 사는 민무늬이다. 어떤 직물 위에는 "종정방염금사견관기(宗正坊染金絲絹官記)"라는 관청의 수공업 흔적이 찍혀 있어 이것이 당시 가장 최고 수준의 방직품이었음을 알 수 있다. 이외에 칠기제품 7개와 기타 대나무, 나무 제품 및 재(梓, 가래나무) 제품이 출토되었다. 여기에는 칠기 자, 붓선반, 문구 상자 등의 문구도 포함되어 있었다.[75] 복건 북부 교외 다원촌(茶園村)에서 발굴한 단평(端平) 2년(1235년) 무덤은 석실묘이다. 무덤의 바깥쪽은 2m에 달하는 찹쌀풀 회반죽을 쌓아 밀봉하여, 정교하고 아름다운 대량의 방직품, 칠기제품, 목기제품, 짐승의 뼈나 뿔로 만든 제품 그리고 금은제품도 부패되지 않고 그대로 출토되어, 사람들로 하여금 감탄을 금치 못하게 하였다.[76] 강소 무진(武進)의 남송 시기 무덤들은 밀봉을 잘 하였기 때문에 온주(溫州) 장인의 이름과 날짜 등이 있는 칠기제품이 출토되었다. 이런 칠기제품들은 높은 기술력으로 모두 정교하고 아름다운 장식이 있었다. 척서(剔犀: 두꺼운 칠을 한 후 조각칼로 조각하여 무늬를 만들어 표면 색과 측면 색을 다르게 표현하는 칠기공예 기법 – 역주), 식문(識文: 무늬가 凸이 되도록 무늬를 그려 넣는 칠기공예 기법 – 역주) 그리고 창금(戧金, 칼 끝 혹은 바늘로 무늬를 낸 후 금가루를 채워 무늬를 표현하는 공예기법 – 역주) 등으로 표현된 공예품이다.[77] 이 발견은 칠기공예사에 중요한 자료가 되었으며, 과거 송대의 칠기제품은 한 가지 색이 많고, 장식을 하지 않는다는 인식을 바꾸게 하였다.

········

75) 福建省博物馆, 『福州南宋黄昇墓』, 文物出版社 1982년판.

76) 福州市文物管理局, 『福州文物集萃』 图版 85-199, 福建人民出版社 1999년판.

77) 陈晶 等, 「江苏武进村前南宋墓清理纪要」, 『考古』 1986년 제3기.

6장 요대 능묘: 여러 민족이 함께 만든 문명

거란족 통치자는 중원과의 교류와 대항의 과정 속에서 점차 봉건화되었고, 요나라 문화 역시 중원지역에 큰 영향을 끼쳤다. 거란족이 세운 요 왕조의 정치제도, 경제발전, 문화수준, 사상의식과 민족관계 등은 요의 무덤에 잘 반영되어 있다. 이 때문에 요대 무덤 연구는 요나라 역사 연구에 중요한 의미를 가진다. 요 능묘에 대한 연구는 송원명 고고학 중 가장 일찍, 가장 많이 이루어졌으므로 자료가 가장 풍부하고 매우 체계적이다.

1. 요대 무덤의 발견과 연구

1) 20세기 전반

이 시기 요대 능묘 관련 발굴과 조사는 대부분 외국학자들에 의해 진행되었다. 중국의 일부 학자들도 요대 무덤 고고학 조사 작업에 적극적으로 참여하였다. 이 작업에는 요대 무덤, 황제릉, 도성(都城)과 일부 성터에 대한 조사와 연구 등이 포함된다. 능묘 분야에 있어 요대 능에 대한 조사와 일부 무덤에 대한 발굴 및 무덤 내 장례도구의 수집 작업이 특히 중요하다.

　① 요대 능의 조사. 1914년과 1922년, 임서현(林西縣)의 현장(縣長)과 프랑스 신부 조세프 밀러(Joseph L. Mullie)는 요나라 경릉(慶陵)을 조사와 동시에 도굴하였다. 그들은 중릉(中陵)을 도굴한 후 평면도를 발표하였다.[1] 1922년 벨기에 선교사인 케빈(L. Kervyn)은 중릉을 조사하고 흥종제(興宗帝) 이후의 거란문자로 된 애책문을 모사하여 발표하였다.[2] 이는 거란문자

....

1) Joseph L. Mullie, "Les Anciennes Villes de L'empire des Grands Leao au Royaume Mongol de Barin", *T'oung Pao*, Vol. XXI, 1992, pp. 105-231. Joseph L. Mullie, "les Sepultures de K'ing des Leao", *T'oung Pao*, Vol. XXX, 1933, pp. 1-25.

2) L. Kervyn, "Le Tombeau de L'empereur Tao-Tsong(1101)", *Le Bulletin Catholique de*

에 대한 학계의 관심을 불러일으켰다. 1930년 군벌 탕옥린(湯玉麟)은 경릉에 있는 세 곳의 능묘를 도굴하여 삼릉에 있는 석판 애책문을 꺼냈다. 같은 해, 도리이 류조(鳥居龍藏)가 처음 경릉을 조사하여 동릉(東陵) 벽화에 대한 관심을 불러일으켰다.[3] 1933년 그는 다시 경릉을 조사하고 벽화사진, 모본 등의 자료를 도록으로 발표하였다.[4] 1939년 교토제국대학 다무라 지쓰조(田村実造)와 고바야시 유키오(小林行雄) 등은 경릉 3릉을 자세히 실측, 촬영하고 이를 기록하였다. 또한 동릉 벽화를 모사하고, 일부 유물을 가져간 뒤 보고서를 발표하였다.[5] 이 책은 현재까지 요나라 경릉에 대한 가장 많은 자료를 갖추고 있는 책으로 알려져 있다. 그 밖에 도리이 류조는 요령성 북부 마을 부근 의무려산(醫巫閭山)의 요대 동단왕릉(東丹王陵)을 조사, 도굴하기도 하였다.[6]

② 이 시기 요대 성터에 대한 고고학 작업과 무덤 조사가 동시에 진행되었으며, 조사는 모두 측량 수준이었다. 요나라 귀족과 평민 무덤에 대한 조사는 대부분 산만하게 진행되었다. 그중 비교적 중요한 것은 아래 몇 가지이다. 1923년 안산철도 부근에서 요나라 화상석묘가 발견되었으며, 1927년 도리이 류조가 대련도서관에서 다수의 화상석을 확인한 후 여러 차례 안산으로 가서 발굴조사를 진행하였다. 화상석에 있는 거란의 풍속, 서양의 성경 이야기, 불교신앙, 24 효도 이야기, 서유기 이야기 등을 연구

....

   Pekin, Vol. 118, 1923, pp. 236-243. "Le Tombeau de L'empereur Tao-Tsong des Leao, et les Premieres Inscriptions Connues en ecriture K'itan", *T'oung Pao*, Vol. XXII, 1923, pp. 292-301.

3) 鳥居龙藏, 『辽代の壁畫について』, 鳥居龙藏, 鳥居きみ子, 『満蒙を再び探る』, 六文館, 1932년, 东京, pp. 302-350.

4) 鳥居龙藏, 『考古学上より見たる辽之文化图谱』 3-4册, 东京文化学院东京研究所, 1936년. 鳥居龙藏, 『辽の文化を探る』, 章华社, 1937년, 东京, pp. 172-198.

5) 田村实造, 小林行雄, 『庆陵-东モンゴリアにおける辽代帝王陵とその壁畫に关すゐ考古学的调查报告』, 座右宝刊行会, 东京, 1952-1953년. 田村实造, 『庆陵の壁畫-绘畫·雕饰·陶磁』, 同朋舍, 东京, 1977년.

6) 金毓黻, 「东丹王陵考察记」, 『满洲学报』 3권, 1934년.

하였다.[7] 1930년 심양에서 개태(開泰) 7년(1018년) 손윤중(孫允中)명 석관을 발견하고, 김육불(金毓黻) 등은 이를 책으로 발표하였다.[8] 중국학자인 이문신(李文信)은 심양 소릉(昭陵) 부근의 요대 묘를 조사하였다.[9] 1939년 엽백수(葉柏壽) 만주철도병원 내 두 곳에서 요와 금의 묘가 발견되었고, 미야케 무네요시(三宅宗悦)가 이를 조사하였다.[10] 다음해에는 이문신 등이 더욱 심도 있게 조사하였다.[11] 1940년, 카라친요치[喀喇沁右旗], 악촌(樂村)에서 정각묘(鄭恪墓)를 발견했으며, 미야케 무네요시와 이문신이 출토품을 수습하고 고분을 측량 조사하였다.[12] 이 시기에는 내몽고 임서(林西), 요령 건평(建平), 심양, 요양 등지에서 무덤이 발견되기도 하였다.[13]

③ 장례도구에 대한 저서와 기록. 요대 무덤 중 발견된 은(銀), 동(銅)으로 만든 가면은 시마타 타비코(島田貞彦)의 수집 저서에 비교적 많다.[14] 요의 장례문화에 대한 연구는 일찍부터 시작되었다. 유명서(劉銘恕)의 거란 장례제도 변천 및 특징에 대한 연구[15] 등을 예로 들 수 있다. 키타가와

....

7) Ryuzo Torii, *Sculptured Stone Tombs of the Liao Dynasty*, Harvard-Yenching Institute, 1942, Peking.
8) 金毓黻,「辽金旧墓记」, 杂俎 pp. 1-3,『东北丛刊』7기, 1930년.
9) 李文信,「奉天昭陵附近出土之石棺」,『满洲史学』2권 4기, 1939년.
10) 三宅宗悦,「鸡冠壶を出土せる最初の古坟」,『国立中央博物馆时报』5호, 1940년.
11) 李文信,「叶柏寿行记」,『国立中央博物馆时报』9호, 1941년. 李文信,「沈阳市塔湾发现之古坟」,『满洲中央博物馆时报』제5호, 1940년. 三宅宗悦,「满洲国热河省叶柏寿附近の遗迹に就て」,『考古学杂记』32권 1호, 1942년.
12) 李文信,「汐子行纪」,『国立中央博物馆时报』12호, 1941년.
13) 三宅俊成 著, 李莲 译,『中国东北地区考古学概说』"船桥", 东北亚细亚古文化研究所, 1989년.
14) 岛田贞彦,「满洲国热河建平县癸见の古银铜面」,『史林』20권 1호, 1935년 1월. 岛田贞彦,「满洲考古栞(其二)」,『满蒙』16권 6호, 1935년 6월. 岛田贞彦,「满洲国热河省新出土の古银铜面」,『考古学杂志』27권 1호, 1937년 1월. 岛田贞彦,「满洲国新出の古银铜面及二三の青铜遗物について」,『考古学杂志』28권 2호, 1938년 2월. 岛田贞彦,『考古学上より见たる热河』(满洲国古迹古物调查报告第二编), 三『辽时代の热河省』, 民生部, 1940년, 长春. 岛田贞彦,「满洲癸见古银铜面について」,『考古学杂志』31권 3호, 1941년 3월. 岛田正郎,「辽の死面」,『考古学杂志』36권 5호, 1950년. Masao shimada, "A Death-mask of the Liao Period", *Artibus Asiae*, Vol. XIII, 4, 1950, pp. 250-253.
15) 刘铭恕,「契丹民族丧葬制度之变迁及其特点」,『中国文化研究汇刊』1기, 1941년.

후사지로(北川房次郎)의 저서에도 비슷한 글이 있다.[16] 많은 일본 학자들도 요대 도자기 연구를 중시하고 있다. 도리이 류조, 다무라 지쓰조와 가와가미 나미오(江上波夫) 등은 1930년과 1931년에 경릉을 조사한 후 요대 도자기를 처음 구별하였다.[17] 후봉천박물관(后奉天博物館)은 경릉에서 출토된 기물을 정리하였다.[18] 동시에 미야케 무네요시와 시마타 타비는 닭벼슬 모양의 주전자[鷄冠壺]에 대해 전문적인 연구를 진행하였다.[19]

2) 1970년대 말 이전

중화인민공화국의 건국 이후, 요대 무덤에 대한 학술적인 조사와 기록을 동반한 고고학 조사가 이루어졌다. 1953년 적봉현(赤峰縣) 대영자향(大營子鄉) 요나라 부마(駙馬) 위국왕(衛國王) 소사고묘(蕭沙姑墓) 발굴은 학술계에 큰 충격을 주었다.[20] 이밖에 고야율씨묘(故耶律氏墓),[21] 북대왕야율만신(北大王耶律萬辛) 가족묘,[22] 북삼가묘(北三家墓),[23] 이팔지묘(二八之墓),[24] 장세경묘(張世卿墓),[25] 등중거묘(鄧中擧墓),[26] 해방영자(解放營子) 벽화묘,[27] 법고현(法庫縣) 엽무대촌(葉茂臺村) M7,[28] 쿨룬치[庫倫旗]

....

16) 北川房次郎, 「辽の金面縛肢葬小考」, 『书香』16권 10호, 1943년.

17) 黑田源次, 「辽の陶瓷」, 『陶瓷全集』14, 平凡社 1958년판.

18) 三上次男, 『世界陶瓷全集』13, 小学馆 1981년판.

19) 三宅宗悦, 「关于最早出土鸡冠壶的古墓」, 『国立中央博物馆时报』제5호, 1940년. 島田贞彦, 『考古随笔-鸡冠壶』, 1944년.

20) 前热河省博物馆筹备组, 「赤峰县大营子辽墓发掘报告」, 『考古学报』1956년 제3기.

21) 昭乌达盟文物工作站 等, 「内蒙古山嘴子"故耶律氏"墓发掘报告」, 『物物资料丛刊』제5집, 1981년.

22) 马俊山, 项春松, 「辽北大王万辛墓」, 孙进已 等이 편찬한 『中国考古集成·东北卷』제5책, 北京出版社 1997년판.

23) 敖汉旗文物管理所, 「内蒙古昭乌达盟敖汉旗北三家辽墓」, 『考古』1984년 제11기.

24) 项春松, 「克什克腾旗二八地辽墓」, 『内蒙古文物考古』1984년 제3기.

25) 河北省文物管理处 等, 「河北宣化辽壁画墓发掘简报」, 『文物』1975년 제8기.

26) 项春松, 吴殿珍, 「内蒙古宁城辽邓中举墓」, 『考古』1982년 제3기.

27) 翁牛特旗文化馆 等, 「内蒙古解放营子辽墓发掘简报」, 『考古』1979년 제4기. 项春松, 「解放营子辽壁画墓发掘报告」, 『松州学刊』1987년 제4, 5기 合刊.

28) 辽宁省博物馆, 辽宁铁岭地区文物组发掘小组, 「法库叶茂台辽墓记略」, 『文物』1975년 제12

무덤군[29] 등 많은 중대형 무덤이 발굴조사되었다. 1961년경에는 요 상경(上京)과 중경(中京) 고성 조사 중 100기 정도의 요대 소형 무덤군을 발굴하였다.[30] 1970년대 후반 적봉지역 고고학 조사원들은 연이어 중소형 벽화묘를 조사하고 자료를 발표하였다. 이후 항춘송(項春松)이 이 자료들을 정리하여 도록으로 출판했으며, 이는 요대 고분벽화 연구의 주요 참고자료가 되었다.[31] 이 시기의 작업은 발굴 위주에서 점차 체계를 갖추면서 많은 자료가 축적되었다. 동시에 학술계에서는 요의 상장제도(喪葬制度), 문화풍속 연구가 시작되었다. 1950년대 말, 이문신 등은 요대 도자기를 유형별로 연구하였고,[32] 그 후 빙영겸(馮永謙)은 닭벼슬 모양 주전자의 유형분석에 관한 보충의견을 제시하기도 하였다.[33]

3) 1980년대 이후

요대 무덤에 대한 연구는 이 시기에 새로운 발전단계에 접어들게 된다. 과학적 발굴과 종합적 연구가 동시에 이루어져 많은 성과를 거두었다. 1986년 나이만치[奈曼旗]에서 발견된 진국공주묘(陳國公主墓),[34] 1992년 내몽고 아루컬친기[阿魯科爾沁旗]에서 정리된 야율우(耶律羽)와 그 가족묘[35] 등 새로운 무덤이 계속 발견되었다. 1994년 아루컬친기 보산묘지(寶山墓地)에서 발굴, 정리된 두 기의 귀족무덤은 가장 이른 시기의 무덤이다. 그중 하나에는 '대소군(大少君)'의 제기가 있고, 묘실과 석실에서 정교하게 그려진 벽화가

....

기. 王秋华, 『惊世叶茂台』, 百花文艺出版社 2002년판.

29) 吉林省博物館 等, 「吉林哲里木盟库伦旗一号辽墓发掘简报」, 『文物』 1973년 제8기. 王健群, 陈相伟, 『库伦辽代壁画墓』, 文物出版社 1989년판.

30) 金永田, 「辽上京城址附近佛寺遗址和火葬墓」, 『内蒙古文物考古』 1984년 제3기. 王未想, 「辽上京城址出土的墨书铭文骨灰匣」, 『北方文物』 2002년 1기. 内蒙古自治区文物工作队, 「辽中京西城外的古墓葬」, 『文物』 1961년 제9기.

31) 項春松 编, 『辽代壁画选』, 上海人民美术出版社 1984년판.

32) 李文信, 「辽瓷简述」, 『文物参考资料』 1958년 제2기.

33) 冯永谦, 「叶茂台辽墓出土的陶瓷器」, 『文物』 1975년 제12기.

34) 内蒙古自治区文物考古研究所 等, 『辽陈国公主墓』, 文物出版社 1993년판.

35) 内蒙古文物考古研究所 等, 「辽耶律羽之墓发掘简报」, 『文物』 1996년 제1기.

발견되었다.[36] 1998년 파린요우치[巴林右旗] 경릉에 배장된 야율홍세묘(耶律
弘世墓)와 야률홍본묘(耶律弘本墓)에서 한문과 거란문으로 된 애책문과 묘
지가 발견되었다. 목곽에 그려진 그림의 보존상태는 아주 양호하였다.[37] 이
외에 일부 대형 묘지와 요나라 통치구역 내의 한족 무덤의 발견 역시 사람
들의 주목을 끌었다. 많은 중소형 무덤이 발견된 것은 요대 무덤에 대한 고
고학 작업이 크게 발달했음을 의미한다. 그중 중요한 것으로는 1972년부터
지속적으로 발굴된 쿨룬치 전물부격후족(前勿力不格后族) 소씨 가족묘지
중의 8기의 중대형 무덤을 들 수 있다.[38] 그리고 이를 결합하여 보고서를 작
성하였다.[39] 2001년 부신(阜新) 관산(關山)에서 요나라의 가장 눈에 띄는 황
후의 친척인 소화(蕭和) 가족묘 9기가 발굴되었다. 그중 5기 묘는 피장자의
신분이 확실하며, 아름다운 벽화가 대량 발견되었다.[40] 하북 선화(宣化)에서
는 1970년대 중반 장세경묘(張世卿墓)를 정리했고, 1980년대부터 90년대에
이르러 장씨(張氏)와 한씨(韓氏) 가족의 무덤 10여 기를 정리하여, 요나라
지역에서의 한인들의 장례풍속 연구에 중요한 자료를 제공하였다.[41] 2000
년에는 파린주오치[巴林左旗] 백음한산에서 한광윤 가족묘를 발견하여, 한
광사묘(韓匡嗣墓)를 포함한 3기의 무덤을 발굴하였다.[42] 이 기초 위에 요대
무덤 관련 연구 작업은 심도 있게 진행될 수 있었다.

요대 무덤의 시기, 지역 구분과 장례풍습, 족속 등과 관련한 연구는 비

....

36) 内蒙古文物考古研究所 等, 「内蒙古赤峰宝山辽壁畵墓发掘简报」, 『文物』 1998년 제1기.

37) 巴林右旗博物馆, 「辽庆陵又有重要发现」, 『内蒙古文物考古』 2000년 제2기. 赵晓华 「辽宁省
博物馆征集入葬一套辽代彩绘木椁」, 『文物』 2000년 제11기.

38) 哲里木盟博物馆 等, 「库伦旗第五, 六号辽墓」, 『内蒙古文物考古』 1982년 제2기. 内蒙古文物
考古研究所 等, 「内蒙古库伦旗七, 八号辽墓」, 『文物』 2000년 제11기.

39) 王健群, 陈相伟, 『库伦辽代壁畵墓』, 文物出版社 1989년.

40) 华玉冰, 万雄飞, 「阜新辽代萧和家族墓地发掘出土精美壁畵及墓志」, 『中国文物报』 2002년 5
월 3일, 1판.

41) 河北省文物研究所, 『宣化辽墓-1974~1993년 考古发掘报告』, 文物出版社 2001년.

42) 内蒙古文物考古研究所 等, 「白音罕山辽代韩氏家族墓地发掘报告」, 『内蒙古文物考古』 2002
년 제2기. 塔拉 等, 「白音罕山辽代韩匡嗣墓地发掘报告」, 政协巴林左旗委员会 편찬 『大辽韩
知古家族』, 内蒙古人民出版社 2002년판.

교적 일찍 시작되었다. 최근에는 더욱 빠르게 발전하여 중요한 성과를 거두기도 하였다. 무덤 벽면장식에 대한 연구 등을 예로 들 수 있다. 왕추화(王秋華)는 1980년대 벽화장식에 대한 분기(分期) 연구를 시작해, 요나라 초기에서 홍종(興宗) 시기(916~1055년)까지 그리고 도종(道宗) 초부터 요나라 멸망(1055~1125년)까지 등 두 시기로 구분하였다. 초기에 비해 말기의 제재가 더욱 풍부하였으며, 무덤구조도 더욱 규칙성을 갖게 되었다는 결론을 얻었다.[43] 이는 무덤 편년 연구에서 유형학을 기초로 하여 이루어진 전문적인 논의였다. 많은 학자들은 요대 고분벽화의 풍부한 소재를 이용하여 이를 문헌과 결합한 사회사를 연구하였다. 예를 들어 요대 고분벽화를 구체적 제제로 연구한 이일우(李逸友)의 저서[44]가 있으며, 임운(林澐)은 깃발과 북이 있는 의장(儀仗)과 거란족 여인의 삭발문제를 논술하기도 하였다.[45] 풍은학(馮恩學)은 수레와 말의 유형이 반영하고 있는 사회 문제를 연구하였고,[46] 소국전(昭國田)은 요대 고분벽화에서 요대의 폴로 경기에 대해 고증하기도 하였다.[47] 일부 대형묘지는 풍부한 벽화가 남아 있어 인기 있는 연구지역이 되기도 하였다. 양홍(揚泓)은 선화(宣化) 요대 고분벽화의 점차도(点茶圖)를 연구하였고,[48] 손기(孫机)는 선화 요대 고분벽화 중의 두발 형식과 잡기를 자세히 고증하였다.[49] 정소종(鄭紹宗)은 선

....

43) 王秋華 著, 高桥学而 译, 「中国辽代の墓葬に于はる壁面装饰の样式とその时期につて」, 『古文化谈丛』 제20집(下), 1989년 7월, pp. 223-267. 王秋华, 「近十年间刊的辽代墓葬壁饰研究」, 『辽宁大学学报』(哲社版) 1993년 제1기. 「辽代契丹族墓葬壁面装饰分期」, 『北方文物』 1994년 제1기.

44) 李逸友, 「论辽墓壁画的题材和内容」, 『内蒙古文物考古』 1993년 제1, 2기.

45) 林沄, 「辽墓壁画研究两则」, 吉林大学考古学系 편찬, 『青果集-吉林大学考古专业成立20周年考古论文集』, 知识出版社 1993년판.

46) 冯恩学, 「辽墓壁画中的车」, 『青果集』, 知识出版社 1993년판. 冯恩学, 「辽墓壁画所见马的类型」, 『考古』 1999년 제6기.

47) 邵国田, 「辽代马球考-兼述皮匠沟1号辽墓壁画中的马球图」, 『内蒙古东部区考古学文化研究文集』, 海洋出版社 1991년.

48) 杨泓, 「辽墓壁画点茶图」, 『文物天地』 1989년 제2기.

49) 孙机, 「宣化辽金墓壁画拾零」, 杨泓, 孙机, 『寻常的精致』, 辽宁教育出版社 1996년판.

화 요대 고분벽화 제재를 연구하였으며, 산악도(散樂圖: 당, 오대 후진의 전통과 거란족의 영향으로 형성된 궁정음악 그림 – 역주)를 해석하였다.[50] 주신화(周新華)는 묘실에 표현된 다기세트를 고증하였고,[51] 이세동(伊世同)은 무덤 내부 천문도를 연구하였다.[52] 항춘송(項春松)은 소오달(小烏達) 지역에서 발견된 요대 무덤 회화자료를 분류 정리하였다.[53] 정융(鄭隆), 김신(金申)은 쿨룬치 전물부격후루족 묘지에서 별견된 벽화를 연구하였다.[54] 보산대묘(寶山大墓)가 발견된 이후, 오옥귀(吳玉貴)는 문헌 조사연구를 통하여 무덤명칭을 해독하여 명명하였다.[55] 이외에 일부 학자들은 회화사적 시각에서 연구를 진행하기도 하였다. 예를 들어 나세평(羅世平)은 요대 무덤 중의 일부 제재를 연구하였다.[56] 종합적인 연구로는 이청천(李清泉)이 선화 요대 고분벽화를 중심으로 쓴 일련의 논문이 있다. 이 논문들에는 벽화 분본(粉本)을 분석하고,[57] 비다도(備茶圖: 차 준비를 하는 그림 – 역주), 비경도(備經圖: 경전을 준비하는 그림 – 역주)에 함축되어 있는 종교적 의미를 분석하였다.[58] 또한 거마출행도(車馬出行圖)의 의미를 해석하였다.[59] 그밖에 이일우[60]와 정소종[61]은 화상석 소재 및 회화와 벽화의 관계를 연

....

50) 郑绍宗, 「宣化辽墓壁畵硏究」, 『辽金史论集』 제4집, 书目文献出版社 1989년판. 郑绍宗, 「辽壁畵墓散乐图之发现与硏究」, 『河北省考古文集』, 东方出版社 1998년판.

51) 周新华, 「宣化辽壁畵所见之茶具考」, 『东南文化』 2000년 제7기.

52) 伊世同, 「河北宣化辽金墓天文图简析-兼及邢台铁钟黄道十二宫图像」, 『文物』 1990년 제10기.

53) 项春松, 「辽宁昭乌达地区发现的辽墓绘画资料」, 『文物』 1979년 제6기.

54) 郑隆, 「库伦辽墓壁畵浅谈」, 『内蒙古文物考古』 1982년판. 金申, 「库伦旗六号辽墓壁畵零证」, 『内蒙古文物考古』, 1982년판.

55) 吴玉贵, 「内蒙古赤峰宝山辽壁畵墓"颂经图"考」, 『文物』 1999년 제2기. 吴玉贵, 「内蒙古赤峰宝山辽墓壁畵"寄锦图"考」, 『文物』 2001년 제3기.

56) 罗世平, 「辽墓壁畵试读」, 『文物』 1999년 제1기.

57) 李清泉, 「论宣化辽墓壁畵创作的有关问题」, 山东大学考古学系 편찬, 『刘敦愿先生纪念文集』, 山东大学出版社 1997년판.

58) 李清泉, 「宣化辽墓壁畵中的备茶图和备经图」, 『艺术史硏究』 4집, 中山大学出版社 2002년판.

59) 李清泉, 「绘畵题材中意义和内涵的演变-以宣化辽墓中的车马出行图为例」, 『中山大学学报』 (社科版) 2003년 제2기.

60) 李逸友, 「论辽墓畵像石的题材和内容」, 『辽海文物学刊』 1991년 제2기.

61) 郑绍宗, 「辽代绘畵艺术和辽墓壁畵的发现与硏究」, 『文物春秋』 1995년 제2기.

구하였다.

요대 무덤에서 대량 출토된 기물 역시 학자들의 주요 연구대상이다. 전광림(田廣林)은 장례도구를 연구하였으며,[62] 두승무(杜承武), 마홍로(馬洪路), 목역(木易), 유빙(劉馮)[63] 등은 요나라 특유의 가면과 금속망 및 장례풍속 등을 연구하였다. 주천서(朱天舒)는 요대 무덤에서 출토된 금은기(金銀器) 연구를 통해 요대 금은기에 대한 종합적인 연구를 진행하였다.[64] 1980년대 말에서 1990년대 초까지 요대 도자기의 시기별 분류와 유형에 관한 연구가 활발하게 이루어졌다. 양정(楊晶), 교량(喬梁)은 요대 도자기를 전기(성당부터 만당까지), 초기(태조부터 태종까지), 조기(세종부터 성종 통화연간 초까지), 중기(성종 통화연간 초부터 홍종까지), 말기(도종부터 천조제까지)의 다섯 시기로 구분하였다.[65] 양숙금(梁淑琴)은 도자기 변화 단계와 장례문화의 3단계가 서로 맞아떨어진다고 여겼다.[66] 이 연구들은 기본적인 요대 도자의 연대 순서를 확립해 주었다. 팽선국(彭善國)의 연구는 훨씬 전면적이고 세밀하게 이루어져 여러 새로운 의견들이 제기되었다.[67] 요대 도자기 중 계관호(鷄冠壺: 닭 벼슬 모양 주전자 – 역주)는 시대변화를 확인해 주는 기물로 많은 학자들의 관심을 받았다. 양정(楊晶), 풍은학(馮恩學), 마사(馬沙) 등 학자들에 의해 이미 많은 연구 논문에서 심도 있게 다루어졌다.[68] 많은 학자들의 연구에서 닭벼슬 모양 주전자의 시기별 발전과

....

62) 田广林, 「契丹头衣考略」, 『内蒙古文物考古文集』, 中国大百科全书出版社 1994년. 「契丹興仗研究」, 『内蒙古文物考古文集』 제2집, 中国大百科全书出版社 1997년판.

63) 杜承武, 「辽代墓葬出土的铜丝网络与面具」, 『辽金史论』, pp. 271-29. 马洪路, 「契丹葬俗中的铜丝网以及其有关问题」, 『考古』 1983년 제3기. 木易, 「辽墓出土的金属面具, 网络及相关问题」, 『北方文物』 1993년 제1기. 刘冰, 「试论辽代葬俗中的金属面具及相关问题」, 『内蒙古文物考古』 1994년 제1기.

64) 朱天舒, 『辽代金银器』, 文物出版社 1998년판.

65) 杨晶, 乔梁, 「辽陶瓷器的分期研究」, 『青果集』, 知识出版社 1993년판.

66) 梁淑琴, 「辽瓷的类型与分期」, 『北方文物』 1994년 제3기.

67) 彭善国, 『辽代陶瓷的考古学研究』, 吉林大学出版社 2003년판.

68) 杨晶, 「略论鸡冠壶」, 『考古』 1995년 제7기. 冯恩学, 「辽代鸡冠壶类型学探索」, 『北方文物』 1996년 제4기. 马沙, 「论辽代鸡冠壶的分期演变及其相关问题」, 『北方文物』 2000년 제1기.

정은 분명히 밝혀졌으나 연원과 변화의 원인 등에 대해서는 여전히 다른 견해들이 존재하였다.

중국 이외 지역 학자들도 의미 있는 많은 연구 성과를 거두었다. 일본학계는 요대 도자에 주목하여 여러 권의 도록을 출판하였으나 자료를 정리하는 데 그쳤다는 한계가 있었다. 최근에는 콘노 하루키(今野春樹)가 거란묘에 대한 일련의 연구논문을 발표하였다.[69] 구미학계의 요대 무덤 연구는 대부분 예술사 분야에 머물며, 사회사 연구는 극히 소수에 그칠 뿐이다. 앨렌 존슨(Laing, Ellen Johnson)은 송요금 시기 장식묘(裝飾墓)를 개설하면서 요대 고분벽화를 소개하였다.[70] 린다 쿡 존슨(Linda Cooke Johnson)은 고륜(庫倫) 요대 고분벽화를 연구하여, 이것과 공주의 혼례 의식과의 관계를 밝혔다.[71] 로버트 로렉스(Robert Albright Rorex)는 요대 고분벽화와 〈문희귀한도(文姬歸漢圖)〉 등 북방 유목민족 사이에서 전해 내려오는 회화를 비교 연구하였다.[72] 1990년대, 엘렌 존슨은 요대 화조화(花鳥畵)에 관한 논문에서 고분벽화의 내용을 언급하기도 하였다.[73] 다니엘 엘리세프(Danielle Elisseeff)는 선화지역 팔리(八里) 요대 고분 중 부인개문벽화(婦人開門壁畫)를 분석하였다.[74] 낸시 스타인하르트(Nancy S. Steinhardt)는 『요대건축』이라는 책에서 절반에 가까운 내용에 고분벽화

....

69) 今野春村, 「辽帝陵记」, 『贝冢』 54호, 1999년. 今野春村, 「内蒙古辽代契丹墓巡见记」, 『博望』 창간호, 2000년. 今野春村, 「辽代契丹墓出土陶器の研究」, 『物質文化』 72호, 2002년. 今野春村, 「辽代契丹墓出土葬具について」, 『物質文化』 75호, 2003년. 今野春村, 「辽代契丹墓の研究-分布·立地·構造について-」, 『考古学杂志』 87권 3호, 2003년 3월.

70) Laing, Ellen Johnston, "Patterns and Problems in Later Chinese Tomb Decoration", Journal of Oriental Studies, vol. 16, 1978, pp. 3-21.

71) Linda Cooke Johnson, "The Wedding Ceremony for an Imperial Liao Princess: WallPaintings from a Liao Dynasty Tomb in Jilin", Artibus Asiae, vol. 44, 1983, pp. 107-136.

72) Robert Albright Rorex, "Some Liao Tomb Murals and Images of Nomads in Chinese Painting of the Wen-chi Story", Artibus Asiae, vol. 45, 1984, pp. 174-198.

73) Laing, Ellen Johnston, "Liao Dynasty(A.D. 907-1125) Bird-and-Flower Painting", Journal of Sung-Yuan Studies, vol. 2, 1994, pp. 57-99.

74) Danielle Elisseeff, "a propos d'un cimetiere Liao: Les Belles dames de Xiabali", Art Asiatiques, vol. 49, 1994, pp. 70-81.

의 제재와 그것이 보여주는 건축 전통 및 장례풍습을 설명하였다.[75] 쿤 (Dieter Kuhn)은 요대 무덤을 연구한 저서 두 권을 연속 발행하여, 무덤 건축 전통을 연구하였다.[76] 낸시 스타인하르트는 논문에서 요대 무덤 및 그것이 보여주는 의식형태를 설명하였다.[77] 2000년, 선화 요대 무덤과 정 형(井陘) 송대 및 금대 무덤이 함께 미국에서 전시되었을 때, 조성원(曹星 原)은 전시도록에 요대 고분벽화와 송대 및 금대 고분벽화를 비교분석하 는 논문을 실었다.[78]

2. 요대 황릉

요대 200여 년간 모두 10명의 황제가 있었다. 황제의 능묘는 지역에 따라 다섯 곳으로 분류된다. 내몽고 파림좌기의 조릉(祖陵)은 태조(太祖)의 능 이다. 내몽고 파림우기의 회릉(懷陵)은 태종(太宗)의 능이다. 목종(穆宗)도 이곳에 부장되었다. 요령성 의무려산(醫巫閭山)에 동단인(東丹人) 황왕(皇 王)의 현릉(顯陵)이 있으며, 세종(世宗)이 서산(西山)에 묻혀 있다. 요령성 북진(北鎭) 서남쪽의 건릉(乾陵)에는 경종(景宗)이 묻혔으며, 천조제(天祚 帝)도 이곳에 부장되었다. 내몽고 파림우기 백탑자(白塔子) 북대홍안령의 경릉(慶陵)에는 요가 가장 흥성했던 시기인 성종(聖宗)의 영경릉(永慶陵), 홍종(興宗)의 영흥릉(永興陵)과 도종(道宗)의 영복릉(永福陵)이 있다. 현재

....

75) Steinhardt, Nancy Shatzmanm, *Liao Architecture*, Honolulu: University of Hawaii Press, 1997.

76) Dieter Kuhn, *Die Kunst des Grabbaus. Kuppelgr? Ber der Liao-Zeit(A.D. 907-1125)*, Edition Forum, 1997. Dieter Kuhn, *How the Qidan Reshaped the Tradition of the Chinese Dome-shaped Tomb*, Heidelberg: Edition Forum, 1998.

77) Nancy Shatzman Steinhardt, "Liao Archaeology: Tombs and Ideology along the Northern Frontier of China", *Asian Perspectives*, vol. 37, no. 2, 1998, pp. 224-244.

78) Hsingyuan Tsao, *Differences Preserved: Reconstructed Tombs from the Liao and Song Dynasties*, Porland: Douglas F. Coley Memorial Art Gallery, Reed College, distributed by the University of Washington Press, 2000.

비교적 연구 작업이 활발히 이루어진 곳은 경릉이다.

요 성종 야율융서(耶律隆緒)와 인덕황후(仁德皇后), 흠애황후(欽愛皇后)의 영경릉, 흥종 야율종진(耶律宗眞)과 인의황후(仁懿皇后)의 영흥릉, 도종 야율홍기(耶律弘基)와 선의황후(宣懿皇后)의 영복릉을 합쳐 경릉이라고 부른다. 경릉은 현 내몽고 파림우기 백탑자 북쪽 약 10여 km 지점의 대흥안령에 있다. 능묘는 동서로 나 있는 큰 산의 남쪽 기슭, 즉 요대의 영안산(永安山)에 있으며, 이 산은 후에 경운산(慶雲山)으로 이름이 변경되었고 속칭 왕분구(王墳溝)라고 한다. 세 개의 능은 동서로 배열되어 있으며, 각각의 거리는 2km이고 보통 동릉(東陵), 중릉(中陵), 서릉(西陵)으로 불린다.[79]

경릉은 요대 세종 시기에 축조되기 시작하였다. 태평11년(1032년) 성종은 상경(上京) 동북으로 300여 리 떨어진 대부하(大斧河)에서 사망하여, 상경 서북쪽 200리 떨어진 곳에 있는 적산(赤山)에 매장되었다. 같은 해 경주성을 경릉 남쪽에 축조하여 능읍이 되었으므로 11월에 경릉에 매장하였다. 이후 흥종은 청녕(淸寧) 원년(1055년), 흠애황후는 청녕 4년에, 도종과 선의황후는 건통(乾統) 원년(1101년)에 연이어 경릉에 매장되었다. 경릉은 금나라 초기 금군의 공격으로 파괴되었다가, 1930년대 일본군에 의해 도굴을 당하기도 하였다.

경릉의 삼릉에는 능문(陵門), 향전(享殿), 신도(神道)가 모두 동남을 향하고 있다. 경릉 3릉 중 영경릉의 보전상태가 가장 양호하다. 먼저 신도가 있고, 신도 뒤에 향전이 있다. 향전은 정원을 이루고 있다. 앞쪽에는 1개의 문에 3개의 통로 형태의 능문이 있고, 양 옆에는 각루(角樓)가 있으며, 가장자리에 회랑이 있다. 뒤쪽 1,300m 지점에는 월대(月臺)가 설치되어 있으며, 폭과 깊이가 모두 5칸에 중간 부분에 2기둥이 없는(여기에 불상이 있었을 가능성도 있음) 향전이 있다. 향전 양쪽에는 각각 3칸으로 된 타전(朶

....

79) 李逸友, 「辽庆陵」, 『中国大百科全书·考古学』, 中国大百科全书出版社 1986년판.

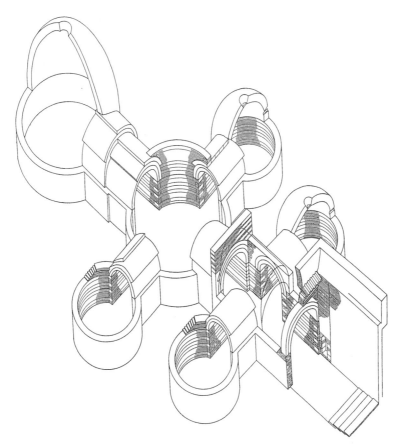

그림 26 요 영경릉(永慶陵) 투시도

殿)이 있고, 향전 뒷쪽이 능묘이다.

　삼릉의 묘실은 모두 전, 중, 후실과 4개의 측실로 이루어져 있다. 물결무늬 벽돌로 쌓여있으며, 무덤 벽은 벽돌을 이용해 3층으로 쌓았다. 천장은 벽돌을 이용해 2층으로 쌓았다. 무덤 내부와 문에는 모두 석회를 바르고 벽화를 그렸다. 그중 동릉인 영경릉이 원형으로 된 7실 벽돌 무덤으로 그 보존상태가 비교적 양호하다(그림 26). 앞쪽은 계단으로 된 묘도가 있는데 폭은 2.58~2.86m이며 길이는 정확하지 않다. 뒤쪽은 벽돌로 쌓은 권정 통로가 있는데 길이 2.21m, 폭은 2.36m이다. 전실은 장방형으로 길이 3.27m, 너비 2.4m이다. 좌우에 직경 3.27~3.36m의 원형 이실(耳室)이 있다. 원형으로 된 중실의 직경은 5.6m이다. 중실에도 좌우에 이실이 있으며, 직경은 3.3m이다. 원형 묘실(후실)의 직경은 5.14m이다. 각 실 사이에는 긴 복도가 서로 연결되어 있다. 영경릉은 복도에서 후실까지 전체 길이가 23.17m이다. 각 실은 모두 궁륭정(穹窿頂)이며, 벽에는 나무 두공을 벽돌 조각으로 표현한 건물 모형이 있고, 기둥머리와 두공은 모두 1두 3승식(一斗三升式) 두공을 표현하였다. 묘실에서는 작은 나무로 들보를 만든 두공, 각목, 구성자, 채색그림이 출토된 것으로 보아 침대 휘장이거나 관 뚜껑이 있었던 것으로 추측된다.

　　삼릉의 묘 내부에는 모두 벽화가 있었다. 지금은 동릉만 모사본과 사진자료가 남아 있다. 묘도에서 주실까지 벽화가 그려져 있다. 그 내용은 장식도안, 인물 그리고 산수 등이다. 묘문과 묘 내부 벽돌 방목구조 건축 그리고 벽에도 채색그림이 있다. 붓으로 용과 봉황, 화조, 구름, 보석, 바탕에는 금문(錦紋, 비단무늬)이 있는 것으로 보아 황제의 휘장을 표현한 것으로 추정된다. 묘도, 전실 및 동서쪽 측실, 중실과 각 통로 벽면에 크고 작은 인물들이 그려져 있다. 묘도 양쪽에 15개의 동그란 모자를 쓰거나 머리를 삭발하고 동그란 목깃, 좁고 긴 소매의 셔츠를 입고, 골타(骨朶, 의장용 무기)를 들고 있는 의례 호위병과 말 한 필이 있다. 전실 앞 양쪽 벽에는 6명의 악대, 한족 복장을 한 기생악대가 있다. 전실 뒤쪽 동쪽은 거란족 복장을 한 대신이 있으며, 서쪽은 한족 복장을 한 대신이 있다. 모두 공수를 하거나 손을 맞잡은 모습이다. 이는 거란 남북 양원 대신(大臣)을 보여주는 것이다. 전실에는 두 폭의 시녀도가 있다. 인물화 위쪽에는 모두 거란문자로 방제(旁題)가 쓰여 있다. 전실의 양쪽 이실에는 거란 복장을 하고 머리를 삭발한 채, 골타, 활과 화살, 노를 들고 있는 거란 시종이 가득 그려져 있다. 중실의 각 문 사이의 4개의 활형 벽면에는 봄, 여름, 가을, 겨울 등 네 폭의 산수화가 있다. 그림 속의 짐승들은 표현이 섬세하고 생동적이어서 요 황제의 나발(捺鉢, 황제의 사계절 수렵활동을 이름) 당시의 풍경을 담은 것으로 보인다. 동릉 벽화는 요대 무덤 중 가장 고급스러운 벽화이다. 전체

벽화와 묘실이 서로 잘 조화를 이루고, 마치 하나의 요나라 황제의 행궁을 상징적으로 그린 듯하다. 이는 거란 상류층들이 여전히 이전의 수렵습관을 가지고 있었음을 짐작할 수 있다.

중릉과 서릉은 모두 훼손되었지만 모두 7실이었던 것으로 확인된다. 그러나 묘실은 모두 다각형으로 이루어져 있고, 전실은 십자형의 복도 형태를 띠고 있다. 이 세 무덤은 요대 중기와 말기 대형고분의 전형적인 예다. 삼릉에서 출토된 유물은 대부분 유실되었고, 일부 돌에 새겨진 애책문만이 남아 있는데, 그중 다섯 개는 한자로 되어 있고, 두 개는 거란문자이다.

3. 요대 무덤

민족, 풍속, 경제발전 및 역사적 전개 추이에 따라 전체 요의 영역은 고고학적으로 남, 북 지역으로 나뉜다.

1) 거란 장례풍속 발전 과정: 북부지역의 요대 무덤

북부지역이란 장성 주변과 그 이북지역을 가리킨다. 즉 지금의 내몽고자치주, 흑룡강성, 길림성과 요령성을 말한다. 이 지역의 무덤은 거란족의 중, 대형 무덤에서 발전변화가 가장 두드러지고, 그 단계적 변화는 거란귀족이 봉건정권을 설립한 후 점차 봉건화되어 가는 과정을 가장 잘 반영하고 있다.

시기와 지역을 구분하는 분기(分期), 분구(分區) 연구는 기타 관련 연구의 기초가 되는데, 1980년대 초, 왕추화는 요대 거란인의 묘를 크게 세 시기로 구분하였다. 제1기는 경종(景宗) 이전(983년 이전)이며, 제2기는 성종(聖宗)에서 흥종(興宗)까지(983년~1055년)이며, 제3기는 도종(道宗)에서 천조제(天祚帝)(1055~1125년)이다. 이것이 최초로 진행된 분기 작업으로, 요나라를 지역별로 구분할 수 있는 기초를 제공하였다.[80] 얼마 후 양정(楊

....

80) 王秋华, 「辽代墓葬分区与分期的初探」, 『辽宁大学学报』(哲社版) 1982년 제3기.

晶)이 「요묘초탐(遼墓初探)」이라는 글을 발표하였다.[81] 이 글에 실린 부장품에 대한 분석은 왕추화보다 더욱 자세하였으나 시기 구분 결과는 같았다. 양정은 무덤 유형과 등급, 고분장식, 장례풍습 등에 대해서도 간략하게 논술하였다. 1980년대 중반, 서빈방(徐蘋芳)은 민족에 따라 북부지역 요대 무덤을 세 시기로 구분하였다. 초기는 목종(穆宗) 재위 8년부터 성종 태평(太平) 11년(958~1031년)까지이며, 중기는 흥종 중희(重熙)(1032~1055년)까지이며, 말기는 도종(道宗) 청녕(淸寧) 원년부터 요나라 멸망(1055~1125년)까지이다. 이는 다른 시기 구분과 조금 차이가 있다.[82] 1990년대 초, 이일우는 거란인과 한족 고분의 특징과 단계적 변화를 구분하여 논술하였고, 거란 묘장제도의 특징을 종합 정리하였다.[83] 이후 풍은학도 시기 구분[분기] 연구를 진행하였다. 이는 지금까지 요대 무덤에 대해 이루어진 가장 체계적이고 심도 있는 종합 연구라고 할 수 있다. 이 논문은 유물을 유형별로 연구한 것에서 출발하여, 상호간에 세심하게 비교하여 시기와 연대를 확정하였다. 969년과 1055년을 기준으로 세 단계로 나뉜 후 이를 다시 7단계로 구분하였다. 그 결론은 대체적으로 왕추화의 북부지역 무덤 분류와 일치하였다. 그러나 작업이 훨씬 세심하고 근거가 명확하였다.[84] 최근 들어 보산대묘(寶山大墓)와 야율우지묘(耶律羽之墓) 등 초기 무덤이 발견되면서 예전에 초기로 분류되었던 고분들을 전후기로 나눌 수 있게 되었다.

초기 중 이른 단계는 태조, 태종 시기(907~930년)이다. 이 시기의 무덤은 아루컬친기[啊鲁科爾沁旗] 보산묘지에서 발굴된 두 귀족묘가 대표적이다. 그중 M1에는 "천찬(天贊) 2년"(923년)이라는 묵서 제기가 발견되었다(그림 27).

....

81) 杨晶, 「辽墓初探」, 『北方文物』 1985년 제4기.

82) 徐苹芳, 「辽代墓葬」, 『中国大百科全书·考古学』, 中国大百科全书出版社 1986년판.

83) 李逸友, 「略论辽代契丹与汉人墓葬的特征和分期」, 『中国考古学会第六次年会论文集』, 北京 文物出版社 1990년. 李逸友, 「辽代契丹人墓葬制度概说」, 内蒙古文物考古研究所 편찬, 『内蒙古东部区考古学文化研究文集』, 海洋出版社 1991년판.

84) 冯恩学, 『辽墓初探』, 吉林大学博士学位论文, 1995년.

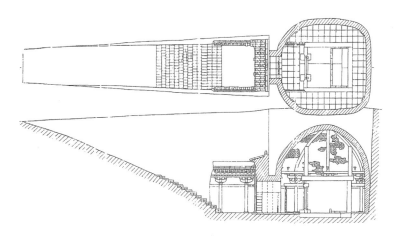

그림 27 보산(寶山) 1호 요대 무덤 평면도 및 부면도

　이 무덤의 묘도는 경사져 있고, 주로 방형 혹은 원각방형의 벽돌건축이거나 석축 단실묘이다. 묘문 앞에는 정원식의 천정이 있고, 내부에는 석실이 설치되어 있다. 석실 내부에는 관을 놓는 곳이 있는 것으로 보아 침대 휘장도 있었을 것이다. 묘지에는 폐쇄식 울타리 등 지상건축물이 있었으며, 발견된 묘는 두 개뿐이지만, 동쪽 방향을 향하던 것을 남쪽 방향을 향하도록 변화시킨 흔적이 있다. 벽화의 내용은 말과 시중들의 그림, 부인이 문을 여는 그림, 청당도(廳堂圖), 화조병풍과 인물고사도 등이며 이들은 주로 묘실과 석실 벽면을 장식하였다. 이 소재들 중 일부는 강한 한족 품격을 가진 것도 있고, 일부는 바로 한족지역 그림을 밑그림으로 사용하기도 하였다. 동시에 거란족의 특징을 보여주는 것도 있지만, 대체적으로 당의 묘장제도와 비슷한 점이 많다. 이 시기의 중소형 무덤은 토갱수혈묘(구덩이를 파고 위에서 아래로 관을 넣는 무덤 – 역주)가 대표적이다. 이 두 기의 무덤에서도 거란 건국 전후의 초기 귀족 장례제도를 볼 수 있다. 대체로 당대 색채가 강하고, 일부 표현 내용은 하북 북부지역 만당 시기 무덤과 밀접한 관계를 가진다. 그러나 전체적인 설계 의도는 거란족의 특징을 존중하면서 전체적으로 새로운 것을 중시하였다. 이 시기는 요대 귀족 무덤이 처음 만들어지는 시기이다.

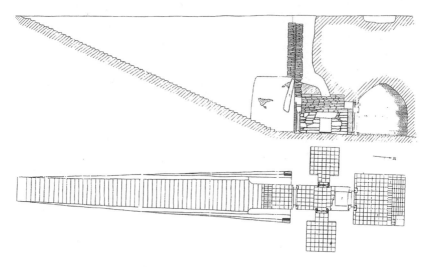

그림 28 요 야율우지묘 평면도 및 부면도

초기 중 늦은 단계는 태종(太宗) 후기부터 성종(聖宗) 이전(약 930~
983년)이다. 이 시기의 무덤은 야율우지의 묘(그림 28)와 부마인 소사고(蕭
沙姑)의 묘가 대표적이다. 중소형 묘는 토갱수혈묘로 컬친[科爾沁]사막 서
쪽과 요하(遼河) 동쪽의 요령 북부지역에서 발견된 전실과 석실의 장식이
없는 단실묘이다. 타번자란향(他本扎蘭鄕)의 백옥도묘(白玉都墓), 구묘향
(舊廟鄕)의 해력판묘(海力板墓)를 예로 들 수 있다.[85] 지금의 내몽고 적봉
(赤峯) 서남지역에서 발견된 일부 단실의 중형 벽화묘로는 키서키등(克什
克騰) 28지 M1과 카라친기[喀喇沁旗] 상소과(上燒鍋) M1[86] 등도 있다. 이
시기의 대형고분은 단실에서 다실의 형태로 변화했으며, 방형이 주를 이루
고 소수의 원형 묘가 있다. 경사진 묘도가 유행했으며, 장례 용구로는 목제
로 만들어진 소형 휘장과 목제로 만들어진 시상(屍床: 시신을 두는 상─역
주)을 함께 사용하였다. 묘 내부에는 한 세트의 생활용구가 있는데, 마구와

....

85) 阜新蒙古族自治县文化馆,「辽宁阜新县白玉都辽墓」,『考古』1985년 제10기. 辽宁省文物考古
   研究所 等,「阜新海力板辽墓」,『辽海文物学刊』1991년 제1기.
86) 项春松,「上烧锅辽墓群」,『内蒙古文物考古』1982년 제2기.

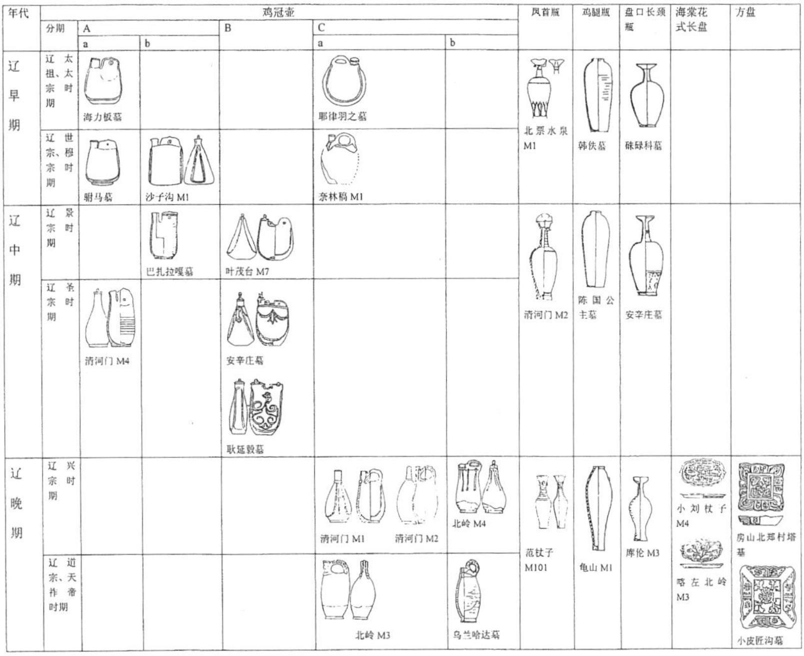

年代	分期	鸡冠壶 A a	A b	B	C a	C b	凤首瓶	鸡腿瓶	盘口长颈瓶	海棠花式长盘	方盘
辽早期	辽太祖太宗时期	海力板墓			耶律羽之墓		北景水泉 M1	韩佚墓	赫赫科墓		
	辽世穆宗时期	驸马墓	沙子沟 M1		奈林稿 M1						
辽中期	辽景宗时期	巴扎拉嘎墓		叶茂台 M7			清河门 M2	陈国公主墓	安孝庄墓		
	辽圣宗时期	清河门 M4		安孝庄墓 / 耿延毅墓							
辽晚期	辽兴宗时期			清河门 M1 / 清河门 M2	北岭 M4		范杖子 M101	龟山 M1	摩伦 M3	小刘杖子 M4 / 督左北岭 M3	房山北郑村塔墓
	辽道宗天祚时期			北岭 M3	乌兰哈达墓						小皮匠沟墓

그림 29 요대 무덤 출토 기물 연변도

일부 철제 공구, 병기 등을 두 개 혹은 네 개로 쌍을 이루어 갖추어 두었다. 이는 남녀 묘주에게 각각 한 세트를 준비했음을 설명해 준다. 원시적 가죽 주머니 모양 혹은 높은 닭 벼슬 귀와 닭 벼슬 모양 주전자 그리고 목이 있는 병[경병, 계퇴병(鷄腿瓶)]이 출토되었다. 봉황의 머리모양이 분명한 봉황머리 주전자와 목이 긴 주전자(그림 29)도 출토되었다. 묘의 그림 장식은 일반적으로 묘문 바깥쪽, 이실과 통로 그리고 전실에 위치한다.

그 내용은 인물초상과 남녀시중이며, 관 표면 장식은 관의 외부에 조각을 새기거나 사신 그림을 주로 그렸다. 일부는 거란족의 유목도(遊牧圖)와 유목생활 풍경을 그려 넣은 것도 있다. 귀족묘에는 묘지(墓誌)를 사용하기 시작하였다. 이 시기의 무덤은 형태에서는 하북 북부지역의 오대시기 무덤의 모습이 보이기도 하지만, 묘지를 사용했다는 점은 한족의 전통을 모방했음을 말해 준다. 그러나 벽화를 전실에만 그렸다거나, 인물

시중을 위주로 그린 점, 이에 더해 거란족 특유의 유목풍경을 함께 그렸다는 점은 또 다른 측면이 있음을 말해 준다. 염을 한 후 매장하는 방식은 목제의 소형 휘장과 시상(屍床)을 사용하였고, 금은 장식품, 마노영락과 장식을 줄에 엮은 목걸이 등을 장례 복식에 맞게 사용하였다. 이러한 규범화된 것들을 통해 한족문화에 대한 직접적인 모방을 없애고 참신함을 드러내 보이고 있다. 이 시기는 거란 귀족 장례제도가 형성되는 시기라고 할 수 있다.

중기는 성종부터 흥종 시기(983~1055년)이다. 나이만치[奈曼旗] 진국공주묘(陳國公主墓)(그림 30), 회릉(懷陵)에서 발견된 상금구(床金溝) M5 등이 대표적인 대형묘이며,[87] 성종의 영경릉도 여기에 포함된다. 이 시기에는 대량의 중소형 무덤이 발견되었다. 수천(水泉) M1, 엽무대(葉武臺) M9[88]와 해방영자묘(解放營子墓) 등을 대표로 들 수 있다. 무덤 형태는 원형묘가 유행했으며, 소량의 방형묘도 있었다. 이 시기 다각묘가 출현하기 시작하였다. 대부분의 묘는 계단형 묘도로 변했으며, 나무 울타리가 비교적 유행하였고, 일반적으로 천정(天井)도 설치하였다. 통로 부분에서는 대칭을 이루고 있는 작은 감실이 나타나기 시작하였다. 다수의 무덤에는 목제의 소형 휘장과 석관이 사용되었고, 이들은 중소형 묘에도 보급되었다. 이 단계는 요의 번성기에 해당하므로, 귀족묘와 중형묘 등에서 시신 위에 금, 은, 동으로 만들어진 망과 가면 등을 올려놓은 것을 볼 수 있다. 진국공주묘에서 출토된 도금한 금은관(金銀冠), 금으로 된 허리띠, 꽃이 새겨진 은장화 등은 매우 완전한 장례전용 복장 한 세트가 갖추어졌음을 보여준다. 부장품의 유형과 배치방법은 이전 시기에 비해 큰 변화가 없다. 주로 도자기로 된 생활용품, 마구와 소량의 철제 도구로 이루어져 있으며, 모두 세트를 맞춰 배치되었다. 후실에는 금, 은, 칠(漆), 옥과 유리로 된 식기와 세면용구, 소량의 활과 화살 같은 무기들이 놓여

....

87) 内蒙古文物考古研究所,「巴林右旗床金沟5号辽墓发掘简报」,『文物』2002년 제3기.

88) 辽宁省博物馆文物工作队,「辽宁北票水泉一号辽墓发掘简报」,『文物』1977년 제12기. 辽宁大学历史系考古教研室,「辽宁法库县叶茂台 8, 9号辽墓」,『考古』1996년 제6기.

그림 30 요 진국공주묘(陳國公主墓) 평면도, 부면도 및 천정 전실 벽화

있다. 부장된 마구는 실물보다는 명기(明器)로 변화하기 시작하여, 은으로 만들어진 것도 있고, 어떤 것들은 몇 개의 고삐, 걸이, 등자 등만으로 표현하는 등 간소화하기도 한다. 병기도 줄어들어, 단지 몸에 지니는 칼과 검 등이 출토되었다. 출토된 닭 벼슬 모양 주전자는 형태상으로는 초기 단계 중의 늦은 시기의 것과 비슷하다. 그러나 초기 단계 말기에 비해 형체가 더욱 높아져 초기 단계만큼 풍만한 형태를 띠지 않는다. 높은 형태의 손잡이주전자[提梁壺], 두 개의 귀가 달린 닭 벼슬 모양 주전자가 눈에 많이 띈다. 그 밖에 긴 주둥이 병, 긴 주둥이 주전자 등이 출토되었다. 묘실 벽화로는 경릉 벽화가 비교적 양호하게 보존되었다. 진국공주묘 등에서도 비교적 완전한 형태의 벽화가 발견되었다. 벽화의 구조는 일정한 규칙이 있으며, 묘도에는 벽화가 설치되어 있지 않다. 천정(天井) 부분에는 시위병이 마차를 준비하는 내용이 그려져 있다. 전실과 통로는 벽화 제작의 주요 구역이다. 대개 주실 방향을 중심으로 양쪽에 남시중과 여시중이 씻는 시중을 들거나 시중이 물건을 들고 있는 내용이 대칭으로 그려져 있다. 묘 천정에는 구름, 날아다니는 학, 연꽃 등이 그려져 있다. 주실과 그 양쪽의 이실에는 보통 벽화를 그리지 않았다. 전체 벽면의 설계구상은 묘주가 거주하는 공간을 중심으로 이루어졌다. 전실과 통로 쪽에는 실내에서의 생활 내용으로, 시중이 주실 방향으로 서 있으며, 묘문 안팎에 문을 지키는 문리(門吏)와 문신(門神) 수위를 두었다. 천정(天井)에는 실외활동에 필요한 차마와 의장을 두었고, 시종들은 일제히 묘실이나 묘도를 향해 서서 주인의 상태를 살피고 있다. 비교적 많은 수의 중형고분에는 화조도, 거란 복장의 시중, 안장을 얹은 말로 이루어진 행렬준비 장면, 사신(四神), 묘 주인이 마주보고 앉은 그림, 가구와 도구 등이 장식되어 있다. 많은 묘에 방목구조 벽돌조각 건축을 사용하여 문루, 격자창, 등잔걸이, 탁자, 의자 등 가구를 새겼다. 관 벽면에는 유목풍경을 그렸다. 이런 특징을 이전 시기와 비교했을 때, 거란 귀족의 장례제도는 계승하면서 어떤 방향으로 발전하는 두 가지 모습을 동시에 가지고 있음을 알 수 있다. 이 시기의 귀족무덤의 제도화는 안정적으로 발전했으며, 거란 귀족의 장례제도의 기초가 이 시기에 확립되었다.

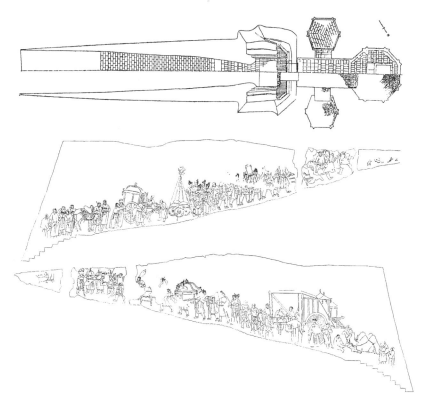

그림 31 쿨룬치[庫倫旗] 1호묘 평면도 및 묘도 벽화

후기는 도종(道宗)부터 천조제(天祚帝)까지(1055~1125년)이다. 대형 묘인 쿨룬[庫倫] M1(그림 31)과 야율홍본묘(耶律弘本墓)가 대표적이다. 이 두 기의 무덤과 비슷한 등급의 무덤이 20여 기 있다. 많은 명망 있는 가문의 가족묘지 중의 중소형 묘, 예를 들어 엽무대, 쿨룬치 전물력부격 묘지의 고분들 등 중소형 무덤의 수량은 아주 많다. 그중 소효충묘(蕭孝忠墓)와 호흠영(豪欠營) M6 등이 대표적이다.[89] 눈에 띄는 특징으로는 다각형 묘가 유행하기 시작했다는 것이다. 동시에 많은 수의 소형 방형묘가 존재하

....

89) 雁羽, 「锦西西孤山辽蕭孝忠墓清理简报」, 『考古』 1960년 제2기. 乌盟文物工作站 等, 『契丹女尸』, 内蒙古人民出版社 1985년판.

였고 소수의 원형묘도 있었다. 다실묘의 주실 규모는 앞 단계에 비해 크며, 전실은 대부분 둥그런 천정을 가진 방형으로 퇴화하였다. 그러나 통로와는 여전히 구분되어 있다. 많은 무덤에는 천정(天井)이 설치되어 있지 않거나 묘도에 속해 있다. 묘도는 벽돌로 바닥을 깔거나 양쪽 벽을 쌓았다.

묘실 내벽에는 그 당시 유행하던 상감식 나무 보호창이 있으며, 많은 고분들이 전실과 이실을 연결해 사용하고 있다. 모두 목재로 엮어 만든 천정은 중국 전통의 조정 형식이다. 장례도구로는 벽돌로 된 시신을 두는 상에 목판을 깔거나 목관장을 하는 고분이 보편적이었다. 목제 소형 휘장과 석관은 더 이상 유행하지 않았다. 수의는 이전 시기와 대체로 비슷하였고 망이나 가면은 중형 묘에서 비교적 많이 사용하였다. 이 시기에는 화장이 유행하였다. 작은 석관에 유골을 넣었으며, 석관 위에는 범문(梵文) 경구를 새겨 불교와 관련이 있음을 말해 준다. 또한 화장의 유행과 불교의 유행이 관련이 있음을 보여주기도 한다. 중소형 무덤 중에는 장식 벽화가 많지 않다. 부장품에는 도금한 마구, 동으로 만든 생활용구, 철제 생활용구와 도자기 등이 있다. 이 시기에는 거란인의 유목수렵 풍습이 사라지고 급속히 한족화가 시작되었음을 알 수 있다. 고분 중 마구와 병기가 사라지고, 긴 주둥이 병도 거의 보이지 않게 되었다. 닭 벼슬 모양 주전자류 기물도 손잡이가 높은 제량호(提梁壺) 한 종류만 남게 되었다. 주전자 모양은 전체적으로 높고 가늘게 변했다. 삼채 도자기가 크게 유행하기 시작했다. 고분벽화는 묘도 부분이 눈에 띈다. 일부 무덤은 주실과 이실의 목조 보호창에 벽화가 그려져 있으며, 전실벽화는 보편적으로 그려지지 않았다. 단지 묘문 안의 통로 부분에서만 보인다. 교통 용구와 관련해서는 묘도 양쪽에 말과 수레를 준비하는 그림과 의장 시중의 모습이 대칭되어 그려져 있고, 묘도 양쪽 벽화의 인물과 차마는 모두 같은 방향을 향해 있으면서 양쪽 벽화의 내용은 서로 반대편 내용을 보충하는 형식으로 표현되어 있다. 예를 들어 말 준비와 낙타 끄는 마차가 서로 대비를 이루며 각각 남녀 묘주에게 제공되고 있다거나, 양쪽 벽에 둘 혹은 세 그룹의 깃발과 북이 그려져 있다. 이것을 합쳐 보면 다섯 팀이 된다. 묘의 문에는 문신(門神)을 두었고, 천정(天井)에서 통로까지 양쪽 벽에는 여시종이 씻는 것을 도와주고 남자 시중이 물건을 들고 있는 그림이 대칭을 이루며 그려져 있다. 또한 음식을 준비하는 장면도 있다. 묘실 내벽에는 묘주 부부가 마주 앉아 있고, 음악과 춤을 추는 장면도 있다. 그리고 화조와 벌, 나비, 호수, 구름 등이 그 사이에 그려져 있고, 효행도가 출현하였다. 벽면 장식은 주실과 이실 이외 전체적인 설계는 주실을 중심으로 되어 있다. 통로 천정 부분에는 간단하게 외출 전 옷을 입고 준비하는 상황이 그려져 있는데, 눈에 띄는 것은 묘도 부분에 주인의 외출을 기다리는 차마의장 등의 내용이 있다는 것이다. 또한 이 시기에는 목조 건축을 모방한 건축이 유행하였다. 살펴본 바와 같이 이 시기 무덤의 특징으로 볼 때, 이때는 요대 무덤의 특징이 기본적으로 갖추어지지만, 더욱 발전할 수 있는 원동력은 부족하였음을 알 수 있다. 거란 귀족의 묘장제도는 100여 년의 시간을 거쳐 이미 성숙해 있었다.

2) 다른 민족 간 장례제도의 융합: 남부지역의 요대 무덤

남부지역이란 장성(長城) 양쪽 지역과 장성 이남 지역을 말한다. 남쪽 경계로는 백구(白溝)-안문관(雁門關)-번치(繁峙)로 북송과 국경을 맞대고 있었다. 북경 주변, 하북 동북부, 선화지역을 중심으로 하는 하북, 내몽고 접경 지역, 대동을 중심으로 하는 진북지역은 요나라 통치하의 가장 큰 한족 거주지였다.

① 지역구분[分區]. 각 지역 고분 특징에서 보이는 문화적 차이에 따라 남부지역은 네 구역으로 구분된다. A지역은 베이징을 중심으로 하는 지역이다. 연운(燕雲)16주 중 단주(檀州), 계주(薊州), 탁주(涿州), 순주(順州), 규주(嬀州), 유주(儒州) 등이다. 이곳에서 일정 수량의 요대 무덤[90]이 발견

....

90) 刘耀辉, 「北京辽墓初探」, 『北京文博』 1999년 제4기.

되었다. 원형과 방형 단실의 벽돌로 된 묘가 대부분이다. 부장품은 도자기류가 많다. 대체적으로 체계화된 도자기 예기 세트가 형성되어 있다. 도자기는 주요 수장품으로, 중원과 남방 지역에서 유입된 것들이며, 용천무요(龍泉務窯)나 요나라 국내에서 생산된 방정(仿定) 도자기와 삼채 도자기도 있다. B지역은 하북 동북부다. 이 지역은 조양지역(朝陽地域)과 연운16주 중의 유주, 규주, 무주(武州), 순주, 단주, 유주(幽州), 계주, 탁주, 막주(莫州), 영주(瀛州) 등이다. 즉 북경 이북의 승덕(承德), 위장(圍場), 평천(平泉), 풍녕(豊寧) 일대를 말한다. 이곳은 연나라와 조양지역을 이어 주는 요충지로, 요나라에게 아주 중요한 지역이었다. 다실과 단실로 된 벽돌묘가 대부분이다. 또한 다실과 단실로 된 석실묘도 있다. 이 지역은 도기를 부장품으로 사용하지 않았다. 주로 보이는 부장품으로는 자기와 철제, 동제 기물이다. 그중 자기는 요나라 북부지역에서 생산된 기물만을 사용한 것이 특징이다. 벽장식은 그다지 사용하지 않았고 소재도 풍부하지 않다. 그러나 일부 무덤에서는 조각이 새겨진 벽돌로 고분을 장식했다. 그 내용과 배치 방법은 하북지역에서 발견된 송대 무덤과 매우 비슷하였다. C지역은 선화지역이다. 연운16주 중 무주와 신주(新州)가 여기에 해당한다. 요나라 당시에는 봉성주(奉聖州)와 귀화주(歸化州)라고 불렸다. 선화지역은 요대 무덤 자료가 가장 많은 곳이다. 어떤 학자는 이 지역의 요대 무덤을 시기별로 연구하였다.[91) 이 지역은 원형, 방형, 다각형 주실의 쌍실로 된 벽돌묘가 특징이다. 선화지역 무덤의 부장품으로는 도기가 주를 이루며, 그 품종도 다양하다. 기물들은 상대적으로 고정된 형식을 이루어 조합된 것들이 많다. 그 외에 이 지역에서는 많은 목기 부장품도 사용하였다. 대부분 무덤에 벽화장식이 있다. 조각이 된 벽돌과 벽화가 서로 조화를 이루어 장식되어 있으며, 그 내용도 아주 다채롭다. D지역은 대동을 중심으로 하는 연운16주 중의 운주(雲州), 응주(應州), 삭주(朔州), 울주(蔚州) 등이다. 요나라

....

91)　陶宗治, 「略論张家口地区辽墓分期问题」, 『北方文物』 1993년 제1기.

당시에는 서경도(西京道)에 속하였다. 이 지역은 원형의 전실묘가 가장 많다. 요나라 내륙과 근접한 북부지역에서는 불규칙한 원형과 다각형의 석실묘가 발견되기도 하였다. 부장품은 많지 않고 규칙적이지 않았으며 도자기류가 대부분이었다. 가장 큰 특징은 벽화장식으로 구조가 엄격하며 일정한 격식을 갖추고 있다. 일반적으로 북쪽 벽에는 세 폭짜리 화훼병풍과 시녀들이 옆에 서 있는 그림이 있으며, 남쪽 벽에는 문을 지키는 관리[門吏]와 시녀들이 서 있는 그림이 많다. 서쪽 벽에는 차마 혹은 낙타 출행도가 그려져 있고, 특별히 악대가 그려져 있기도 하였다. 동쪽 벽에는 옷걸이에 꽃장식의 옷 등 세벌의 옷이 걸려 있고, 그 옆에 시녀나 늙은이가 서 있는 내용이 그려져 있다. 천정은 분홍색의 별이 있고, 동쪽에는 해와 금조(金鳥), 서쪽에는 달, 계수나무 그리고 토끼가 그려져 있다. 장식 소재의 발전 과정을 분명하게 볼 수 있으며, 지역적 특색도 분명하게 드러난다.

② 시기구분[分期] 및 문화적 영향. 연운지역 무덤의 발전과정은 북부지역 무덤만큼 분명하지는 않다. 이는 당시 사회적 배경과 관계있다고 할 수 있다. 재료가 흩어져 있고 다양하기 때문에 하나의 작은 지역만으로는 변화 발전의 시기를 구분하기가 어렵다. 4개의 작은 구역에서 보이는 변화 발전 과정을 종합하고, 상호 보충하면 변화의 규칙을 발견해 낼 수 있다. 지금까지 남아 있는 자료를 근거로 연운지역의 무덤을 세 시기로 구분할 수 있었다.

제1기는 태조(太祖)부터 성종(聖宗) 통화(統和) 원년(916~983년)까지이다. 이 시기에는 벽면장식이 거의 없다. 몇몇 무덤을 살펴보면 벽화 소재는 시녀 위주이며, 말과 낙타 등이 있다. 벽돌에 조각하여 문, 창, 탁자를 표현하였다. 그러나 이 두 가지는 동시에 나타나지 않았다. 일반적으로 묘실의 동서쪽 벽면을 주로 장식하였다. 비교적 큰 묘의 부장품은 주로 도자 위주의 각종 실용 기물 그리고 세트로 이루어진 도자 명기(明器) 두 가지로 크게 분류된다. 이 도기는 만당 시기 북방지역 고분 중의 부장용 도기를 계승했다는 특징이 있다. 그러나 그릇 종류는 명기 세트에서 실제 생활에 쓰이는 예기(禮器)로 변화하였다. 선화지역의 요대 묘 중 이 시기의 무덤에서 세 발 달린 그릇[三足器], 주전자, 수저, 항아리, 대야 등 도기로 된 취사도구들이 발견되었다. 이는 그 지역의 특징을 보여준다. 요나라 당시 기내(畿內)지역, 특히 소맹(昭盟)지역의 철제 명기와 비슷하면서,[92] 많은 중원 북방지역의 송대 무덤 벽면장식과 비슷하다. 비교적 완전하게 보존되어 있어 송대 예기 변화 발전 연구에 큰 의미가 있다.

제2기는 성종에서 도종(道宗) 청녕(淸寧) 원년(983~1055년)까지이다. 이 시기 북경지역의 묘는 원형 단실묘가 많았다. 하북 동북부지역의 묘는 여전히 땅을 파서 매장하는 토갱묘(土坑墓) 방식을 사용했고, 전실묘와 석실묘가 새롭게 나타났다. 선화지역과 대동지역에서는 전실묘와 석실묘가 동시에 유행하기도 했다. 벽면장식은 하북 동북부지역을 제외하고는 초기의 장식소재와 구조가 대부분 사라졌다. 각 지역의 보편적인 장식으로는 벽면에 여전히 시녀가 많이 그려져 있지만, 시녀들이 꽃, 옷 상자, 탁자 및 병풍 등과 같이 나타난다는 것이다. 말과 낙타도 관련 요소들과 함께 줄거리가 있는 벽화 속에 보조 요소로 그려져 있는 등 벽면장식은 양식화되어 간다는 것을 의미한다. 무덤의 천정에는 천상도와 연화도가 있다. 문을 지키는 관리인 문리(門吏) 등 새로운 내용도 나타났다. 벽돌조각은 여전히 문, 창과 탁자에 사용되었다. 의자, 등걸이 등이 나타났다. 벽돌조각과 벽화가 같이 무덤 장식으로 사용되었다. 또한 병풍이 묘실 북쪽 벽에 그려진다거나, 일반적으로 등걸이는 남쪽 벽 묘문 가까운 곳에 그려지는 등 장식 배치가 고정되기 시작하였다. 부장품은 형태상의 변화를 제외하고 종류는 초기와 비슷하다. 북경지역에서는 일상생활에 사용되는 자기 종류가 많이 발견되었다. 그러나 위에 서술한 마구나 공구(工具) 등 소형 기물은 여전히 소형 무덤에서 계속 사용되고 있었다. 선화지역의 부장품은 세트로 된 도기 위주로 변해 갔다. 도기의 종류는 아주 다양해서 세발 달린 그릇, 가마,

....

92) 項春松, 「昭盟地区的辽代墓葬」, 『內蒙古文物考古』 1981년 창간호.

항아리, 대야, 주전자, 인두, 수저, 가위와 물그릇 등 한 세트의 고정된 조합을 사용하였다. 그리고 기물의 크기는 10cm 정도이다. 이러한 명기 조합과 크기는 이미 규범화되었다. 이 명기들이 북경지역뿐 아니라 요나라 북부지역에 영향을 미쳐 도종 시기부터 요나라가 멸망할 때까지 주로 사용되었다.[93] 이는 이 도기들의 조합이 선화지역을 중심으로 하여 사방으로 전해졌음을 말해 준다. 벽돌조각의 발전으로 일부 기물이 벽면에 새겨지면서 부장품의 조합이 사라졌다. 대동지역은 부장품의 수량이 많지 않지만 다양하게 갖추어져 있고, 또한 나무로 만든 탁자와 의자도 있다. 벽면장식은 이 시기부터 고정된 양식을 갖추게 된다. 주목할 것은 대동 십리포(十里鋪) 27호묘[94]에 관상 동서 양쪽 벽 아래에서 부패된 종이재 두 더미가 발견되었다는 것이다. 이는 종이로 만든 명기를 태운 흔적으로 추정된다. 숙백(宿白)선생은 이 종이 명기를 상세히 고증하여 이 종이가 매장 당시 "동시 분화"[95]되었다고 여겼다. 십리포 27호묘는 고고학 실물 자료로 문헌기록을 고증해 주는 역할을 하였다.

이 시기 연운지역 고분의 특징을 살펴보면 역사적 전통이 보존되는 동시에 인근지역의 문화풍습의 강한 영향을 받았음을 알 수 있다. 이런 영향력은 이 요소들이 시작된 지역의 발전 정도에 따라 제한을 받았다. 동시에 새로운 요인이 나타나기도 해서, 각 지역은 지역적 특징을 비교적 분명하게 가지게 되었다. 예를 들어 선화지역에는 각 유형이 완전히 갖추어진 도기 명기가 나타났고 대동지역에서는 양식화된 벽화 소재와 구조가 형성되었다.

제3기는 도종부터 요나라 멸망(1055~1125년)까지이다. 하북 동북부 지역에서 원형 단실 벽돌묘가 계속 사용된 것을 제외하고, 다른 세 지역의 무덤은 모두 변화가 있었다. 북경지역 무덤에는 장방형과 방형 무덤

....

93) 주 92와 같음.
94) 山西省文物管理委員会, 「山西大同郊区五座辽壁畵墓」, 『考古』 1960년 제10기.
95) 宿白, 『白沙宋墓』, 文物出版社 2002년판.

형태가 추가되었고, 선화지역에서는 다각형묘와 쌍실묘가 나타났다. 대동지역은 원형, 다각형 및 방형 단실의 벽돌묘가 동시에 나타났다. 또한 관상(棺床)이 묘실의 북쪽 전부를 차지하였다. 이외에도 다각형의 적석묘와 토동묘 등 두 가지 형태도 존재하였다. 그러나 전체적으로는 여전히 원형 무덤이 70%로 주를 이루었다. 다각형묘가 22%를 차지하며, 방형은 8%로 가장 적다.

요대 내륙지역에서 특히 유행했던 다각형묘의 특징을 중원지역 송대 무덤과 비교해 보면, 연운지역의 전통적 요소가 훨씬 많이 강하게 남아 있다는 것이 확인된다. 각 지역에서는 일반적으로 새로운 장식 소재와 배치 형태가 나타났다. 먼저 벽화는 소재가 많아졌고 내용은 점차 복잡해지며, 효행도가 출현하였다. 제2기의 기초 위에서 화면은 더욱 복잡해졌고, 그 구상은 분명해졌으며 이야기 그림으로 이루어지는데 이야기 그림은 통상적으로 설명하는 '연회', '연회준비', '출행', '기녀음악대'이다. 선화지역에서 발견된 M10 장광정묘가 대표작이라고 할 수 있다(그림 32). 상응하는 내용에 따라 벽화의 위치도 고정되어 일정한 배치구조를 형성한다. 벽돌조각은 여전히 문, 창과 탁자, 의자와 등걸이에만 국한된다. 그림병풍과 등걸이의 위치는 제2기와 같다. 그러나 서쪽 벽의 고정된 위치에 거마도(車馬圖)가 그려져 있고, 동쪽 벽에는 연회도(宴會圖)가 그려져 있다. 이런 구조는 제2시기 대동지역에서 이미 출현했으며, 제3기에는 아주 양식화되었다. 부장품은 도기로 된 명기 세트가 주를 이루고, 구성 종류는 더욱 다양하였다. 이 구성은 선화지역, 대동지역에서 특히 유행하였다. 그 외 부장품으로 일부 일상생활용 자기류도 있었다. 대동 주변지역 무덤에서는 이 시기부터 탁자, 옷걸이, 상자, 다듬이방망이, 칼집 등의 목제 부장품이 대량으로 출토되기도 하였다.

연운지역의 요대 무덤, 인근지역의 중원 송대 무덤, 요나라 수도권지역 및 조양지역의 무덤을 살펴보면, 연운지역의 무덤풍습이 역사적 전통을 지키고, 인근지역의 풍습을 받아들이는 동시에 당시 사회경제문화의 영향

후실

전실 오른쪽 벽

전실 왼쪽 벽

그림 32 선화지역 요대 장광정묘(張匡正墓) 벽화

을 받는 등 여러 요소로 인해 독립적인 지역적 특징을 띠고 있음을 알 수 있다. 연운지역의 네 구역은 지리적 요인과 인문지리적 요인에 의해 각각 독립적인 특징을 가진다. 각 지역은 각 시기마다 현지의 발전 요소보다는 요나라 수도권지역, 북송 하동로와 하북 동로 및 하북 서로 등 인근지역의 영향을 크게 받았다. 이는 지역 간 상호작용이 아닌 일방적인 것이었다. 하북 동북부지역에서 계속적으로 원형 단실 벽돌묘를 사용한 것을 제외하면 다른 세 지역의 경우 모두 변화가 생겼다. 예를 들어 북경지역 무덤의 경우 장방형과 방형고분이 추가되었고, 선화지역의 경우 다각형묘과 쌍실묘가 나타났으며, 대동지역의 경우 원형, 다각형과 방형 단실 벽돌묘가 공존하게 되었다. 또한 관상이 묘실의 북쪽 면 전체를 차지하였다. 그 외에는

다각형 적석묘와 토동묘 두 가지 형태가 존재하기도 했다. 연운지역 무덤에서는 특수한 지리적 위치, 이민족의 통치를 받았던 시대적 배경으로 강한 지역적 특색이 드러난다. 묘장문화에서 보이는 강렬한 지역적 특징은 이러한 특수한 시대적 산물인 것이다.

7장 금대 능묘의 고고학적 발견과 연구

1. 금대 능묘의 고고학적 발견과 연구 현황

금대 무덤에 대한 고고학 작업은 송원명 고고학 작업 중 비교적 일찍 시작되었다. 그 과정은 3단계로 나눌 수 있다.

1) 20세기 전반

최초의 금대 무덤에 대한 고고학 작업은 일본인에 의해 시작되었다. 그중 중요한 작업은 1910년 도쿄제국대학 하마다 고사쿠(濱田耕作)가 실시한 조선의 한 낙랑군(樂浪郡) 무덤에 대한 조사, 발굴작업과 함께 이루어진 동북지역의 금나라 완안(完顔)씨 가족묘 조사였다.[1] 1936년에는 소노다 가즈키(園田一龜)가 당시 만주국 문교부의 위탁을 받아 금 상경(上京) 유적, 금 완안희윤(完顔希尹)과 완안루실(完顔婁室) 가족묘지를 조사하였다.[2] 1937년 야마다(山田文英)가 길림성에서 금대 석관을 수집한 것도 큰 소득이라고 할 수 있다.[3] 1941년 하라다 요시토(原田淑人)와 고마이 가즈치카(駒井和愛)와 세키노 다케시(關野雄) 등이 요양(遼陽) 옥황묘(玉皇廟)의 요금 시기 무덤 29기를 발굴 정리하였고, 1942년에도 이를 계속 발굴하였다.[4] 이와 동시에 중국학자들도 동북지역에서 발견된 금대 무덤에 대한 기록을 정리하였다.[5] 종합하면 이 시기에는 금대 무덤에 대한 정리와 기록

....

1)　「伊東工学博士の支那の古建筑に尖する谈话」, 『考古界』 제2권 5, 6호.
2)　園田一龜, 「金完顔希尹の坟墓就いて」, 『考古学雜志』 제29권 2호, 1949년. 園田一龜, 「吉林, 濱江两省之金代遗迹」, 『滿洲国古迹调查报告』 제4편.
3)　山田文英, 「延吉郊外发现の石器及石棺」, 『滿洲史学』 제1권 3호, 1937년.
4)　「九一八以来日人在东北各省考古工作记略」, 『益世报史地周刊』 제32, 33기, 1947년 3월 11일, 25일.
5)　「辽金旧墓记」, 『益世报史地周刊』 제32, 33기, 1947년 3월 11일, 25일.

작업이 시작되었다고 할 수 있다. 그러나 동북지역에는 금대 무덤이 대형이 아니고 아름다운 벽화도 없었기 때문에 요대 무덤에 비해 상대적으로 발굴과 연구 결과가 미약하거나 종속적인 지위에 머무르고 있다.

2) 1980년대 이전

이 시기는 전국적으로 고고학적 연구조사 작업이 시행되어 많은 수의 금대 무덤이 발견되었다. 이 중 일부는 자세하게 정리 작업이 진행되었다. 그중 세 가지 종류의 무덤을 주목할 만하다. 첫 번째는 중원지역에서 발견된 한족과 거란족 특징을 가진 무덤이다. 특히 아름다운 장식을 한 방목구조 전실묘를 들 수 있다. 북방지역 각 성에서 모두 발견되었고, 이 중 진남(晉南) 지역에서 발견된 [산서 직산(稷山) 금대 무덤군, 산서 후마(侯馬) 동씨(董氏) 가족묘, 후마 104호묘[6] 등] 방목구조 전실묘와 하북의 [신성(新城)에서 발견된 금에 항복한 요의 귀족 시립애(時立愛) 가족묘지, 하북 정형시장(井陘柿莊)에서 발굴된 사씨(師氏) 무덤군[7] 등] 두 곳의 대형 가족묘가 중요하다. 그중 후마 금대 무덤에서 발견된 잡극(雜劇) 소재의 장식은 큰 관심을 받고 있다.[8] 두 번째는 금원(金源) 내륙지역에서 발견된 여진족 무덤이다. 금 건국 후에도 여전히 금원지역에서 활동하던 여진족과 평민들의 무덤 및 조정에서 관직을 맡았던 일부 여진족 가족묘이다. 이 무덤들은 흑룡강 수빈중흥(綏濱中興) 고성 주변 무덤군, 송화강(松花江) 하류지역 오리미(奧里米) 고성 주변의 귀족묘와 평민묘가 동시에 있는 가족묘지[9]가 대표적이다. 또한 수빈영생(綏濱永生) 무덤군

....

6)   山西省考古研究所,「山西稷山金墓发掘简报」,『文物』1983년 제1기. 山西省文管会侯马工作站,「侯马金代董氏墓介绍」,『文物』1959년 6기. 杨富斗,「山西侯马104号金墓」,『考古与文物』1983년 6기.

7)   河北省文化局文物工作队,「河北新城北场村金时立爱和时丰墓发掘记」,『考古』1962년 제12기. 河北省文化局文物工作队,「河北井陉县柿庄宋墓发掘报告」,『考古学报』1962년 제2기.

8)   刘念兹,「中国戏曲舞台艺术在十三世纪的初叶已经形成-金代侯马董墓舞台调查报告」,『戏剧研究』1959년 제2기.

9)   黑龙江省文物考古队工作队,「黑龙江畔绥滨中兴古城和金代墓群」,「松花江下流奥里米古城及其周围的金代墓群」,『文物』1977년 제4기. 方明达 等,「绥滨县奥里米辽金墓葬抢救性发

등 평민묘지,[10] 길림성 서란현(舒蘭縣) 완안희윤 가족 묘지[11]를 대표적 예로 들 수 있다. 세 번째는 동북과 북경지역에서 발견된 토갱석곽묘(土坑石槨墓)이다. 길림 부여(扶余) 서산둔묘(西山屯墓),[12] 북경시 방산(房山) 오고륜(烏古倫) 가족묘지와 통현 금 대정(大定) 17년 석종벽묘(石宗壁墓)[13] 등이 있다. 이 시기에 금대 무덤에 대한 자료가 배로 늘어났으나 이에 상응하는 연구는 거의 없었다고 할 수 있다.

3) 1980년대부터 현재까지

금대 무덤에 대한 사람들의 관심이 높아지면서, 이 시기 금대 무덤 발굴은 더욱 체계를 갖춰 각지에서 많은 작업이 이루어졌다. 동북 및 중원 지역과 관련된 일부 성과 시에서는 다양한 종류의 무덤이 발견되었다. 이 기초 위에서 학자들은 금대 무덤에 대한 정리와 초보적인 연구 작업을 시작하였다. 가장 먼저 금대 무덤을 정리한 사람은 서빈방(徐蘋芳)선생이다. 그는 1980년대 초반 이전에 발굴된 금대 무덤 자료를 수집한 후 대정(大定) 연간을 기준으로 각 시기 무덤 발전의 특징을 정리하였다.[14] 이후 학자들은 여러 방면에서 금대 무덤을 연구하기 시작하였고 이는 아래 몇 가지 방면으로 구분된다. 첫 번째는 금대 무덤을 전체적으로 정리한 것으로 주로 이미 발견된 금대 무덤을 시기별로[分期], 지역별로 구별하여[分區] 분석하고 각 유형별로 변화 발전하는 규칙을 연구하는 것이다.[15] 두 번째는 금대 무덤을 종족별로 구분하여 수행하는 연구로, 주로 여진족의 장례제도를

....

掘」, 『北方文物』 1999년 제2기.

10) 黑龙江省文物考古工作队, 「绥滨永生金代平民墓」, 『文物』 1977년 제4기.

11) 吉林省地方志编纂委员会, 『吉林省志·文物志』, p. 182.

12) 吉林省博物馆, 「吉林省扶余县的一座辽金墓」, 『考古』 1963년 제11기.

13) 北京市文物工作队, 「北京金墓发掘简报」, 『北京文物与考古』 제1집, 1983년. 北京市文物管理处, 「北京市通县金代墓葬发掘简报」, 『文物』 1977년 제11기.

14) 徐苹芳, 「金元墓葬的发掘」, 中国社会科学院考古研究所 편찬, 『新中国的考古发现与研究』, 文物出版社 1984년판.

15) 秦大树, 「金墓概述」, 『辽海文物学刊』 1988년 제2기.

연구하였다.[16] 세 번째는 일부 특정한 무덤 종류에 대한 연구로, 무덤 석함 장(石函葬),[17] 금대 특유의 토갱석곽묘(土坑石槨墓) 연구[18]와 화장묘(火葬 墓)에 대한 연구[19] 등을 들 수 있다. 네 번째는 일부 특정 지역 금대 무덤 에 대한 연구이다. 이는 기존의 연구 중 가장 많이 진행된 작업으로 황하 중류지역 금대 무덤 연구[20]와 산서 금대 무덤 연구,[21] 진남지역 금대 무덤 연구[22] 등이 있다. 다섯 번째는 금대 무덤 장식과 문화현상에 대한 심층 연구이다. 금대 무덤에서 발견, 출토된 잡극(雜劇) 음악과 무용 소재 장식 과 문물연구,[23] 벽화 연구,[24] 조각벽돌 연구,[25] 효행(孝行) 소재 장식 연구[26] 등이다.

발굴 자료가 풍부해지면서 더욱 깊이 있는 연구가 진행되었다. 그러 나 요대 무덤 연구에 비해 금대 무덤 연구는 초기단계 수준으로 깊이나 세 밀함이 부족하였다. 잡극 장식 등 개별 주제 연구에서 뛰어난 성과를 거둔 것을 제외하고는 자료축적 단계에 불과하다고 할 수 있다.

....

16) 李健才,「金代女真墓葬的演变」,『辽金史论集』제4집, 书目文献出版社 1989년판. 刘晓东 等, 「试论金代女真贵族墓葬的类型及演变」,『辽海文物学刊』1991년 제1기.

17) 庞志国,「略论东北地区金代石函葬」,『黑龙江省文物丛刊』1984년 제4기.

18) 刘晓东,「金代土坑樟墓及相关问题」,『青果集-吉林大学考古专业成立二十周年考古论文集』 에 수록. 知识出版社 1993년판. 陈相伟,「试论金代石樟墓」,『博物馆研究』1993년 제1기.

19) 徐苹芳,「宋元时代的火葬」,『文物参考资料』1956년 제9기. 景爱,「辽金时代的火葬墓」,『东北 考古与历史』제1집, 1982년판.

20) 陈朝云,「黄河中下流地区金代砖室墓探论」,『郑州大学学报』1996년 제1기.

21) 史学谦,「试论山西地区的金墓」,『考古与文物』1988년 제3기.

22) 刘耀辉,「晋南地区宋金墓葬研究」, 北京大学硕士学位论文, 2002년.

23) 廖奔,『宋元戏曲文物与民俗』, 文化艺术出版社 1989년판. 杨富斗,「稷山, 新绛金元墓杂剧砖 雕研究」,『考古与文物』1987년 제2기.

24) 陈相伟,「试论金代壁畵墓」,『辽金史论集』제9집, 中州古籍出版社 1996년판. 申元艳「金代墓 室壁畵分区与内容分类试探」,『山东大学学报』1998년 제2기.

25) 杨富斗, 杨及耕,「金墓砖雕丛谈」,『文物季刊』1997년 제4기.

26) 段鹏琦,「我国古墓葬中发现的孝悌图像」,『中国考古学论丛』, 科学出版社 1993년판에 수록. 刘耀辉,「山西潞城县北关宋代砖雕二十四孝考辩」,『青年考古学家』12기, 2000년.

2. 깊은 산중에 건립된 황릉: 금릉의 고고학적 신발견

1) 금릉 건축과 연혁

금 황통(皇統) 9년(1149년), 해릉왕(海陵王) 완안량(完顔亮)이 희종 완안 단(完顔亶)을 시해하고 스스로 황제가 되었다. 정치적 압박을 줄이기 위해 해릉왕은 연경으로 천도를 결정하였고, 여진 귀족들의 강한 반대에 부딪혔다. 상경(上京)이 조종(祖宗) 산릉(山陵)의 소재지이자 왕실의 기운이 있는 곳이라 떠날 수 없다는 것도 반대 이유의 하나였다.[27] 그러나 해릉왕은 많은 대신들의 지지를 받아 정원(貞元) 원년(1153년)에 천도를 감행하였다. 이듬해 사람을 보내 도성 부근에서 "왕조를 지켜 줄 좋은 토양"을 찾아내, 산세가 수려하고 숲이 빽빽한 대방산(大房山)(지금의 북경시 방산구) 아래 대홍곡(大洪谷) 운봉사(雲峰寺)의 풍수가 뛰어난 곳으로 조종(祖宗)의 능을 이전하기로 결정하였다. 『금사(金史)』의 기록에 의하면 "정원 3년 3월 을묘(乙卯)에 대방산 운종사를 산릉으로 명하고 그 산록에 행궁을 지었다"고 한다.[28] 같은 해 5월에 완공했으며, 세 번에 걸쳐 사람을 금원으로 보내 태조, 태종과 그 부친인 덕종 및 시조 이하 16대 황릉을 대방산으로 이전하였다. 장예(張隷)의 『금로도경(金虜圖經)』 '산능(山陵)' 편에 "여진 황족은 모두 상경에 있었고 원래 산릉이 없었다. 조종 이후부터는 호국림 동쪽에 매장하는 것을 그치고, 의례 제도도 간단히 하였다. 해릉왕[즉 완안량(完顔亮)]이 연경으로 천도한 후에야 능침제도를 시작하였다. 풍수사에게 명하여 연산 주위를 살폈다. 1년이 지난 후, 양향현 서쪽 50여 리 대홍산 계곡 용함봉의 산봉우리가 수려하고 숲이 우거졌음을 발견하였다. 왕

....

27) 『大金国志』 권13에는 "천도를 반대하는 사람(蕭玉涷)이 말하기를: '불가합니다. 상도는 우리나라 왕기와 근본이 있는 곳입니다. 어찌 이를 버리려고 하십니까(不可, 上都之地, 我国旺气, 况是根本, 何可弃之)'"고 하였다. (宋) 宇文懋昭撰, 崔文印校证, 『大金国志校证』, 中华书局标点本 1986년판.
28) 『金史』 권5 「海陵本纪」, 中华书局标点本.

릉을 건축할 곳을 찾아 사찰을 허물고 조종을 이장했으며, 그 아버지와 숙부의 묘도 이곳으로 이장하였다. 또 정전 불상이 있던 자리에 구멍을 파서 태조, 태종, 부친 덕종을 모셨으며, 그 외 여러 곳에 소종, 목종을 모셨다. 단[亶, 즉 완안단(完顏亶) 금(金) 희종(熙宗)]만 죽은 후 이 산의 그늘에 묻혔다. 벌을 받은 자는 여기에 들지 못한다(虜人都上京, 本無山陵, 祖宗以來, 止卜葬于護國林之東, 儀制疏草創. 迨亮徙燕, 始有置陵寢意, 遂令司天臺卜地于燕山四圍. 年余, 方得良鄉縣西五十余里大洪山曰大洪谷曰龍喊峰, 冈巒秀拔, 林木森密. 至筑陵之處, 亮尋毀其寺, 遂遷祖宗, 父叔改葬于寺基之上, 又將正殿元位佛像處凿穴, 以奉安太祖旻太宗晟父德宗宗干, 其余各處随昭穆序焉. 唯亶被殺, 葬于山陰, 謂其刑余之人不入)"[29]고 기록되어 있다. 『대금국지(大金國志)』 33 '능묘제도' 조항에도 비슷한 기록이 있다. 『금로도경』에는 해릉왕이 파손한 사찰의 이름이 누락되어 있지만 이곳에는 "용성사(龍城寺)"[30]라고 적혀 있다. 『금사』 5권 『해릉본기(海陵本記)』에는 "운봉사(雲峰寺)"라고 적혀 있다. 고증에 의하면 '대홍산', '대홍곡'은 바로 대방산, 대방계곡을 말한다. '용함봉(龍喊峰)'은 금릉 능역인 구룡산의 주봉이다.[31] 대방산으로 정해진 후 해릉(海陵)을 거쳐, 세종(世宗), 장종(章宗), 위소왕(衛昭王), 선종(宣宗) 5대 60년에 걸쳐 축조하여 웅대한 규모의 황실 가족릉이 형성되었다. 문헌에는 한때 규모가 156리에 달했다고 기록되어 있다. 능의 실측 면적은 약 60km²이다.

　금이 멸망한 후 원의 통치 기간 동안 금릉은 비교적 온전하게 보존되었다. 원 세조(世祖) 쿠빌라이가 금 세종을 숭상했기 때문에 원대에도 금릉은 잘 보존되었다. 이 능원 지역은 연남(燕南) 지역의 경관이 되었다. 그 중 '도릉창망(道陵蒼茫)', '노구효월(盧溝曉月)', '태야추풍(太夜秋風)' 등은 '연남 8경'이 되기도 하였다. 그러나 원대에 제사를 지낸 흔적은 발견되지

....
29) (宋) 张棣, 「金房图经」, 『大金国志校证』 부록 2, 中华书局标点本 1986년판에 수록.
30) 『大金国志校证』, 中华书局标点本 1986년판.
31) 杨亦武, 「大房山金陵考」, 『北京文博』 2000년 제2기.

않았다.

명 중엽까지 금릉은 여전히 잘 보존되었으며, 정기적으로 제례도 지냈다. 명 가정(嘉靖) 연간까지도 도릉은 여전히 대방산 일대에서 유명한 경관이었다. 명 후기 만주족이 관동지역에서 일어나. 명과 여러 차례 전쟁을 벌였으나 명군은 계속하여 패했다. 명 조정은 만주족의 시조 능이 대방산이며, 이곳의 "왕기가 강해서" 명군이 전쟁에서 패한다고 생각하였다. 이로 인해 명 천계(天啓) 원년(1621년)에 금릉에 대한 제례를 폐하였다. 천계 2년에는 군사를 보내어 금릉을 훼손하고 지맥을 끊었다. 천계 4년 능이 있던 자리에 여러 곳의 관제묘(關帝廟)를 세웠다. 지금까지 이곳에는 "용머리를 베었다", "목을 베었다"라는 표현이 전해져 오며, 명나라 사람이 산을 훼손한 흔적도 남아 있다. "용머리를 베었다"는 것은 금 태조 예릉(睿陵)이 있는 구룡산 주산맥 용머리 부분의 계곡을 파헤친 것을 가리키며, "목을 베었다"라는 말은 그 목 부분에 구멍을 파서 돌을 메웠음을 의미한다. 그러나 명나라 사람들의 이런 어리석은 방법이 만주족의 중원공격을 막아내지는 못하였다. 청 강희제(康熙帝)의 〈금태조세종릉비문(金太祖世宗陵碑文)〉에는 명나라인들의 행위에 대한 풍자가 적혀 있다.[32] 청이 들어선 후, 청조 통치자들은 금릉을 중시하여 각각 순치(順治) 3년(1630년)과 건륭(乾隆) 16년부터 18년 사이(1751~1753년)에 태조, 세종 두 능을 중수하고, 능을 지키는 마을(능읍)을 설치하였다. 그리고 방산현 사람들이 매년 새해가 되기 전에 이곳에서 제를 지내도록 하였다.[33] 건륭 연간에는 태조릉, 세종릉 앞에 향전(享殿)과 능전(陵殿)을 지었다. 건륭제는 직접 이곳에 와서 제를 올리기도 하였다.[34] 청대에 금릉은 여러 차례 복원되었고 제례도 올

....

32) 비(碑)의 명문은 다음과 같다. "惟金朝房山二陵, 当我师取辽阳, 故明惑于形家之说, 谓我朝发祥渤海, 王气相夹. 天启元年, 罢金陵之祀, 二年, 拆毁山陵, 剧段 (割断?) 地脉. 三年, 又建关庙于其地, 为厌胜之术" 肖志, 「北京的金陵(二)」 참고. 房山区政协文史工作委员会, 『房山文史』 제3집, 1991년 수록.

33) 杨亦武, 「大房山金陵考 (续)」, 『北京文博』 2003년 제3기.

34) (清) 周家楣, 缪荃孙, 『光绪顺天府志』 권26 「地理志八」 "冢墓" 条, 北京古籍出版社 1987년판.

려졌다.

청말 민국 초기, 병화(兵禍)와 산적들의 약탈로, 그나마 금릉에 남아 있던 예릉(睿陵)과 흥릉(興陵)도 파괴되었다. 1970년대 이전까지는 두 능의 봉토와 향전이 남아 있었고, 청대에 만든 성벽의 흔적도 남아 있었다. 그 남쪽에는 비석과 정자 두 곳이 있고, 정자에는 청대 세조와 성조가 세운 〈금태조세종릉비(金太祖世宗陵碑)〉가 있었다. 그중 성조(聖祖) 능비(陵碑)의 비문은 아직도 해독이 가능하다. '문화대혁명' 시기 '대채전(大寨田)'을 수리하기 위해 능은 재난을 입은 것처럼 파손되었다. 지상 건축과 성벽, 봉토는 파손되어 평지가 되었고, 능이 있던 자리도 4단의 평지가 되었다.

2) 금릉의 위치와 지역구분

금릉은 북경 서남쪽 약 45km 지점 방산구 대방산 자락에 있다. 이곳은 연산산맥(燕山山脈)에 속하며 태항산(太行山)과 인접해 있다. 산 정상에 금릉이 있고, 이곳을 중심으로 서북, 동남방향의 반고리 모양의 지세가 형성되어 있다. 그중 우뚝 솟아 있는 곳이 '구룡산(九龍山)'이다. 구룡산의 9부 능선에서 아래쪽으로 넓고 완만한 경사지형이 형성되어 있다. 양쪽에는 높은 산이 병풍처럼 둘러 있으며, 정중앙에 석문이 있고, 하나의 통로로만 출입이 가능하다. 그래서 이곳을 속칭 '용문구(龍門口)'라고 한다. 구룡산 건너편의 석벽산(石壁山)은 금릉을 둘러싸고 있는 산으로 조산(朝山)이라고도 불린다. 금 태조릉이 바로 이 구룡산의 주산맥인 '영벽산(影壁山)' 중간 파진 곳에 있다.

금릉은 그 기능에 따라 세 부분으로 나뉜다.

① 제릉 구역: 문헌의 기록에 의하면 금릉은 상경에서 이장해 온 태조, 태종 능과 태조 윗대부터 시조 아래의 10대 황릉 그리고 중도에 매장된 5대(해릉왕은 포함되지 않는다) 황릉을 말한다. 구체적인 능호는 태조 아골타(阿骨打)의 예릉(睿陵), 태종 오걸매(吳乞買)의 공릉(恭陵), 희종(熙宗)의 단사릉(亶思陵)이다. 덕종(德宗) 종간(宗干, 해릉왕의 부친)의 순릉(順陵),

예종(睿宗) 종보(宗輔, 세종의 부친)의 경릉(景陵), 세종의 옹흥릉(雍興陵), 위소왕(衛紹王) 윤공(允恭)의 유릉(裕陵), 장종(章宗)의 경도릉(璟道陵)이 있다. 상경에서 이장한 시조 아래부터, 태조 이전까지 10대 왕릉은 광릉(光陵), 원릉(元陵), 소릉(昭陵), 건릉(建陵), 휘릉(輝陵), 안릉(安陵), 정릉(定陵), 영릉(永陵), 태릉(泰陵), 헌릉(獻陵)과 교릉(喬陵)이다.

문헌기록과 고고학 조사에 의하면 황릉 구역은 실제로는 세 구역으로 나뉜다. 첫째, 주요 능원 구역, 즉 구룡산 능지이다. 이곳에는 태조, 태종, 덕종, 양왕 종필[宗弼, 즉 올술(兀述), 황제릉 구역의 유일한 친왕 배장묘], 예종, 세종 등이 묻혀 있다. 둘째, 석문욕(石門峪) 10릉 구역이다. 석문욕은 주구점(周口店) 주차장 남쪽이다. 계곡 입구에서 계곡 안쪽까지 세 개의 산이 병풍처럼 둘러져 있다. 입구에서 보면 세 개의 석문처럼 보인다. 분명하게 구분되는 크고 작은 두 개의 석문이 있다. 큰 석문에는 아직도 큰 돌을 쌓은 보호벽이 남아 있다. 대석문 안쪽은 서쪽과 북쪽 산골짜기로 갈라진다. 10대 황릉은 북쪽 산골짜기에 위치한다. 모두 혈산(穴山)이 능이다. 예전 조사 시에는 망주(望柱)의 기단부, 주춧돌, 난간 등 돌 구조물이 있었다고 한다. 셋째, 아미욕(峨眉峪)의 희종 사릉(思陵)이다. 아미산 골짜기는 주구점 서장촌 서쪽, 석문욕의 남쪽이다. 『금사』에는 희종이 가장 늦게 이 산골짜기로 옮겨졌기 때문에 사릉이라고 했다고 전해진다. 이곳은 황토가 두터워서 능을 세우기에 적합하다. 그러나 조사에서는 그 흔적을 발견하지 못하였다.

② **곤후(坤厚) 능역:** 이곳은 세종 대정(大定) 연간에 처음 축조되기 시작했다. 비빈(妃嬪)들을 매장하던 능원과 후세원이다. 세종 소덕황후(昭德皇后) 오림답(烏林答)씨, 원비(元妃) 장씨(張氏), 이씨(李氏)가 모두 이 곤후 능역에 먼저 매장되었다가, 세종이 죽은 후에는 흥릉에 합장되었다. 세종 덕비(德妃) 도단(徒單)씨, 현비(賢妃) 석말(石抹)씨, 유비(柔妃) 대씨(大氏) 등이 모두 곤후 능역에 매장되었다. 곤후 능역의 위치에 대해서는 두 가지 의견이 있다. 첫째, 예릉, 흥릉 서쪽의 산을 끼고 있는 곳이 곤후 능역이라는 것

이다. 그러나 이곳에서는 약간의 벽돌과 돌만 발견됐을 뿐 다른 유물은 발견되지 않았다. 둘째, 황릉이 산의 양지 쪽에 위치했으므로, 음양의 원칙에 따라 곤후 능역이 산의 음지, 즉 대유구(大柚溝)에 위치한다는 주장이다. 이곳에서는 많은 금대 유물이 발견되기도 하였다. 곤후 능역의 정확한 위치가 어디인지에 대해서는 좀 더 고고학 조사가 진행되어야 할 것이지만 곤후 능역이 요향전(蓼香甸) 부근이라고 기록한 문헌도 참고할 만하다.

③ 왕들의 조역(兆域): 완안(完顔) 종실에서 작위를 받은 이들의 묘지이다. 이 무덤들은 해릉왕 이후 이곳에 이장되기 시작하였다. 왕들의 조역은 '십왕분(十王墳)'이라고도 불린다. 앞서 서술한 석문욕 대석문 안과 북쪽 산골짜기가 십대 황릉이며, 그 서쪽 골짜기가 왕들의 조역이다. 문헌에는 왕들의 조역은 녹문곡(鹿門谷)에 있다고 기록되어 있다. 오늘날 석문유가 아마도 당시의 녹문곡일 것으로 추정된다. 문헌에는 금릉에는 향전(香殿), 비정(碑亭), 명루(明樓), 축판방(祝板房) 등 건축물이 있으며, 제사 구덩이가 있다고 기록되어 있으나 이런 상황은 현재 고고학 발견으로는 확인되지 않는다.

3) 고고학 조사의 주요 성과

금릉의 대체적인 위치는 문헌에 기록되어 있으나 800년이라는 세월 동안 변천을 거쳐 오며 지상 건축은 이미 사라져 버리고 전해져 오는 것이 없다. 금릉에 대한 조사는 1950년대에 시행한 지표조사가 시작이었다. 1986년과 2001년에는 북경시 문물연구소가 금릉 조사 프로젝트를 확정하면서 두 차례에 걸쳐 자세한 고고학적 조사를 진행하였다. 두 번째 조사 시에는 비교적 큰 규모의 발굴이 실시되어 금릉에 대한 초보적인 인식이 마련되었다.

1950년대, 학자들은 금릉 답사를 통해 예릉, 홍릉의 봉토를 확인했으며, 봉토 남쪽의 향전(享殿) 터가 남아 있음을 확인하였다. 향전 터에서는 16개의 주춧돌이 4줄로 배치되어 있었다. 또한 능에 남아 있던 봉토가 치워진 흔적과 청 세조, 성조의 능비가 발견되었다. 이것들은 모두 '문화대혁명' 시기에 파괴된 것이었다.

1986년에서 1989년까지 북경시 문물연구소의 조사와 시굴은 다음과 같은 성과를 거두었다.[35]

① 금릉의 대략적인 위치를 확인하였다. 오늘날의 황릉촌(皇陵村), 용문구(龍門口) 일대에서 금릉지역 서운궁(瑞雲宮)의 훼손된 궁비를 발견함으로써 능의 북쪽 경계를 확인하였다. ② 세종의 아버지인 예종의 경릉 앞에 있던 능비를 모두 발견하여 정리하였다. 경릉은 세종의 아버지인 완안보(完顔輔)의 능인데 그는 태조 옆에 묻혔다고 문헌에 전하고 있다. 그러므로 능 앞에서 발견된 비석은 태조 능의 위치를 확인하는 데 중요한 단서를 제공해 주고 있다. ③ 연천정사(連泉頂寺)의 가정(嘉靖) 8년 『중수연천고찰비(重修連泉古刹碑)』 기록 그리고 연화(燕化) 동풍(東風) 거리 뒤쪽 산등성이에서 실시한 자기장탐사법과 전자파탐사법 등의 방법과 중국의 전통적인 낙양삽을 이용한 발굴방법을 이용해 금 현종(玄宗) 완안윤공(完顔允恭) 유릉(裕陵)과 금 장종(章宗) 도릉(道陵)의 지궁을 추정하였다. ④ 1974년 방산 장구욕(長溝峪) 광산공사 가족 거주 지역에서 이미 도굴된 금대 무덤을 발굴하였다. 이곳에서 5개의 석관이 발견되었다. 석관 외면은 은으로 용이 상감처리되어 있었으며, 관 내부에는 수은이 주입되어 있었다. 또 관 내부에서 나온 가죽 모양의 상감철(혹은 동)로 된 유물은 갑옷류로 추정된다. 장식으로 사용된 은으로 만든 용과 무덤의 규모로 볼 때 '왕'의 묘가 분명해 보인다. 이 무덤에서는 많은 아름다운 옥기가 출토되었는데 이 옥기들은 당시 최고 수준의 관제 수공예품이었을 것이다. ⑤ 어도(御道) 유적의 흔적이 발견되어 발굴하였다. 어도는 남북방향으로 동서 폭은 약 5.4m, 남북 길이는 약 3m이다. 길 양쪽에는 돌바닥에 네 면 중 두 개의 면에 목단과 움직이는 용이 새겨진 백옥으로 된 보호 난

----

35) 齐心, 「揭开金朝皇陵之迷-金陵考古调查的重要发现与研究」, 北京大学中国传统文化研究中心 편, 『文化的馈赠－汉学研究国际会议论文集·考古学』, 北京大学出版社 2000년판.

간과 망주(望柱)가 세워져 있다. 보호 난간 앞에는 두 짐승이 무릎을 꿇고 있고, 보호 난간 중간에는 연꽃이 새겨진 7개의 돌계단이 있다. ⑥ 문헌에는 각 능 앞에 향전이 있고, 비정, 명루, 축판방 등이 있다고 기록되어 있다. 게다가 제를 올리는 구덩이도 쌓아올렸다고 기록되어 있다. 1986년 향전 한 곳을 조사하였을 때, 그 기단부의 면적은 너비 16m, 깊이 12.2m, 지면으로부터의 높이 0.5m로 광석을 쌓아 만들었으며, 위쪽에는 가로와 세로로 배열된 주춧돌이 네 줄씩 모두 16개가 있었다. 주추의 직경은 0.3m였다. 1976년 이미 두 기의 제사갱이 발견되었고 조각이 매우 아름다운 청석으로 쌓아 만들었다. 1950년대 이곳에서 축판(祝板) 애책(哀冊)이 출토된 적이 있다. ⑦ 주요 능묘 구역 주변의 배수로가 발견되어 초보적인 탐사작업이 진행되기도 하였다.

2000년, 북경시 문물연구소는 다시 한 번 금릉에 대한 고고학 조사와 발굴 작업을 시작하였다. 2001년에는 현지조사를 시작하여, 먼저 태조릉, 세종릉 등 네 구역으로 나누어 탐사하고 의심이 가는 지점을 발견하였다. 그 후 다시 발굴 작업을 진행하여 다음과 같은 수확을 얻었다.[36]

① 능의 어도 위치를 대부분 확인하였다. 능으로 들어가는 용문구에는 돌다리가 있으며, 이 다리는 31개의 큰 화강암으로 축조되었다. 다리의 너비는 9.8m로, 현지인들은 이를 '인혼교(引魂橋)'로 부른다. 다리 아래는 금릉 배수로의 출수구가 있다. 다리를 지나 북쪽으로 90도 돌면 어도가 나온다. 어도의 전체 길이는 200여m이다. 앞쪽은 비교적 평평한 편이고 분명하게 다져진 면이 확인된다. 앞쪽 양쪽으로 각각 망주의 기단석이 있다. 중간의 약간 경사진 부분에는 1987년 발견된 일부 돌계단과 보호난간 흔적이 있는 계단형의 어로(御路)가 남아 있다. ② 능의 두 번째 평지 부분 어로 양쪽에서 돌로 쌓은 바닥 터가 발견되었다. 양쪽 터의 거리는 35m이다. 동쪽 터의 길이는 4.7m, 너비 3.3m, 두께 0.3m이며, 15개의 화강암으

....

36) 宋大川, 黃秀純, 「金陵遺址第一階段報告」, 『北京文博』 2001년 제3기. 宋大川, 黃秀純, 陳亞洲, 「金陵遺址主陵區第二階段調查報告」, 『北京文博』 2002년 제3기.

로 축조되어 있다. 아래쪽은 땅을 다져 두께 1.6m의 토대를 만들었다. 서쪽 터는 길이 5.15m, 너비 3.7m, 두께 0.3m로 23개의 화강암으로 축조되어 있다. 아래쪽은 땅을 다져 토대를 만들었다. 토대의 사방은 벽돌로 보호했으며, 사면에 문과 주춧돌이 있다. 동쪽 토대에는 너비 1.3m의 회랑도 있다. 발굴 작업자들은 이를 궐(闕)의 기단부이라고 생각하였다. 그러나 송, 요, 서하의 능과 비교할 때 비정(碑亭)일 가능성이 더 크다. ③ 산을 따라 축조된 능원구역 양측의 배수시설을 확인하였다. 동쪽 배수로는 보존상태가 양호하고 돌로 암거를 쌓았다. 여러 곳으로 물이 흘러 들어와 하나의 주 수로에 모이고, 능 앞의 돌다리에서 작은 강으로 흘러간다. 서쪽 배수로는 상태가 투박하다. 너비 1.2m, 높이 1.8m로 아주 높고 커, 큰 비에 씻겨 내려갈 염려는 없다. ④ 세 번째 평지를 중심으로, 세 번째, 네 번째 평지의 신도 북쪽 끝에 땅을 다져 만든 길이 50m, 너비 9m, 두께 0.7m의 토대가 있다. 지상 건축물은 이미 사라져 확인되지 않지만, 동서로 배치한 전각 유적이거나 명루 혹은 궐대(闕臺)일 것으로 추정된다. 서쪽 토대는 보존 상태가 양호하다. 동향 건물에 정면 다섯 칸, 측면 세 칸으로 벽돌과 석조 구조이다. 지금은 두 칸 반 정도만이 남아 있고, 그 너비는 9.85m, 깊이는 10.5m이다. 남아 있는 성벽의 훼손된 벽에서 벽화의 흔적이 발견된다. ⑤ 가장 중요한 성과는 2002년 발굴한 태조 완안아골타(完顔阿骨打)의 예릉 지궁(地宮)이다.[37] 예릉은 구룡산 주봉 아래 대보정(大寶頂) 앞 약 15m에 위치한 수혈석갱묘(竪穴石坑墓)이다. 평지는 장방형이고, 동서 길이 13m, 남북 너비 9.5m이다. 돌로 만든 구덩이 안에는 석곽 4구가 있고 이 중 두 구는 백옥으로 만들었으며 이들은 모두 동서방향이다. 이 중 한 구에는 용 무늬가 새겨져 있고, 다른 하나에는 봉황이 새겨져 있다. 이외에 2구 모두 청석의 민무늬 곽이고 모두 남북방향이었다(그림 33). 용무늬 곽은 이미 훼

....

37) 睿陵은 우연히 발견된 것이다. 원래는 제사를 지내던 곳으로 알려졌으나, 발굴 후 예릉임이 확인되었다. 「北京房山金陵遺址调查与发掘」, 国家文物局이 출판한 『2002年中国重要考古发现』, 文物出版社 2003년판 참고.

그림 33 금 태조릉(太祖陵) 지궁 출토 상태

손되었고, 봉황무늬 곽은 보존상태가 양호하다. 석곽은 길이 2.48m, 너비 1.2m로 큰 한백옥(漢白玉: 북경 방산 지역에서 산출되는 백색 대리석 명칭 – 역주) 하나에 조각하였다. 외관 뚜껑과 몸체에는 두 마리의 봉황무늬가 새겨져 있고, 안쪽은 금가루로 채웠다. 곽 뚜껑과 몸체는 얕은 부조로 한 쌍의 봉황무늬가 있고 안쪽으로 금가루가 채워져 있다. 곽의 네 벽은 두께 10~12cm의 송진으로 채워져 있다. 곽에는 나무로 된 관이 놓여 있다. 관의 길이는 2.1m, 너비 0.78m이다. 목관 외벽은 붉은색 옻칠이 되어 있고, 관 모서리와 중앙 부분에는 봉황무늬와 마름모꼴 금은도금 장식이 있다. 관 안에서는 금실로 표현한 봉황과 백옥 장식이 출토되었다. ⑥ 유적지의 네 번째 토대에 있는 태조릉 서남쪽에서 다섯 기의 배장묘(M1~M5)를 정리하였다. 이것들은 모두 장방형의 수혈석광묘(竪穴石壙墓)로 큰 돌로 쌓아 만들었다. 안쪽에는 석관대가 있다. 출토된 기물을 보면 그 시기가 비교적 늦고, 배장묘의 위치가 남다르다는 것을 알 수 있다. 때문에 금나라 천도 후 유민들의 무덤일 것으로 추정된다.

금릉에 대한 고고학 작업이 어느 정도 진행되기는 하였지만, 아직 해결하지 못한 과제가 많이 남아 있다. 그러나 금릉의 장례 제도만은 대체적으로 정리되었다. 우선 능의 유적과 풍수가 송과 다르고, 또한 당릉, 요릉처럼 산을 이용해 묘를 쓰는 것과도 다르게 금릉은 깊은 산, 비교적 폐쇄된 계곡에 자리하였다. 장소 선택의 기준은 봉우리가 수려하고 숲이 우거진 곳이다. 이 때문에 여진족 초기의 원시성에 기초한다고 여겨진다. 둘째, 전체적인 계획에 따라 능이 자리하지 않는다는 점이다. 황릉 구역, 곤후 능역 그리고 여러 왕들의 조역은 각각 분리되어 있고 깊은 산중에 터를 잡았다. 능의 위치 선정에 있어서도 축조 기술, 편리성 등은 물론 연배조차도 고려하지 않았다. 셋째, 출토된 유물을 통해 황제의 권한을 나타내는 용무늬, 인물, 호랑이, 인동문, 복숭아 등을 볼 수 있다. 당시 북방지역 민간에서 유행하던 도자기, 동경, 방직물에서 보이는 장식물과 같고, 풍부하고 다양한 주제가 있고 생동감이 넘친다. 이는 여진족 통치자의 기호와 취향을 보여주는 듯하다.

3. 지속적인 발전과 선명한 민족 구분: 금대 무덤의 발견과 연구

1) 금대 무덤의 지역구분과 종류

금 왕조가 통치했던 지역은 북송의 중원 북쪽 지역과 요가 통치했던 지역을 포함한다. 무덤 풍습은 요대 무덤과 송대 무덤의 기초 위에서 계속 발전해 갔다고 할 수 있다. 무덤의 민족 구분을 보면 금 왕조 통치구역의 무덤은 여진족풍의 무덤, 요의 풍격을 가진 무덤과 송나라식 무덤이 주를 이룬다. 이 세 종류의 무덤의 분포와 그 특징에 따라 금대 무덤은 네 구역으로 구분할 수 있다.

① 장성 이북의 동북지역과 내몽고 동부지역(1구역): 이 지역의 북쪽이 바로 역사상 유명한 금원(金源) 지구이며, 남쪽이 요 통치기에 거란인들이 모여 살던 북부지역이다. 이 지역의 무덤은 대체로 여진족, 거란족, 한족의 풍격

을 가진 세 종류의 무덤이 모두 존재한다.

첫째, 흑룡강 수빈(綏濱) 중흥고성(中興古城) 주변 무덤군, 송화강 하류 오리미(奧里米) 고성 주변 무덤군과 길림 서란현(舒蘭縣) 완안윤(完顔尹) 가족묘지 등이 대표적이며, 이곳이 금원지역에 남아 있는 여진족의 묘지이다. 이 무덤들은 다시 두 종류로 나뉜다. 앞의 두 곳은 수혈(竪穴) 토갱목곽묘(土坑木槨墓)로 대부분 장방형이며, 일부 대형 무덤은 정방형을 띠기도 한다. 일부 묘의 바닥은 돌로 쌓았고, 일부 묘의 테두리 부분은 불로 그을려 가공한 흔적도 있다. 일부는 시신과 관을 함께 묘에 넣은 후 불에 태운 흔적도 보인다. 대부분의 고분은 목곽을 사용했으며, 대형묘의 경우 크기가 3m 이상인 것도 있다. 어떤 것들은 2층 기단에 관과 곽 그리고 봉토도 있다. 중흥고성 주변 묘군의 3호묘는 봉토 둘레가 방형에 가깝고 길이는 3m 이상이다. 4호, 5호묘와 함께 하나의 봉토를 사용하였다. 중간(M3)은 남성의 묘이고, 바깥쪽은 여성의 묘(M4)이다. M3의 아내일 것으로 추정된다. 다른 한 쪽은 남성의 묘(M5)이다. 묘 내부에 순장된 말과 개가 있다. 아마 순장된 무사일 것으로 추정된다. 출토 유물에도 특징이 있다. 금으로 된 언치, 금꽃, 금은 도금의 말 안장 장식, 수정과 옥으로 된 장난감, 동물문양이 새겨진 옥 장식, 자작나무 껍질로 만든 통, 도기 항아리, 철제 솥과 정요(定窯), 요주요(耀州窯), 용천요(龍泉窯)의 청백자기 등 자기 용품 등이 있다. 제작 연대는 금 후기이다. 완안희윤(完顔希尹) 가족묘지에서는 전실, 석실, 토갱묘 등 여러 종류의 무덤을 발굴하였고, 평면은 방형, 장방형, 팔각형이었다. 전체 묘지는 5개 구역으로 나눌 수 있고, 각 구역의 지상에는 돌로 만든 늙은 시중 상, 양, 호랑이와 망주석이 있다. 이 묘지의 상당수 무덤은 토갱석함묘(土坑石函墓)이다. 수혈의 흙 구덩이에 장방형 혹은 정방형의 작은 돌함을 넣었다. 돌함의 윗부분은 동그란 덮개식으로 된 것, 납작한 지붕, 네 면이 들린 것이 있다. 철검, 칼과 금, 은, 옥 장식품이 출토되었다. 현재까지 발견된 이런 종류의 무덤은 대부분 여진족의 묘이다. 토갱목곽묘의 기원은 여진족이 금 왕조를 세우기 이전으로 거슬러 올라간다. 그러나 토갱석함묘는 대정(大定)연간 이후에 출현하였다. 일부 학자는 그 기원을 문헌에 기록된 동북민족 초기의 곽은 있으나 관은 없는 장례풍습까지 거슬러 갈 수 있다고 주장한다. 금 중후반기에 이 무덤들은 점차 석실 혹은 전실로 대체된다.[38]

두 번째는 토갱석곽묘이다. 즉 지면 아래로 파 들어가는 수혈토갱 혹은 돌로 만든 구덩이에 반듯한 돌로 조각하거나 혹은 큰 돌판을 나란히 나열해 만든 석곽을 두는 묘장 제도이다. 일반적으로 석곽에는 목관 혹은 석관을 둔다. 이 묘제는 이 지역과 북경지역에서 모두 유행하였다. 흑룡강 아성거원(啊城巨源) 금나라 제국왕 부부묘가 대표적이다.[39] 이 무덤의 둘레는 '凸'모양으로 튀어나왔고, 주요 부분은 길이 5.4m, 너비 4.2m, 깊이 2.55m이다(그림 34). 석곽 사방은 네 장의 큰 돌판으로 만들어져 장부와 장붓구멍으로 연결되어 있다. 무덤 천장부분과 바닥은 각각 세 개의 돌판이 깔리거나 덮혀 있다. 무덤의 지면 아래는 땅이 어는 추운 지방이므로 유물의 보존상태가 양호하였다. 남녀 피장자에게서 30여 건의 비단제품이 출토되어 방직사와 복식사에 중요한 자료가 되었다.

이외에 피장자가 몸에 지닌 금덩어리, 금팔찌, 금귀걸이, 금사 마노 목걸이, 상감 금 허리띠 장식, 두 마리의 백조가 있는 옥 장식, 부시주머니, 박하주머니, 대나무 지팡이와 피장자의 신분을 표시해 주는 나무와 은으로 된 명패 등이 출토되었다. 명패에는 "태위의동삼사사제국왕(太尉儀同三司事齊國王)"이라고 쓰여 있다. 그러나 기년이 있는 물품은 출토되지 않았다. 기년명 유물들과의 비교를 통해 볼 때, 금 대정 2년 완안안(完顏晏)의 묘로 추정하고 있다. 이 무덤 앞에는 작은 규모의 석곽이 있고 안에 시신 한 구가 있었다. 아마 순장된 것으로 추정된다. 길림 부여현(扶餘縣) 서산둔(西山屯)에도 이 유형의 무덤이 있다. 이 무덤은 묘제(墓制)가 제국왕의 것과

....

38) 刘晓东 等,「试论金代女真贵族墓葬的类型及演变」,『辽海文物学刊』1991년 제1기.

39) 黑龙江省文物考古研究所,「黑龙江阿城巨源金代齐国王墓发掘简报」,『文物』1989년 제10기.

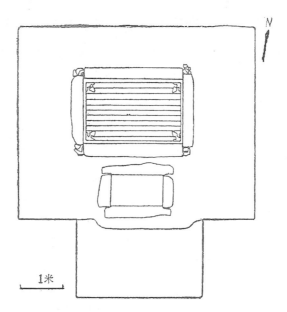

그림 34 아성(阿城) 금 제국왕묘(齊國王墓) 평면도

대체적으로 동일하나 크기는 다소 작은 편이다. 무덤에서 12건의 철기, 돌로 만든 명기와 많은 금장식품 등이 출토되었다. 흑룡강과 길림 등지에서도 이 유형의 고분이 많이 발견되었다. 그러나 크기는 모두 작은 편이다. 석곽은 여섯 개의 돌판으로 만들어졌다. 피장자는 대부분 여진족 귀족들이다.

셋째, 방목구조 전실묘(磚室墓)이다. 대부분 방형이며 무덤 안에는 벽화가 있고, 석관을 사용하였다. 요령성 조양(朝陽)에서 발견된 금대 벽화묘 역시 방형의 묘실이며 벽화가 있고 석관을 사용하였다. 피장자는 '부풍마령(扶風馬令)'이다.[40] 이 유형은 요나라 말기의 무덤과는 전혀 다르고, 반면에 일부가 요나라 중기 무덤의 특징에 가깝다.

② 하북지역과 산서 북부지역: 요나라 통치지역 중 남쪽지역으로 연운지역과 송대의 하북, 산서 동북부지역을 가리킨다. 이 지역의 금나라 초기에는 금과 송의 교전이 치러졌던 전진기지로 아주 중요한 의미를 가진 곳이다. 금나

....

40) 辽宁省博物馆,「辽宁朝阳金代壁畵墓」,『考古』 1962년 제4기.

라 초기 대권을 장악했던 한이불(翰离不), 달라(达懒), 올술(兀术) 등 몇 명의 대장이 이곳에 주둔했었다. 해릉왕이 연경(燕京)으로 천도한 후부터 금 정우(貞祐) 2년 남경 천도 이전까지, 금의 통치 중심지역이었고, 금대의 황릉 역시 이곳에 위치하였다. 이곳에는 세 종류의 무덤이 존재한다.

첫째, 수혈의 토갱석함장(土坑石函葬)이다. 대동 서쪽 외곽 M11의 경우 원형의 수정(竪井) 토광묘(土框墓)로 깊이 7.2m, 직경 2.2m이다. 석관 골회장(骨灰葬)으로 자기 2점, 동전 2점이 출토되었다. 흙을 메꾸는 중간 부분은 자갈로 공고히 하여 뚜렷한 지역적 특색을 나타낸다. 출토된 벽돌에는 피장자의 신분이 대정 4년(1164년) "서경순경원여유차서다부군(西京巡警院呂愈次西多父君)"[41]이라고 기록하고 있다. 첫 번째 지역 제1유형의 무덤이 이곳에서도 유행한 듯하다.

둘째, 첫 번째 지역 제2유형의 묘와 비슷하다. 석곽이 묘장의 주요 부분을 이룬다. 석곽은 6개 혹은 10개의 돌판으로 만들어졌고 장부와 장붓구멍으로 연결되어 있다. 내부에는 돌 혹은 목관이 있고, 대부분 비교적 고급의 옥기와 도자기 등의 수장품이 발견되었다. 예를 들어 북경시 풍대구(豊臺區)의 오고론원충묘(烏古論元忠墓)에는 한백옥(漢白玉)으로 만든 관(棺), 곽(槨)이 있는데 곽은 길이 3.5m, 너비 2.46m, 높이 1.91m로 10개의 돌판으로 만들어졌다. 아성 제국왕묘와의 차이점은 이 묘의 바닥돌과 천장 덮개돌이 각각 하나의 커다란 돌판이라는 것이다. 그리고 사면 벽은 각각 두 장의 돌판으로 만들어졌다. 내부에 한백옥으로 된 관상을 두고, 관상에는 6개의 돌판으로 만들어진 백옥관을 놓은 후 화장하였다. 이 무덤은 도굴당했지만 석비 2개, 묘지 2개, 돌로 만든 명기와 염승전(厭勝錢: 통용되지 않는 돈) 등이 출토되었다. 묘지를 근거로 "봉화(奉和) 원년(1201년)"이라는 것과 피장자가 "개부의동삼사판창덕부윤부마도위임국간정공(開府儀

....

41) 山西云风古物保养所清理组,「山西大同市西南郊唐, 辽, 金墓清理简报」,『考古通讯』1958년 제6기.

同三司判彰德府尹駙馬都尉任國簡定公) 오고론원충(烏古論元忠)"과 "노국대장공주(魯國大長公主)"임을 알 수 있다. 다른 무덤으로는 북경시 해정구(海淀區) 남신장(南辛莊) M2가 있다. 석곽은 각 면에 한 장씩 6개의 돌판으로 만들어졌다. 무덤 길이 2.43m, 너비 1.36m, 높이 1.20m이다. 장례 도구는 목관이며 매장 방식은 토장(土葬)이다. 자기 29점과 도기 3점, 화장 용구 세트, 동전 55개가 출토되었다. 출토된 묘지를 근거로 이 시대가 정원(貞元)연간(1153~1156년)임을 알 수 있다. 피장자는 "선무장군기도위개국남(宣武將軍騎都尉開國男) 장□진(張□震)"[42]이다. 이 토갱석곽묘의 피장자들은 모두 금 왕조에 무공을 세운 사람들이다. 특히 관직을 맡은 여진족의 무덤으로 주로 축조되었다. 북경지역과 금 상경 소재지인 흑룡강지역에서 발견된 중요한 여진 귀족묘는 모두 이 방식을 사용하였다. 피장자의 신분은 하품관리와 그 가족, 황친 귀족과 고급관리, 심지어 황제까지 포함된다. 동시에 금이 들어선 이후 계속 관직을 맡은 옛 요, 송나라의 대신 혹은 금나라가 들어선 이후에 계속하여 관리를 맡은 이들도 포함된다. 예를 들어 남신장묘(南辛莊墓)의 피장자 장□진은 금나라에 투항한 요나라 사람이다. 북경 자기구(磁器口)에서 발굴한 여공묘(呂恭墓)도 예로 들 수 있다. 여공은 원래 송의 대신이었으나 금나라에서도 공을 세웠다.[43] 이 고분은 여진족 위주의 귀족묘라고 할 수 있다. 일부 학자는 이 무덤이 여진족의 초기 장례방식인 "곽은 있으나 관은 없는" 형태로, 고구려의 적석묘와 거란족의 석실묘의 영향을 받아 여진귀족 특유의 무덤을 형성하였다고 주장한다.[44] "곽은 있으나 관은 없는" 방식에서 곽 내부에 석관 혹은 목관을 사용하는 방식으로 발전하였다. 곽 역시 초기의 목제에서 석재로 바뀌었다.

셋째는 전실묘(磚室墓)이다. 이것은 다시 A, B, C 세 가지 유형으로 분류된다.

....

42) 北京市海淀区文化文物局,「北京市海淀区南辛庄金墓清理简报」,『文物』1988년 제7기.
43) 北京市文物研究所,「磁器口出土金代石椁墓发掘简报」,『北京文博』2002년 제4기.
44) 刘晓东,「金代土坑石椁墓及相关问题」, 주 18 참고.

A형은 요나라 묘와 아주 비슷한 전실묘로, 대형의 여러 개 방을 가진 전실묘도 있고 벽화가 있는 단실묘도 있다. 하북성 신성(新城)에서 발견된 시립애묘(時立愛墓)는 방목구조의 팔각형 4실 전묘로, 주실의 크기는 4.75×5.45m이다. 묘 안에는 채색화가 있지만 이미 많이 흐려진 상태이다. 심한 도굴을 당하여 일부 도기와 자기 조각만이 출토되었다. 묘에는 신도비(神道碑)가 있어 황통(皇統) 3년(1143년)에 매장되었다는 것을 알 수 있다. 피장자는 "근력봉국개부의동삼사치사거록군왕(勤力奉國開府儀同三司致仕巨鹿郡王) 시립애(時立愛)"이다. 시립애는 금나라 초기의 거란족 출신 귀족이다. 큰 공을 세워 왕으로 책봉되었다. 이 유형의 대형 다실묘에는 흥륭(興隆) 재목림자(梓木林子) 천덕(天德) 2년(1150년) 소중공묘(蕭仲恭墓)와 내몽고 오한기(敖漢旗) 노호구(老虎溝) 대정(大定) 10년(1170년) 박주(博州) 방어사묘(防御使墓)가 있다.[45] 이 두 무덤에서 모두 거란글자가 쓰인 긴 묘지가 출토되었다. 이외에 일부 방목구조의 단실 벽화묘도 발견되었는데 이 무덤들은 요 말기의 풍습을 계승한 것이었다. 예를 들어 하북성 울현(蔚縣) 금 천덕(天德) 2년(1150년) 묘,[46] 북경 석경산(石景山) 황통(皇統) 3년 조려묘(趙勵墓)와 산서성 대동시 남쪽 외곽묘가 있다.[47] 일부 무덤은 요나라 무덤의 기초 위에서 여진족의 장례풍습이 융합되어 약간의 변화가 발생하였다. 하북성 신성(新城) 천회(天會) 5년(1127년) 시풍묘(時豊墓)를 예로 들 수 있다. 그는 시립애의 아들로 관에 머물며 예에 따라 장례를 치르는 관리인 예빈부사(禮賓副使)였다. 이 무덤은 장방형 단실 전묘로 벽면에는 요나라 묘에서 자주 발견되던 인물, 장막과 문의 벽화장식이 있다. 차이점은 전묘 묘실 내부에 벽 가까이 다시 한 층의 큰 석곽이 만들어

....

45) 郑绍宗,「兴隆县梓木林子发现的契丹文墓志铭」,『考古』1973년 제5기. 朱志民,「内蒙古敖汉旗老虎沟金博州防御使墓」,『考古』1995년 제9기.

46) 蔚县博物馆,「河北省蔚县元代墓葬」,『考古』1983년 제3기. 荣孟源,「元代德墓为金天德墓」,『考古』1983년 제7기.

47) 陈康,「石景山出土罕见金代壁化墓」,『文物』1978년 제4기.

져 여진족 석관묘의 모습을 더했다는 것이다.

B형은 북송 말기에 유행했던 방목구조 전묘와 같다. 그 특징은 층층이 쌓인 매끄럽지 못한 찬첨식(攢尖式) 지붕과 아치형 지붕, 문루식 묘문이다. 하북성 정형시장(井陘柿莊) M3은 방목구조 육각형 단실 전묘로, 천참 지붕이다. 외부에는 쌓아 만든 수미좌가 있다. 무덤 내부의 중공(重栱) 사포(四鋪)로 만든 두공(斗栱) 벽면에는 피장자 부부의 앉아 있는 모습, 인물, 화훼, 양 무리, 곡식 창고 등의 장식이 벽돌조각과 채색화로 표현되어 있다. 8건의 자기가 출토되었다. 무덤 내부에는 계단형의 관상이 있고 토장이다. 정형시장과 북고대묘(北孤臺墓) 무덤군에서 10여 기의 무덤을 발굴하였다. 장형, 원형과 다각형의 묘가 있는데, 이 묘지의 축조 시기는 북송 말에서 금나라 후기까지로, 기본적인 특징에는 큰 변화가 없다. 이 지역에서 발견된 많은 방목구조 전실묘에서 자주 출토되는 닭다리 모양 병과 손잡이가 여섯 개 달린 철솥은 여진족의 특징이다. 그 외에는 대체적으로 북송 후기 무덤과 같다. 그 발전 변화 과정은 대체적으로 북송 방식을 계승한 것이다.

C형은 품관 관리의 무덤이 대부분이다. 벽화장식은 간단하지만 많은 부장품이 출토되었다. 산서성 대동 염덕원묘(閻德源墓)는 방목구조 방형 단실 전묘로, 묘 내부는 중공 사포식 두공이고 기타 다른 벽면장식은 없다. 모두 14점의 자기가 출토되었고, 3점의 큰 나무 탁자, 나무로 만든 명기 20점, 칠기 14점, 소뿔로 만든 인장 5점, 비단 24점, 석각 5점 및 동제 혹은 뼈로 만든 것, 혹은 도기 등이 모두 20점, 그리고 묘지(墓誌) 1점이 출토되었다.[48]

③ 하남, 산동 지역: 이 지역은 원래 송나라의 두 수도가 있던 지역이다. 이곳의 묘장에서는 여진족의 영향을 발견할 수 없고, 모두 북송의 방식을 계승하였다.

안양(安陽) 곽가만(郭家灣)에서 토동묘(土洞墓)가 발견되었다. 형태는

....

48) 大同市博物馆, 「大同金代閻德源墓发掘简报」, 『文物』 1978년 제4기.

불규칙하며 시기는 금대 후기이다. 목갑을 사용해 유골을 담았다. 각 무덤에서 1개의 작은 도기 항아리와 소량의 동전만이 출토되었다. 이외에 하남성 신향시(新鄕市)의 M1, M2는 토광묘이다.[49] 이들은 모두 평민이 사용한 소형의 무덤들이다.

방목구조 전실묘는 북송 후기 것과 비슷하다. 다각형 위주로 실내 장식은 일정한 구조가 있는데, 뒤쪽 벽에는 조각벽돌로 된 가짜 문이 있다. 대부분 격자문이며, 양쪽은 벽돌에 조각한 영화창(欞花窗)이 있다. 다른 두 벽면에는 피장자 부부가 마주보고 앉아 있거나, 악대 등의 소재가 장식되어 있다. 여기에 움푹 들어간 '凹'형의 관상이 있으며, 화장(火葬)은 하지 않았다. 특별한 예로 하남성 초작(焦作) 노만장(老萬莊) M2는 방목구조의 팔각형 전실묘이다. 방목구조 문루식 묘문이며, 팔각형의 찬첨 지붕이다. 묘 내부에는 중공 오포식 두공을 벽돌에 조각하여 쌓았고 묘실 아래 부분은 수미좌(須彌座)식의 좁은 받침대가 있다. 받침대 위 각 벽에는 병풍식의 채색화가 장식되어 있다. 각 벽면에는 사람 실물 크기의 인물이 있고, 천장부분에는 구름과 학 그림이 있다. 자기 항아리가 1건 출토되었다. 피장자는 풍여집(馮汝輯)의 부친이다. 한 인물 옆에는 장관(張官)이라는 제명이 있다. 무덤 내부는 좌석이 있는 관상과 화려한 채색 목관을 사용하여 세 사람을 토장(土葬)하였다.[50] 이 유형의 무덤은 북송 후기 낙양 일대에서 출토된 장식과 제기가 있는 석관과 일종의 계승관계가 있을 것이다. 북송 시기의 석관은 이미 여러 개가 발굴되었으나,[51] 한 개만

....

49) 周到,「河南安阳郭家湾小型金代墓」,『考古通讯』1957년 제2기. 张新斌,「河南新乡市宋金墓」,『考古』1996년 제1기.

50) 河南省博物馆, 焦作市博物馆,「焦作金代壁畵墓发掘简报」,『河南文博通讯』1980년 제4기.

51) '화상석관'을 위주로 하는 무덤 유형으로 낙양 부근에서 주로 발견된다. 세 구의 석관과 공현서촌묘(巩县西村墓)가 발견되었다. 앞의 세 구의 석관 예는 개별적으로 발견된 것으로 출토지가 불분명하다. 이 유형의 무덤 석관은 모두 방제(傍題)가 있고, 이 중 하나는 피장자의 신분이 "금(金) 자광록대부손왕상삼수재(紫光禄大夫孙王上三秀才)", "낙양장군(洛阳张君)", "주일옹(朱一翁)"이다. 이로 보아 이 유형의 무덤 피장자는 사환(士宦) 가문의 후예로 품관 관리가 아니며, 일부 품관이 없는 부유한 사람들이다. 이 유형의 무덤 특징은 장방

이 토동묘에서 발견되었다.[52] 그 외 발견된 나머지 석관들 대부분은 묘실에서 발견된 것이 아니라 수집된 것이다. 이는 노만장 금대 무덤의 상황과 같다. 모두 간결한 장식이나 채색화를 주요 장식으로 사용한 전실묘이다. 여기에서는 석관이 주요 장식품이었을 것이다.

④ 진남(晉南), 관중(關中) 지역: 이곳은 당나라 말부터 점차 북방지역의 경제, 문화 중심지역이 되었다. 금대에 와서 전성시대를 맞았는데, 이곳의 금대 무덤은 다른 지역의 무덤 건축과 장식에 비해 훨씬 화려한 색채를 띤다.

최근 산서성 홍조현(洪趙縣)에서 토광목관묘와 항아리 유골묘가 발견된 것을 제외하고,[53] 나머지는 모두 화려한 방목구조 전실묘이다. 이 유형의 무덤은 북송 방식을 계승, 발전시켰다고 할 수 있다. 모두 복잡한 구조와 아주 다양한 장식을 가지고 있다. 방형 평면에 팔각형의 매끄럽지 않은 찬첨형 지붕 혹은 네 면 찬첨형 지붕을 채택하는 특징이 있다. 묘 벽의 네면 아랫부분에는 조각된 벽돌로 수미좌식 좁은 받침대를 두었다. 벽면은 화려한 조각벽돌을 사용했으며, 일부 무덤은 층을 나누어 장식하기도 하였다. 이 경우 채색화는 사용하지 않았다(그림 35). 뒤쪽 벽은 피장자가 마주 앉아 있거나, 나란히 앉아 있는 그림이거나 정면 그림이다(그림 36).

양쪽 벽면에는 격자문 장식이 있고, 건너편(남쪽 벽)에는 무대를 조각하였다. 부조기법 혹은 원각법으로 하인이 잡극을 공연하는 장면을 표현하였다. 다른 장식 소재로는 아이와 신선이 노는 그림[嬰戲仙人圖], 영험한

....

형 석관에 석관 정면에는 모두 가짜 문을 만들고 창 혹은 문루식 건축을 새겨 넣고, 관의 나머지 세 면과 덮개에는 효행도, 추수하는 장면, 묘 주인의 승선도(升仙图)와 구름과 학, 화훼 그리고 방제(傍題)를 새긴다. 묘실은 흙으로 덮는다. 이 석관의 기능은 방목구조 전실묘 묘실의 기능과 기본적으로 같다.

52) 巩县文物管理所 等, 「巩县西村宋代石棺墓淸理简报」, 『中原文物』 1988년 제1기. 공현서촌묘(巩县西村墓)가 완벽한 예이다. 가로 장방형의 토동묘로 묘실에는 화상석관을 두었다. 묘실 흙벽에 음각으로 새긴 벽화가 있다 하더라도 묘실의 주요 장식은 화상석관이다. 석관의 장식 내용과 배치는 모두 방목구조 전실묘의 벽화 장식과 같다.

53) 「山西省洪赵县坊堆村古遗址墓群淸理简报」, 『文物参考资料』 1955년 제4기.

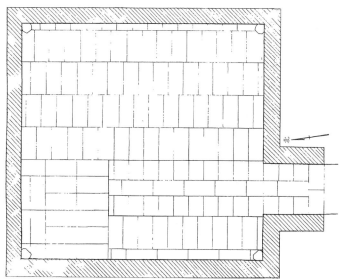

그림 35 산서성 후마(候馬) 진국(晉國) 대안(大安) 2년묘 평면도

그림 36 금(金) 동해묘(董海墓) 북벽 피장자 부부 대좌 벽돌조각

동물 그림 등이 있다. 주로 격자문의 아랫부분 목판[障水板]이나 묘실 하부 수미좌의 허리 부분에 호문(壺門)형 장식이 그려져 있다. 화장 흔적은 보이지 않고 합장이 유행하였으며, 대체적으로 장례도구는 사용하지 않았다. 부장품 수량도 아주 적어서 일반적으로 두세 점의 도자기만 발견되었다. 이러한 유형의 묘장으로는 산서성 직산(稷山) 금나라 초기 무덤군, 후마(侯馬) 대안(大安) 2년(1210년) 동사견(董祀堅)과 동해묘(董海墓), 후마 우촌(候馬牛村) 천덕(天德) 3년(1151년) 묘와 진광(晋光) 대안(大安) 2년 묘가 대표적이다.[54)]

....

54) 「侯馬金代董氏墓介紹」, 『文物』 1959년 제6기. 山西省考古研究所侯馬工作站, 「侯馬两座金代紀年墓发掘报告」, 『文物季刊』 1996년 제3기.

2) 금대 무덤의 시기구분

이미 발견된 대부분의 무덤은 해릉왕 정륭년(正隆年) 이후의 것들이다. 특히 세종, 장종(章宗) 연간(1161~1208년)의 것들이 많다. 금대 무덤의 번영은 위소왕(衛昭王, 1109~1213년) 시기까지 계속되지만, 초기 무덤은 많이 발견되지 않았다. 말기인 선종(宣宗) 이후의 무덤도 아주 소수가 발견되었다. 동시에 각 지역과 종류별 무덤 발전 변화 과정도 달라서 좀 더 자세한 연구가 진행된다면 각 무덤군별로 각기 다른 시기구분[分期] 연구가 가능할 것이다. 모든 금대 무덤의 전체 상황을 고려하면 크게 아래의 세 시기로 구분할 수 있다.

제1기는 금 개국에서 정륭년 이전까지(1115~1160년)이다. 이 시기에는 북송과 요나라 통치지역의 한족, 거란족 무덤으로 북송과 요대 무덤 방식을 여전히 유지하고 있다. 그 예로 시립애묘와 조려묘는 어떤 변화도 없이 요나라 말기 고분의 특징을 완벽하게 보존하고 있다. 산서성 직산 무덤군의 많은 무덤들도 북송 말기의 풍습을 그대로 유지하고 있다. 이 시기 무덤의 특징은 동북지역과 연운지역의 여진족 무덤에서 주로 찾아진다. 동북지역에서는 비교적 이른 시기의 토갱목곽묘가 발견되었고, 일부 큰 규모의 무덤은 채색된 목관을 사용하였다. 무덤은 정방형, 장방형과 손잡이형 등이 있다. 형태는 여러 가지로 통일되어 있지 않다. 묘혈은 비교적 깊게 팠으며(1.5m), 수장품은 많은 편이다. 이 유형의 무덤은 여진족의 무덤이 많다. 1, 2구역에서는 토갱석곽묘가 비교적 유행하였다. 이 시기 이 유형 무덤의 특징은 대부분 6개의 돌판으로 석곽을 만들었고[55] 반원형 장부와 장붓구멍

....

55) 일부 학자들은 쌓은 석곽의 돌판 개수가 등급의 차이를 나타낸다고 주장한다. 「金代土坑石槨墓及相关问题」 참조.) 그러나 최근 발굴 정리한 당대 최고 등급의 금 태조 완안아골타(完顔阿骨打) 예릉(睿陵)에는 석곽이 큰 돌 두 개로 다듬어 관과 덮개를 조각하였다. 같은 능에 합장된 두 기의 비빈 묘장으로 추정되는 무덤 석곽은 여섯 장의 석판으로 만들었다. 태조릉의 이장(移葬)은 해릉왕 정원(貞元) 3년(1155년) 금릉의 축조와 함께 이루어졌고, 북경 자기구(磁器口)에서 발견한 대정 초(1161~1167년) 수무교위(修武校尉, 종팔품상(从八品上)) 여공묘(呂恭墓)의 규모는 약 2.1~2.2m이지만 여섯 개의 돌판으로 석곽을 만들었다. 그러므

으로 연결하였다는 것이다. 목관과 석곽 사이의 공간이 좁고, 일반적으로 벽돌로 쌓은 관상은 없고, 묘지(墓誌)는 이 시기 아직 그다지 유행하지 않았으며 토장(土葬)이 유행하였다. 이 유형의 묘제는 2구역에서는 금대에 비로소 출현하기 시작한다. 석곽 내의 목제 가구56)를 부장하는 등 초기에는 현지 요대 무덤의 영향을 받는데, 제2기가 되면 나타나지 않는다.

한족 지역에서는 각 지역의 방목구조 전실묘가 기존의 기초 위에서 어느 정도 발전 변화하였다. 그러나 이 변화는 모두 일반적인 변화라고 할 수 있고 발전이 중단되거나 비약적인 발전은 없었다. 산서성 직산 무덤군의 경우 벽돌조각이 더욱 화려해졌고, 두공은 더욱 복잡해져 모두 4포, 5포의 두공이 기본을 이뤘지만 대각선 두공도 나타나기 시작하였다. 잡극 소재의 벽돌조각 장식이 유행했지만, 북송 말부터 벽면에 잡극 소재 벽돌조각을 사용하던 것에서 점점 무대를 조각하는 것으로 변해 갔다. 묘주인 부부가 마주 앉아 있는 소재는 측면 벽에서 뒷벽으로 옮겨 갔고, 통로 벽 격자창 앞에 놓여졌다. 그리고 두 부부가 나란히 앉아 있는 모습으로 자주 변하기도 하였다. 이는 연회 장면이라기보다는 공양 장면에 가깝다. 하남, 산동 지역 묘에서 피장자 부부가 마주 앉은 장면이 자주 보였지만 더 이상 보이지 않게 되었다. 전체적으로 볼 때, 이 시기는 다음과 같은 특징을 가진다. 첫째, 고분이 많이 발견되지 않았다. 송, 요나라 지역이었던 곳에서 발견된 고분은 송, 요나라 풍습을 지속, 발전시켰다. 둘째, 금대 무덤 특유의 특징은 금원지역 남쪽에서만 발견된다. 주로 토갱목곽묘와 석곽묘 등 곽이 있는 무덤이었고, 여진 귀족 무덤 발전의 시작이 되는 단계였다. 셋째, 이 시기의 무덤은 여진족 귀족묘로 기본적으로 토장방식을 택했다. 여진족 귀족의 묘에서는 고급의 금은기(金銀器) 등은 보이지 않지만, 중원지역에서 생산한 고급품이 발견되었다. 북경 금산(金山) 금대 무덤에서 아름

<hr/>

....

로 돌판의 수량은 등급의 차이보다는 시대적 흐름과 관련이 있어 보인다.

56) 秦大樹 等, 「记一组早期钧窑瓷器及相关问题探讨」, 『文物』 2001년 제11기.

다운 균요 자기와 기타 다른 종류의 자기가 발굴되었다. 북송 말 정강(靖康)의 난 때 송나라 궁정에서 약탈한 것일 가능성이 있다.

제2기는 세종 대정(大定)연간 이후부터 위소왕 이전(1161~1208년)까지이다. 이 시기는 금 왕조의 전성기이자, 금대 무덤의 특징이 형성된 시기이다. 동북지역의 여진족 풍격을 가진 묘에서 화장풍습이 시작되어 토갱석함묘(土坑石函墓)가 출현하였다. 석함과 목갑(木匣)에 유골을 담았다. 토갱목관묘는 무덤 안을 꾸미는 것을 중시하기 시작했으며, 불을 이용해 무덤 둘레를 태우기 시작하였다. 일부는 무덤에 돌을 쌓거나 간단한 전실, 석실묘를 사용하였다. 완안희윤(完顔希尹) 가족묘는 묘지에 돌로 만든 늙은 시중 상, 양, 호랑이, 망주석과 신도비를 사용하였다. 이는 한족의 영향을 받았음을 말해 준다. 부장품은 용천요 자기와 청백자기 등 중원지역에서 유입된 자기를 많이 사용하였다. 소량의 석실묘나 전실묘가 발견되기도 하였다. 완안희윤 가족묘지의 완안희윤묘는 돌을 쌓아 묘실을 만들었기 때문에 석곽묘라고 하기는 어렵다. 길림성 서란현(舒蘭縣)에서 발견된 완안수도(完顔守道) 묘는 벽돌로 묘실을 쌓았고, 묘실 내부에는 더 이상 큰 돌판으로 석곽을 상징하지 않았다.[57] 북경 풍대(豊臺) 왕좌향(王佐鄕) 오고륜(烏古倫) 가족묘지의 M2는 장방형 전광묘실(磚壙墓室)을 사용하였다. 비록 그 역할은 석곽과 비슷하지만 전실묘이다. 이는 여진족 귀족의 장례제도가 석곽묘에서 전실묘로 바뀌었음을 의미한다.

하북성, 산서성 북부지역의 방목구조 전묘 중 벽화의 비율은 한층 줄어들었다. 일부 무덤은 벽돌조각 장식만을 사용하였다. 구조적으로도 좌우 벽에 조각된 격선문(格扇門)이 나타나는 등의 변화가 생겨났다. 이것으로 송대 유행하였던 앞쪽을 향하는 문루의 형식을 대체하게 되었다. 요나라 묘에서 보이던 방목구조 다실 전묘와 단실 벽화묘도 거의 사라졌다. 토갱석곽묘 중 대형묘에서는 10개나 8개의 돌판을 쌓아 석곽을 만들었다. 석

....

57) 刘晓东의 「试论金代女真贵族墓葬的类型及演变」, 『辽海文物学刊』 1991년 제1기에서 인용.

곽에 사용되는 돌판은 모두 움푹 튀어나오거나 파인 형태의 장부와 장붓구멍으로 연결되었다. 그 뒤를 이어 S자 형태의 돌기둥으로 2개의 돌판을 연결한 유사 석실을 만드는 방법이 출현하였다. 석곽 내부 공간은 상대적으로 넓어졌다. 부장품은 대부분 관 바깥의 석곽에 두었고, 벽돌 혹은 돌을 쌓아 관상을 만들었다. 관리의 묘에는 묘지가 놓여졌다. 고관일 경우는 묘비를 세우기도 하였다. 화장이 유행하기 시작하였고, 목각, 석함을 이용해 유골을 담아 두었다.

이 시기 하남, 산동 지역의 벽돌조각이 복잡해지기 시작하였다. 벽돌조각의 장식비율도 늘어났다. 고부조(高浮彫)로 조각한 인물과 화훼가 출현하였고, 환조로 조각한 인물이 나타났다. 연결 장부로 벽면에 끼워 넣었다. 두공도 복잡해지기 시작하여 괴수가 머리를 흔들거나 날개를 펴는 등의 공두가 나타났다. 진남, 관중 지역에는 두 가지 추세가 분명하다. 첫 번째는 방목두공은 간단해져 어떤 것은 머리를 교차하여 여백을 보충하였다. 또 한 가지는 벽돌조각이 더욱 복잡해졌으며 판문식(板門式) 묘문이 유행하기 시작한 것이다. 묘의 천장은 여러 층으로 장식된 팔각형의 아름다운 형태로 만들어졌다. 선인이나 신, 괴물 이야기 등도 소재로 쓰였다. 고분의 유형도 1기보다 풍부해져, 쌍실묘와 석실묘의 수량이 증가하였고 다실묘가 출현하기 시작하였다. 장식 소재도 풍부해졌다. 중요한 특징은 효자 이야기 소재의 장식이 아주 유행했다는 것이다. 사자춤 등 명절에 하는 놀이나 여러 장면의 잡극 장식도 출현하였다. 이 시기의 전체적인 특징은 다음과 같다. 첫째, 화장(火葬)이 유행했으며, 석함과 목갑(木匣)을 사용해 유골을 담았다. 두 번째 벽돌조각은 더욱 복잡하고 화려하게 변화하였다. 벽화는 줄어들거나 사라지고, 방목두공이 절정을 이루면서 쇠퇴하기 시작하였다. 셋째는 여러 재질의 부장품이 출토되었다. 대형 묘에서는 금은그릇, 옥장식과 돌로 만든 명기 등이 눈에 띄며, 목기와 나무로 만든 명기도 출토되었다. 그러나 전체적으로 보면 자기가 주요 부장품이었다. 특히 동북지역에서는 남방에서 유입된 자기가 많이 출토되었다.

제3기는 대안(大安) 원년부터 금 멸망까지(1209~1234년)이다. 이 시기는 금 왕조가 전성기에서 멸망으로 치닫던 시기이다. 북부지역은 점차 몽고 관할로 귀속되었다. 이 시기에는 기년이 있는 무덤은 거의 발견되지 않았지만 주로 대안연간의 것이다. 여진족 고분에서는 목곽묘나 석곽묘는 발견되지 않았다. 주로 전실 혹은 석실묘가 발견되었으며, "곽이 있는 묘장"에서 "묘실이 있는 묘장"으로 바뀌었다. 중원지역의 한족 묘는 지속적인 발전을 이루었고, 방목구조 벽돌조각은 점점 간략해지고 쇠락해 갔다. 반면에 벽화 장식은 더욱 다양해졌다. 진남지역에서는 난간마다 많은 글자를 쓰는 것을 주요 장식으로 사용하였고, 효행도 소재의 장식은 줄어들었지만, 팔선(八仙), 말을 타고 싸움을 하는 장면, 신농이 약을 구하는 등의 인물 이야기 소재의 장식이 늘어났다. 이 시기의 주요 특징은 다음과 같다. 첫째, 발견된 무덤의 수량이 아주 적다. 둘째, 여진족이 사용하던 목곽묘, 석곽묘가 거의 사라지고, 전실 혹은 석실묘로 바뀌었다. 그러나 여진족이 사용하던 석실묘는 처음부터 끝까지 송, 요의 무덤과 달리 무덤 내부에 장식을 하지 않았다. 셋째, 방목구조 전실묘의 장식소재는 더욱 풍부해졌고, 인물 이야기 소재가 늘었다.

3) 금대 무덤 연구의 결론

금대 무덤 연구의 결론을 간단히 정리하면 다음과 같다.

첫째, 여진족의 남하와 침략전쟁은 강력한 군사력을 이용하여 이루어진 짧은 정복 과정이었다. 그러나 군사력에 비해 여진족이 위에 서술한 지역에 가져다준 문화적 충격은 아주 미약하였다. 때문에 금나라 초기 문화는 기존 문화의 토대 위에서 발전해 갔다. 단지 해릉왕이 한화 정책을 추진한 이후 문화적 융합이 이루어졌고 이를 통해 왕조 말기에 와서야 진정한 금나라 묘제가 형성되었다.

둘째, 여진족이 중원지역에 가져온 문화적 충격이 그다지 크지 않았기 때문에 여진족 특징을 가진 진정한 금대 무덤은 흑룡강지역에서 주로 발견되었고, 길림지역까지 파급되었다. 동북지역과 북경 부근에서 발견된 토갱석곽묘는 금대 무덤 중 가장 특색 있는 유형이다. 여진족 귀족 중 관리들이 사용하던 방법으로 주로 수도 상경과 중도 주변에서 발견되었다. 위에 서술한 고분과 거란족, 한족의 옛 풍습을 지닌 무덤 형태가 더해져 다원화를 이룬 금나라 묘장제도가 형성되었다. 이런 상황은 금나라가 펼친 독특한 역사를 볼 때 이상한 일도 아니다.

8장 원대 무덤의 고고학적 발견

수백 년 동안 민족 간, 지역 간의 대치 국면을 거쳐, 원대에 다시 통일된 봉건국가가 형성되었다. 원대에는 문화의 개방과 교류가 활발히 이루어졌다. 교통이 발달해 각지의 교류가 더욱 편리하게 이루어졌고, 다양한 문화가 서로 영향을 주고받으며 번영하였다. 원(元) 세조(世祖)는 주로 금의 제도를 받아들이면서 원의 제도를 확립하였고, 이와 함께 많은 부분은 몽고 옛 제도를 유지하였기 때문에, 제도적으로도 원대는 급격한 변화를 겪었다. 송나라로 대표되는 중원 한족의 왕조제도는 한나라 때 만들어져 이어지다가 남송이 원에 멸망하면서 단절되었다. 이것이 바로 원대 정치제도의 두 번째 특징이다. 하지만 '고고학 문화'라는 시각에서 보면, 북송과 남송 그리고 금대에 형성된 지역적 차이가 여전히 존재하였으며, 원대 고고학 문화의 특징은 대체적으로 송, 금 두 시기의 문화적 특징을 기반으로 지속적으로 발전하고 있음을 알 수 있다. 원대의 무덤에서 대체적으로 이러한 현상을 확인할 수 있다.

원나라 황제와 몽고 종실(왕족) 귀족들은 사후에 모두 몽고고원에 비장(秘葬), 즉 아무에게도 알리지 않고 매장되었다. 학자들이 원대 능을 발굴하기 위해 많은 노력을 하고 있음에도 불구하고 현재까지 그 흔적이 발견되고 있지 않다. 따라서 본문에서는 각 시기와 지역별로 발견된 원대 무덤에 대해서 소개하도록 한다.

1. 초원문화의 충격: 몽고 시기의 북방 무덤

서빈방(徐蘋芳)선생은 원대 무덤을 몽고와 원대 두 시기로 나누었다.[1]

....

1) 徐苹芳, 「金元墓葬的发掘」, 中国社会科学院考古研究所 편찬, 『新中国的考古发现和研究』,

이후 고고학적 발견이 끊임없이 이루어지면서, 원대도 다시 원 건국에서 멸망에 이르기까지 두 개의 시기로 나누어지게 된다. 각 지역별 발전과 변화의 과정에는 어느 정도 차이가 존재하지만, 크게 연우(延祐)연간(1308~1320년)을 기점으로 나누는 것이 가장 합리적일 것이다.

몽고 시기는 금(金) 선종(宣宗) 정우(貞祐)가 남쪽으로 이동한 시기로, 칭기즈칸[成吉思汗] 8년(1213년)부터 원 세조 지원(至元) 8년(1271년) 국호를 대원국(大元國)으로 정한 시기까지이다. 이 시기 몽고는 북방 초원으로부터 남진하여 점차 중원을 점령하였으며, 1234년 금을 멸망시킨 후 장강 이북지역을 점령하였다. 이 기간에 발견된 중요한 무덤은 산서(山西) 예성(芮城) 영락궁(永樂宮) 몽고(蒙古) 헌종(憲宗) 4년(1254년) 송덕방묘(宋德方墓)와 중통(中統) 원년(1260년) 번덕충묘(藩德沖墓)가 있다.[2] 이 두 기의 무덤은 모두 전실묘(벽돌무덤)이지만 무덤의 주요 장구(葬具)는 무덤 안의 화상(畫像) 석관(石棺)이며, 석곽에 그린 그림의 소재는 대청 누각이나, 무덤 주인 부부가 마주하고 않은 모습, 잡극공연, 효행고사 등이다. 장식의 소재는 산서지역 금대 후기의 무덤 장식과 일맥상통하며 단지 선각(線刻)의 표현을 취한 차이가 있을 뿐이다.[3]

장례제도에도 변화가 있었는데, 화상석관은 산서지역에서도 새로운 문화요소였다. 산서 대동 지원(至元) 2년(1265년)의 풍도진묘(馮道眞墓)[4]는 방형 묘실에 벽화에는 차를 올리거나, 향을 피우는 모습, 물고기를 감상하거나 도를 논하는 등의 모습이 소재로 쓰였다. 북쪽 벽 정중앙에는 대형 산수화가 그려졌고 수많은 목제가구, 그릇 모형, 균요(鈞窯) 생산 자기 등이 출토되었다. 이들 무덤은 장식에서 부장품에 이르기까지 모두 도사(道

....

　　文物出版社 1984년판.
2)　　徐苹芳, 「关于宋德芳和潘德沖墓的几个问题」, 『考古』 1960년 제8기.
3)　　주 2와 같음
4)　　大同市文物陈列馆, 山西云剛文物管理所, 「山西省大同市元代冯道真, 王靑墓清理简报」, 『文物』 1962년 제10기.

土)의 신분에 맞게 제작되었으며, 장례제도는 도관(道冠)과 도포(道袍)를 착용한 시신을 관상(棺床, 관 받침대) 위에 놓고 목제 관 덮개를 덮었다. 산서 직산(稷山)에는 다섯 기의 여도사[女道師, 즉 도고(道姑) - 역주] 합장묘가 있는데 그중 1호묘에는 중통(中統) 3년이라는 기년이 있고, 흑도관(黑陶棺)을 사용하였다. 이 다섯 기의 묘장에는 총 69명이 합장되어 있고 여도사들의 시신은 모두 종이옷과 종이신발을 착용하고 있다. 북방지역에는 계속해서 도교와 관련된 고분이 발견되었는데 이는 이 시기 도교 세력이 성장하였음을 반영하는 것이다. 북경시에 있는 몽고 헌종(憲宗) 7년(1257년) 해운화상탑(海雲和尙塔)과 가암화상탑(可庵和尙塔)은 당시 불교계 중요 인물의 고분인데, 목제 가구 모형, 균요 생산 향로, 비단 직물 등이 출토되었다. 특히 발견된 '납석실(納石失, 금실로 짠 비단 직물)'과 자수제품은 당시 방직품의 최고 수준이라 할 수 있다.[5] 하북(河北) 형대(邢臺) 지원연간(1264~1294년) 류병서묘(劉秉恕墓)[6]에서는 12점의 균요 생산 자기가 출토되었는데, 이는 이제까지 출토된 자기의 3분의 2에 해당한다. 풍도진묘의 상황과 이를 종합해 보면 몽고 시기에 균요의 도기 생산이 얼마나 흥성했는지 알 수 있다. 초작(焦作) 노만장(老萬莊) 헌종 8년(1258년) 풍삼옹(馮三翁) 및 가족묘를 보면,[7] 무덤의 평면은 팔각형으로 되어 있고, 벽면은 실제 사람 크기의 병풍화로 장식했으며, 무덤은 금대 풍여집(馮汝輯) 아버지 무덤의 상황과 비슷하다. 이를 통해 금대 장례제도가 원대에까지 이어졌음을 알 수 있다. 이밖에 서안(西安) 곡강지(曲江池) 지원 3년(1266년) 단계영묘(段繼榮墓)는 방형 평면에 흑도(黑陶)로 만든 가구, 가축, 도용 등이 한 세트를 이루고 있다.[8] 이는 섬서(陝西) 지역에서 하남(河南) 서부에 이르기까

....

5)   北京市文化局文物调查研究组, 「北京市双塔庆寿寺出土的丝绵织品及绣花」, 『文物参考资料』 1958年 第9기.
6)   唐云明 等, 「邢台发现一座元代砖墓」, 『文物参考资料』 1956年 第12기.
7)   河南省博物馆, 焦作市博物馆, 「焦作金代壁畵墓发掘简报」, 『河南文博通讯』 1980年 第4기.
8)   陕西省文物管理委员会, 「西安曲江池西村元墓清理简报」, 『文物参考资料』 1958年 第6기.

지 나타난 새로운 문화현상으로, 최초 출현은 몽고 말기로 추정된다. 이들 고분은 비교적 일찍 발견된 것으로 이미 앞서 간략히 서술한 바 있다.[9]

　　최근 새로 발견된 자료는 섬서 포성(蒲城) 동이촌(洞耳村)에서 발견된 지원 6년(1269년) 장안답불화(張按答不花) 및 그의 부인 이씨(李氏) 무덤이다.[10] 이 무덤은 팔각형 단실 벽돌무덤으로, 아치형 지붕에 몽고 파오(몽골 유목민이 사는 천막집)처럼 무덤 지붕에 창문을 냈다. 벽면에는 채색화가 그려져 있는데 몽고 복장을 한 무덤 주인 부부가 마주 앉아 있거나 악무를 추는 모습, 바깥 외출을 하는 장면 등이 그려져 있다. 이 몇 폭의 벽화에는 모두 무덤 주인의 모습이 그려져 있고, 이 밖에도 방목을 하는 그림이나 가마 탄 모습 등이 그려져 있다. 북경 밀운(密雲) 태자무촌묘(太子務村墓)와 전각장묘(田各莊墓),[11] 산서 대동 동쪽 교외지역의 중통(中統) 2년(1261년) 최영묘(崔瑩墓)와 이씨묘(李氏墓)[12]는 모두 방형의 전실묘로 벽화를 주요 장식으로 하였다. 네 벽은 모두 몽고풍의 내림막이나 화초 등으로 장식되어 있고, 매화나무와 돌이 어우러진 그림이나 병풍, 인물 벽화 등으로 장식되어 있다. 비슷한 벽화묘로는 내몽고 적봉(赤峯) 삼안정(三眼井)과 적봉(赤峯) 원보산(元寶山), 사자산(沙子山)에 몇 기의 전실벽화묘가 있다.[13] 이 무덤은 모두 방형의 묘실이 있고, 아래로 계단형으로 파 내려가 만든 무덤으로, 문은 아치형이며, 묘실의 길이는 약 2.5m 정도이다. 무덤의 천장은 궁륭형이다. 벽화의 내용은 무덤 주인 부부가 서로 앉아 있거나, 출행하거나, 여행하는 그림, 산에서 거주하거나 휴식하는 그림, 연회를 준비

....

9)　　주 1과 같음.

10)　　陝西省考古研究所,「陝西蒲城洞耳村元代壁畵墓」,『考古与文物』2000년 제1기.

11)　　北京市文物研究所,「北京地区发现两座元代墓葬」,『北京文物与考古』제3집, 北京燕山出版社 1992년판. 张先得 等,「北京市密云县元代壁畵墓」,『文物』1984년 제6기.

12)　　大同文化局文物科,「山西大同东郊元代崔莹李氏墓」,『文物』1987년 제6기.

13)　　项春松 等,「内蒙昭盟赤峰三眼井元代壁畵墓」,『文物』1982년 제1기. 项春松,「内蒙古赤峰市元宝山元代壁畵墓」,『文物』1983년 제4기. 刘冰,「内蒙古赤峰沙子山元代壁畵墓」,『文物』1992년 제2기.

하는 그림 등으로 구성되어 있다.

무덤 문 양측에는 무사[문신(門神)]나 의장대가 그려져 있고, 묘 천장에는 길상을 나타내는 화초나 길조 등이 그려져 있다. 그 밖에 요령 능원(凌源) 부가둔(富家屯)에서는 2기의 석실묘가 발견되었는데 모두 방형이며, 층계형 첨탑 모양의 지붕을 하고 있다. 묘 안에는 아무 장식도 하지 않았고, 묘실 뒤에는 석판으로 만든 시상대(尸床臺)가 놓여 있으며 부장품은 많지 않다. 이는 비교적 특수한 경우라 하겠다.[14] 감숙(甘肅) 장현(漳縣)에는 원대 왕세현(汪世顯) 가족묘가 있는데 무덤은 총 27기가 있다. 축조 시기는 몽고 해미실후(海迷失后) 계묘년(1243년)에서 명 만력(萬曆) 병진년(1616년)까지이다. 이 묘지에서 비교적 이른 시기의 것은 금대 무덤의 풍격을 띠고 있으며 방형묘 구조에 팔각형 층계식 지붕을 사용했으며, 벽돌조각을 주요 장식으로 하였다. 소재로는 효행도 등이 있다. 이후 방형 층계형 지붕 무덤이나 장방형 돔형 지붕 무덤 등이 나타났는데 벽돌에 새겨진 장식은 점차 줄어들었고, 그림을 통해 각종 생활 모습을 그려내거나, 도자기 명기(明器) 세트 등의 부장품이 유행하였다. 일부 무덤에서는 비교적 많은 동기(銅器)가 출토되었고, 잘 보존된 목제 침대 장막 등도 출토되었다.[15]

몽고 시기 북방지역에는 빈번히 전란이 발생하였기 때문에 무덤에는 계승과 변혁이 교차하는 모습들이 반영되었다. 많은 새로운 문화 특징들이 나타났다. 이 변화는 특별한 지역적 연원보다는 무덤 주인의 친족 관계와 더 깊은 연관이 있어 보인다. 새로운 변화는 주로 북방지역의 무덤 형태에서 나타난다. 금대 후기에는 주로 다각형의 고분 형태를 띠지만, 이 시기에 이르러 방형이나 장방형을 많이 사용하는 형태로 바뀌었고, 석실묘의 수가 증가하였다. 석실의 사용 유무는 피장자의 사회적 등급과 필연적인 관련은 없다.

....

14) 辽宁省博物馆 等,「凌源富家屯元墓」,『文物』1985년 제6기.
15) 甘肃省博物馆 等,「甘肃漳县元代汪世显家族墓葬」,『文物』1982년 제2기.

묘실 장식으로는 벽화를 사용하는 것이 특히 유행하였는데, 벽화는 일반적으로 완성된 스토리가 있는 장면으로 표현되었다. 예전에는 무덤 주인 부부가 마주 앉아 있는 모습의 그림이 유행하였지만, 이때는 무덤 주인 부부가 각각 정면을 바라보고 앉아 있는 형태의 그림이 유행하였다. 벽화의 주요 소재는 그다지 큰 변화가 없었다. 예를 들어, 무덤 주인 부부가 서로 마주 앉아 있거나, 차나 연회를 준비하는 모습, 시중 받는 모습, 출행, 기예나 음악, 잡극, 신으로 승화하는 모습, 효행 등의 소재가 여전히 유행하였다. 하지만 많은 장면에서 몽고 복식을 한 인물이 나타났고, 동시에 수렵, 방목, 가마를 타고 있는 모습 등 새로운 소재들도 나타났다. 묘실 내부의 부속장식으로는 내림막이나 파오식 지붕 그림 그리고 화초 등을 사용하는 등 변화가 뚜렷이 나타났고, 이러한 특징이 보편화되었다.

벽돌조각 장식이 쇠퇴하기 시작하였고, 특히 방목구조의 두공(斗栱)이 간소화되었다. 일두삼승식(一斗三昇式, 받침돌 하나에 세 개의 두공을 올리는 방식)과 꼬임식 두공을 위주로 사용하거나 돌출된 역삼각형을 사용하였다. 부장품으로는 도제 모형 명기나 토용류 세트가 자주 출토되었고, 이 중 가장 흔한 것은 자기로, 중대형 무덤에서는 일반적으로 남방에서 생산하는 자기를 주요 부장품으로 하고 있다. 소형묘에는 현지나 부근 지역에서 생산하는 자기가 주로 부장되어 있다. 이처럼 몽고족이 중원지역에 미친 문화적 영향은 여진족이 미친 문화적 충격보다 훨씬 크다는 점을 확인할 수 있다.

2. 다양해진 북방지역의 원대 묘

원대 무덤은 중국 남방, 북방 간에 현저한 차이가 있다. 북방지역 무덤에 뚜렷한 변화가 나타난 데 비해, 남방에서는 기본적으로 남송 후기의 특징이 이어지고 있다. 원대 고고학 문화는 크게 명나라 장성 이북지역, 장성 이남에서 장강 이북에 이르는 지역, 강남지역, 천유(川渝) 및 운남(雲南),

귀주(貴州) 지역, 티베트고원의 5개 지역으로 나뉜다. 각 지역 무덤은 나름의 지역성을 보여주는 것으로 각 지역마다 다른 특징이 있다.

북방지역의 원대 무덤은 크게 전, 후기로 나뉜다.

원대 전기의 무덤에는 여전히 금대 무덤의 풍격이 남아 있는데, 예를 들어 팔각형의 방목구조 벽돌무덤이 여전히 존재하는 것이다. 동시에 몽고 시기의 각종 특징도 계승하고 있는데, 예를 들어 방형이나 원형 위주의 묘가 많은 점, 벽돌조각 장식이 쇠퇴한 점, 두공이 간소화된 점 그리고 일반적으로 토장(土葬)을 취한 점이 그 예다.

원대 후기의 무덤도 간소화되는 경향을 보이는데, 팔각형의 묘는 거의 없어지고 대부분의 묘가 방형, 장방형 혹은 원형이다. 이 시기에는 벽면 장식이 없는 벽돌무덤이나 석실묘가 대량 출현하였다. 화장(火葬)이 유행하여 일부 몽고 귀족이나 고위 관리들 역시 묘실이 매우 작은 화장묘를 사용하였다. 부장품 중 가장 특색 있는 것은 하남에서 관중에 이르는 지역에서 나온 도자 명기 세트이다. 이 부장품은 몽고 시기 말기에 나타나, 원대 후기에는 일정한 조합을 갖추었다. 이는 남방에서 남송 시기 이후 유행한 주석 명기 세트와 같은 의미로 보인다.

1) 장성 이북지역

이 지역의 특징은 대형 묘가 많지 않으며, 몽고 시기에 비해 그다지 큰 변화가 없이 장례제도의 연속성을 보여주고 있다. 내몽고 양성(凉城) 후덕승묘(后德勝墓)[16]는 평면이 방형에 가깝고, 지붕은 돔형이며, 그중 M1의 벽면에는 일두삼승식의 두공을 취했다. 네 벽은 그림으로 장식하였는데, 북측 벽에는 무덤 주인의 생활 그림, 동, 서벽의 북단, 중부, 남단에는 각각 목단화, 효행, 신선이나 요괴 그림이 있다. 남측 벽 묘문 양측에는 벽화가 모두 훼손되었지만, 인물화일 것으로 추정된다. 무덤방 지붕에는 상서로운

....

16) 内蒙古自治区文化厅文物处 等, 「内蒙古凉城县后德胜元墓淸理简报」, 『文物』1994년 제10기.

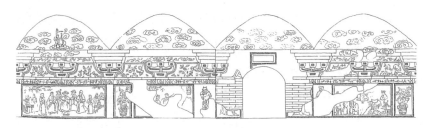

그림 37 내몽고 양성(凉城) 원대(元代) 후덕승묘(后德勝墓) 벽화

구름이, 북측에는 초혼(招魂)하는 여인이 채색화로 그려져 있다(그림 37). 무덤의 형식이나 벽화 장식이 모두 몽고시기 내몽고와 산서 북부의 몇몇 묘장의 모습과 매우 흡사하다. 대련(大連) 사구묘(寺溝墓),[17] 무순(撫順) 토자구묘(土子口墓)[18]는 모두 평면 장방형인데, 석판으로 지붕을 덮거나, 대들보 나무 위에 '나무 막대기들을 깐 후 다시 석회로 지붕을 칠하는 것이다. 그 밖에 요령(遼寧) 객좌(喀左) 대성자(大城子) 석곽묘[19]의 경우 곽실 네 벽에 사암석을 사용해 3개의 층을 만들고, 석회로 이음새를 칠했으며, 무덤 지붕은 두껍고 무거운 네 개의 석판을 쌓아 만들었다.

이러한 평평한 지붕의 장방형묘는 금대에 유행했던 토갱석곽묘 제3기의 소위 '묘실묘(墓室墓)'의 형식을 그대로 이은 것으로 금대 묘장제도를 계승한 것이라 볼 수 있다. 내몽고와 동북지역에서는 수많은 소형 무덤이 발견되었는데, 벽돌무덤, 석실, 수혈토갱묘(竪穴土坑墓) 등이 있다. 예를 들어 강평(康平) 방가둔묘(方家屯墓),[20] 내몽고 정람기(正藍旗) 원(元) 상도(上都) 주변에서 발견되는 무덤[21]에는 아무런 장식이 없다. 크기에 따라 부장품의 많고 적음도 확연히 다르다. 예를 들어 원 상도 침자산(砧子山)의

....

17) 刘俊勇,「大连寺沟元墓」,『文物』1983년 제5기.

18) 徐家国,「辽宁抚顺土子口村元墓」,『考古』1994년 제5기.

19) 徐英章,「辽宁喀左县大城子元代石椁墓」,『考古』1964년 제5기.

20) 张少春,「康平方家屯元墓」,『辽海文物学刊』1986년 창간호.

21) 魏坚 等,「正蓝旗元上都遗址周围辽元墓葬」,『中国考古学年鉴·1996』, 文物出版社 1998년
판. 内蒙古文物考古研究所 等,「元上都城址东南砧子山西区墓葬发掘简报」,『文物』2001년
제9기.

M64, M29 중 M64는 무덤 길이가 3.15m이고 자기, 옥, 칠기, 뼈, 자작나무 껍질, 여러 점의 철기가 출토되었다. M29는 한 변의 길이가 0.7m밖에 되지 않으며, 일부 자기와 염승석(厭勝石) 조각만이 출토되었다. M70은 전형적인 토갱석곽묘인데, 금대 무덤과 다른 점은 석곽 내부에 전, 후실을 나눈 목곽이 있고, 여기에 다시 목관을 짜 넣었다. 침자산 묘지는 빈부(貧富)의 차별 없이 이루어진 부족 묘지로 보인다. 특히 주목할 만한 것은 내몽고에서 발견된 원대 왕고부(汪古部)의 여러 무덤군이다. 여기에는 20세기 중반 일본인들이 백령묘(百靈廟)에서 발굴한 묘, 홍화현(興和縣)의 오갑지묘(五甲地墓), 달무기(達茂旗)의 목호아소복가묘군(木胡兒素蔔嘎墓郡), 사자왕기(四子王旗)의 성복자묘군(城蔔子墓郡) 등이 있으며,[22] 대부분 가지런하게 배열된 수혈토갱묘이다. 이들 묘장들은 비록 모두 왕고부에 속하지만, 서로 분명한 차이가 있다. 오갑지 M4는 비록 수혈토갱묘에 불과하지만, 금, 은, 동, 철, 옥 등으로 만든 귀중품이 출토되었고, 자작나무통 등 부유함을 상징하는 물품들이 발견되었다.

2) 장성 이남에서 장강 이북지역

원 대도(大都)가 위치해 있던 북경시 주위와 하북성에서 최근 중요한 사료들이 잇달아 발견되고 있다. 그중 중요한 무덤으로는 지원 22년(1285년)의 야률주(耶律鑄) 부부묘이다. 야률주는 유명한 재상 야률초재(耶律楚材)의 차남으로, 중서좌승상(中書左丞相)의 관직까지 올랐다. 무덤은 대형 다실 벽돌무덤으로, 장방형 묘실에 돔형 지붕을 갖추고 있고, 실내에는 정교하고 아름다운 벽화가 그려져 있다. 이 무덤은 도굴되었음에도 불구하고 자기, 은기, 동우(銅牛), 한백옥으로 만든 말, 도기 토용 등 180여 점이 출토되었다. 이 무덤은 금나라 초기의 시립애묘(時立愛墓), 소중공묘(蕭仲恭墓)와

....

22) 盖山林, 「興和縣五甲地古墓」, 『内蒙古文物考古』 1984년 제3기. 「木胡儿素卜·夏金元时期墓葬」, 『中国考古学年鉴·1997』, 文物出版社 1999년판. 「四子王旗城卜子古城及墓葬」, 『中国考古学年鉴·1996』, 文物出版社 1998년판.

비슷하며, 요대 무덤의 풍격이 남아 있다.[23] 소홍문(小紅門) 대덕(大德) 9년 (1305년) 장홍강묘(張弘綱墓), 숭문구(崇文區) 황경(皇慶) 2년(1313년) 철가부자묘(鐵可父子墓), 조양구(朝陽區) 천력(天曆) 2년(1329년) 경완도독묘(耿完都禿墓)[24]는 모두 원대 고관이었던 주요 인물들의 무덤이다. 장홍강묘는 전실석함묘(磚室石函墓)이며, 철가묘는 다실의 석곽목관묘이다. 이 세 기의 무덤에서는 생활용품을 본뜬 소형 도자 명기가 출토되었다. 경완도독묘는 큰 석재에 조각한 함으로 만든 석함목갑묘(石函木匣墓)이다. 이를 통해, 대덕 이후의 벼슬아치들은 대부분 석곽묘를 사용했으며, 벽면은 장식하지 않고, 화장하였음을 알 수 있다. 하북 석가장(石家莊) 후태보촌(后太保村)에서 발견된 원나라 개국 승상인 사천택(史天澤) 가족묘지에는 여덟 기의 무덤이 있다. M1, M2는 지원 12년(1275년) 사망한 사천택과 부인의 무덤으로 추정된다. M4는 여기서 출토된 묘지를 통해 사천택의 넷째 아들인 사강(史杠)의 무덤임을 알 수 있다. 연대는 연우(延祐) 3년(1316년)이다. 이 묘지의 무덤들은 원대 전반에 걸쳐 조성된 것으로, 이 여덟 기의 묘장 축조 방식은 네 개의 유형보다 많고 다양하다.[25] 초기의 무덤은 방목구조의 팔각형 다실 혹은 단실 벽돌무덤이거나, 토갱석곽묘로 금대 무덤의 풍격을 계승하였다. 금 토갱석곽묘에서 발전한 것으로 장방형 전실((磚室) 평정묘(平頂墓)가 있는데 원나라 하북(河北) 낭방(廊坊)의 무덤이 그 예이다. 낭방과 난남(灤南)에서 또 원형의 장식이 없는 전실묘가 발견되었다.[26] 기타 다른 무덤으로는 방형 단실 벽돌무덤과 토갱 내에 나란하게 만든 여러 무덤방에 장방형 아치지붕 전실묘들이 있으며, 이 무덤들은 모두 화장하였고, 원대 후기의 장례제도를 대표한다. 특히 후자는 산동 양곡현(陽谷縣) 마묘(馬廟)에서

....

23) 北京市文物硏究所, 「耶律鑄夫妇合葬墓出土珍貴文物」, 『中国文物报』 1999년 1월 31일 제1판.
24) 北京市文物工作队, 「元铁可父子墓, 张弘纲墓发掘报告」, 『考古学报』 1986년 제1기. 주 11 참고.
25) 河北省文物研究所, 「石家庄后太保村史氏家族墓发掘报告」, 『河北省考古文集』, pp. 344-369.
26) 张兆祥, 「廊坊市发现元代砖室墓」, 『文物春秋』 1991년 제4기. 李树伟 等, 「滦南发现元墓」, 『文物春秋』 1991년 제3기.

발견된 원 후기에서 명대(明代)에 이르기까지의 묘와 매우 흡사하다.[27] 북경 및 하북지역에서 발견된 원대 방목구조 전실묘로는 방형, 원형, 다각형이 공존한다. 금대에 가장 유행한 다각형묘는 원대에 이미 거의 흔적을 감추어서 사씨(史氏) 묘지에서 단 하나의 예가 발견되었다. 정형(井陘) 남량도(男良都) 하간로(河澗路) 총관(總管) 왕순(王順) 가족묘지 중 대덕 9년(1305년)에 지어진 M8은 원형 방목구조의 전실묘로, 단초(單抄) 사포(四鋪)를 두공으로 했으나 묘 안에는 별다른 장식이 없다. 녹천시(麓泉市) 남해산(南海山) 북구(北區)의 윤씨(尹氏) 묘지 중 M3 또한 방목구조의 원형 단실묘로 일두 삼승식의 받침목을 두공으로 했으나 벽면에는 간단한 창문, 등잔 걸이 등의 벽돌조각 장식이 있을 뿐이다.[28] 이 두 곳의 묘지에서는 높고 큰 문루식 무덤 문이 있는 방목구조의 원형 단실묘가 발견되었고, 이는 정형시장(井陘柿莊) 금나라 사씨(師氏) 묘지와 풍격이 같으며, 지방적 특색을 띠고 있다. 방형 방목구조의 전실묘로는 북경시 밀운묘(密雲墓)가 있는데, 벽면 장식으로는 북측, 서측 벽면에 각각 삼개가(三開架)식 병풍이 있고, 동쪽 벽에는 외짝 병풍이, 남쪽 벽에는 화초가 그려져 있다. 이들 벽화의 소재는 금대 후기에 비해 크게 변화한 것으로, 심지어 몽고 시기보다 더 간소화되었다. 그 외에 다른 묘로는 형대(邢臺) 안공묘(顔公墓), 역현(易縣) 성관(城關)의 지원 17년(1280년) 장홍범묘(張弘范墓), 삼하현(三河縣) 장백탑묘(張白塔墓), 자현(磁縣) 원대묘 등이 있다.[29][30]

이 지역에서는 주로 세 유형의 무덤이 발견되었다.

첫째, 토갱석곽묘, 장방형 전실묘, 전실석정묘이다. 위의 유형 모두 그

....

27) 山東省文物考古研究所,「山東省阳谷县马庙元明墓地发掘简报」,『华夏考古』1998년 제3기.

28) 河北省文物研究所石太考古队,「井陘南良都战国, 汉代遗址及元明墓葬发掘报告」,「石太高速公路北新城南海山墓区发掘报告」,『河北省考古文集』, pp. 212-223, 288-299.

29) 주 11 참고.

30) 易县博物馆,「河北易县发现元代张弘范墓」,『文物』1986년 제2기. 河北省文物研究所등,「河北三河县辽金元时代墓葬出土遗物」,『考古』1993년 제12기. 张子英,「河北磁县发现一座元墓」,『考古』1997년 제2기.

연원은 금대(金代) 토갱석곽묘로 거슬러 올라갈 수 있다. 구체적인 변화는 대부분이 돌이나 벽돌을 쌓아 묘실을 만들었고, 그 내부에 관곽을 배치한 일종의 완전한 묘실묘라는 것이다. 그밖에 무덤 주인의 신분도 더욱 다양해졌다는 점이다.

둘째, 방목구조의 전실묘로 방형, 원형, 다각형 형태의 것들이 있으며 그중 원형이 자주 발견된다. 벽면 장식은 벽화를 주로 그렸고 내용도 크게 변화하였다. 같은 등급의 무덤일지라도 장식이 몽고 시기보다 훨씬 간소화되어, 벽화 장식도 점차 쇠퇴하는 경향을 보였다. 또 다른 중요한 변화는 이들 무덤에 부장품이 많아졌다는 것이다.

셋째, 벽면에 장식이 없는 전실묘로 방형이나 원형 묘실만 발견된다. 이는 금대의 토갱석곽묘에서 연원한 듯하고, 이후 진정한 '묘실묘(墓室墓)'로 변화한 것으로 생각된다. 석가장(石家莊) 사씨(史氏) 묘지에서 자주 발견되는 무덤들을 보면, 피장자는 주로 원나라 조정의 품관이나 왕족으로 추정된다. 묘장의 크기나 부장품의 수량은 무덤 주인의 신분이 주요한 근거가 된다. 이 묘장 형식은 몽고 시기 후기에 나타나, 원대 후기에 매우 유행하게 되었다.

하남, 산동 지역에서 발견되는 원대 무덤은 그리 많지 않은데, 산동지역과 강남, 하북의 일부 원나라 묘장은 서로 유사한 유형이고, 또한 하남과 진중(晋中) 지역이 비교적 비슷하다. 예를 들어 산동 제녕(濟寧) 태정(泰定) 2년(1325년) 장해부부묘(張楷夫婦墓), 가상(嘉祥) 지순(至順) 원년(1330년)에 축조한 조원용묘(曹元用墓), 추현(鄒縣) 지정(至正) 10년(1350년) 이유암묘(李裕庵墓)[31]는 모두 고위 품관의 무덤으로 장방형 토갱에 석곽 혹은 목곽을 사용하였다. 찹쌀풀을 석회와 섞어 회반죽하거나 다른 방식을 통해 부패를 막은 무덤도 있고, 부장품은 주로 견직물이나 금은기(金銀器)가

....

31) 济宁市博物馆, 「山东济宁发现两座元代墓葬」, 『考古』 1994년 제9기. 山东省济宁地区文物局, 「山东嘉祥县元代曹元用墓清理简报」, 『考古』 1983년 제9기. 邹县文物保管所, 「邹县元代李裕庵墓清理简报」, 『文物』 1978년 제4기.

사용되었다. 부장품들은 남방지역의 남송과 원대 묘의 출토품과 매우 흡사한 특징을 보이고, 석가장 사씨 묘지의 일부 묘장과도 비슷하다. 산동지역에서는 장구(章丘) 여랑산(女郞山) 연우(延祐) 원년(1314년) M71, 장구 청야후(靑野后) 지원 원년(1335년) 묘,[32] 제남에서 발견된 다섯 기의 원나라 묘(그중 지정 10년의 기년 제기가 있는 M1), 창락(昌樂) 동산왕묘(東山王墓)[33] 등 여전히 벽화가 있는 전실묘가 유행하였다. 제남 디젤공장에서 발견된 벽돌조각 벽화묘는 장식이 가장 풍부해 이 유형의 묘장을 대표한다고 할 수 있다.[34] 무덤방 내부에는 방목두공을 사용하였고, 45도 각도로 기울어져 있으며, 꼬임식 두공구조로 되어 있다. 동쪽, 서쪽, 북쪽 벽의 중앙에는 각각 방목 건축물이 새겨져 있으며, 기둥 끝 두공은 쌍초(雙抄) 오포(五鋪)로 되어 있다. 벽면에는 벽돌조각 탁자, 등잔, 건축 회화 등으로 장식되어 있다. 벽면은 일상생활이나 역사고사를 소재로 한 도안으로 장식했는데, 여기에는 효와 의에 대한 고사 등이 있다. 예를 들어 어머니를 위해 아들을 묻었다는 곽거(郭巨), 엄동설한에 얼음을 깨고 잉어를 구해 어머니를 봉양한 왕상(王祥), 어머니를 위해 학업을 게을리하지 않은 맹자(孟子), 병든 노모를 위해 대나무 밭에서 울어 하늘이 감동하여 내려준 기물로 노모를 치료한 맹종(孟宗) 등 효성 지극한 인물 이야기도 사용되었고, 하늘을 울린 효자 이야기, 호랑이를 때려눕혀 아버지를 구한 이야기, 관직을 버리고 어머니를 찾은 효자, 늙고 병든 할아버지를 버리려고 한 아버지께 직언한 원곡(原谷), 부모님의 건강을 위해 대변을 맛본 남제(南齊)의 유검루(庾黔婁), 아들을 버리고 조카를 구한 이야기 등 원나라 잡극의 소재로 쓰인 이야기도 있다. 이러한 소재들은 송대, 금대에 비해 크게 변화하였다. 원대

....

32) 济青公路文物考古队绣惠分队, 「章丘女郎山宋金元明壁畵墓的发掘」, 『济青高级公路章丘工段考古发掘报告集』, 齐鲁书社 1993년판. 章丘县博物馆, 「山东章丘青野元代壁畵墓清理简报」, 『华夏考古』 1999년 제4기.

33) 济南市文化局 等, 「济南近年发现的元代砖雕壁畵墓」, 『文物』 1992년 제2기. 昌乐县文物管理所, 「山东昌乐东山王元代墓葬清理简报」, 『考古』 1995년 제9기.

34) 济南市文化局文物处, 「济南柴油机厂元代砖雕壁畵墓」, 『文物』 1992년 제2기.

말에서 명에 이르는 시기, 산동 교동반도(膠東半島)에서는 일종의 탑식 무덤이 유행하였다. 지상에는 방형의 묘탑을 세우고 지하에는 두형(斗形) 석실을 두고, 매장 시 시신은 주로 앉은 자세를 취하게 하였다. 현재까지 발굴된 기년(紀年) 묵서가 있는 무덤으로 확인된 것은 황경(皇慶) 원년(1312년)에서 명 성화(成化) 22년(1486년)이다. 대체로 200년 동안 이 유형의 무덤이 유행하였고, 이 탑식 무덤은 불교와 매우 밀접한 관련이 있는 특색 있는 매장방식이라고 생각된다.[35]

하남에서 발견된 원대 무덤은 전실묘(벽돌무덤)와 토광묘(흙 무덤) 두 유형이다. 이 중 토동묘(土洞墓)는 모죽임을 한 방형과 장방형 무덤, 계단형 무덤 등이 있고, 곁방이 있는 무덤도 있는 등 매우 특색이 있다. 피장자가 고위 관리인 사례가 여전히 존재하였고 여기에는 도자로 된 모형 명기와 도용이 부장되었다. 예를 들어 삼문협(三門峽) 상촌령(上村嶺) 원정(元貞) 2년(1296년) 묘, 낙양 도북(道北) 연우(延祐) 4년(1317년) 왕영묘(王英墓)와 지정 9년(1349년) 왕술묘(王述墓)가 있다.[36] 전실묘에는 두 유형이 있다. 첫 번째 유형은 원나라 때 새롭게 나타난 방형, 장방형의 권정(券頂, 터널형 천정) 전실묘이다. 내부에 장식이 없으나 회도(灰陶), 흑도(黑陶)로 만든 명기와 도용이 출토되었다. 이러한 예로는 낙양시 북부 기차역의 지정 25년(1365년) 새인적답홀묘(賽因赤答忽墓)가 있다.[37] 이 무덤은 벽화 장식이 없는 두 개의 방으로 된 벽돌무덤이다. 앞에서 언급한 왕술과 새인적답홀은 원나라의 관리였으며 두 무덤 모두 고대 청동 예기를 방제하여 만든 청동 예기 세트 그리고 흑도 명기 세트와 도용을 부장하였다. 또 다른 유형의 전실묘는 전통적인 방목구조의 벽돌무덤이 변형된 형태로 송대

....

35) 林仙庭 等, 「山東牟平縣北头墓群清理与調査」, 『考古』 1997년 제3기.

36) 洛阳地区文化局文物科, 「三门峡上村嶺发现元代墓葬」, 『考古』 1985년 제11기. 洛阳市第二文物工作队, 「洛阳道北元墓发掘簡報」, 『文物』 1999년 제2기. 洛阳市博物館, 「洛阳元王述墓清理记」, 『考古』 1979년 제6기.

37) 洛阳市铁路北站编组站聯合考古发掘队, 「元賽因赤答忽墓的发掘」, 『文物』 1996년 제2기.

및 금대 방목식 벽돌무덤이 단순해져서, 방목두공이 매우 단순하고 심지어는 사라지기도 하였다. 대표적 예로 낙양 이천(伊川) 원동촌(元東村) M3은 장방형의 권정(券頂, 아치형 천장) 전실묘로 벽화 장식이 있다. 뒤쪽 벽에는 몽고 복장을 한 피장자 부부가 함께 나란히 앉은 모습이 그려져 있고, 양쪽 벽면에는 춤과 악기를 연주하는 그림 및 시중드는 이들이 그려져 있다. 또 M4는 천장이 첨탑 모양에 방 한 칸으로 된 팔각 벽돌무덤이며 어떤 장식도 찾을 수 없다.[38] 이 두 고분은 방목구조 벽돌무덤이 간소화된 대표적 형태라 할 수 있다. 하남(河南)지역에서 발굴된 원대 무덤은 관중(關中), 섬서(陝西), 감숙(甘肅) 지역에서 발굴된 무덤과 매우 비슷하며 실제로 하나의 무덤군으로 보아도 무방할 것이다.

관중지역의 원대 무덤도 특징이 뚜렷하다. 장방형 및 정방형 토동묘, 장방형 전실묘, 팔각형 석실묘 등 매우 다양한 형태를 띠고 있다. 피장자는 대부분 평민이며 하급 관리도 있다. 무덤 벽면에는 대체로 아무런 장식도 없으며 소감(小龕, 벽의 작은 감실)과 곁방이 유행하였다. 가장 큰 특징은 바로 대접, 접시, 병, 단지 등 식기를 포함하는 회도(灰陶) 명기 세트 그리고 상자, 화로, 등, 부뚜막, 곳간 등의 모형 혹은 삼예도(三禮圖)를 모방한 예기, 남녀 하인 토용, 말 수레, 마차 끄는 도용 등이 세트를 이루고, 닭, 양 등 가축 세트도 함께 묻혔다. 하남 서부에서 서안을 거쳐 섬서 북부 및 보계(寶鷄) 일대의 무덤에서 부장품들이 서로 상당히 일치하고 있다. 일부 학자들은 감숙 장현(漳縣) 왕세현(汪世顯) 가족묘지에서 출토된 명기를 모방한 도자기 그릇과 섬서, 하남 등 지역에서 출토된 도자 명기를 비교한 결과, 현재 섬서와 감숙의 일부 지역, 즉 원나라 때 섬서 행정 구역에 해당하는 지역에서 삼예도를 모방한 예기를 고분에 묻는 관습이 있었다고 추측하고 있다. 이와는 달리 일부 학자들은 낙양지역 원대 무덤에서 출토된 방고(倣古, 옛 기물을 모방함) 도자기는 선화 5년(1123년) 중수한 선화박고

....

38) 洛阳市第二文物工作队, 「洛阳伊川元墓发掘简报」, 『文物』 1993년 제5기.

도(宣和博古圖)에 있는 옛 그릇을 모방한 것이라고 하였다.[39] 관중지역 토동묘의 대표적 예로는 서안 동쪽 외곽의 지정 4년(1344년) 유의세묘(劉義世墓), 남쪽 외곽의 산문구묘(山門口墓), 보계시(寶鷄市) 대수장묘(大修廠墓) 등이 있다.[40] 방형의 전실묘로는 서안 옥상문(玉祥門) 외곽의 대덕(大德) 연간에 조성된 무덤, 호현(戶縣) 지대(至大) 원년(1308년) 하인걸묘(賀仁杰墓)와 태정(泰定) 4년(1327년) 중장(重葬, 이미 장례를 지낸 시신을 다시 장례 지냄)한 하승묘(賀勝墓), 서안 곡강(曲江) 태정(泰定) 2년 이신소묘(李新昭墓)가 있다.[41] 팔각형 전실묘로는 왕세현 가족묘지 중 일부 무덤, 장안(長安) 봉서원묘(鳳栖原墓), 연안(延安) 호두묘묘(虎頭峁墓) 등이 있다.

북방지역에서 원대 무덤이 가장 많이 발견된 곳은 산서(山西) 지역이다. 주로 두 가지 유형으로 나누어 볼 수 있는데, 첫 번째 유형은 벽화가 있는 전실묘와 석실묘로 대부분 방목구조의 두공이 있다. 두 번째 유형은 섬세한 조각이 되어 있는 전실묘로 북쪽의 다른 지역과 달리 산서 지역의 고분은 전통적 형태를 유지하고 있다. 벽화무덤은 주로 진중(晋中, 산서 중부) 이북지역과 산서 동남부지역에 위치하고 있다. 벽화무덤의 예로는 효의(孝義) 양가장(梁家莊) 대덕(大德) 원년(1297년) 묘가 있다.[42] 방목구조의 팔각형 전실묘로 사포(四鋪) 두공이다. 뒤쪽 벽에는 네 짝의 미닫이문[선문(扇門)]이 그려져 있고, 양쪽 벽에도 각각 두 짝 미닫이문과 격자창이 그려져 있다. 그리고 양쪽 벽의 바탕은 흰색이며 중간에 검은색으로 사각 윤곽을 그린 후 그 안에 오언시 한 수를 적어 넣었다. 하토경묘(下土京墓)는 육

....

39) 謝明良, 「北方部分地区元墓出土陶器的区域性观察-从漳县汪世显家族墓出土陶器谈起」, 『故宮学术季刊』 제19권 제4기, 2002년.

40) 刘安利, 「西安东郊元刘义世墓清理简报」, 『文博』 1985년 제4기. 王九刚 等, 「西安南郊山门口元墓清理简报」, 『考古与文物』 1992년 제5기. 刘宝爱 等, 「陕西宝鸡元墓」, 『文物』 1992년 제2기.

41) 陕西省文管会, 「西安玉祥门外元代砖墓清理简宝」, 『文物参考资料』 1956년 제1기. 咸阳地区文管会, 「陕西户县贺氏墓出土大量元代俑」, 『文物』 1979년 제4기. 马志祥 等, 「西安曲江元李新昭墓」, 『文博』 1988년 제2기.

42) 袁长江, 「长安凤栖原元墓建筑结构」, 『文博』 1985년 제2기. 延安市文化文物局, 「延安虎头峁元代墓葬清理简报」, 『文博』 1990년 제2기.

각형의 무덤이지만 안개나무와 진흙만으로 만든 상징적인 두공이 있다. 벽화의 내용은, 북쪽 벽에는 부부가 마주 앉아 있는 그림, 북동과 북서쪽 벽면에는 탁자와 그 위의 식기가 그려져 있다. 남동과 남서쪽 벽의 북쪽 끝에는 각각 붉은 연꽃이 꽂혀 있는 삼발 화분, 그리고 남쪽 끝에는 무사 한 명이 그려져 있다. 그 외에 선녀와 새도 그려져 있다.[43] 방목구조의 팔각형 벽돌무덤인 문수현(文水縣) 북욕구촌(北峪口村)묘에는 단초(單抄) 사포의 두공을 두었다.[44] 북쪽 벽에는 남자 한 명과 여자 두 명이 마주 앉은 그림이 있는데, 이는 묘 내부 세 구의 시신과 대응하는 것이다. 북동, 북서쪽 벽에는 만찬을 준비하는 그림, 동쪽과 서쪽 벽에는 기마출행도(騎馬出行圖), 남동, 남서쪽에는 두 송이의 큰 연꽃, 통로 양측의 동서 벽면에는 벽돌에 무사가 조각되어 있다. 두공 사이 벽면에는 모란, 수선화 등의 채색화가, 묘의 천장에는 새가 그려져 있다. 장치(長治) 착마촌(捉馬村)의 대덕(大德) 11년(1307년) 묘에는 묘문 가장자리 한 쌍의 사자(使者)를 제외한 모든 벽면에 효행도가 그려져 있다.[45] 장치 학가장묘(郝家莊墓), 장치시 남쪽 외곽묘[46] 등은 모두 방형의 전실묘이다. 학가장묘는 방목 두공을 사용하지 않았으나, 개성 있게 내부를 장식하였다. 북쪽 벽에는 시상(屍床)과 휘장, 드림장식, 병풍 등으로 방을 꾸몄고, 동쪽 벽 좌측에는 한 폭의 산수화, 우측에는 남자 아이가 문을 열어 주는 그림, 남쪽 벽 묘문 양쪽으로 시종이, 서벽 좌측에는 거울 달린 병풍, 우측에는 산수화 족자가 있다. 후벽의 거실이나 휘장, 병풍을 중심으로 한 대칭 배치는 원대에 새롭게 탄생한 형식이다. 이러한 형식의 연원은 요대(遼代) 연운(燕雲) 지역의 일부 벽화에서 시작된 것이다. 이외에도 태원시(太原市) 외곽의 와요촌(瓦窯村) 연우(延祐) 7

....

43) 山西省文物管理委員会 等,「山西孝义下土京和梁家庄金元墓发掘简报」,『考古』1960년 제7기.

44) 冯文海,「山西文水北峪口的一座古墓」,『考古』1961년 제3기.

45) 长治市博物馆,「山西长治市捉马村元代壁畫墓」,『文物』1985년 제6기.

46) 长治市博物馆,「山西省长治县郝家庄元墓」,『文物』1987년 제7기. 朱晓芳 等,「山西长治市南郊元代壁畫墓」,『考古』1996년 제6기.

년(1320년) 묘, 대동시(大同市) 서부지역 두 기의 방형 전실벽화묘, 교성현 (交城縣)의 팔각형 화상석묘(畫像石墓) 등이 있다.[47] 대동 치륜장(齒輪廠) 대덕 2년(1298년) 묘는 방형의 방목구조 전실묘이며, 일두삼승식의 두공을 사용하였고, 벽화로 장식되었는데, 서벽의 남단에는 술을 따르는 그림[侍 酒圖]이, 동벽 남단에는 차를 따르는 그림[侍茶圖], 그리고 네 폭의 은자 그 림[隱逸圖]이 있다. 이러한 그림들은 원곡(元曲)의 이야기 혹은 강한 도교 적 의미를 담고 있다.[48]

산서 남부지역의 원대 묘는 주로 벽돌을 조각하여 장식하였는데, 비 록 벽돌 조각의 난이도와 정교함이 금대보다 못하다 하여도, 장식의 내용 은 벽화묘의 구성과 대체로 비슷하다. 산서지역 원대 묘의 또 하나의 특징 은 여전히 복잡한 방목구조 두공법인 사포 중공(重栱)의 두공을 많이 사 용한다는 것이다. 예를 들면, 신강(新絳) 오령장(吳嶺莊) 지원(至元) 16년 (1279년) 위충(衛忠) 가족묘는 방목구조의 사각형 쌍실묘로, 지붕을 층층 이 쌓아 올려 돔형으로 만든 모양이며, 무덤방 벽의 하단에는 수미좌식(須 彌座式) 받침을 설치하고, 전실과 후실에는 모두 사방의 벽에 30여 개의 벽 돌 조각을 하였다. 하지만 고정된 스타일이 있는 것은 아니며, 비슷한 내용 이 많다. 벽화의 내용은 뛰어가는 당나귀, 원숭이의 춤, 두 사람이 추는 춤, 한사람이 추는 춤 등이다.[49] 신강 채리촌(砦里村) 지대 4년(1311년) 묘[50] 역 시 방형 방목구조의 전실묘이며, 상징적 목적의 두공으로 구성된 화려한 벽돌 조각을 자랑한다. 무덤 벽 하부에는 허리가 잘록한 수미좌를 설치하 고, 사방의 벽에는 정교한 인물과 화초의 벽돌 조각이 새겨져 있다. 남쪽 벽에는 비천(飛天)과 연극 장면, 주방 용구, 시녀가 있다. 동쪽과 서쪽 벽에

....
47) 戴尊德, 「山西太原郊区宋, 金, 元代砖墓」, 『考古』 1965년 제1기. 王银田 等, 「大同市西郊元墓 发掘简报」, 『文物季刊』 1996년 제6기.
48) 大同市博物馆, 「大同元代壁畫墓」, 『文物季刊』 1993년 제2기.
49) 山西省考古研究所, 「山西新绛南范庄, 吴岭庄金元墓发掘简报」, 『文物』 1983년 제1기.
50) 山西省文物工作队侯马工作站, 「山西新绛寨里村元墓」, 『考古』 1966년 제1기.

는 효자 이야기, 모란 꽃병, 기사(騎士)가 있고, 북쪽에는 네 짝의 격자문과 양쪽에는 아이들이 연주를 하는 조각이 새겨져 있다. 또 묘실과 관상인 수미좌에는 사자, 화초, 난쟁이와 구름 문양 등이 새겨져 있다. 이렇게 후벽에 격자문으로 장식하는 방법은 금대 후기의 유행과 일맥상통한다. 이외에도 후마시(侯馬市) 농자공사(農資公司) 내부의 지원(至元) 18년 장씨(張氏)묘와 후마시 서북쪽 연우 원년 마씨(馬氏)묘가 있다.[51] 원대 후기, 산서 남부지역에서도 방형의 권정(터널식 천장) 벽화묘가 나타났는데, 운성(運城) 서리장(西里莊) 벽화묘에는 광대와 악단을 그려 넣기도 하였다. 이는 이 지역 금대와 원대 무덤에서 종종 볼 수 있는 소재였으며, 이곳에서 출토된 '지대원보(至大元寶)'를 통해 이 무덤의 시대적 배경이 원 후기라는 것을 알 수 있다.[52]

산서지역 원대 묘의 벽면 장식은 소재가 매우 다양하다. 장식 소재는 금대 무덤의 장식과는 다르고, 기본적으로 소재와 내용 면에서 북방지역 원대 묘를 대표한다. 벽화건, 조각이건 그 주요 소재는 다음 여섯 가지로 나뉜다. ① 무덤 주인 부부의 모습과 생활 그림이다. 부부가 나란히 앉아 있거나 혹은 세 사람이 그려져 있기도 한데, 이때는 무덤에 안장된 사람 역시 세 명이다. 맞은편이나 양측 벽에 춤과 음악을 연주하는 모습이나 잡극 장면 등을 그리기도 한다. 주인 부부의 모습은 송나라 때의 마주 앉은 모습에서 정면으로 나란히 앉아 있는 모습으로 변화하였다. 또 출행(出行), 수렵 및 수렵 후 돌아오는 모습 등을 나타낸 생활상도 있었다. 이 중 수렵 등의 장면은 원대의 특징으로 장성이나 북쪽지역에서 많이 나타난다. ② 시종들의 모습이다. 기물을 들고 시중드는 사람, 차를 올리는 장면, 연회 장면, 치장하는 모습 등의 각종 시중드는 모습, 그리고 문을 열어 주는 모습 등이 담겨 있다. ③ 효행도이다. 효행도는 금대 후기보다 더 많이 사

....

51) 山西省考古研究所侯馬工作站, 「侯馬市区元代墓葬发掘简报」, 『文物季刊』 1996년 제3기. 山西省文管会侯馬工作站, 「侯马元代墓发掘简报」, 『文物』 1959년 제12기.

52) 山西省考古研究所, 「山西运城西里庄元代壁畵墓」, 『文物』 1988년 제4기.

용되었다. 때로는 묘의 주요 장식으로 사용되거나, 첫 번째 장식으로만 사용되기도 하였다. ④ 잡극 장면이다. 잡극 장면은 크게 두 가지로 나뉘는데, 첫 번째는 다섯 명 혹은 더 많은 사람이 공연을 하는 모습으로, 악단이 악기를 연주하는 모습이나 무대 등도 그려져 있다. 두 번째는 잡극을 공연하거나 원곡(元曲)을 부르는 모습으로 상당수는 역사적인 소재로 보인다. ⑤ 도교 풍의 장식이다. 신령스러운 동물, 선인[仙人, 종종 은자(隱者) 혹은 고사(高士)로 불리기도 한다] 및 신선이 되어 날아가는 장면 등이 있다. ⑥ 기타 화조 및 산수화이다. 여기에는 길상 도안 등이 포함된다.

3. 송대 장례제도의 연속: 남부지역의 원대 무덤

강남지역의 원대 무덤은 기본적으로 남송 후기의 장례문화를 이어갔다. 장방형 권정 전실묘가 많고, 일부 단실묘가 존재하였다. 나란히 배치한 쌍실묘 혹은 다실묘가 유행하였고, 두 무덤을 연결하거나 혹은 여러 통로로 연결하는 방법이 계속 사용되었다. 혹은 두 무덤이 공동의 격벽을 두고 봉분을 함께 하는 동분이장(同墳異葬)의 형태도 있었다. 장방형 벽돌무덤의 테두리 위에 먼저 석판을 깐 후 벽돌 권정(아치형 지붕)을 세우는 방식은 남송 후기에 나타나서 원대에 유행하였다. 전실석정묘(磚室石頂墓)와 석실묘(石室墓)도 여전히 발견되고 있다. 과거 일부 지역에서 유행하였던 지역적 특징이 원대에도 여전히 이어졌고, 다소 발전된 모습도 보인다. 예를 들어 복건(福建) 우계(尤溪), 남평(南平) 일대의 전실벽화묘(磚室壁畵墓)는 원대 전기에 여전히 유행하였다. 벽면에는 벽돌에 조각한 방목구조의 두공도 나타났으며, 원대 후기에 접어들면서 점차 사라졌다.[53] 강남의 원대 무덤은 한편으로는 찹쌀과 석회를 섞어 만든 진액 혹은 송진을 부어 묘실을 밀폐하여 남송 후기의 묘실보다 시신의 보존에 더욱 집중하였다. 또한 다른 측

....

53)　杨琮,「福建宋元壁畵墓初步研究」,『考古』1996년 제1기.

면에서는 화장(火葬)이 유행하였다. 이에 따라 묘실의 크기가 매우 작아졌다. 하지만 구조는 일반적인 매장과 같았다. 이러한 묘는 원대 후기에 자주 나타났다. 위에서 살펴본 것처럼 주검의 처리와 관련하여 잘 보존하고자 하거나 화장하는 등 매우 양극화되었음을 알 수 있다. 그러나 부장품을 살펴보면, 장례를 성대히 치른다는 공통된 특징을 가지고 있었다. 도자기, 칠기, 금은기 등 고급제품이 주로 사용되었고, 석제 명기와 액운을 쫓는 신살용(神煞俑) 세트 그리고 일부 무덤에서는 어떤 경우에도 출토되는 퇴소병(堆塑瓶) 한 쌍으로 신살용을 대신하였다.[54]

　　장강 하류지역의 매장 형태는 주로 병렬 쌍실의 전실묘와 벽돌과 돌을 혼합하여 지은 무덤이 많다. 대부분 목관, 목곽을 사용하고 무덤 벽에는 일반적으로 작은 벽감을 만들어 부장품을 놓았다. 일부 단실의 전실묘, 석실묘 그리고 소수의 방목구조 석실묘가 있다. 각 유형의 무덤은 일반적으로 습기와 부식을 방지하기 위한 처리를 하였다. 강소(江蘇), 절강(浙江), 안휘(安徽) 일대에는 중요한 원대 무덤이 많다. 예를 들어 안휘 안경(安慶) 대덕(大德) 5년에서 9년 사이(1301~1305년) 범문호부부묘(范文虎夫婦墓), 강소 오현(吳縣) 대덕(大德) 8년의 여사맹묘(呂師孟墓), 무석(無錫) 연우(延祐) 7년(1320년) 전유부부묘(錢裕夫婦墓)[55]가 있다. 이 무덤들은 나란히 지은 쌍실 혹은 삼실의 전실묘 혹은 벽돌·돌 혼합묘이다. 무덤 주인의 신분은 고급관리, 일반관리에서 지방관리에 이르기까지 다양하지만 장례 방식에는 뚜렷한 차이가 없다. 모두 송진, 찹쌀풀과 석회 이긴 것 등을 이용하여 묘실을 밀폐함으로써 시신과 부장품이 매우 안전하게 보존될 수 있었다. 부장품 중에는 금은기 및 옥기, 보석 등 고급품과 섬유제품이 많고 평민 신분의 전유부부묘에서 특히 많은 양이 출토되었다. 안휘성 육안(六安)

....

54)　杨后礼,「江西宋元纪年墓出土堆塑长颈瓶研究」,『南方文物』1992년 제1기.

55)　白冠西,「安庆市棋盘山发现的元墓介绍」,『文物参考资料』1957년 제5기. 江苏省文管会,「江苏吴县元墓清理简报」,『文物』1959년 제11기. 无锡市博物馆,「江苏无锡市元墓中出土一批文物」,『文物』1964년 제12기.

화석저묘(花石咀墓)[56]는 석벽에 석실을 파 석판을 대고 또 목탄으로 밀봉하여 보존상태가 매우 양호하다. 상해(上海) 청포(青浦)의 원대 절동도(浙東道) 선위부사(宣慰副使)로 유명 수리(水利) 전문가이자 화가인 임인발(任仁發) 가족묘(여섯 기)의 조성 연대는 태정(泰定) 연간부터 원나라 말까지로 남송 관요 자기를 모방한 자기가 여러 점 출토되었다. 그리고 경덕진(景德鎮) 추부(樞府) 자기와 용천요(龍泉窯) 청자 등을 포함한 대량의 고급 자기 및 칠기 7점, 금은기 8점, 주석그릇 2점, 동기(銅器) 2점, 벼루 3점 등이 출토되었다.[57] 절강성 항주(杭州)에서 발견된 원대 서예가 선우추묘(鮮于樞墓)에도 정교한 미를 갖춘 자기와 붓, 벼루, 도장 등의 문구류가 발견되었다.[58] 강소성 무진(武進) 원대 묘에서는 칠기가 주로 발견되었으며, 칠기 사발의 바닥에는 붉은 파스파 문자[八思巴文]로 '진(陳)'이란 글자가 쓰여 있다.[59] 소주(蘇州)에서 발견된 지정 25년(1365년) 장사성(張士誠)의 모친 조씨(曹氏)묘에서는 앞서 언급한 남송 시대의 석장자(石藏子) 제도를 취하여 매우 견고하다.[60] 유사한 장례 방식은 평민들의 무덤에서도 사용된다. 예를 들어 절강 해녕(海寧) 지정 10년(1350년) 고춘묘(賈椿墓)는 양층의 삼합토로 다져 만든 벽, 벽돌로 된 겹층, 모래로 된 한 겹 층으로 구성되어 있다. 내부에는 목관이 배치되어 있고, 한 장의 큰 석판으로 뚜껑을 만들어 덮고, 전체 무덤 내부를 일체화시켰다. 이러한 양식의 무덤은 밀폐가 잘 되어 습기 및 부식방지에 효과적이어서, 모르타르무덤[회장요축묘(灰漿澆築墓)]이라고 부른다. 고춘묘 내부에서 발굴된 칠함, 나무 빗, 등나무 지팡이, 면포 및 삼베 등의 보존상태가 아주 좋다. 이 무덤의 규모는 조씨의

....

56) 安徽六安县文物工作组,「安徽六安县花石咀古墓清理简报」,『考古』1986년 제10기.
57) 宗典,『元任仁发墓志的发现』,「文物参考资料」1959년 제11기. 沈令昕 等,「上海市青浦县元代任氏墓葬记述」,『文物』1982년 제7기.
58) 张玉兰,「杭州市发现元代鲜于枢墓」,『文物』1990년 제9기.
59) 常州市博物馆 等,「江苏武进县元墓出土八思巴文漆器」,『文物资料丛刊』, 文物出版社 1978년 제1기.
60) 苏州市文物保管委员会 等,「苏州吴张士诚母曹氏墓清理简报」,『考古』1965년 제6기.

무덤보다는 아주 작지만 '석장자' 방식을 따랐음을 알 수 있다. 무덤에서 출토된 백색의 면직물 역시 방직사 연구의 매우 중요한 자료가 되었다.[61] 다른 원대 무덤으로는 강소 서주(徐州)의 대산두(大山頭) 연우 7년(1320년) 장윤묘(張允墓), 안휘 흡현(歙縣) 원통(元統) 3년(1335년) 묘, 강소 신흥장(新興場) 전사(典史)였던 최빈(崔彬)의 묘[62] 등이 있다. 이 지역의 원나라 무덤의 양식 변화는 그다지 뚜렷하지 않다. 기본적으로 남송 후기의 무덤 발전의 기초 위에서 발전한 것으로, 주로 무덤의 밀폐가 더욱 강화되고 보편화되었다. 더 많은 변화는 부장품에서 나타났다. 금은, 옥석, 보석류 등의 고급품과 고급 칠기, 자기 등이 대량 부장되었다. 이러한 물품과 주석으로 만든 명기(明器)는 제기 세트 혹은 공양기를 구성한다. 이러한 점으로 미루어 볼 때, 이 지역에서 당(唐), 오대(五代) 그리고 북송(北宋)까지 유행하였던 악령을 쫓는 신살용 세트나 그릇에서 이후 점차 의식에 쓰이는 예기 세트로 바뀌고, 원대에 와서는 액운을 쫓는 것과 관계된 것으로는 일부 무덤에서 주술을 부리는 철로 만든 돼지와 소, 철 조각 등만이 발견되었다.

다음은 장강 중류지역이다. 호북, 호남과 강서에서 발견되는 원대 무덤은 대다수가 비교적 작은 무덤이다. 무덤의 형태는 장방형 병렬 쌍실 혹은 삼실의 권정(券頂) 전실묘, 전실석정묘(磚室石頂墓)이다. 벽돌 테두리 위에 석판을 덮은 후, 다시 벽돌을 쌓아 아치형을 만든 고분이 비교적 유행하였다. 이 밖에도 일부 방목두공의 전실묘와 석실묘가 발견되었다. 비교적 중요한 무덤의 예는 호북 황피(黃陂) 주가전(周家田) 한성(韓姓) 부부와 둘째 부인의 합장묘는 병렬 삼실의 전실 석정묘이고, 뒷벽에 벽감이 있어, 벽감의 앞에 돌로 만들어진 무덤 주인의 패가 세워져 있다.[63] 호북 의성(宜城) 지

....

61) 海宁县博物馆,「浙江海宁元代贾椿墓」,『文物』1982년 제2기.

62) 邱永生 等,「江苏徐州大山头元代纪年画像石墓」,『考古』1993년 제12기. 叶劲,「元代新兴场典史崔彬古墓发现记」,『东南文化』1988년 제6기.

63) 武汉市博物馆,「黄陂县周家田元墓」,『文物』1989년 제5기.

정 5년(1345년)의 무덤은 토갱에 퇴소병이 있는 화장묘이다. 비록 화장묘지
만 무덤 안에는 석회, 고운 모래의 모르타르로 채워 넣어 시신을 보존한 방
식이 다른 고분과 같다.[64] 안륙(安陸) 지정 8년 양의중묘(楊宜重墓)[65]는 토
갱목관묘로, 이런 양식의 무덤으로는 가장 남쪽에서 발견된 예이다. 호남의
원대 무덤은 임상(臨湘) 육성(陸城) M2, 화용성(華容城) 관묘(關墓), 원릉현
(沅陵縣) 쌍교(雙橋) 대덕 9년(1305년)의 묘가 있다. 이 세 무덤은 토갱 내에
삼합토로 다져 격벽을 만들어 쌍실을 만들고, 묘의 전체를 삼합토를 이용해
서 밀폐하였다. 이는 명나라 때 남방지역에서 유행하는 모르타르로 만든 쌍
실묘로 이어진다. 이 무덤에서는 시신에 수은을 넣어 부패하지 않게 하였고
대량의 견직품이 발견되었다.[66] 그리고 호남 원대 무덤에서 두 차례 중요한
청화자기를 출토한 바 있다.[67] 강서 원대 무덤에서는 비교적 많은 청백자기
와 기타 자기들이 부장되어 있었다. 강서 장수(樟樹) 지원 20년(1283년) 장
유(張瑜)의 묘, 지원 29년 장씨(張氏) 소랑(小娘)의 묘, 지원 30년의 묘, 지정
3년(1343년)의 묘, 무주(撫州) 천력(天歷) 2년(1329년), 후지원(後至元: 원나
라 11대 황제 원혜종의 연호로, 1대 황제 쿠빌라이의 연호 지원과 구별하기 위
하여 후지원이라고 함 – 역주) 5년(1339년)의 묘 등은[68] 청백자기를 주로 하
는 자기를 부장품으로 한다. 강서 귀계현(貴溪縣) 지원 30년(1293년) 도교
(道敎) 정을파(正乙派) 36대 천사(天師) 장종연(張宗演)의 묘[69]는 송대 호북
지역에서 유행했던 토갱석곽묘(土坑石槨墓) 양식이다. 석곽 내에는 벽화가

....

64) 张乐发, 「湖北宜城市出土元代人物堆塑罐」, 『考古』 1996년 제6기.

65) 安陆市博物馆, 「安陆发现元杨宜中墓」, 『江汉考古』 1990년 제2기.

66) 湖南省博物馆, 「湖南监湘陆城宋元墓清理简报」, 『考古』 1988년 제1기. 熊传新, 「沅陵县双桥
元代夫妇合葬墓」, 『中国考古学年鉴·1986年』, 文物出版社 1988년판.

67) 古湘, 「湖南常德发现两件青花大盘」, 『文物』 1973년 제12기. 高至喜, 「湖南常德发现元代青
花人物故事玉壶春瓶」, 『文物』 1976년 제9기 .

68) 黄冬梅, 「江西樟树元纪年墓出土文物」, 『南方文物』 1996년 제4기. 薛翘, 刘劲峰, 「抚州市郊
元代纪年墓出土的芒口瓷」, 『江西历史文物』 1987년 제2기. 薛翘, 刘劲峰, 「江西抚州元墓出
土瓷器」, 『文物』 1992년 제2기.

69) 「江西贵溪陈家村发现张天师墓」, 『文物参考资料』 1951년 제8기.

있고, 단지 몇 점의 도기만이 출토되었다. 응담(鷹潭) 대덕원년(1297년) 능문수묘(凌文秀墓), 남창(南昌) 주고교(朱姑橋) 연우 2년(1315년) 오씨부부묘(吳氏夫婦墓), 악평(樂平) 연우 5년 장씨묘(張氏墓), 영풍(永豊) 연우 6년(1319년) 진씨묘(陳氏墓)는 모두 장방형 단실 혹은 쌍실 벽돌무덤이다.[70] 무덤 주인은 하급관리와 평민으로 한 쌍 혹은 두 쌍의 청백자기 퇴소병이 주요 부장품이고 그 외에 길주(吉州) 자기, 도기로 만든 창고 모형 등의 명기 등 일부 자기가 부장되어 있었다. 고안(高安) 천력 2년(1329년) 허공정(許公鼎)의 묘, 한가산(漢家山) 지정 5년(1345년) 람씨(藍氏)의 묘에서는 신하 도용, 시립도용, 와식도용, 허리를 굽힌 도용, 사신토용과 가축도용 등의 많은 토용이 출토되었다. 또한 퇴소병도 출토되었는데 이는 액운을 쫓기 위한 여러 가지 형태가 있었음을 보여주는 것이다. 허공정의 묘는 장방형의 권정(아치형) 전실묘(벽돌무덤)였는데 만재(萬載)에서 발견한 연우 5년(1318년) 묘는 장방형의 방목구조 석실묘이다.[71][72] 이러한 무덤은 중원지역에서부터 복건성까지 발견된 방목구조 묘장의 연장선상에 있다. 무주 지정 8년(1348년) 전희암묘(傅希巖墓)는 장방형의 병렬 쌍실의 벽돌무덤이다. 뒷부분은 천장까지는 올라가지 않은 벽돌 격벽을 이용하여 묘실을 전후로 나누었다. 앞쪽에는 관을 두고, 뒷부분에는 부장품을 두었다.[73] 무덤의 주인은 역관이자 몽고학을 공부하는 몽고인이었다. 이 무덤은 중원에 진출한 몽고인이 선택한 현지 장례 방식의 예이다. 강서 구강(九江) 연우 6년(1319년) 묘에서 출토된 탑식 뚜껑을 갖춘 청백자병은 오늘날 발견한 가장 이른 시기의 정확한 연도를 가진 청화자기이다. 파양현(波陽縣) 마도향(磨刀鄉) 원대 무덤에

....

70) 曲利平 等,「江西鷹潭发现紀年元墓」,『南方文物』1993년 제4기. 郭远渭,「江西南昌朱姑桥元墓」,『考古』1963년 제10기. 乐平县博物馆,「乐平李家岭元墓清理简报」,『江西文物』1990년 제1기. 杨后礼,「江西永丰县元代延佑六年墓」,『文物』1987년 제7기.

71) 高安县博物馆,「江西高安县发现元代天历二年纪年墓」,『考古』1987년 제3기. 刘翔,「江西高安县汉家山元墓」,『考古』1989년 제6기.

72) 陈美英, 晏扬,「江西万载发现元代墓葬」,『南方文物』1992년 제2기.

73) 程应麟 等,「江西抚州发现元代合葬墓」,『考古』1964년 제7기.

서 출토된 두 점의 매병 역시 원대 청화자기의 진귀한 자료가 되었다.[74] 강서성 풍성(豊城) 능씨(凌氏)의 무덤에서는 후지원(後至元) 4년(1338년)의 명기(銘記)가 있는 유리홍사령탑관(釉里紅四靈塔罐)과 누각식 창고 및 도용이 출토되었다. 이는 오늘날 알려진 최초의 기년 청화유리홍자기(靑花釉里紅瓷器)이다.[75]

장강 상류지역은 사천성(四川省) 중경시(中慶市) 그리고 귀주성의 대부시(大部市)가 속하는 지역이다. 이 지역에서 발견된 원대의 무덤과 송나라 무덤은 맥을 같이하며, 이 시기를 거치는 동안 변화가 크지 않다. 성도(成都) 평원에서는 여전히 장방형의 권정 전실묘가 주로 조성되었고, 부장품으로는 도용(陶俑)과 삼채용(三彩俑)이 크게 유행하였다. 화양(華陽) 황경(皇慶) 2년(1313년) 양씨묘(楊氏墓), 연우 3년(1316년) 고문승묘(高文勝墓)가 그 예이다.[76] 성도시 서쪽 외곽에서 발견된 원대 무덤은 장방형의 단실로 모르타르를 부어 무덤을 만들었으며, 사천성에서 새롭게 나타나는 유형에 속하는 묘장이며, 삼채용 등의 유물이 출토되었다.[77] 사천분지(四川盆地) 주위의 구릉지역, 사천 남부에서 귀주성에 이르는 오강(烏江) 이북지역에서는 원나라 당시 여전히 단실 및 쌍실 석실묘와 석실석정묘 등의 석실묘가 유행하였다. 송대에 유행했던 방목구조의 석실묘는 이미 잘 발견되지 않고, 남송 후기에 발견된 안병묘(安丙墓) 등과 비교해 봐도 변화는 상당히 급격한 편이다. 의빈(宜賓)에서 발견한 원대 묘는 전후 쌍실의 석실묘로, 전실은 격벽에 의해 병렬 쌍실로 구분되어 있고, 벽면에는 가짜 문[假門], 기둥, 팔존보살상과 여주인 등이 새겨져 있다. 사천성의 송대 무덤은 도교적인 소재가 많고, 불교석각은 드물다. 이러한 무덤의 형태는 명나

....

74) 九江市博物馆, 「元代青花牧丹塔盖瓷瓶」, 『文物』 1981년 제1기. 唐昌朴, 「江西波阳出土的元代瓷器」, 『文物』 1976년 제11기.

75) 杨厚礼, 「丰城县发现元代纪年青花和釉里红瓷器」, 『江西历史文物』 1980년 제4기.

76) 张才俊, 袁明森, 「四川华阳县发现元代墓葬」, 『考古通讯』 1957년 제5기.

77) 匡远滢, 「四川成都西郊元墓的清理」, 『考古』 1958년 제3기.

라 시기가 되면 장강유역에서도 매우 유행한다.[78] 사천성 간양(簡陽) 동계 (東溪) 원예장(園藝場)의 원대 무덤은 좀 특별한 점이 있다. 이 무덤들은 단실의 석실묘로 부장품이 특히 많다. 도기만 525점이다. 여기에는 용천 청자, 경덕진 청백자, 정요 백자 등이 가장 많다. 동기(銅器)는 61점으로 한 대(漢代), 송원대의 방고(仿古) 동기인데 거의 모두 예기(禮器)에 속한다. 발굴관계자는 무덤의 주인이 고풍스러운 멋을 즐기는 사람이었을 것이라 생각하였다. 이 무덤 내부 관상 네 모서리 부분에는 각각 철전(鐵錢)이 한 잎씩 달려 있는데 이는 쇠전이 '압승(壓勝: 부적 주술 등 미신적인 방법으로 액을 물리치고 길하게 하는 것 – 역주)' 전통을 반영한 것으로 보인다. 다른 무덤의 예로는 사천 광한(廣漢) 대덕 10년(1306년)의 묘, 중경 북부 대덕 (大德)연간의 묘 등이 있다.[79]

귀주에서 발견된 원대 무덤은 파주(播州) 족장 양씨(楊氏) 가족의 묘 가 가장 중요하다. 여덟 기의 무덤은 이미 발굴 정리가 되었다. 무덤의 축 조 시기는 남송에서 명대 중후기이다. 모두 대형 다실 석조묘(石彫墓)이다. 다른 소식통에 따르면, 오강 이북지역에서는 20여 기의 송명 시기 대형 석 실묘와 그 외 소형 석실묘, 수혈토갱묘 및 애묘(崖墓) 등을 발굴 정리하였 다고 한다.[80] 이 무덤의 부장품 및 다른 조합이 장강 중류지역과 다소 다 르다. 예를 들어 장강지역에서 자주 볼 수 있었던 퇴소병, 지전 등이 매우 적어졌다. 도용은 무사용, 시녀용, 여장을 한 용, 말용, 묘용(墓龍), 금계(金 鷄), 옥견(玉犬)과 조합되어 있고, '명기로 액운을 쫓는다'는 의미가 있다. 이 밖에도 도기 등, 접시, 잔, 향로 등을 볼 수 있다. 도기와 삼색자기는 여 전히 이 지역의 주요한 부장품이나 남송 시대와 비교해 볼 때 다소 투박함

....

78) 刘师德,「四川宜宾堰沟碥有带雕刻的古墓」,『文物参考资料』1954년 제12기.

79) 四川省文物管理委员会,「四川简阳东溪园艺场元墓」,『文物』1987년 제2기. 四川省博物馆, 「四川古代墓葬清理简况」,『考古』1959년 제8기.

80) 贵州省博物馆,「遵义高坪"播州土司"杨文等四座墓葬发掘记」,『文物』1974년 제1기. 贵州 省文物考古研究所,「贵州省考古五十年」,『新中国考古五十年』, 文物出版社 1999년판.

을 느낄 수 있다.

　운남과 사천성 남부지역은 원래 대리국이 통치하던 지역이었으며, 일찍이 2,000기의 화장묘를 발굴 조사하였다. 모두 기년이 남아 있지는 않았으나, 조성 시기는 남조국(南詔國)으로부터 대리(大理國)을 거쳐, 원명대까지로 보인다. 하지만 무덤 양식에는 큰 변화가 나타나지 않았다. 이 때문에 단독적으로 원대 무덤을 확인하기는 어렵다. 모두 작은 규모로 무덤을 파서 유골을 담은 도기 항아리를 두었다. 돌을 이용해서 흙구덩이의 입구를 덮고, 무덤 위에 묘당(墓幢)이나 묘비(墓碑)를 세웠다. 문자는 대부분 범문(梵文)으로 되어 있고, 한자는 매우 간단하다. 이러한 장례 방식은 매우 독특한데, 시신을 태운 후 머리뼈와 사지조각에 약간의 금박지를 붙이거나 붉은 글씨로 쓴 범문의 경전을 외운다. 일반적으로 부장품이 없고, 만약 있다면 거울, 팔찌 등과 같은 아주 간단한 물품만을 부장했다. 묘장의 모양은 원형과 타원형, 방형과 장방형 몇 가지로 나누어지고, 대부분은 토갱묘이다. 장례 방식은 한 명을 매장하는 것이 대부분이며, 두 사람 혹은 여러 사람을 합장한 무덤도 있다. 장례 도구는 모두 유골을 담은 항아리로, 대형 항아리에 소형 항아리를 넣는 형태의 도기 항아리가 가장 많다. 항아리의 모양은 대체적으로 두 가지 종류이다. 원대의 장례도구는 장식을 한 도기 항아리로, 항아리 본채와 뚜껑이 있고, 크기가 비교적 크며 뚜껑은 대부분 탑식이다. 항아리의 표면에 주로 십이지, 꽃, 파도 형태의 무늬, 금강저(金剛杵), 밀보리 이삭 등을 붙이는 것은 종교적 전통과 매우 밀접한 관계가 있다. 대부분은 모래와 석회를 섞어 구운 도기이고 도자기로 된 유골함도 있으나 형태는 유사하다. 다른 한 종류는 일반적인 옹기함이다. 크기가 비교적 작고, 주로 장식을 하지 않았다. 이러한 항아리 중에 많은 수가 운남성에서 생산된 청화자기인데, 명대에 더 성행했다. 무덤군의 분포는 비교적 집중되어 있다. 즉 사천성 서창(西昌) 지역, 운남성 검천(劍川), 녹풍흑정(祿豊黑井),[81] 익양

....

81)　黃承宗,「西昌附近的古代火葬墓」, 文物編輯委員会 편찬,『文物資料丛刊』제7집, 文物出版社

(宜良) 손가산(孫家山), 홍하주(紅河州) 호서(滬西, 상해시 서부지역을 이름) 상탑(尙塔), 대리(大理) 봉의진(鳳儀鎭) 대풍락(大豊樂)[82] 등지에 모두 밀집해서 분포하고 있다. 이 지역의 토갱화장묘와 대리국 시기의 무덤은 기본적으로 같은데, 이는 지역의 전통문화를 반영한 것으로 보인다.[83]

복건, 광서, 광동에서 발견한 원대 무덤은 많지 않지만, 뚜렷한 지방색을 띠고 있다. 사실 복건성은 송대부터 영남의 광서, 광동 지역과는 큰 차이가 있으나, 하나의 독립된 지역으로 인식되어 왔다. 복건성의 우계(尤溪), 남평(南平), 장락(將樂) 일대는 송대 무덤 양식을 따르고, 원대에도 여전히 벽화무덤이 유행하였다 그러나 원대 무덤은 쌍실이 주를 이루고, 일부는 전당식의 방목구조의 건축물이다. 예를 들어 남평 삼관당(三官堂) 대덕(大德) 2년(1298년) 유천육(劉千六)과 부인 허씨(許氏)(1312년) 묘의 벽화는 건축 채색화가 많고 출토된 유물은 많지 않았다. 장악(將樂) 광명(光明) 원대 묘에는 벽화 내용이 상당히 다채롭다. 인물, 영험한 동물, 신선과 천상도(天象圖) 등을 담아 상당히 다채로운데, 이는 분명 송대 부장했던 액운을 쫓는 신살용을 대신하는 것들일 것이다.[84] 복건성 남안(南安) 지대(至大) 3년(1310년) 반팔묘(潘八墓)는 우선 무덤 안에 석벽을 짓고, 내부를 장방형으로 쌓은 병렬 쌍실에 아치형 천장이 있는 벽돌무덤이고, 벽돌벽 외에는 목탄을 채워 습기를 막았고, 작은 창을 내어 통하도록 하였다. 이런 방법은 남평 삼관당 묘와 같은 형식으로, 복건성지역에서는 보편적인 형태이다. 이 무덤은 화장묘로 규모가 작지만, 구조는 일반 무

....

1983년판. 万斯年, 「云南劍川元代火葬墓之发现」, 『考古通讯』 1957년 제1기. 张家华, 「禄丰黑井火葬墓淸理简报」, 『云南文物』 1999년 제1기.

82) 云南省博物馆文物工作队 等, 「云南宜良县孙家山火葬墓发掘简报」, 『考古』 1993년 제11기. 云南省文物考古研究所 等, 「沪西和尙塔火葬墓发掘报告」, 『云南文物』 2000년 제2기. 云南省文物考古研究所 等, 「云南大理市凤仪镇大丰乐墓地的发掘」, 『考古』 2001년 제12기.

83) 孙太初, 「云南西部的火葬墓」, 『考古通讯』 1955년 제4기. 李家瑞, 「滇西白族火葬墓概况」, 『文物』 1960년 제6기.

84) 张文崟, 「福建南平市三官堂元代纪年墓淸理」, 『考古』 1996년 제6기. 福建省博物馆 等, 「福建将乐元代壁畫墓」, 『考古』 1996년 제1기.

덤과 같다.[85] 부장품은 자기가 주를 이루고 청자가 대부분이다. 유천육묘에서 발견된 목용(木俑) 한 점은 도용을 대체하는 것으로, 복건성 남송 황승묘(黃昇墓)의 묘실 앞부분에서 출토된 철로 만든 소와 목용의 의미와 같다. 복주(福州)의 연지산(胭脂山) 원대 무덤에는 정교하게 만든 수산석(壽山石) 용(俑)이 부장되어 있는데, 이는 남송대의 전통을 물려받은 것으로 복주지역의 송대와 원대 무덤에서 자주 발견되는 액을 없애는 명기 관련 부장품 중 하나이다.[86]

이 밖에 복건성 일대는 중국 동남 연해안에 위치하고 있기 때문에, 복주, 천주(泉州) 등의 항구 도시들은 무역이 발달하였다. 특히 외국과의 접촉이 많은 원나라 상인들의 습성과 생활은 외부의 영향을 많이 받았다. 이 때문에 이 지역에는 이슬람교[87]와 경교[88] 등 외래 종교의 영향을 받은 묘비들이 출토된다. 이 또한 복건지역의 특성 중 하나이다.

광동, 광서 지역은 단실묘가 매우 많다. 광동성의 광주(廣州) 일대의 원나라 묘는 매우 독특하다. 바로 모형을 떠서 만든 규회 석판으로 무덤을 짓는 것이 유행하였다는 점이다. 이 무덤들은 대다수가 장방형 묘실에 목재 관곽을 이용하였다. 그 외에 석실석정묘도 유행하였다. 앞서 언급한 해강현(海康縣) 성(城) 동남쪽 수귀령(水鬼嶺)에서 발견된 화상석이 있는 원대 묘, 해강 지정 9년(1349년) 이씨(李氏) 묘,[89] 동관(東莞) 대덕 2년(1298년) 이춘수묘(李春叟墓) 등이 좋은 예이다. 이밖에 광주 사하(沙河) 쌍연강(雙燕崗) 원대 묘[90] 등 소수의 전실묘와 석실묘가 있다. 이 시기 이 지역에

....

85) 陈家楫, 「福建省南安潘山乡发现元代骨灰墓葬」, 『文物参考资料』 1954년 제12기.

86) 林果, 「谈福州市近年出土文物」, 『福建文博』 1999년 제1기. 총 제34기. 본문 중에 언급된 胭脂山 元墓에서 출토된 寿山石 俑은 보고 자료에 발표되지 않음. 福建地区明器神煞의 발전 상황에 관해서는 林忠干의 「福建五代至宋代墓葬出土明器神煞考」, 『福建文博』 1990년 제1기 참고.

87) 庄为玑, 陈达生, 「福建新发现的元明时代伊斯兰教史迹」, 『考古』 1982년 제3기.

88) 吴幼雄, 「福建泉州发现的也里可温(景教)碑」, 『考古』 1988년 제11기.

89) 曹腾非 等, 「广东海康元墓出土阴线刻砖」, 『考古学集刊』 2, 中国社会科学出版社 1982년판. 崔勇, 「东莞市元代李春叟墓发掘简报」, 『广东省博物馆刊』 제2기, 1991년.

90) 黎金, 「广州沙河双燕岗发现元墓」, 『文物』 1982년 제1기.

서는 또 토갱석곽묘와 화장묘가 있다. 먼저 장방형으로 토갱을 판 후, 석관 혹은 유골함을 두는데 유골함은 흑색유약을 바른 자기 항아리로, 뚜껑 안쪽에 항상 연도를 기입하였다. 예를 들어 행강부(海康附) 성(城) 서쪽 호수 후지원 3년 묘의 주인은 현승(縣承)이다.[91] 불산(佛山)에서 발견된 지정 2년(1342년), 지정 9년(1349년) 무덤의 유골함은 대부분 겹층 혹은 삼층으로 되어 있고, 어떤 것은 석함 안에, 일부는 항아리 안에 삼베를 이용하여 여러 겹으로 유골을 싸고 있다. 이러한 무덤은 송대부터 명대까지 유행하였다.[92] 광주의 간가강(簡家崗)에서 발견된 지정 24년(1362년) 양문혜(梁文惠)묘는 특이한 매장 방식을 보이고 있다. 바닥에 규회 석판으로 관 모양 건축물을 만들고, 중간에 묘비를 꽂아 두고 앞쪽에는 편평한 제사대를 놓았다. 그 밑으로는 아치형 천장의 전실묘가 있는데 목탄을 이용하여 습기로부터 보호하였다. 이 외의 무덤들은 제사대 아래에 유골함을 두었는데, 기년이 있는 자료들로 봤을 때, 이 유형의 무덤은 송대부터 명대 중반까지 유행했음을 알 수 있다.[93] 광동지역의 원대 무덤은 대부분이 소규모의 화장묘이기 때문에 출토된 유물이 극히 적다. 앞서 살펴본 바와 같이, 원대 강남지역의 경우 땅에 묻는 방식이든 화장을 하는 방식이든 모두 습기와 부식을 막기 위한 노력을 기울였음을 알 수 있다. 그러므로 화장은 간소화된 매장방식이 아닌 신앙 혹은 풍습과 관계되었음을 알 수 있다.

원대 남방지역의 무덤에 대한 연구 결과를 통해서, 각 지역 무덤의 양식적인 차이가 원대 무덤의 지역적인 특성을 보여준다는 사실을 알 수 있다. 각 지역의 묘장을 자세히 살펴보면, 매장 방식은 원대 전 시기를 거쳐 큰 변화를 보이지는 않는다. 원대 무덤에서 비교적 큰 차이를 보이는 것은 부장품이다. 각 지역 간의 부장품 및 그 조합의 차이는 대부분 선대 전통으로 말미암은 것이고, 부장품의 많고 적음은 무덤 주인의 경제능력 그

....

91) 宋良璧, 「介紹一件元代釉里褐凤鸟纹盖罐」, 『文物』 1983년 제1기.

92) 曾广忆, 「广东佛山鼓桑岗宋元明墓记略」, 『考古』 1964년 제10기.

93) 广州市文物管理委员会, 「广州河南简家冈宋元墓发掘简报」, 『文物』 1982년 제6기.

리고 개인 취향과 관계된 것일 뿐 시대적 차이를 나타내지는 않았다. 특히 상례와 장례의 전통도 남방지역 원대 무덤의 전기와 후기의 일치성은 더욱 두드러진다. 즉 일정한 지역에서, 그 전통은 기본적으로 잘 변하지 않고, 선대의 분위기를 띠기 마련이다. 이처럼 남방지역의 원대 무덤을 구체적인 시기로 나누기는 매우 어려운 일이다. 앞서 살펴본 미세한 변화들을 봤을 때, 주로 각 마을 내부 특히 일부 구체적이면서도 특별한 부장품에서 나타나고 있다. 이러한 것들은 종종 기물학(器物學)의 관점에서 봤을 때도 지역적 특징이라는 개념을 떠나서는 설명할 길이 없다. 원나라가 남부지역을 지배한 시간은 비교적 짧고, 또 이 지역에서 한족 제도에 따른 직할제를 실시해서인지, 북부지역과 비교해 봤을 때, 몽고의 통치자들이 전해 준 문화와 전통의 영향은 그리 크지 않았다.

지역의 구분은 매우 상대적인 개념이지만, 대다수의 남방지역 원대 무덤은 분명한 공통점을 보인다. 예를 들어 병렬 쌍실 부부합장묘의 부장품이 반영하는 상례와 장례의 관념과 시신에 대한 보존 방식 등은 남방지역 전역에서 상당한 일치성을 띤다는 것을 알 수 있다. 남방과 북방의 비교적 큰 차이는 지리적 환경요소의 제약으로 인한 결과이기도 하지만, 더욱 중요한 것은 남북의 각기 다른 지역 문화 전통과 분위기에 따른 것이다. 북방지역은 장기간 금 정권의 통제 아래 있었고, 다시 반세기 동안 몽고에 정복되어 통치를 받았다. 북방 초원 민족의 영향을 피할 수 없었을 것이다. 남방은 송대부터 오랫동안 한족 정권의 통치를 받았고, 원 세조는 남송을 멸망시키면서 한족 문화를 어느 정도 인정하면서, 통치방식에 대한 변화를 꾀하였기 때문에 남부지역에는 한족의 전통문화가 더욱 잘 보존되어 있었다. 남방지역 원대 무덤의 지역성을 토론할 때, 전체적인 공통점을 무시한 채 다른 지역과 구분 지어서는 안 될 것이다.

여기서 알 수 있는 것은 원대 무덤에서 확인되는 여러 요소들은 송대 무덤과 대체적으로 유사하다는 것이다. 크게는 무덤이 보여주고 있는 신분제도, 작게는 일련의 구체적인 부장품들이 그렇다. 송대 무덤의 특징을 논할 때, 우리는 무덤을 통해 알 수 있는 신분제도는 매우 모호하고 원대 무덤의 경우도 마찬가지라고 하였다. 남방지역에서 발견된 원대 무덤 중에는 비교적 높은 지위의 관리와 하급관리 및 많은 평민의 묘가 있었다. 하지만 신분의 차이를 알 수 있을 만한 뚜렷한 상징적인 자료를 찾지는 못하였다. 이러한 상황은 송대 무덤과 일맥상통한다. 그 외에 강서지역 무덤에서 자주 발견되는 퇴소병과 매장풍속과 관련된 각 지역의 다양한 신살용 등은 원대 무덤이 송대 무덤과 많은 연관성을 가지고 있고, 송대 양식을 바탕으로 발전하였다는 것을 짐작할 수 있다.

9장 명대 능묘의 발견과 발굴

1900년대 초, 명대 능묘에 대한 고고학 연구는 지표조사 및 탐사에 국한되었을 뿐 고고학 발굴 작업은 거의 이루어지지 못하였다. 1900년대 후반에 접어들면서 명대 무덤에 대한 고고학 연구가 빠르게 진행되면서 크게 발전하였다. 주목할 만한 부분은 명대 왕릉 조사, 탐사 및 정릉(定陵)의 발굴이었다. 이는 중화인민공화국 건국 이후 중앙기관에 의한 계획 발굴로 완성한 최대의 고고학 발굴의 하나라 할 수 있겠다. 또한 적지 않은 명나라 제후국의 왕 및 대신들의 무덤도 발굴조사할 수 있었을 뿐 아니라 일반 백성들의 무덤도 조사하였다. 명대는 오늘날과 그리 긴 시간차를 갖지 않기 때문에 많은 무덤이 잘 남아 있어 알려진 무덤은 분명 그중 일부일 뿐이지만, 여전히 많은 수의 무덤이 존재하고 있다. 아무튼 조사 연구 결과를 종합하면, 1970년대 중반 이전까지 보고된 무덤은 제후들의 무덤이나 관리들의 무덤이 주를 이루고, 1970년대 중반 이후에야 중소형 무덤들이 세상에 알려지기 시작하였다. 명대 능묘에 대한 연구 역시 황제릉에 초점이 맞춰지고, 제후의 무덤이나 대신들에 대한 연구는 활발하지 않았다. 일반관리나 백성들의 무덤에 대한 연구는 아직 자료 수집 단계에 머물러 있다. 이 책이 가지는 지면의 한계로 본문에서는 가장 중요한 황제릉과 제후의 무덤에 대해서만 서술해 보고자 한다.

1. 지하무덤 빛을 보다: 명대 황릉의 조사와 발굴

1) 명대의 황제릉

명 왕조가 존립한 277년 동안 남방과 북방 지역 다섯 곳에 황제릉이 건립되었다. 이에 대해 간략히 서술하고자 한다.

명 황릉(皇陵)은 태조(太祖) 주원장(朱元璋) 부모의 능이다. 오늘날 안휘성 봉양현(鳳陽縣) 성(城) 서남쪽에 위치하고 있다. 홍무(洪武) 2년에서 12년(1369~1479년)에 만들어졌다. 평면은 장방형으로 내성과 외성으로 이루어져 있다. 외성은 흙으로 축조하였고 길이는 14.4km이다. 외성의 역할은 송대 조역(兆域)을 모방한 것으로 능역의 범위를 확정한 것이다. 내성은 벽돌로 쌓아 만들었고 남북으로 1,100m, 동서로 폭이 750m이다. 동서 남북 각 담장의 중앙에는 문을 설치하고 위로는 망루를 세웠다. 남문 안쪽으로 들어가는 신도(神道) 양쪽에는 화표(華表)와 석상 28쌍이 있으며, 신도 뒤로는 금수교가 있고, 다리 앞 서쪽 편에는 황릉비(皇陵碑)를, 동쪽에는 무자비(無字碑)를 세웠다. 황제의 능은 내성의 뒤쪽 중앙에 있으며, 방형(方形)에 복두식(覆斗式)이고 그 앞에는 향전(享殿)을 지었다.[1] 명 황릉은 앞 시대 황제릉의 형식을 기초로 변화를 준 것이다. 예를 들어 내성의 담은 장방형을 이루고, 석상을 내성 안으로 옮겨 향전의 지위를 돋보이게 하였다. 이는 북송대 황릉의 양식을 계승한 것이다. 북송대 황릉과 이후 명 13릉의 양식을 비교해 볼 때 명 황릉은 과도기적 성격을 띤 것으로 보인다.

명 조릉(祖陵)은 주원장 할아버지의 무덤으로 오늘날 강소성 사홍현(泗洪縣) 동남쪽에 위치하고 있다. 홍무(洪武) 19년(1386년) 축조한 것으로, 능에는 그의 조부, 증조부 및 고조부의 의관을 매장하였다. 명대 중반 이후 회하(淮河)의 범람으로 여러 차례 물에 잠기고, 청대(淸代)에는 홍택호(洪澤湖)에 잠겼다. 1961년에서 1962년 홍택호의 수위가 내려가면서 남경박물관이 이에 대한 고고학 조사를 진행하였고,[2] 2000년 정식 보고서를 발표하였다.[3] 고고학 조사 결과에 따르면, 명 조릉의 구조와 배치는 전반적으로 명 황릉과 유사한 것으로 나타났다.

명 효릉(孝陵)은 태조 주원장의 무덤이다. 오늘날 남경시 동쪽 교외의 종산(鍾山) 남쪽 등성이인 독용부(獨龍阜)에 위치하고 있다. 효릉은 홍무 9

....

1) 徐苹芳,「明皇陵和祖陵」,『中国大百科全书·考古学』, 中国大百科全书出版社 1986년판.
2) 张正祥,「明祖陵」,『考古』1963년 제8기.
3) 南京博物院 等,「江苏盱眙县明祖陵考古调查简报」,『考古』2000년 제4기.

년(1376년) 축조하기 시작하여 홍무 15년(1382년) 황후 마씨(馬氏)의 장례를 치른 후 효릉이라 부르기 시작하였다. 홍무 31년 주원장이 세상을 뜨면서 그 역시 효릉에 묻혔다. 전체 공사는 영락(永樂) 3년(1405년)에 완성되었다. 황태자 주표(朱標)는 효릉의 동쪽에 묻혔으며 이를 동릉(東陵)이라 불렀다. 효릉은 무덤의 축조방식과 배치에 새로운 시도와 발전을 보임으로써, 후대 성조(成祖) 주체(朱棣)의 장릉(張陵)이 이 양식을 따랐고,[4] 명대 황제릉의 전형적인 양식이 되었다.

명 13릉은 오늘날 북경 창평(昌平) 천수산(天壽山) 아래 위치하고 있다. 명 성조 주체에서 사종(思宗) 주유검(朱由檢)까지 13대 황제가 모두 이곳에 잠들어 있다. 그간 이 명 13릉에 대한 고고학 연구는 비교적 활발히 이루어졌다.

북경 해정구(海淀區)의 금산(金山)에는 탈문지변(奪門之變)으로 폐위된 경제(景帝) 주기옥(朱祁鈺)이 묻힌 곳으로 경태릉(景泰陵)이라 불린다. 이외에도 젊은 나이에 세상을 떠난 명나라 왕들과 공주 그리고 한 번에 묻히지 못한 명대 비빈(妃嬪)들이 있다. 지표면의 평면 상황을 살펴보면, 경태릉의 능원 배치와 매장 방식은 대체적으로 명 13릉과 비슷하나 다소 간소화되었다. 1951년 동사묘촌(董四墓村)에서 2기의 비빈묘[5]와 1963년 양홍기영(鑲紅旗营)에서 성화제(成化帝)의 후궁과 자녀들의 묘 7기를 발견하여 발굴하였다.[6]

2) 명 13릉의 조사와 정릉 발굴

① 13릉의 위치와 배치: 13릉은 북경 창평에서 북쪽으로 10km 떨어진 천수산(天壽山)에 있다. 이곳에는 성조(成祖)에서 숭정제(崇禎帝)까지 13대 황

....

4)　罗宗真, 「明孝陵」, 『中国大百科全书·考古学』.
5)　「北京西郊董四墓村明墓发掘记-第一号墓」, 「北京董四墓村明墓发掘续记-第二号墓」, 『文物参考资料』 1952년 제2기.
6)　「北京市考古五十年」, 『新中国考古五十年』, 文物出版社 1999년판.

제가 묻혀 있는 곳으로 13릉이라 불린다. 이곳에는 성조[成祖, 연호 영락(永樂)] 주체(朱棣)의 장릉(張陵), 인종[仁宗, 연호 홍희(洪熙)] 주고치(朱高熾)의 헌릉(獻陵), 선종[宣宗, 연호 선덕(宣德)] 주첨기(朱瞻基)의 경릉(慶陵), 영종[英宗, 연호 정통(正統)과 천순(天順)] 주기진(朱祁鎭)의 유릉(裕陵), 헌종[憲宗, 연호 성화(成化)] 주견심(朱見深)의 무릉(茂陵), 효종[孝宗, 연호 홍치(弘治)] 주우탱(朱祐樘)의 태릉(泰陵), 무종[武宗, 연호 정덕(正德)] 주후조(朱厚照)의 강릉(康陵), 세종[世宗, 연호 가정(嘉靖)] 주후총(朱厚熜)의 영릉(永陵), 무종[穆宗, 연호 융경(隆慶)] 주재후(朱載垕)의 소릉(昭陵), 신종[新宗, 연호 만력(萬曆)] 주익균(朱翊鈞)의 정릉(定陵), 광종[光宗, 연호 태창(泰昌)] 주상낙(朱常洛)의 경릉(慶陵), 희종[熙宗, 연호 천계(天啓)] 주유교(朱由校)의 덕릉(德陵), 사종[思宗, 연호 숭정(崇禎)] 주유검(朱由檢)의 사릉(思陵)이 있다.

이 능들은 천수산의 남산 기슭을 둘러싸며, 장릉을 중심으로 거대한 능묘군을 이루고 있다. 천수산의 본래 이름은 황토산(黃土山)으로 연산(燕山)과 맥을 이루고 있다. 13릉의 동쪽, 서쪽, 북쪽은 산으로 둘러싸여 있고, 남쪽은 넓은 분지로 트여 있고, 온유강(溫楡江)이 분지의 동쪽을 흐른다. 용산(龍山)과 호산(虎山)이 능 입구의 양옆으로 펼쳐져 있어, 마치 천연의 문궐(門闕)을 세워 놓은 듯한 형상이다. 이러한 능의 위치는 명조에 풍수지리설이 매우 유행하였기 때문이다. 명대 각지의 각 제후들 무덤 역시 이를 고려하였다. 예를 들어 광서(廣西) 계림(桂林)의 정강(靖江) 왕릉지역의 장간왕릉(莊簡王陵)도 배산임수 지형에, 앞쪽으로는 평원이고, 두 산이 문궐을 연상시키고 있어 이와 대체적으로 일치한다.[7]

13릉 주변에 산을 따라 20km에 이르는 성벽을 지었는데, 성벽에는 10개의 입구와, 4개의 수문도 설치하였다. 고염무(顧炎武)의 『창평산수기(昌平山水記)』에서는 10개의 입구는 중산구(中山口), 동산구(東山口), 노군당

....

7) 桂林市文物工作队,「明靖江王十一陵述略」,『广西文物』1987년 제2기.

구(老君堂口), 현장구(賢莊口), 회령구(灰嶺口), 추석구(錐石口), 안자구(雁子口), 덕성구(德勝口), 서산구(西山口), 자자구(楂子口)라 하였다. 동산구를 제외하고는 모두 울타리와 문이 있다.[8] 조사 결과 현존하는 성벽의 길이는 약 12km이고, 10개의 입구를 이으면 34km가 된다. 그중 중산구, 동산구, 자자구, 서산구는 13릉 지역의 정남쪽 대홍문(大紅門)의 동서 양쪽에 자리 잡고 있으며, 지세가 좋아 성벽을 따라 길을 내면서 4곳의 입구를 연결하여, 13릉의 남쪽을 병풍처럼 둘렀다. 성벽에 가까운 입구는 폭이 비교적 넓은 반면, 산기슭에 자리한 곳은 일반적으로 협소하다. 성체는 대부분 산의 돌이나 하란석(河卵石)으로 쌓아 올렸으며, 생석회를 부어 틈을 메웠다. 일부 구조가 견고한 부분은 성체의 안팎을 청석도 이용하여 쌓았지만, 어떤 부분은 산에서 나는 돌과 석회와 진흙 모르타르로만 쌓았다.[9]

13릉은 송원명대의 많은 무덤 중에서 독특한 특징을 지닌다. 바로 전체 무덤지역이 계획에 따라 축조되어 공용의 무덤길[신도(神道)]를 갖는다는 것이다. 창평현(昌平縣)의 서문에서 대홍문에 이르는 어로(御路)가 있으며 이 길에는 석비방(石碑坊)과 하마비(下馬碑)가 있다. 대홍문 북쪽에는 대비루(大碑樓)가 있고 다시 그 북쪽이 13릉의 주 신도(神道)이다.[10] 신도 양측에는 석망주(石望柱), 석상생(石象生)이 있고 북쪽으로 영성문(欞星門)이 있다. 영성문 북쪽에는 칠공교(七孔橋)가 있고 여러 능의 신도는 여기서부터 나누어져 각 능으로 통한다.

석비방은 모두 흰색 돌로 짜 맞추어져 능 아래 남쪽에 있고, 창평현에서 3km 거리이다. 가정(嘉靖) 19년(1540년)에 만들어졌다.[11] 북쪽으로는 대홍문에 이르고 문 앞 양측으로 하마비가 있다. 대홍문은 13릉 전체의 주 문호(門戶)이고 삼동권문(三洞券門)으로 이루어져 있고, 양측 능 구

....

8)   (明) 顧炎武,『昌平山水记』,卷上 北京古籍出版社 1982년판.
9)   王岩,「明十三陵边墙山口查勘记」,『考古』1983년 제9기.
10)   『明史』卷60「礼志十四·凶礼三」,中华书局标点本 1974년판.
11)   (淸) 梁份,『帝陵图说』卷2, 长陵条, 南京图书馆藏清抄本.

역 안은 담장으로 둘러쳐져 있다. 문의 기초는 돌로 만들었고 담장은 벽돌로 만들어 모두 붉은색을 칠하였기 때문에 오래전부터 대홍문이라고 불렀다. 권문(券門) 안쪽에는 돈석(墩石)이 있어 당시에 문을 달았다는 것을 알 수 있다. 여기서 다시 북쪽은 비정(碑亭)이 있어 속칭 대비루라고 하였고, 방형에 사면 권문이 있고 중첨헐산정(重檐歇山頂: 2층팔작지붕 – 역주)으로 만들어졌다. 정각 내부에는 "대명장릉신공성덕비(大明長陵神功聖德碑)가 세워져 있고 높이는 7.91m이다. 정면 비문에는 홍희(洪熙) 원년(1425년) 인종(仁宗) 주고치(朱高熾)가 쓴[撰] 글귀가 남아 있고 선덕(宣德) 10년(1455년)에 비를 세웠다고 전하다. 비에는 청 건륭제(乾隆帝)가 쓴 "애명릉삼십운(哀明陵三十韻)"도 음각으로 새겨져 있다. 비를 세운 정자 4면에 각각 화표[華表, 경천주(擎天柱)]를 세웠다. 정자 북쪽 양측에는 각각 석망주(石望柱) 1기를 세워 신도의 시작을 알려주고 있는데, 여기서 장릉까지는 1,060m에 달한다. 망주 북쪽에는 석상생(石象生) 등 모두 석수(石獸) 24개, 석인(石人) 12개, 그 다음으로 사자 4마리, 해치(獬豸) 4마리, 낙타 4마리, 코끼리 4마리, 기린 4마리 등이 2마리는 무릎을 꿇고 2마리는 서 있는 모양이다. 그 북쪽으로는 석인(石人), 4명의 무신(武臣), 4명의 문신(文臣), 4명의 훈신(勳臣)이 있다. 무신은 갑주(甲冑)를 입었고 추(錘)를 들고 검을 휘두른다. 문신과 훈신은 홀(笏)을 들고 서 있다. 석상생은 처음에 선덕(宣德) 10년(1435년)에 만들었고, 가경(嘉慶) 15년(1536년) 돌을 쌓아 보호대를 만들었다. 또한 신도에는 석판을 깔았다. 석상생의 북쪽으로 신도 정중앙에 영성문이 있고, 석문에는 3개의 구멍이 발견된다. 다시 북쪽으로 오공교(五孔橋), 칠공교(七孔橋)를 지나 장릉(長陵)에 이른다. 13릉의 능들은 공교에서 북으로 각각의 능으로 가는 신도가 있다.

청(淸)나라 초 13릉은 큰 변고를 만난다. 명나라 때 금릉을 파괴하였기 때문에 만주족들이 만성을 넘어온 이후 능을 훼손한데 대한 원한으로 명나라 능을 파괴하기에 이르렀다. 훼손이 가장 심각한 곳은 만력제(萬曆帝)의 정릉(定陵)과 천계제(天啓帝)의 덕릉(德陵)이다. 순치(順治) 4년(1647

년) 이후 만주족이 세운 청은 민족 간의 갈등을 해소하기 위하여 명 황릉에 능호(陵戶)를 설치하고 섬전(贍田)을 주고 초채(樵採)를 금지하는 등 명황릉에 대한 일정 정도의 보호를 하고, 숭정연간(1628~1644)에 건립된 사릉(思陵)에 대한 수리도 진행하였다. 건륭(乾隆) 50년(1785년), 청나라 고종(高宗) 홍력(弘曆)은 '장릉신공성덕비(長陵神功聖德碑)'에 음각으로 '애명릉삼십운(哀明陵三十韻)'을 적고 명나라 황제를 애도하는 글을 남기면서, 파괴된 정릉, 덕릉에 대해 비교적 대규모의 수리를 진행하였다고 전한다. 그러나 현장 조사를 통하여 이 수리는 단지 오래된 것을 걷어내고 조금 고치는 정도였다는 것이 확인되었다. 이는 정릉의 능은문(祾恩門), 능은전(祾恩殿)에도 분명하게 적용되었다. 덕릉을 수리한다는 명분을 내세웠지만 실제로는 거의 실행하지 않았던 것이다.

② 황제릉 능원의 배치: 13릉의 여러 황제릉의 규모는 서로 차이가 있다. 황제릉은 생전에 이미 건립을 시작하는 것으로 영릉, 정릉 등이 규모가 크고, 사후에 건립한 헌릉, 경릉, 강릉 등의 규모는 작은 편이다. 사릉은 귀비(貴妃) 전씨(田氏) 묘를 이용하여 매장하였기 때문에 규모가 가장 작다. 장릉은 영락 7년(1409년) 서황후(徐皇后)를 매장한 후 영락 22년(1424년)에 주체(朱棣)를 매장하는 등 15년 동안 계속 축조하였으므로 규모가 가장 크다. 13릉 능원지역에 행궁(行宮)과 불진전(拂塵殿) 등이 있었으나 지금은 전하지 않는다.

명 황릉은 궁으로 불리는 만큼, 각 능궁(陵宮)은 모두 산을 등지고 축조되었으며, 그 방향은 각각 다르지만 건축배치 등 기본적인 형식은 거의 같다. 앞쪽에 궁원(宮院)이 있고 뒤쪽에 보성(寶城)이 있으며 궁원을 둘러싸는 담장과 보성이 서로 만난다. 궁문 앞에는 무자비(無字碑)가 있고 비 앞쪽으로 석교(石橋)와 신도(神道)가 서로 통한다. 궁문 안에는 능은문, 영성문, 석지정(石幾筵)이 있고 뒤로는 명루(明樓), 보성이 이어진다. 능은전은 능에 제사를 올릴 때 사용되는 전각이며 이 양쪽으로 낭무(廊廡: 회랑-역주)가 있다. 이러한 형식은 헌전(獻殿), 향전(享殿)에서부터 비롯된 것이다. 보성은 능궁의 가장 뒷부분으로 성에는 황토로 메우고 아래는 지공이 있다. 명루는 보성 위 앞 양측에 짓고 처마 아래에는 능의 명칭을 적은 방액(榜額)을 단다. 건물 안쪽에는 석비를 세우고 황제의 묘호(廟號), 시호(諡號)를 새겼다. 이처럼 각 능은 전체 능원지역에서 각각이 또 하나의 체계를 갖추고 있다. 제전(祭殿)이 앞서고 침궁이 뒤쪽이며 문랑(門廊), 전당(殿堂), 명루, 보성이 순서 정연하게 배치되어 있다. 신도가 조금 굽은 것은 석교를 건넌 후 중심축선과 관련이 있고, 지세가 점차 높아지고 전전후각식(前殿後閣式) 건물, 그리고 가까운 수로와 먼 산의 경치로 기세가 매우 웅장하여 황릉의 위엄을 돋보이게 한다.

③ 정릉(定陵)의 발굴과 지궁의 구조: 1955년 10월 북경시 부시장 오함회(吳晗會)는 중국과학원 원장 곽말약(郭沫若), 문화부장 심안빙(沈雁氷), 인민일보사 사장 등탁(鄧拓), 저명한 사학자 범문란(范文瀾) 등과 함께 국무원(國務院)에 문서를 올려 영락제의 장릉(長陵)을 발굴할 수 있도록 요청하였다. 그 후 국무원의 비준을 받아 장릉발굴위원회를 조직하였다. 위원회는 북경시와 고고연구소 연구원을 중심으로 고고공작대를 조직하였다. 이후 정릉에 대한 발굴조사 성과는 이 발굴을 중시하여 엄격하게 조직을 꾸린 결과물이다.

장릉의 규모가 크다는 점과 발굴조사에서 복잡한 문제가 발생할 가능성을 고려하여, 먼저 시굴을 진행하기로 하고, 일단 정릉을 발굴하기로 결정하였다. 정릉의 매장 시기가 비교적 늦고 매장 현장이 자연스러웠기 때문이다. 공작대는 1956년 5월 발굴을 시작하여 1957년 9월 지표면에 대한 조사를 완료하였고, 1958년 7월 현궁(玄宮) 안의 기물을 정리하는 것까지 모두 2년 2개월을 소요하였다. 출토품은 모두 2,648건이었다. 다량의 정릉 출토 기물, 신속한 수복정리, 지상과 지하 건축의 보존과 수복을 위하여 더 이상 장릉에 대한 발굴은 하지 않기로 결정하였다.[12]

....

12) 赵其昌, 「定陵发掘始末」, 『文物天地』 1985년 제2기.

정릉은 신종 만력제의 능묘로 능원 구역 내 중부 서쪽 편에 있는 대욕산(大峪山) 아래에 위치한다. 만력(萬曆) 12년(1584년)에 건립하기 시작하여, 6년에 걸친 공사 끝에 완성되었다.[13] 묘장 중에는 효단황후(孝端皇后) 왕씨(王氏)와 효정황후(孝靖皇后) 왕씨 묘는 합장묘이다. 정릉의 규모가 가장 크고 구조는 가정제(嘉靖帝)의 영릉(永陵)과 비슷하다. 어떤 부분의 구조와 규모는 영릉을 넘어서고 있다. 정릉의 현궁(玄宮)은 전전(前殿), 중전(中殿), 후전(後殿)과 좌우에 부속된 건물로 모두 석재를 쌓아 만들었다(그림 38). 전전의 대문 밖 석권문(石券門)은 현궁에서 가장 큰 문이다. 이 문은 한판의 한백옥(漢白玉)을 조각하여 목제 구조를 모방한 모양으로 만든 것으로 희고 광택이 난다. 전전은 길이가 20m, 폭이 6m, 높이 7.2m로 권정(券頂)이고 바닥에는 방형의 금전(金磚)을 깔았다. 전전 서벽은 중전석문(中殿石門)이고 전전의 문과 비슷하다. 중전은 장방형의 권정묘실(券頂墓室)로 길이 32m이고 폭과 높이는 전전과 같으며 바닥에도 방형의 금전을 깔았다. 남북 각 벽에는 한판으로 된 석문과 좌우에 각각 부속 건물과 통하게 되어 있으며 서단에는 3개의 한백옥으로 조각한 보좌(寶座)가 있는데 품(品)자형으로 놓여 있다. 중좌(中座)에 기대는 부분 및 서쪽에는 용무늬가 조각되어 있고, 좌우 두 좌(座)에는 봉황무늬가 새겨져 있다. 보좌 앞에는 모두 오공(五供: 제사용품 한 세트 - 역주)이 있다. 오공 앞에는 만년등(萬年燈)을 위한 청화대항(靑花大缸: 청화무늬가 있는 큰 항아리 - 역주)을 배치하였다. 후전은 현궁의 주 건축으로 가로방향으로 더 넓어 남북 길이 30.1m, 동서 너비 9.1m이고 네 벽은 석조로 가지런히 쌓았고 바닥에는 갈아 만든 장반석(長斑石)을 깔고 중간 부분에서 서쪽 편에는 한백옥 침대를 두었고 돌 받침대를 깔고 위에는 재궁[梓宮: 황제, 황후, 중신 등의 관(棺)을 이르는 말 - 역주] 3구를 두었는데, 중간이 만력제(萬曆帝), 북쪽이 효단후(孝端后), 남쪽이 효정후(孝靖后)이며 관곽은 모두 일관일곽(一棺一槨)이

....

13) 王岩, 「明定陵营建大事记」, 『定陵』 부록 2, 文物出版社 1990년판.

다. 좌우 부속 전각의 구조는 길이 26m, 너비 7.1m, 높이 7.4m, 바닥에는 기다란 돌을 깔고 중앙에는 한백옥으로 만든 상(床: 침대와 비슷한 용도의 평상-역주)을 두고, 상에는 금전을 깔았으며 중간에 구멍이 뚫려 있고 황토로 막았는데 이를 금정(金井)이라고 한다. 전체 현궁은 다섯 전각과 일곱 문, 총면적이 1,195m²로 크고 웅장하다.[14]

　　출토된 부장품은 더욱 아름답고 풍부하고 다채롭다. 정릉의 지궁에서 출토된 부장품들은 대부분 후전의 보상(寶床)과 재궁(梓宮)에서 발견되었고, 이 부장품들은 장례용구와 생활용품 두 종류이며, 총 2,648건이다.

　　장례용구로는 시책(諡冊: 시책문을 새긴 옥책-역주), 익보(諡寶: 황제 생전 사용한 옥인을 모방하여, 사후 시호를 새겨 부장하는데 이는 사후에 얻게 되는 칭호가 된다-역주), 묘지(墓誌), 나무로 만든 명기(明器)와 은으로 만든 명기 등이다. 나무 명기는 잣나무로 조각한 것으로 인물용과 말용이 많고, 인물용에는 채색을 하였고 의장용으로 사용하였다. 은으로 만든 명기는 거칠게 만든 생활용구의 소형 방제품이 많다. 명기의 품질은 황가의 것으로 보기는 어렵다.

　　생활용품은 수량이 많지는 않지만 정교하다. 이 중에는 관복(冠服), 금기(金器), 은기(銀器), 옥기(玉器), 자기(瓷器) 등 드물게 볼 수 있는 진귀한 물건이 많다. 예를 들면 만력제의 재궁에서 출토된 금관, 용포(龍袍)와 그 외 의복 등이 있다. 이 외에 재궁 안팎에서 대량의 비단이 발견되었다. 이 비단들에는 생산지, 생산량, 무늬와 길이, 너비 등의 크기뿐만 아니라 직조 시의 분업과 직조인의 이름도 기록되어 있어 명대 직조업의 주요 자료가 된다. 금기는 검분(臉盆: 세숫대야-역주), 수우(漱盂: 양치질하는 그릇-역주), 호(壺), 향합(香盒: 향 담는 통-역주), 분합(粉盒: 화장품 통-역주) 종류의 일상용품인데, 이 중 적지 않은 기물에 용무늬가 새겨져 있고, 일부는 보석으로 상감되어 있는 등 모두 정교하고 아름다운 장식품이다.

....

14)　中国社会科学院考古研究所 等, 『定陵』, 文物出版社 1990년판.

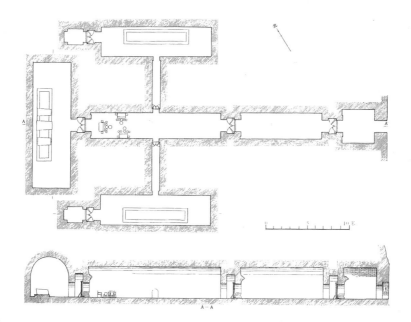

그림 38 명 정릉 지궁 평면도 및 부면도

또 적지 않은 기물에는 제작 연월과 기물의 명칭, 중량 및 공인의 이름이 새겨져 있다. 옥기는 완(碗: 주발−역주), 분(盆: 큰 그릇−역주), 호(壺), 이배(耳杯), 우(盂: 사발−역주), 작(爵: 술잔−역주), 대구(帶鉤: 허리띠−역주), 규(圭: 문신들이 조정에서 드는 홀−역주) 등이다. 이 옥기들은 모두 최고 품질의 옥을 선택하여 가공한 것으로 적지 않은 기물에 보석, 옥으로 상감하여 금으로 만든 부속으로 결합하였다. 예를 들어 출토된 옥완(玉碗)은 벽이 얇고 반투명이며 금탁(金托: 금으로 만든 잔받침−역주)과 한 세트이다. 완의 뚜껑에는 용무늬를 투조하였고 석류석(石榴石) 한 점을 상감하였다. 이러한 기물들은 황가의 수준에 걸맞는 것이었다.

자기는 청화자(靑花瓷)와 '명삼채(明三彩)' 두 종류로 나눌 수 있고, 기종은 매병(梅瓶), 완(碗), 향로(爐), 고(觚: 술잔−역주) 등이 있다. 청화매병은 제후 곽(槨)의 주변에 놓여 있었는데, 뚜껑이 딸려 있고 큰 것은 용을 그렸고, 작은 것은 매화를 그렸다. 여기에는 만력 혹은 가정 관인이 찍혀 있다. 청화완의 태토와 유약은 매우 섬세하고 완의 두께가 매우 얇고, 금으

로 만든 뚜껑이 있고 금으로 만든 받침[金碗托]을 갖추었다. 향로는 명삼
채로 본체는 진한 황색을 띠고 삼족은 보라색으로 똬리를 튼 뱀 형상으로
무늬는 凸하게 표현하였고 양쪽에 고리가 달려 있다. 조형으로나 색감으로
나 매우 뛰어나다. 또한 한 쌍의 청화 황유자고(黃釉瓷觚)가 있는데 이 또
한 명품이다. 이외에 지궁에서 출토된 칠합과 동경, 갑주, 동검, 화살촉 등
이 있다.

3) 명대 능의 변혁과 발전

명대 능과 송, 요, 금대의 능을 비교하면, 중요한 변화가 있었다는 것을 알
수 있다. 이 변화의 시작은 대체로 태조(太祖) 효릉(孝陵)에서부터 시작된
다. 전체적으로 송, 요, 금 및 서하의 능과 묘장은 서로 계승관계가 분명하
다. 그러나 명대의 능과 묘장은 앞 시대와는 달리 비교적 큰 변화가 나타
난다. 명 능의 변화와 발전 상황은 아래와 같다.

① 명 13릉의 능원 구조는 전체적인 구획에 의한 것이다. 능원지역에
담장을 두르고 관문을 설치하였고, 대홍문이 전체 능원의 대문이고, 문 앞
에는 석비방(石碑坊), 하마비(下馬碑)가 있고 특히 주요 신도(神道)를 설치
하였다. 각 능 앞에 각각 피장자 본인의 석각을 세우는 일은 절대 없었다.
장릉신공성덕비와 신도, 석각이 모두 선덕(宣德) 연간에 건립된 것 외에
이후 황제들은 모두 더 이상 비를 세우지 않는다. 가정(嘉靖) 연간에도 단
지 돌로 만든 보호대만을 설치하였을 뿐이다. 능의 위치는 획일화하여 구
획하지 않았고 풍수와 지관에 따라 통일되게 구획하였고, 각 황제는 각자
의 능에 적합한 풍수를 찾았다. 예를 들어 고염무(顧炎武)는 『창평산수기』
에서 정릉의 산수가 "수성행재, 금성결혈(水星行在, 金星結穴)"이라고 하고
송대의 풍수지관설과는 전혀 다르게 해석하였다. 각 능의 방향은 서로 다르
지만 대체적으로 산을 등 뒤로 하고 대홍문을 바라보고 있다. 사실 남경에
서 북경으로 천도하지 않았다면, 효릉의 규모는 13릉과 대체로 비슷하였을
것이고, 효릉 구역 안의 동릉(東陵)도 본인의 신도 석각을 세우지는 않았

을 것이다. 이로 볼 때 황릉의 통일 구획은 명나라 초기에 이미 존재했었다는 것을 알 수 있다. 능원지역의 전체적인 배치의 시작은 아마도 금릉(金陵)에서 시작되었으나 명릉(明陵)이 가장 완성된 형태로 구현된 것으로 보인다.

② 명의 능원지역에는 더 이상 배장묘(陪葬墓)가 없다. 영락(永樂) 연간에는 비빈들을 함께 배장하고, 동쪽과 서쪽에 우물을 설치하였으며, 영종(英宗) 이후에는 관인(官人)들을 배장하지 않았다. 단지 극히 일부의 권세를 가진 후비(后妃)가 황제릉에 배장되기도 하였다. 명 시기 각지의 번왕들은 모두 각자의 무덤에 매장되었고, 요절한 친왕과 공주들은 모두 해정(海淀) 금산(金山)에 매장되었다.

③ 능원의 구획은 "방성명누식[方城明樓式, 방성환구(方城圜丘)라고도 함]"이다. 여기에는 이하 몇 가지 변화를 포함한다. 첫 번째는 능성(陵城)은 방형이 기본이었으나 장방형으로 변화하였다. 그 안에 능은전 등 제사를 위한 건축물을 배치하였다. 이러한 점은 명 황릉의 배치 구획이 시작된 것으로 생각된다. 두 번째는 당송대(唐宋代) 황릉에 존재하였던 하궁(下宮)이 사라지고 능은전이 주요 제사 장소가 되었으며 헌전(獻殿)과 하궁의 기능을 대신하였다. 이러한 구획은 아마도 서하릉(西夏陵)에서부터 시작되었고 금릉(金陵)도 이와 유사하였다. 세 번째는 명루(明樓)를 증설하고 여기에 시호(謚號), 묘호비(廟號碑)를 설치하였다. 많은 학자들은 명루제도는 남송 능의 귀두(龜頭) 헌전에서 비롯되었다고 추정하지만, 실상은 금릉에 이미 명루가 있었다. 동시에 서하릉에서부터 비를 보호하는 정각을 세우기 시작하였고, 이것이 명루의 연원이 되었다. 네 번째, 매우 분명하고 주요한 변화는 분구(墳丘)가 원형으로 바뀌었다는 것이다. 여기에 네 둘레를 벽돌로 둘러치고, 능성이 가장 위쪽의 보성에 위치하게 되었다. 명 이전의 기타 황릉은 능대(陵臺)를 능의 담장 중앙에 두었다. 명대 황제릉 담장에 나타나는 이러한 변화는 매우 집중적이고 치밀하다. 유돈정(劉敦楨)의 『명장릉(明長陵)』에서는 "명 홍무(洪武) 연간에 효릉을 건조하였는데, 무덤은 평면

이고, 방형이 원형으로 바뀌었으며, 대략 만두 모양 머리를 하고 있다. 장강유역에는 방형 무덤의 전통이 없기 때문에 홍무제가 이런 환경의 영향을 받아 이렇게 만들었던 것일까? 영락제(永樂帝)가 북으로 천도를 한 뒤, 장릉(長陵)에서 사릉(思陵)까지 모두 이 법도를 따랐다"고 말하고 있다. 명릉에서는 한대(漢代)부터 내려오는 능침제도를 변화시켰고 "명청 600년간의 궁궐 능침에 대한 규범을 확립하였다.[15]

④ 지하의 현궁 역시 큰 변화가 있었다. 대형 다실의 벽돌, 석실묘로 축조하여, 황제가 생전에 지내던 궁전을 모방하여 지었다. 이는 전전, 중전, 후전과 좌우 결채로 분류된다. 이러한 무덤 양식은 명대 이전에는 없던 것으로 명대 능만이 갖는 독특한 특징이다.

⑤ 명릉의 풍수는 송대 능과는 크게 다르다. 조상들의 무덤 자리에 대해 더 이상 '오음성리설(五音姓利說)'을 따지지 않고, 한대(漢代)와 당대(唐代)처럼 배산임수를 선호하게 되었다.

4) 명대의 비와 빈들의 무덤

명릉은 송릉과 달리 능묘군 안에 황실종친의 무덤을 만들지 않았다. 명나라 황제의 자손들은 많은 수가 제후에 봉해졌다. 이들은 각지에 흩어져 살았으며 현지에서 매장되었다. 황후만이 황제와 같은 능에 합장되었다. 그래서 비빈(妃嬪)의 능은 능묘군 혹은 북경에 독립적으로 축조하였다. 이러한 비빈의 능으로는 두 곳이 있는데 하나는 13릉 내에 있고 다른 하나는 해정구(海淀區) 금산(金山)에 있다. 13릉에 묻힌 비와 빈의 수는 많지 않다. 명나라 초기를 제외하고는 생전에 공로가 혁혁하고 권세가 막강하여 조정에 영향을 미칠 정도로 황제 총애를 받는 비만이 사후에 특별한 예우를 받아 함께 묻힐 수 있었다. 성화제의 만귀비(萬貴妃)의 경우 황제의 뜻을 잘 받들어 사랑을 독차지함으로써 사후에 왕릉에 묻힐 수 있었고 만력제의

15) 刘敦桢,「明长陵」,『刘敦桢文集』(一), 中国建筑工业出版社 1982년판.

정귀비(鄭貴妃)의 경우는 권세를 얻는 술수에 능해 조정의 '정격(梃擊) 사건', '홍환(紅丸) 사건', '이궁(移宮) 사건'을 일으키며 권력을 잡았다. 결국 그녀는 사후에 황제릉에 함께 묻힐 수 있었다.

　명대 비와 빈의 장례는 순장과 순장이 아닌 두 가지로 나눠볼 수 있는데, 고염무(顧炎武)의 『창평산수기』의 기록에는 "영종 이후 궁인들을 순장하지 않았고, 비의 무덤에 이름을 두었으며, 능에 묻거나 혹은 다른 곳에 장례를 지냈다(自英宗旣止宮人從葬, 于是妃墓始名, 或在陵山之內, 或在他山)"고 하였다. 13릉에는 동쪽과 서쪽에 우물이 있는데, "동쪽 우물은 덕릉 동남쪽 만두산의 남쪽에 있고 서쪽을 향하고 있다. 서쪽 우물은 정릉의 서북쪽에 있고 동남쪽을 향하고 있다. 또한 중문이 있고 문에는 6개의 길이 지나고, 세 칸짜리 건물과 각 세 칸짜리 큰 건물 두 동이 있고, 녹색기와가 담장을 두르고 있다. 기록에는 장릉에는 16분의 비들이 순장되었으나 이름 없는 무덤이라고 하였다. 이를 우물이라고 하는 사람은 무덤길이 확인되지 않고 구멍이 수직으로 내려가는 것을 일러 우물이라고 하였다.(東井在德陵東南饅頭山之南, 西向, 西井在定陵西北, 東向. 竝重門, 門六道, 殿三間, 兩廡各三間, 綠瓦周垣. 會典言張陵十六妃從葬, 位號不具. 其曰井者, 蓋不隧道而之直下, 故謂之井爾)"고 전한다.[16] 고고학 조사를 통해 동쪽 우물은 덕릉 동남쪽 평강(平崗)지역에 있고, 서쪽 우물은 정릉 부근에 있었다. 1957년 조사 당시 녹색기와, 훼손된 비석 그리고 담장이 어렴풋이 남아 있었다.[17] 만귀비묘는 소릉(昭陵)의 서남에서 약 1km 떨어진 소산(蘇山) 아래 있는데, 능침은 앞쪽이 방형이고 뒤쪽은 둥근 평면이다. 동서 길이가 197.8m, 남북 폭이 138.5m이다. 앞의 능침에는 향전과 두 곳의 곁채가 있다. 향전은 정면 다섯 칸이고, 측면 세 칸 건물이다. 향전은 본래 담장으로 둘러싸여 있고 앞뒤로 문이 있다. 후문을 지나면 능침인데, 무자비(無字碑)와 돌

....

16) 『昌平山水记』권상, p. 10, 주 8 참고.
17) 王岩, 王秀玲, 「明十三陵的陪葬墓-兼论东西二井陪葬墓的墓主人」, 『考古』 1986년 제6기.

로 만든 탁자가 있고, 그 뒤로 원형 무덤이 있다. 정귀비묘는 만귀비묘에서 남쪽으로 1km 떨어진 은전산(銀錢山)에 있는데, 외곽에 나성(羅城)을 두른 것 이외에는 만귀비의 묘와 거의 비슷하다. 이를 통해 비들의 무덤을 황제의 능과 비교하면 전체적으로 축소되었다는 것을 알 수 있다.

그외 많은 비와 빈들은 사후에 금산에 매장되었는데, 그곳이 바로 북경 해정구 청용교(靑龍橋)의 서북지역이다. 이외에도 제후국의 왕이나 공주들이 금산에 묻혔다. 『장안객화(長安客話)』에는 "모든 제후국의 왕과 공주들이 요절하면 금산 입구에 묻혔고, 이곳은 경황릉에 속하는데, 많은 비들 역시 이곳에 묻혔다(凡諸王公州夭殤者, 竝葬金山口, 其地與景皇陵相屬, 又諸妃亦多葬此)"고 하였다.[18] 문헌의 기록에는 청 순치(順治) 11년까지 53 곳에 달했다고 한다. 후에 무덤지역은 동쪽에 네 곳, 서쪽에 네 곳이 있었다. 1951년 네 곳의 무덤지역에서 두 명의 비빈 무덤을 발견하였다. 첫 번째 무덤을 예로 들자면, 봉분, 묘문, 전실, 주실로 구성되어 있다. 날카로운 원추형의 천장과 방목구조의 문이 있고, 묘실은 工자형 궁전 양식을 띠었다. 공자형 궁전은 명대의 양식으로 무덤 내부에서도 표현되었다. 각 공간은 석문으로 연결되어 있고, 주실은 팔각지붕이고, 용마루 길이는 13.8m, 높이는 7.2m이다. 세 명의 비가 잠들어 있는 이곳에서 세 사람의 묘지와 관곽, 그리고 자기 몇 점, 옥기, 금은기 등이 출토되었다.

2. 지하 무덤의 화려한 보물: 각지에서 드러난 제후왕의 무덤

명대 제후왕들의 무덤은 전국 각지에 분포하고 있다. 제후왕묘의 매장제도는 대체로 황제릉과 유사하지만 규모 면에서는 황제릉보다 한 단계 아래이다. 최근까지 각 지역에서 수십 기에 이르는 명대 제후왕들의 무덤이 조사되었다. 고고학적 연구를 통해 각 지역의 제후왕은 황제 가계와의 관계,

....

18) (明) 蔣一葵, 『长安客话』, 北京古籍出版社 1980년판.

그 세력의 강약에 비례하여 무덤 규모에 차이가 존재하고 있음을 발견할 수 있다. 큰 규모의 제후무덤들은 일반적으로 비교적 큰 능원과 향전, 능대 등의 지상 건축물을 갖추고 있으며, 일부 왕릉의 경우에는 황제릉의 예제를 모방하여 명루(明樓), 보성(寶城)을 비롯하여 묘실도 대형의 다실(多室) 석실구조, 혹은 벽돌무덤을 축조하였다. 반면 작은 규모의 제후무덤은 현지의 관리 혹은 부유층의 무덤과 규모 면에서 큰 차이가 없었다.

하남 신향(新鄕)의 만력(萬曆) 42년(1614년) 노간왕 주익류(朱翊鏐) 무덤은 주익류와 차비(次妃)인 조씨의 무덤으로, 면적은 11만 m²이다. 지상 건축은 기본적으로 황릉의 예제를 따라, 앞쪽에 신도가 있고, "노번가성(潞藩佳城)"의 석제 패방(牌坊)을 따라 16쌍의 석각 의장(儀仗)이 배치되어 있다. 그 뒤로는 세 칸의 석축 담장으로 분할된 공간이 위치하며, 첫 번째 공간에는 "유악강령(維岳降靈)"의 석방(石坊)이 있다. 두 번째 공간으로 들어가면 능은문과 능은전이 있으며, 세 번째 공간에는 향당(享堂), 석방(石坊), 명루, 보성이 배치되어 있다. 보성 아래의 묘실은 판석(板石)으로 축조되었으며, 전실과 후실 및 좌우 배전(配殿)으로 구성되어 있다. 조씨 무덤의 형태도 대체로 유사한 형태로 축조되었으며, 중층 팔작지붕구조의 석축 명루가 남아 있다. 두 무덤은 모두 1920년대 훼손되었으며 도굴된 상태이다. 최근 노간왕 무덤의 묘도(墓道)에서 금, 옥, 자기 등 30여 점의 유물이 출토되었다. 주익류는 명 신종(神宗)의 동생으로, 그 장제(葬制)는 당시 분묘제도의 규정을 무시하고 황제릉의 예제에 따라 축조되었다.[19] 영하(寧夏) 동심현(同心縣)의 명대 왕릉구역은 13km²의 범위에 왕릉과 배장묘 30여 기가 분포하고 있다. 주원장의 16번째 아들인 경정왕(慶靖王) 주전(朱㮵)의 능원이 길이 200m, 폭 100m로 규모가 가장 크고 능대도 남아 있다. 1983년 임장(任莊)에서는 경강왕(慶康王) 주질규의 능침이 발굴조사되었다. 능침에서는 다수의 유리기와가 발견되었으며 향전의 흔적도 확인되었

....

19) 河南省博物館 等,「新乡市郊明潞簡王墓及其石刻」,『文物』1979년 제5기.

다. 묘실은 전, 중, 후실과 좌우의 배실로 이루어진 아치형 천장구조의 벽돌무덤이다. 모두 벽돌을 깎아 이음새를 메웠으며, 바닥에 네모난 벽돌을 깔고 매우 정교하게 축조하였다. 이 무덤은 도굴로 심각하게 훼손되어 소량의 유물만이 출토되었다.[20] 산동(山東) 추현에서 발굴된 태조의 10번째 아들 노황왕(魯荒王) 주단(朱檀)의 무덤은 홍무(洪武) 22년(1389년)에 축조되었다. 능원은 매우 큰 규모이며, 묘실은 암반을 굴착하여 묘광(墓壙)을 조성하고, 그 내부에는 벽돌을 쌓아 내부공간을 조성하였다. 비록 이실(二室) 구조이지만 그 규모는 상당하다. 무덤에서는 면류관과 포복(袍服), 비단, 면직물, 옥대, 옥패(玉佩), 서화, 문방용품, 칠목(漆木)가구 등이 출토되었으며, 인장과 432점의 채색 목조 의장용(俑)도 발견되었다.[21] 그 밖에 산동 장청(長淸)의 오봉산(五峰山)에는 정덕(正德) 12년(1516년)의 덕왕(德王) 무덤이 발견되었다.[22] 하남 형양(滎陽)의 원무온목왕(原武溫穆王) 주조타(朱朝坨)의 무덤이 발견되었다. 무덤은 장방형의 단실(單室)구조의 벽돌무덤으로, 묘실에서는 불교적 소재의 벽화가 발견되었다. 피장자는 태조의 5번째 아들인 주정왕(周定王)의 적손으로 제6대 원무왕이며, 만력 35년(1607년)에 사망하였다. 지상에서 능원의 흔적은 찾아볼 수 없으며, 묘실도 북방의 일반적인 명대 무덤의 규모와 유사하다.[23] 이와 유사한 무덤으로는 낙양(洛陽)에서 발견한 복왕(福王)의 가족묘지에서 3기의 무덤과 심양(沁陽)의 정공왕(鄭恭王) 아들 주재육(朱載堉)의 무덤이 있다.[24] 산서(山西) 유차현(楡次縣)에서 발견한 숭정(崇禎) 5년(1632년) 진유왕(晉裕王) 주구계(朱求桂)의 무덤은 벽돌로 축조한 전후 삼실(三室)의 동굴식 구조이다. 출토 유물로는 동경, 금피전(金皮錢), 만년등(萬年燈), 자등(瓷燈)이 있

....

20) 「同心县任庄村明代王陵」, 『中国考古学年鉴·1984』, 文物出版社 1984년판.
21) 山东省博物馆, 「发掘明朱檀墓纪室」, 『文物』 1972년 제5기.
22) 鲁波, 「济南市五峰山发现明德王墓」, 『文物』 1994년 제5기.
23) 郑州市博物馆, 「荥阳二十里铺明代原武温穆王壁画墓」, 『中原文物』 1984년 제4기.
24) 洛阳市文物工作队, 「洛阳东花坛三座明代墓葬」, 『中原文物』 1984년 제3기. 李秀萍 等, 「沁阳市出土的朱载堉残碑」, 『华夏考古』 1991년 제4기.

다. 산서 태원(太原)에서는 선덕(宣德) 3년(1428년) 진공왕(晉恭王)의 7번째 아들인 광창왕(廣昌王)과 부인 유씨와 양씨의 무덤이 발견되었다. 무덤은 전후 이실(二室)구조의 벽돌무덤이며 출토된 유물은 많지 않다.[25] 섬서 장안현(長安縣)에서도 성화(成化) 2년 (1476년) 주공삭(朱公鑠)의 무덤이 발견되었다. 무덤은 동굴식의 전후 이실(二室) 구조의 벽돌무덤으로 진유왕의 무덤과 유사하며, 40점의 목용(木俑)과 소량의 유물이 출토되었다.[26]

남방지역의 제후무덤은 주로 호북(湖北), 강서(江西), 사천(四川) 지역에 분포되어 있다. 호북 종상(鍾祥)에는 명 세종(世宗)의 친부모인 홍헌왕(興獻王)과 왕비를 합장한 현릉(顯陵)이 있다. 무덤은 황제릉의 예제에 따라 축조되었으며, 현재까지 발굴조사는 이루어지지 않았지만, 지상의 구조는 내성과 외성, 신도, 명루, 향전 및 보성으로 구성되어 있다. 능원의 건축물과 석각 양식은 13능의 예제를 따르고 있다. 현재까지 조사가 진행된 제후왕의 무덤으로는 양양왕(襄陽王)의 묘가 있다.[27] 발굴조사가 진행된 제후왕의 무덤으로는 태조의 6번째 아들인 초소왕(楚昭王)의 능이 있다. 이 무덤은 대형의 능원을 갖추고 있으며, 3문(門) 형식의 패루(牌樓), 신도, 금수교(金水橋), 능은문, 능은전, 그리고 보성으로 이루어져 있다. 무덤은 대형의 장방형 단실구조 벽돌무덤으로 묘실은 길이가 11.8m, 폭이 3.78m, 높이가 3.45m이다. 내부는 단실구조이지만 묘지(墓誌)와, 상석, 관상(棺床)을 각각 따로 배치하였다. 이 무덤은 묘실이 상대적으로 협소하며, 능원의 중심축선에서 다소 치우친 곳에 위치한다는 점이 특징이다. 무덤에서는 명기한 세트를 비롯하여 모두 100여 점의 유물이 출토되었다.[28] 2001년 호북성 종상에서 발굴된 양장왕(梁莊王)의 무덤은 최근 명대 고고학 연구의 중

....

25) 郭勇, 杨富斗, 「明晋裕王墓的清理工作」, 『文物参考资料』 1956년 제6기. 「山西太原七府坟明墓清理简报」, 『考古』 1961년 제2기.

26) 「长安四府井村明安僖王墓清理简报」, 『考古通讯』 1956년 제5기.

27) 钟祥县博物馆, 「钟祥县明显陵调查记」, 『江汉考古』 1984년 제4기. 襄阳市考古队 等, 「明襄阳王墓调查」, 『江汉考古』 1999년 제4기.

28) 付守平, 「明代楚昭王朱桢墓发掘简报」, 『江汉考古』 1992년 제1기.

요한 성과라 할 수 있다. 지상에는 장방형의 내벽과 외벽이 존재하고 있지만, 지상의 다른 건축물은 확인되지 않았다. 묘실은 전후 이실 구조의 동굴식 벽돌무덤이다. 무덤은 먼저 암반을 굴착하고 벽돌과 석회로 묘실을 축조하였다. 동굴의 입구에는 두께 1m의 무덤 문을 설치하였으며, 매우 견고하다. 전실은 횡장방형이며, 후실은 장방형으로 각각 석문(石門)과 칠문(漆門)으로 구분하였다. 이곳에서는 모두 5,100여 점에 달하는 많은 양의 유물이 출토되었다. 대부분은 금은보석으로 금, 은, 옥기는 1,400여 점이며, 사용된 금의 중량은 대체로 10kg에 이른다. 보석과 장신구는 모두 3,400여 점이 출토되었다. 양장왕은 인종(仁宗)의 9번째 아들이며, 정통(正統) 6년(1441년)에 사망하였으며, 왕비는 경태(景泰) 2년(1452년)에 사망하였다. 이 무덤에서 출토된 유물들은 관련 문물 연구에 중요한 자료로 제공되고 있다.[29] 이밖에도 강릉(江陵) 팔령산(八嶺山)의 요간왕(遼簡王) 무덤과 태휘관(太暉觀)의 상헌왕(湘獻王) 무덤이 발견되었다.[30] 요간왕 무덤은 전후 삼실(三室)에 좌우 이실(耳室)을 갖춘 대형의 벽돌무덤이다. 강릉 팔령산의 성화(成化) 6년(1470년) 왕비 조씨의 무덤과 기춘(蘄春)의 주우체(朱右棣) 무덤, 가정(嘉靖) 연간의 형단왕(荊端王)의 차비(次妃) 유씨 무덤은[31] 현지의 일반적인 명대 무덤과 큰 차이를 보이지 않는다. 주우체는 인종의 6번째 아들 주첨강(朱瞻岡)의 후손으로 종실의 일원이다. 무덤은 백회, 황토, 모래를 섞어 만든 삼합토로 축조한 장방형의 병렬식 삼실구조이다. 무덤에서는 도질(陶質)의 벽돌 묘지(墓誌)와 소량의 유물이 발견되었다. 조씨 무덤은 길이 5.2m의 단실 무덤이며, 출토 유물도 많지 않다.[32]

명대 강서지역에는 3명의 제후가 분봉되었으며, 남창(南昌) 일대의 영

....

29) 「湖北钟祥明代梁庄王墓」, 『2001中国重要考古发现』, 文物出版社 2002년판.

30) 荆州地区博物馆 等, 「江陵八岭山明代辽简王墓发掘简报」, 『考古』 1995년 제8기. 湖北省文物考古研究所, 「五十年来湖北省文物考古工作」, 『新中国考古五十年』, 文物出版社 1999년판.

31) 小屯, 「刘娘井明墓的清理」, 『文物』 1958년 제5기.

32) 荆州地区博物馆 等, 「江陵八岭山明王妃墓清理简报」, 『江汉考古』 1988년 제4기. 「蘄春县西河驿石粉厂明墓清理简报」, 『江汉考古』 1992년 제1기.

왕(寧王), 파양(波陽) 일대의 회왕(淮王), 남성(南城) 일대의 익왕(益王)이 대표적이다. 최근 정통(正統) 14년(1449년) 영헌왕(寧獻王) 주권(朱權) 무덤과 영강왕(寧康王)의 차비(次妃) 풍씨(馮氏) 무덤에 대한 조사가 여러 해 동안 진행되었다.[33] 2001년 남창에서는 홍치(弘治) 17년(1504년) 영정왕(寧靖王) 부인 오씨의 무덤이 발굴되었다. 무덤은 특이한 축조방식으로 조성되었는데, 먼저 1.5m의 두께로 찹쌀을 갈아 넣은 모르타르로 돌 천장 구조의 벽돌무덤을 축조하였다. 무덤의 내부에는 송진을 이용하여 바닥을 조성하고, 안쪽에는 녹나무에 옻칠을 한 목관을 배치하였다. 두터운 송진을 이용하여 밀봉을 하였으며, 목관의 내부에도 석회를 깔아 습기를 방지하였다. 이로 인해 유물의 보존상태는 매우 양호하여, 금, 은, 옥기를 비롯하여 봉관(鳳冠)과 실크, 면직물 70여 점 세트가 출토되었다.[34] 특히 주목할 만한 사실은 피장자의 시신 밑에서 발견된 64매의 금은(金銀)으로 만든 부장용 화폐는 피장자의 수명과 일치한다는 점이다. 이 무덤에서 출토된 방직품들은 정릉(定陵) 발굴 이후, 명대 방직품의 고고학적 연구에 또 다른 중요한 자료를 제공하고 있으며, 주로 비단, 면(棉), 마(麻) 재질에 다양한 장식공예들로 제작되었다. 그리고 묘주가 착용한 복식은 문헌기록으로 전하는 명대 복식제도와 부합되며, 현재 보존상태가 가장 훌륭한 것은 후비(后妃)의 예복이다. 무덤의 견고한 밀폐방식과 부장용 화폐와 피장자의 죽은 나이와 일치하는 수량 화폐를 매장하는 방식은 송대의 매장제도에 그 연원을 두고 있다. 이로써 남방지역의 상장(喪葬)제도 전통이 매우 강력한 연속성을 계승하고 있음을 확인할 수 있다. 강서지역에서는 이외에도 가정 19년(1540년) 익단왕(益端王) 주우빈(朱祐檳), 가정 16년(1557년) 익장왕(益庄王) 주후엽(朱厚燁),[35] 만력 31년(1603년) 익선왕(益宣王) 주익인(朱

....

33) 陈文华,「江西新建明朱权墓发掘」,『考古』1962년 제4기. 郭远谓,「南昌明宁康王次妃冯氏墓」,『考古』1964년 제4기.

34) 「南昌宁靖王夫人吴氏墓」,『2002中国重要考古发现』, 文物出版社 2003년판.

35) 江西省博物馆,「江西南城明益王朱佑槟墓发掘报告」,『文物』1973년 제3기. 江西省文管会,

翊引), 그리고 숭정 7년(1634년) 익정왕(益定王) 주유목(朱由木) 등의 제후 무덤들과 익공왕(益恭王) 주후현(朱厚炫)의 묘지(墓誌)도 발견되었다.[36] 제후들 중에 영헌왕과 익단왕은 처음 분봉된 제후들이었으므로 대부분 넓은 능원에 대형의 다실구조 벽돌무덤을 조성하였으며 출토 유물의 수량도 상당한 정도이다. 시기적으로 초기에 속하는 익단왕과 익장왕의 무덤에서는 800여 점의 유물이 출토되었으며, 금으로 제작한 유물만도 150점에 이르고 그 무게가 2.5kg에 이른다. 그 밖에 도용과 도질의 명기(明器)도 200여 점이 출토되었다. 후기에 속하는 익선왕과 익정왕의 무덤은 현지의 일반적인 무덤양식을 채용하여 장방형의 병렬식 다실구조의 회곽묘(灰槨墓)로 축조되었다. 이러한 형식의 무덤은 먼저 벽돌로 묘광을 축조하고, 목관의 주변에 석회를 채워 넣으며, 정상부는 대형 석판으로 덮은 형태이다. 이후에는 찹쌀을 이용하여 정상부를 밀봉하고 다시 흙으로 봉토를 조성한다. 부장품은 대부분 몸에 착용하는 의복과 장신구들이며, 소량의 금, 옥기와 자기류 및 구리로 제작된 명기들이 출토되었다. 반면 호남에서 발견된 용정왕(容定王)과 왕비의 무덤에서는 석제 명기가 발견되었다.[37]

사천 성도(成都)에서 발견된 촉왕(蜀王)의 무덤 가운데 가장 중요한 것으로는 영락 8년(1410년) 촉왕의 세자(世子)인 주열렴(朱悅爌)의 무덤이다. 무덤은 종렬식(縱列式)으로 벽돌로 축조한 3개의 아치형 구조를 연결한 형태이다. 무덤의 구조는 대문(大門), 전정(前庭), 정정(正庭), 정전(正殿), 중정(中庭), 환전(圜殿), 후전(後殿)과 좌우의 상(廂)과 이실(耳室)로 이루어져, 당시 왕부(王府) 제도의 평면배치와 일치한다. 건축형식은 왕부 궁전의 형태를 모방하여 대형의 석재와 유리 구조물을 사용하여 목조구조

....

「江西南城明益庄王墓出土文物」, 『文物』 1959년 제1기.

36) 江西省文物工作队, 「江西南城明益宣王朱翊引夫妇合葬墓」, 『文物』 1982년 제8기. 「江西南城明益定王朱由木墓发掘简报」, 『文物』 1983년 제2기. 彭桂容, 「南城发现明代益恭王朱厚炫夫妇墓志」, 『中国文物报』 1988년 4월 1일 2판.

37) 高至喜, 「湖南古代墓葬概况」, 『文物』 1960년 제3기.

의 문(門)과 전각, 회랑들을 축조하고 세부는 작은 목재를 사용하여 장식하였다. 무덤의 귀중품은 대부분은 이미 도굴되었지만 다양한 유형으로 구성된 500여 점의 도용(陶俑) 세트가 발견되었다.[38] 또한 성도에서는 촉희왕(蜀僖王) 주우훈(朱友燻)의 무덤과 촉소왕(蜀昭王) 주빈한(朱賓翰)의 무덤, 그리고 시호를 알 수 없는 촉왕과 왕비의 무덤도 발견되었다. 이러한 무덤들은 대부분 대형의 다실 목조구조를 모방한 석실무덤이며, 대부분 다양하게 구성된 도용 세트와 명기들이 출토되는 특징을 보여준다.[39] 성도의 제 3순환도로 남쪽에서는 홍치 9년(1496년) 촉정왕(蜀定王)의 차비(次妃) 왕씨(王氏)의 무덤이 능묘군의 외곽에서 발견되었다. 무덤은 장방형의 전후 사실(四室) 구조의 벽돌무덤으로 네 개의 석문과, 8겹의 아치형 천장으로 구성된 매우 견고한 구조이다. 무덤 내부에는 채색된 칸막이와 쌍봉조양도(雙鳳朝陽圖) 여러 폭이 발견되었다. 무덤은 이미 도굴되었지만, 많은 수의 기물과 더불어 유약 처리가 된 무사용, 기마용, 악대용 및 시위용 등의 도용들이 출토되었다. 성도지역의 이러한 도용들은 대체로 송대 이후 무덤에서 흔히 발견되는 대표적인 부장품이다.[40]

　　기타 제후왕의 무덤으로는 안휘 가산현(嘉山縣)의 홍무 11년(1378년) 롱서(隴西) 공헌왕(恭獻王) 이정(李貞)부부묘[41]와 광서 계림(桂林)에서 발굴된 정강(靖江) 안숙왕(安肅王) 주경부(朱經扶)묘[42]가 있다. 이 무덤들은 세계(世系)가 대체로 소원(疏遠)하고 등급이 비교적 낮아, 대체로 소형의 다실구조에 출토 유물도 소량이다. 그러나 광서 계림 동쪽 외곽의 요산(堯

....

38) 成都明墓发掘队, 「成都凤凰山明墓」, 『考古』1978년 제5기.

39) 薛文, 「明僖王陵及明蜀藩王墓群简介」, 『成都文物』1986년 제4기. 成都市博物馆考古队, 「1991年成都市田野考古工作纪要」, 『成都文物』1992년 제1기. 谢涛, 「成都发掘锦门区琉璃乡潘家沟村明蜀王及王妃墓」, 『中国文物报』1998년 2월 22일.

40) 「明蜀定王次妃王氏墓」, 成都市文物考古研究所 편찬, 『成都考古发现(1999)』, 科学出版社 2001년판.

41) 吴兴汉, 「嘉山县明代李贞夫妇墓及有关问题的推论」, 『问物研究』 제4집, 黄山书社 1988년판.

42) 广西壮族自治区文物工作队, 「三十年来广西文物考古工作的主要收获」, 文物编辑委员会 편찬, 『文物考古工作三十年』, 文物出版社 1979년판.

9장 명대 능묘의 발견과 발굴 | 323

山)에서 발견된 정강왕(靖江王) 능묘군에는 280년간 제후로 분봉되었던 정강왕의 왕릉 11기가 발견되었다. 능묘군의 면적은 매우 넓고 지상에는 담장, 석상, 향전이 확인되었으며, 건축의 규모도 웅장하였다. 능묘군의 풍수(風水)는 대체로 13릉과 유사하며, 현재까지 전국에서 비교적 보존이 잘된 제후 능묘구역에 속한다.[43) 방대한 능묘구역에서 여러 해에 걸쳐 수많은 명대 유물들이 출토되었다. 특히 300여 점에 이르는 매병(梅瓶)이 출토되어 이목을 끈다.[44)

고고학 조사를 통해 발견된 명대의 관료와 평민 무덤 역시 상당한 수량이지만 이에 대한 종합적인 연구는 현재까지 이루어지지 않고 있다. 본문에서도 이를 모두 나열할 수 없기에 이미 발표된 명대 무덤자료를 기초로 하여 명대 무덤에서 나타나는 몇 가지 변화와 특징을 간략히 정리해 보고자 한다.

첫째, 각 지역에서 발견된 무덤들은 일정한 지역적 특징을 나타내고 있다. 그러나 남과 북의 지역적 특징에서 접근하거나, 아니면 남방과 북방의 내부적인 상황을 고려해 보아도, 무덤의 형식과 장식, 부장품 등 다양한 부문에서 통일성이 발견된다. 남방지역에서 장기간 유행하였던 장방형의 장식이 없는 묘실은 명대에 이르러 각 지역의 주요 무덤 양식이 되었다. 특히 제후, 관료 무덤, 혹은 이에 상응하는 공신과 태감의 무덤에서도 이러한 형식이 주류를 이루고 있음을 알 수 있다. 황제릉과 비교적 큰 규모의 제후무덤은 이러한 바탕에서 시작하여 지상의 궁전건축 형식을 모방하는 형태로 발전하였다. 이런 변화의 시원(始原)은 원대에 시작되었으나, 그 연원은 당송(唐宋) 이래 형성된 남방무덤 매장방식에 있다.

둘째, 명대 무덤은 묘실의 견고함과 밀폐에 많은 주의를 기울였으며, 다중(多重)의 관곽(棺槨)을 사용하여 다양한 방식으로 밀봉과 부식을 방지

....

43) 桂林市文物工作队,「明靖江王十一陵述略」,『广西文物』1987년 제2기.
44) 『靖江藩王遺粹-桂林博物館珍藏明代梅瓶』, 上海人民美术出版社 2000년판.

하는 시설을 설치하였다. 또한 현재로부터 그리 긴 시간적 간극도 없기 때문에 명대 무덤에서는 대체로 부패되지 않은 시신과 보존이 어려운 실크 제품과, 의복, 목제품 및 서화나 문구용품이 다수 발견되었다. 이는 문물연구와 관련된 많은 실물자료를 제공하고 있다.

셋째, 명대에는 성대한 장례가 유행하였다. 무덤의 부장품은 비록 지역마다 차이를 보여주고 있지만 일부 기물의 경우에는 독특한 특징을 보여주고 있다. 첫째는 세트로 발견되는 용(俑)이다. 재질은 도기, 시유도기, 자기, 구리, 청동으로 다양하며, 수량 역시 몇 개에서 수백 개에 이른다. 형태는 시위용을 비롯하여, 악용(樂俑), 의장용과 일부 동물용이 있으며, 일부는 장원(莊園)과 곡식창고 등의 모습도 갖추고 있다. 이는 명대 무덤의 큰 특징이라 할 수 있다. 이러한 부장품은 남방과 북방지역에서 동일하며, 질적인 부분에서도 크게 차이를 보이지 않는다. 정릉의 경우와 같은 높은 신분의 무덤에서나 고급무덤, 혹은 일반 평민, 신사(紳士)의 무덤에서도 그 수량이나 품질에 있어서 큰 차이를 보이지는 않는다. 둘째는 실용기물과 유사한 명기이다. 재질은 청동, 구리, 돌, 나무 등이 있으며, 형태는 주로 그릇과 가구들이다. 이러한 유형의 기물은 그 연원을 당대에서 찾을 수 있는데, 명대에 이르러 그 특징이 더욱 명확해졌으며, 주로 무덤 내부의 상석에 배치된다. 세 번째 특징은 각종 일상용구이다. 이러한 유형의 부장품들은 그 수량, 질, 종류에서 매우 큰 차이를 보여주면서 피장자의 지위와 부유한 정도 및 애호와 습관을 반영한다. 예를 들면, 무덤 주인이 비교적 부유하다면, 다량의 금은제품 및 고급 비단 등이 부장된다. 일부 무덤에는 무덤 주인이 생전에 즐기던 소장품과 문구와 완구가 같이 부장되며, 어떠한 경우에는 단지 몇 점의 자기(瓷器)만이 부장되기도 한다. 그러나 일반적으로 보면, 금은제품으로 대표되는 고급 물품을 부장한 경우가 역대 무덤들에 비해 상당히 많고, 하나의 무덤에 부장된 유물들의 수량도 매우 놀라운 수준이다.

넷째, 명대 무덤은 발견된 수량이 비교적 많고, 각 계층의 무덤이 고르게 남아 있어, 계층별로 뚜렷한 차이를 확인할 수 있다. 이러한 차이는 부유함의 정도를 반영해 주고 있지만, 이러한 차이를 보여주는 제도, 규정을 발견하기는 쉽지 않다. 그러므로 명대 무덤에서는 예제의 구속력이 더욱 모호해졌음을 알 수 있다.

다섯째, 명대 무덤 내부의 장식은 점차 쇠락해져 가면서 일부 소수의 장식만이 확인되고 있다. 이전 시기에 무덤장식으로 주로 표현되었던 출행, 기예, 음악 및 효행 등의 함축적 의미를 전달하는 소재들은 줄어들고 화훼, 구름과 학 등의 장식도안이나 길상도안 등이 표현된다. 이 역시 명대 무덤과 송대 이후의 남방지역의 무덤이 같은 통일적 경향을 보여주고 있음을 방증하는 것이다.

10장 송원명 자기(瓷器) 수공업의 고고학적 발견과 연구

송원(宋元) 시기는 중국 고대 도자기 생산의 전성기였다. 상품경제가 빠른 속도로 발전함에 따라서 다양한 도자기 제작이 활발해지면서 발전을 거듭하였다. 상품생산은 판매를 위하여 서로 경쟁하여야 했기 때문에 새로운 공예기술이 끊임없이 생겨났고, 기술 전파와 상호 교류도 매우 활발하여 다채로운 모습을 띠게 되었다. 이러한 현상은 당대(唐代)의 비교적 단순했던 '남청북백(南靑北白: 남쪽은 청자, 북쪽은 백자-역주)'으로는 설명할 수 없는 것이었다. 원대(元代) 이후 경덕진(景德鎭)은 중국 도자기 제작의 중심이 되었지만 공예기술은 단조로운 발전을 보여 생산 전통에 있어서 송대(宋代)와는 비교가 되지 못했다. 그렇다 하더라도 송원명 고고학 연구에서 상대적으로 접근성이 용이한 이 시기 자기 제작 가마에 대한 발굴조사가 특히 활발히 진행되면서 계획발굴도 가장 많이 이루어졌을 뿐만 아니라 연구도 상당히 깊이 있게 진행되었다.[1]

1. 다채로운 송대의 자기 제조업

송대는 중국 역사상 경제가 매우 발달했던 시기였다. 수공업이 점차 번성하였고, 도자기 생산도 유례 없는 번영을 누렸다. 몇 가지 특징을 설명하자면 다음과 같다.

①상품생산을 목적으로 하는 민간의 가마들이 증가하였다. 본래 자기를 생산하지 않았던 동북, 서북 및 서남의 여러 지방에서 연이어 가마를 설치하고 도자기를 만들기 시작하였다. 도자기 생산으로 유명했던 지역은 계

....
1)　马文宽,「中国古瓷考古与研究五十年」,『考古』 1999년 제9기.

속해서 번영했을 뿐만 아니라 새로운 지역에서도 발전하였다. 과거 도자기 제조업이 비교적 취약했던 북동지역과 남방 연해지역의 가마 수도 급증해 기존의 중심부를 크게 넘어서 발전해 갔다. 최근에 발견된 송대 가마터는 20여 개 성(省), 시(市), 자치구(自治區)의 150여 개 현(縣)과 시에 두루 분포되어 있다. 현과 시의 가마터는 적게는 몇 곳에서 많게는 수백 곳에 이른다.[2] 종합해서 보면, 남방과 북방이 모두 번영을 누렸고 각각의 장점을 발전시켜서 수당(隋唐) 시기의 도자기 생산과는 다른 양상을 보였다.

② 경쟁에서 승리하기 위해 각 지역은 새로운 공예기술을 발명하고 채택하여 지역마다 독특한 특징을 만들어냈다. 아울러 서로 간에 가마터 제작과 공예기술 등을 배우게 되면서 새로운 기술과 방법이 매우 빠른 속도로 전파되었다. 인접한 지역 또는 유사한 원료를 사용하는 지역 내에서는 모양이 비슷한 도자기를 주로 생산하게 되면서 분위기는 비슷하지만 서로 다른 제작전통이 생성되거나, 독특한 도자기 제작 전통으로 도자기를 생산하는 지역이 형성되었다.

③ 송대 상품으로서의 도자기 생산은 도자기의 수출을 촉진하였다. 도자기의 대규모 수출은 당나라 말기에 시작되어 남송(南宋)과 원대에 이르러 최고조에 달하였다. 수출의 양상도 계속해서 변화하였다. 즉, 당대 후기 및 오대(五代) 시기에서 송나라 초기까지는 각지의 생산품이 모두 고르게 수출되었으나, 경덕진과 용천(龍泉)의 생산품이 주를 이루게 되면서 기타 지역의 생산품은 줄어들거나 자취를 감췄다.[3] 수출이 대폭 증가하면서 한편으로는 도자기에 대한 수요가 늘어 도자기 제조업이 발전하게 되었으며, 다른 한편으로는 해외 수요가 중국 도자기 제조업에 영향을 주면서 하나의 문화적 요소로 자리 잡았고 새로운 창작의 원동력으로 작용하였다.

....

2) 1980년대 일부 학자들이 통계를 내었다. 당시의 보도에 따르면 120여 개 '현(縣)'과 '시(市)'라고 전한다. 『中国陶瓷』文物出版社 1985년판. 최근에도 새로운 발견이 계속되고 있어 통계에 차이가 있다.

3) 秦大树,「埃及福斯特遗址中发现的中国陶瓷」,『海交史研究』1995년 제1기.

송대 도자기 제조업의 번성은 도자기 생산의 계속적인 발전과 공예기술의 축적으로 형성된 것일 뿐만 아니라 송대의 개방적이고 문화적으로 발달된 사회적 분위기가 그 원동력으로 작용한 것이다. 송대 도자기 생산의 역사적 배경은 크게 두 가지를 들 수 있다.

첫째, 중국은 동한(東漢) 말기부터 절강(浙江)의 조아강(曹娥江) 유역에서 완성도 높은 자기를 생산했으며[4] 수백 년간의 발전을 거쳐 대략 북조(北朝) 말기에서 수대(隋代)(6세기)에 이르기까지 지금의 하북(河北) 형대(邢臺)의 형요(邢窯), 하남(河南) 안양(安陽)의 상주요(相州窯)와 하남 중부의 공의(鞏義)에서 백자를 만들었다.[5] 당대까지 형요를 대표로 하는 백자생산이 이미 원숙의 단계에 이르러 '남청북백'의 생산 구도가 자리 잡게 되었다. 공예기술 측면에서 볼 때 송대 도자기 생산이 꽃을 피우기 위한 적절한 준비단계가 되었던 것이다.[6] 송대의 도자기 제조업은 또한 기술적인 혁신을 이루었다. 가장 중요한 혁신으로는 3가지를 들 수 있다. ① 북송 중후기부터 북방지역에서 도자기를 굽는 연료로 석탄을 사용하기 시작한 것이다. 이 기술은 처음에는 비교적 생산 수준이 높은 몇몇 곳에서 사용되었지만, 금대(金代)에 이르러서는 북방지역 전역과 사천(四川)지역에까지 보급되었다.[7] 이러한 혁신으로 북방지역의 도자기 제조업에서 화력(火力) 부족이라는 심각한 제약요인이 해결되어 북방의 도자기 제조업이 융성하기 시작하였다. ② 장소(裝燒: 도구를 이용하여 쌓아 올려 가마에서 굽는 것 - 역주)기술이 개선되었다. 석탄을 연료로 하는 기술을 사용하면서 먼저 정요(定窯)에서 복소(覆燒, 뒤집어 쌓아 굽는 것 - 역주) 공예가 시작되었다. 즉, 접시(盤), 공기(碗) 또는 둥근 모양 용기를 받쳐 쌓아올려 불에 구

....

4)　李家治,「我国瓷器出现时期的研究」,『硅酸盐学报』1978년 제3기.
5)　秦大树,「试论北方青瓷的改进和白瓷发展的分野」,『远望集-陕西省考古研究所华诞四十周年纪念文集』, 陕西人民美术出版社 1998년판.
6)　李知宴,「唐代瓷窯概况与唐瓷的分期」,『文物』1972년 제3기.
7)　秦大树,「论磁州观台窑制瓷工艺, 技术的发展」,『华夏考古』1996년 제3기.

웠다. 이러한 방법으로 가마 공간을 줄이고 생산량을 증가시킬 수 있었을 뿐만 아니라 아주 얇은 물건도 만들 수 있었고 변형도 방지할 수 있었다.[8] 또한 도자기의 크기에도 큰 영향을 미쳤다. 이런 기술이 발명되기만 하면 남방과 북방을 가릴 것 없이 아주 빠르게 전파되었다. ③ 고온의 색깔 유약(彩釉)이 탄생하였다. 이 기술은 대략 북송(北宋) 말기에 하남 우주(禹州)의 균요(鈞窯)에서 처음 만들어졌다. 균요는 주로 단색의 검붉은 유약을 쓴 그릇을 생산했는데, 도공들이 일부러 유약에 산화구리를 첨가해 특정 조건 하에서 붉은색의 색깔 유약을 만들어냈다. 이것이 원명 이후 점차 주류가 된 유채 유약 도자기의 기원이다.[9]

둘째, 당대(唐代) 후기부터 도자기는 이미 고급 소비품에서 일반 평민들 모두가 사용할 수 있는 평범한 물건으로 바뀌었다. 당대 중기 이전에는 자기가 품관(品官) 또는 고급 품관의 묘에서 주로 발견되었다. 자기 생산 지역 부근을 제외하고는 평민의 묘에서는 기본적으로 자기가 출토되지 않았다. 당 말기부터 중소형 묘에서 자기가 보편적으로 발견되기 시작하였다. 예컨대 서안 남쪽 장안(長安) 하문(夏門) 밖에서 장안성 안의 평민 또는 하급 관리의 무덤으로 여겨지는 당나라 말기의 토동묘(土洞墓)에서 대량으로 발견되었다. 대부분의 무덤에서 많게는 8~9점에서 적게는 3~4점의 자기가 부장품으로 출토되었다.[10] 산서(山西) 장치(長治) 송가장(宋家莊)의 벽돌공장에서도 당나라 말기 무덤들이 발견되었다. 이들 무덤은 당(唐) 상당군(上黨郡)의 치소(治所)였던 노주성(潞州城) 바깥에 위치하고 있으며, 성안의 관리와 평민의 무덤들이었다. 이들 무덤에서도 많은 자기가 출토되었다.[11] 그 밖에 당 중기 및 말기에 가마터도 크게 증가하기 시작

....

8) 李輝炳, 毕南海, 「论定窑烧瓷工艺的发展与历史分期」, 『考古』 1987년 제12기. 刘新园, 「景德镇宋元芒口瓷器与覆烧工艺初步研究」, 『考古』 1974년 제6기.
9) 秦大树, 「钧窑三问-论钧窑研究中的几个问题」, 『故宫博物院院刊』 2002년 제5기.
10) 马红 等, 「西安南郊出土一批唐代瓷器」, 『文博』 1988년 제1기.
11) 侯艮枝, 「长治市发现一批唐代瓷器和三彩器」, 『文物季刊』 1992년 제1기.

하였다.[12) 이러한 상황들은 모두 자기 사용이 확산되었음을 나타낸다. 당대 말기 남방과 북방에서 차 마시는 풍조가 유행하기 시작하면서 다기(茶器)의 수요도 폭증하였고 이에 따라 자기 생산도 늘어나게 되었다. 또 하나 중요한 요인은 당대 말기부터 상품경제가 발전하면서 화폐 수요가 점차 증가했다는 점이다. 더 많이 화폐를 주조하기 위해 오대 이후 황제들은 민간에서 동(銅)으로 그릇을 만들거나 사용하는 것조차 계속해서 금지했으며 동을 녹여 화폐를 만들었다. 『자치통감(資治通鑑)』292권 「후주기삼(後周紀三)」에는 다음과 같이 적혀 있다. "[세종(世宗) 현덕(顯德) 2년] 황제가 현관에게 오랫동안 화폐를 주조하지 못하게 하였으나, 민간에서는 그릇과 불상을 만들어 화폐가 더욱 줄었다. 구월 병인 초하루에 칙령을 내려 동을 거둬 화폐를 주조케 하니 현관의 법물, 무기 및 사찰의 종과 탁발 등을 제외하고 민간의 동그릇, 불상 등을 50일 내에 관에 바치게 하였다. 기한을 넘겨 숨겨 놓고 내지 않은 것이 5근을 넘어서면 사형에 처했다(帝以縣官久不鑄錢, 而民間多鑄錢爲器皿及佛像, 錢益少. 九月, 丙寅朔, 勅始立監探銅鑄錢, 非自縣官法物, 軍器及寺觀鍾磬鈸鐸之類聽留外, 自餘民間銅器, 佛像, 五十日內悉令輸官, 給其直. 過期隱匿不輸, 五斤以上其罪死)." 아울러 '기와로 동을 대체할 것'을 장려하였다.[13) 이상의 요소들로 인해 도자기가 적극적으로 생산되었다.

송대의 사회, 경제적 상황은 주로 아래 두 가지 측면에서 도자기 제조업에 영향을 끼쳤다.

첫째, 제도업(製陶業) 내부 생산방식 관련이다. 송대는 상품 생산이 매우 발달한 사회였다. 생산자의 내부 조직은 대체로 민요[民窯, 사요(私窯)], 관요(官窯) 및 어요(御窯)라는 3가지 서로 다른 생산 방식이 형성되어 있었다. 이들 3가지 성격의 가마에서 생산된 제품의 공급 대상이 달랐기 때

....

12) Yutaka Mino and Patrica Wilson, "An Index to Chinese Ceramic Kiln Sites From the Six Dynasties to the Present", Royal Ontario Museum, Toronto, Canada, 1973.
13) (宋) 司馬光, 『資治通鑒』卷292 「后周纪三」, 中华书局标点本 1958년판.

문에 물건의 품질에 대한 요구도 달랐으며, 심지어 제품의 용도도 달랐다. 따라서 제품마다 특징이 있었다. 아울러 각 가마터들끼리는 서로 장점은 받아들이고 단점은 보완해 나갔다. 이것이 송대 도자기가 아주 다양해지고 신속하게 발전하는 데 중요한 조건이 되었다.

둘째, 북송은 건국 초기부터 문치(文治) 정책을 추진하였다. 게다가 과거제도가 자리 잡으면서 강력한 사대부 계층이 생겨났다. 사대부 계층은 비교적 높은 문화 소양을 지녀 한 때는 '문화의 기수'라고도 칭해졌다. 이들은 고급스럽고 단아한 예술품을 추구하였기 때문에 북송 시기에는 청아한 예술이 주류가 되었다. 또한 북송 시기도 경제가 매우 발달하여 상품경제의 발전이 직접 시장경제 시스템의 형성을 가져왔고 시민계층도 시장경제 시스템에 따라 생산하였다. 거주지 밀집 현상에 따른 사회 관계망의 형성이라는 시대적 특성 때문에 사람들은 문화예술에 독특한 취미를 가졌고 사회적인 지향점도 있었다. 이로 인해 북송 문화예술은 사대부의 청아한 예술과 서민 예술이라는 두 가지 측면이 생겨났다. 자기 예술의 발전은 이들 두 가지 측면의 수요를 가져왔다. 획(劃), 각(刻), 인화(印花) 등 단색장식과 소박한 단색유약을 사용한 자기는 주로 관요의 어용기(御用器)를 대표로 하는 '아기(雅器)'이다. 아기는 장중하면서 단아하고 유약의 빛깔도 단순하며 청색을 띠고 문양은 간결하게 제작되어 옛 동기(銅器)나 옥기(玉器)의 신비하고 장엄한 예술적 효과를 추구하였다. 이러한 고풍스럽고 고아한 예술풍격은 송대 상류사회의 심미적인 취향을 고스란히 반영하고 있다. 채회장식(彩繪裝飾)과 채유자기(彩釉瓷器)의 대부분은 민요 제품이며, 관요와는 달리 다양하게 제작되어 실용성을 추구하였다. 예컨대 자주요(磁州窯)에서 생산한 자침(瓷枕)과 길주요(吉州窯)의 종이로 꽃을 오려 붙인 장식[剪紙貼花裝飾]은 사람들의 큰 환영을 받았다. 이것들은 소위 '속기(俗器)'로서 색채가 강렬하고 밝으며, 문양도 화려하고 열정이 묻어나는 듯하며, 꽃무늬 도안에는 대부분 상서로운 의미가 담겨 있다. 이러한 예술풍격은 서민적인 진실된 감정을 잘 표현하고 있다.

2. 송원 시기 도자기 제조업 발전의 지역성

송원 시기 도자기 제조업은 매우 번성하였으며, 도자기 고고학 연구의 중심이 되었다. 수십 년간 수많은 고고학 연구 결과가 나왔고 주요 성과도 거뒀으며 많은 의문점들도 해결되었다. 그러나 전체적으로 송원 시기 도자기 생산 시스템을 파악하기에는 여전히 미흡한 점이 있다. 사람들은 송원의 자기를 일컬어 '오대명요(五大名窯)'니 '육대자계(六大瓷系)'라고 명명하기도 하지만, 이 두 가지 개념은 모두 특정 조건하에서 형성된 것이다. 전자는 고대로부터 시작된 도자기 소장[收藏] 개념에서 출발해 형성된 것으로 사람들의 선호와 자기의 희소성을 반영한다. 후자는 1970년대 이전 조사 위주의 고고학 연구에 기초하여 형성된 것으로 생산 상황이 아니라 자기의 품종을 중요시한 결과이다. 따라서 이들 두 가지 개념은 송원 시기 도자기 수공업의 전반적인 발전 상황을 개괄적으로 파악하기에는 부족하며, 오히려 불필요한 혼란을 초래할 수도 있다. 고고학 연구의 관점에서 보자면 그다지 적합하지 않다.

송원 시기 도자기 생산 구역으로 살펴보면 각 구역마다 매우 일치된 발전과정과 규율성이 존재하며, 제품의 모양도 상당히 공통점이 많다는 것을 발견할 수 있다. 이들 공통점은 자기 품종과 장식공예의 혁신, 발전 및 전파에 따라 크게 영향을 받았기 때문이다. 아울러, 자기품종 및 장식공예의 성쇠는 옛 도자기 생산중심지의 발전 및 이전 상황을 보여준다.

1) 북방지역

송원 시기 북방지역의 도자기 제조업은 대체로 5개 구역으로 나누어 볼 수 있다(그림 39).

① 하남성 중서부에서 관중(關中) 지역까지: 하남성 노산(魯山), 보풍(寶豊), 우주(禹州), 협현(頰縣), 여주(汝州), 신밀(新密), 의양(宜陽), 신안(新安), 공의(鞏義), 영양(滎陽) 등지의 여러 가마와 섬서(陝西) 동천(銅川)의

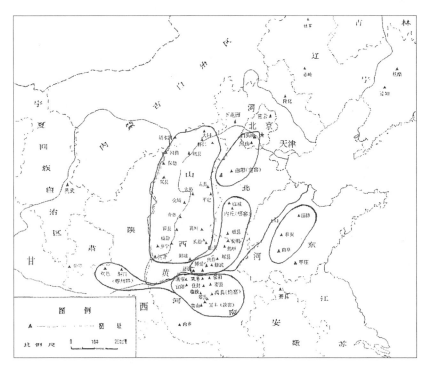

그림 39 송원 북방지역 도자업 지역 구분도

요주요(耀州窯)가 포함된다. 이들 가마터는 각각 요주요계, 균요(鈞窯)계
및 자주요계에 속한다.

　이 지역의 특징은 제작 원료 때문에 완성품의 바탕[胎]이 비교적 조악
하고, 바탕색이 비교적 깊어 은은한 유색(釉色)과 장식이 있는 자기를 생
산한다. 이 지역 제품에는 주로 두청유자(豆青釉瓷), 백화여자(白化汝瓷),
천청유균자(天青釉鈞瓷), 흑자(黑瓷)와 삼채기(三彩器)가 있다. 거의 모든
가마는 시기를 달리하여 앞서 말한 몇 가지 자기를 번갈아 생산하는 것이
아주 일반적이었다. 북송 중후기 및 금대 후기를 경계로 이 지역의 도자
기 제조업을 3단계로 나눌 수 있다. 초기에는 백화여자를 주로 만들었다.
하지만 금은 제품의 모방공예를 통해 정교하고 아름다운 장식 방법이 생
겨났다. 예를 들어 백자에 각화(刻花), 척화(剔花) 및 진주지획화(珍珠地劃
花) 등의 장식을 하였다. 게다가 담백한 색깔의 청자기 등이 이 시기 정교

한 자기의 조합을 이루었다. 중기에는 두청유자를 주로 생산하였으며, 청자의 생산이 최고조에 달해 '아기'가 사람들의 관심을 끌었다. 말기에는 균자와 투박한 백지흑화(白地黑花)가 주가 되었다.

이 지역은 만당(晚唐) 시기에 번성하기 시작하였다. 남방에서 장안으로 물자를 공급하는 교통로 상에 위치하고 있었고, 월요(越窯) 등 당시에 가장 발달한 가마터와도 비교적 가까운 거리에 있었기 때문에 발전이 빨랐고 공예 수준도 비교적 높았다. 북송 전기에는 고품격의 획화, 척화 및 각화백자, 각, 인화 또는 민무늬 청자, 진주지획화자 및 저온 삼채기가 정교한 자기의 조합을 구성하였다. 생산 수준이 높고 정교한 자기의 수가 많다는 점이 특징이다. 북송 때는 동경 및 서경과 가까워 통치계층의 수요와 선호의 직접적인 영향을 받아 통치계층의 품위에 맞는 정교한 '아기'를 생산하는 것이 이 지역의 특징이 되었다. 북송 후기에는 당시 최고 수준을 대표하는 여요(汝窯), 북송 관요 및 여요를 본뜬 균요가 전국 도자기 제조업의 중심지가 되었다. 금, 원 시기에는 천청유홍반자(天靑釉紅斑瓷), 백지흑화자(白地黑花瓷) 및 무늬가 흐리고 색깔이 어두운 청유각(靑釉刻), 인화자(印花瓷)가 유행하였다. 균유(鈞釉)의 유탁성(乳濁性)이 강한 가리개 역할을 해서 제작이 간단하고 장식을 사용할 필요도 없었으며, 높은 품질이 요구되지도 않았다. 백지흑화자는 화여토(化汝土)를 사용했기 때문에 마찬가지로 가리는 성질이 강했다. 따라서 이들 두 가지 자기의 유행은 제작이 조악함을 표현하는 것이며, 쇠락하였음을 나타내는 특징이 되었다. 하남 중서부지역은 북송 시기에 주변의 자주요, 산서지역 및 산동지역의 가마에 강한 영향을 미쳤다. 북송 말기와 금, 원 시기에는 정요(定窯)와 자주요의 장식공예를 받아들였다.

② 태항산(太行山) 남단의 동서쪽 산기슭: 하북 자현(磁縣)의 자주요, 하남 수무(修武)의 당양욕요(當陽峪窯)와 학벽집요(鶴壁集窯)가 대표적이다. 줄곧 화여백자를 주로 생산하였고 자주요계의 중심지역으로 여겨진다. 하지만 두청유자, 방정요(仿定窯) 및 삼채기도 일정 기간 생산한 적이 있었다.

원대에도 많은 곳에서 균자를 생산하였다. 이 지역의 도자기 제조업은 비교적 일찍이 번창하여, 북조에서 수나라 때까지 가장 중요한 도자기 제조의 중심이었다. 형요(邢窯), 상주요(相州窯) 및 자현(磁縣) 고벽요(賈壁窯)는 초기의 대표적인 가마터다. 당대에 잠시 쇠락하였으나 당나라 말기 혹은 송나라 초에 다시 번성하였고 북송 후기부터 금대 후기, 몽고 시기에서 원나라 초까지 번영의 시기를 누렸다.

북송 초기 이 지역은 하남 중서부지역과 정요의 영향을 많이 받아 백유획화(白釉劃花), 백유장채(白釉醬彩) 및 백유녹채자(白釉綠彩瓷)를 생산하였다. 이 지역의 주요 제품이 백화여자(白化汝瓷)였기 때문에 화여토를 기초로 하는 장식 기법에 신경을 쓰고 흑백 대비를 강조했으며, 진주지획화와 백유척화장식을 처음 만들어내어 화여백자 생산의 대표로 자리매김하였다. 북송 후기부터 이 지역 자체의 특징이 점차 표출되어 백유장채가 가장 번영했으며, 백유척화도 이 지역에서 처음 번성해 북방 전역으로 퍼져 나갔다. 백유흑척화, 백지흑화 및 유상홍록채(釉上紅錄彩) 장식은 모두 이 지역에서 처음으로 만들어졌다. 금대 후기는 이들 장식과 저온삼채기가 이 지역에서 가장 많이 생산된 시기였다. 금대에 가장 아름다운 제품은 대부분 이 지역에서 생산된 것들이었다. 이러한 전통은 주변 지역 생산에도 커다란 영향을 끼쳤다. 예컨대 단색의 섬세한 백자를 주요한 전통으로 삼고 있던 정요에서도 북송 말기부터 자주요를 본떠서 백유장채, 백유흑척화 및 백지흑화기를 생산하기 시작하였다.

금대에 자주(磁州) 지역이 번영하였다. 이 지역이 번영한 이유의 하나는 장식 전통이 비교적 여진족 통치자의 취향과 당시 유행하던 서민 예술의 수요에 적합했기 때문이며, 다른 한편으로는 자주요의 지리적 위치가 당시 정치문화의 중심이던 금나라 중도(中都)와 인접했기 때문이다. 제품은 장하(漳河), 어하(御河), 위운하(衛運河)를 거쳐 노구하(盧溝河)로 운송되어 중도에 전해졌다. 이 지역은 운송이 가장 편리한 지역으로 정요보다도 유리하였다. 따라서 하남 중서부지역을 대신하여, 금대 북방지역 도자기 제조업의 중심이 되었다.

③ 하북성 정주(定州)를 중심으로 하는 지역: 정요, 정형요(井陘窯), 산서의 평정요(平定窯) 및 요조(遼朝) 남부의 가마를 포괄한다. 획, 각, 인화의 정교하고 얇은 도자기인 박태백자(薄胎白瓷)가 대표적이다. 이 지역은 원료가 우수하고 공예기술이 뛰어났다. 만당 오대부터 제품의 품질이 높아서 대부분 진상품으로 사용되었으며, 생산에도 영향을 미쳤다. 제품의 풍격은 여전히 비교적 단순하였다. 북송 말기 이후 백유장채, 흑척화, 백지흑화자 및 삼채기를 생산했으나, 생산량이 매우 적어서 주류 상품은 아니었다.

정요의 제품은 아름다웠고 언제나 높은 공예수준을 갖추고 있었다. 이 때문에 오대에서 금대에 이르기까지 줄곧 궁정과 관부에 납품할 고급 제품을 생산하였다. 정요의 제품은 멀리 강남의 경덕진, 호남과 호북 지방까지 영향을 미쳤다. 하지만 장식공예 면에서는 이렇다 할 혁신이 없었고 단색의 전통을 지켜 나갔다. 그래서 원대에 채회자(彩繪瓷) 장식이 주류가 된 후에는 정요의 전통이 바로 쇠락해 갔다.

④ 산서지구: 이 지역은 자원이 풍부하고 가마터가 많다. 산이 많은 자연 지리적인 환경으로 교통이 편리하지는 않았다. 도자기 제조업은 당대(唐代)에 시작되었다. 정요, 자주요, 당양욕요와 요주요(耀州窯) 등 주변지역의 영향을 받았다. 이 주변지역 요지들은 이 지역 공예품과 내용 및 성질이 달랐지만, 많은 부분을 받아들여 모양이 매우 다채로워졌다. 하지만 공예기술은 상대적으로 주변지역에 비해 낙후되었고 장식 공예기술의 흡수 및 응용도 주변지역보다 늦었다. 그러나 원명 시기 이 지역의 도자기 제조업은 북방지역에서 상대적으로 발달하여 곽주요(霍州窯)는 원대 북방지역에서 가장 정교한 자기를 생산하는 지역이 되었으며, 특히 삼채와 법화기(法華器)가 유명하였다.

⑤ 산동지구: 생산지는 치박(淄博), 조장(棗莊) 및 태안(泰安)을 잇는 선에 집중되어 있었다. 이 지역의 도자기 제조업은 매우 이른 시기인 북조 때 생겨나서 원대까지 이어졌다. 그러나 이 지역의 제품은 줄곧 섬세함이

없었고, 장식은 남방지역, 하남 중서부지역 및 자주요의 영향을 연이어 받아 창조적인 공예가 극히 적었다. 도자기 생산 중심 지역에서 보면 변방지역에 속한다.

2) 남방지역

남방지역 도자기의 특성은 북방보다 명확하지는 않지만, 크게 4개 생산 지역으로 나누어 볼 수 있다.

　① **장강 하류지역**: 이곳은 중국 고대 도자기의 전통 있는 생산지면서 생산의 중심 지역이다. 청자 생산의 전통은 상주(商周) 시기로 거슬러 올라간다. 송원 시기에도 여전히 전국 청자 생산에서 가장 중요한 중심지였다. 하지만 청자 생산지는 이 지역 내에서 여기저기로 이동하였다. 만당 오대에서 북송 초기까지는 월요(越窯) 생산 도자의 절정기로 제품의 품질이 전국에서 손꼽힐 정도였으며 진상품으로 사용되었다. 월요의 도자기 제작 공예기술은 주변지역에서 북방의 가마에 이르기까지 커다란 영향을 끼쳤다. 이로 인해 북송 초기 이전에는 전국의 도자기 제조업의 중심이 되었다. 북송 중기 이후 월요는 급속히 쇠락하였다. 그 원인은 하남 중서부지역의 정교한 제품이 월요 제품을 대체했기 때문이다. 남송 초기에 촉박하게 도읍을 소흥(紹興)으로 정했을 무렵 남교대례(南郊大禮)에 사용할 제기를 소흥부에서 제작하도록 하니, 월요 또한 짧은 기간 번성하게 되었으나, 그 후 급속하게 쇠퇴하였다. 북송 중기나 전기부터 또 다른 청자 생산 중심인 용천요(龍泉窯)가 가동되기 시작하였다. 북송 때 용천요는 월요 기술을 배워 청자를 생산하는 평범한 가마에 불과하였다. 남송 시기 월요가 쇠락한 후에 용천요가 빠르게 발전하였으며 가마도 급속히 증가하였다. 생산량도 늘어났으며 멀리까지 전파되었다. 기술 면에서 후유(厚釉) 공예를 사용했기 때문에 유약색이 아름다운 후유청자기를 생산했으며, 중국 고대 청자생산의 대표적인 사례가 되었다. 제품은 전국에 판매되어 북으로 흑룡강(黑龍江)까지, 남으로는 사천까지 용천요의 자기가 대량으로 발견된다. 아울러

해외로도 대량 수출되어 주요 교역품의 하나가 되었다. 용천요는 월요의 뒤를 이은 청자 생산지로서 남송과 원대에 가장 번성했으며 명청(明淸) 시기까지도 번영이 이어졌다.

장강 하류지역은 전통적인 청자 생산지역이지만, 송대에는 백자와 청백자를 생산하기도 하였다. 대표적인 가마는 안휘(安徽)의 번창요(繁昌窯)와 절강(浙江) 임안(臨安)의 천목요(天目窯)이다. 이는 북송 시기 남방지역에서 백자 및 청백자 모두를 생산하였음을 보여준다.

② 장강 중류지역: 이 지역도 중국에서 가장 오래된 도자기 제작지 중의 하나다. 호남(湖南)의 상양요(湘陽窯)와 강서(江西)의 홍주요(洪州窯)는 모두 가장 이른 청자 생산지였고 당대(唐代)까지 청자 생산을 전통으로 하고 있었다. 송대에 들어와 이 지역은 청백자 생산을 위주로 하는 자기 생산지가 되었다. 오대에서 송 초에 이르는 시기에 일부 가마에서 백자를 생산하기 시작하였다. 북송 중기에는 청백자를 생산하는 것이 일반적인 것이 되어 청백자 생산의 중심지역이 되었다. 강서의 경덕진이 이 시기에 가장 빨리 발전했으며 제품의 품질이 좋았다. 게다가 새로운 제조기술과 장식기술이 끊이지 않고 나왔다. 주변지역에는 수많은 가마들이 밀집해 있었으며 문헌기록에 따르면 송대 초기에 이미 진상품이 되었다. 호북성(湖北省)에서도 상당히 많은 청백자 생산 가마터가 발견되었으나, 생산이 그다지 오래가지 않아 남송 시기에 생산이 중단된 것으로 보인다. 강서의 가마는 원대까지 지속적으로 발전하였고 수도 늘어났으며 분포지역도 확대되었다. 남송 후기부터 원대까지 강서 길안(吉安) 길주요(吉州窯)는 비교적 많은 백자와 흑자를 생산하기 시작하였다. 특히, 채회백자와 각종 장식을 더한 흑유자기가 특징이었고, 후대의 도자기 제조업에 큰 영향을 주었다. 원대 관부는 경덕진에 부량자국(浮梁瓷局)을 설립하고 어용(御用) 자기를 생산했으며, 이후 점차 전국 도자기 제조업의 중심이 되었다. 원대 후기 경덕진에서 청화(靑花) 자기를 처음으로 만들었으며, 이후에 점차 자기 생산의 주류가 되었다. 하지만 원나라 멸망기에도 청백자가 줄곧 이 지역의 주요

생산품이었다. 호남성에서도 대량의 송원 시기 가마터가 발견되었다. 호남의 장사요(長沙窯)는 만당부터 오대까지 명성을 날렸으며 주변과 후대에 커다란 영향을 끼쳤다. 고고학 연구와 발견을 통해서 호남은 청자 생산을 위주로 시작해 청자와 백자를 섞어서 함께 생산하는 데까지 발전하였고, 남송 후기에서 원대까지는 청자에 채회를 더한 자기가 유행했음을 알수 있다. 이러한 상황은 광서 동북부지역 많은 가마들의 상황과 매우 유사해 소규모 생산구역으로 볼 수도 있다. 소규모 생산구역은 자기 생산의 주요 지역은 아니며, 제품은 주로 현지에서 사용되었으며 중원, 광동 및 강서의 영향을 받았다.

③ 복건(福建)과 광동 지역: 이 지역은 제품의 종류가 완전히 다르기는 하지만, 하나의 구역으로 볼 수 있다. 이 지역 자기 수공업의 발전과 중국 해외무역의 발전은 밀접한 관련이 있다. 광서의 일부 지역을 포함하여 광동성의 도자기 제조업은 비교적 일찍부터 발전했으며 당대에서 오대까지 주로 청자를 생산하였다. 제품의 품질도 계속 높아져 오대 시기 자기의 정교한 품질은 월요와 비교해도 크게 차이가 나지 않았다. 오대 시기 이곳은 장사요 및 악주요(岳州窯)의 영향을 받아 청유갈채자(靑釉褐彩瓷)를 생산하기 시작하였다. 북송 시기에는 청백자와 백자도 출현했으며 가마터의 수도 빠르게 늘어나, 광동 자기 생산에 있어서 가장 번성한 시기가 되었다. 대표적인 곳으로는 광주(廣州) 서촌요(西村窯), 혜주요(惠州窯) 및 조주(潮州) 필가산요(筆架山窯)가 있다. 이들 가마터는 강과 연해지역에 분포되어 있으며, 생산품의 다수는 수출품이었고, 일부는 현지의 불상과 일용품이다. 서촌요(西村窯)에서 생산하는 청유갈채자는 북방 자주요의 백지흑화자보다 조금 더 일찍 발전했으며, 장사요와 같은 계통인데 나름의 독특한 발전 계통을 가지고 있다. 각화와 채회가 된 청자기는 이 지역 최고의 생산품이다. 중요한 수출품으로 해외에서 많이 발견된다. 청유각화자의 풍격은 요주요와 상당히 유사하지만 공예기술적인 측면에서 직접적인 관련은 보이지 않는다. 남송 이후 광동의 도자기 제조업은 쇠퇴하기 시작해서 가마

의 수도 줄어들었다. 여전히 청자, 청유갈채자와 청백자를 주로 생산하였지만 품질이 떨어졌다. 해외에서 발견된 광동산 자기도 색이 어두운 청유채반자(靑釉彩斑瓷)가 다수이고 크기도 커서 수출용으로서 만들어진 것임을 알 수 있다. 광동 도자기 제조업은 남송 이후 쇠퇴하였는데 천주항(泉州港)이 광주항(廣州港)의 수출항으로서의 지위를 대체한 것과 관련이 있다.

복건성 도자기 제조업의 발전은 광동보다 늦어 북송 이후에야 발전하기 시작했으며, 절강, 강서 및 북방 지역에서 각각 영향을 받았다. 따라서 주요 생산품도 용천요를 본뜬 청자, 청백자, 청유채회자와 채유자였다. 청유채회자와 채유자는 해로를 통해 북방에서 전래된 것 같다. 민남(閩南) 자조요(磁竈窯)의 많은 생산품과 금대 자주요의 생산품은 매우 유사하다는 점이 밝혀졌다. 복건의 도자기 제조업은 주로 남송에서 원대에 성행하였고, 가마는 연해지역에 많이 분포했으며, 특히 중요한 항구 부근에 위치하였다. 생산품은 주로 수출되어 이들 가마는 통상 '외소자장(外銷瓷場: 외국에서 소비되는 자기를 굽는 곳)'이라고 불렸다. 복건에서 가장 지방 특색을 지닌 것은 건양(建陽)의 건요(建窯)에서 생산한 흑유(黑釉) 자기로 품질이 좋고 차를 마시기에 적합하다. 문헌기록과 고고학 발견을 통해 건요 생산품이 진상품이었음을 증명해 주었으며, 문인들의 사랑도 받았음이 확인되었다. 장강 하류지역의 남송 시기 무덤에서 흔히 건요의 찻잔이 출토되는 점이 이러한 사실을 뒷받침해 준다. 공예기술이 각지의 생산에 미친 영향도 커서 어떤 학자들은 '건요 계통'이라는 표현을 쓰기도 한다. 복건의 도자기 제조업은 남송 때 융성해 이후에도 쇠퇴하지 않고 명나라 말까지 이어졌다. 명대에 장주(漳州)에서 만든 홍록채자(紅綠彩瓷), 삼채자 및 청화자는 해외로 대량 수출되었고, 특색이 있으면서도 판매량이 많은 수출용 자기가 되었다. 덕화(德化)에서 생산한 백유자는 명청 시기에 가장 중요한 수출용 자기가 되었다.

④ 천투(川渝)지역: 이 지역[파촉(巴蜀)이라고도 하며, 지금의 사천성과 중경시를 이르는 말로 사천 분지 지역을 말한다 – 역주]의 도자기 제조업의

연원은 남조에서 수나라까지 거슬러 올라가며 당대(唐代)에 본격적인 발전이 이루어졌다. 주로 청자, 청유갈녹자 및 삼채자기를 생산하였고 성도(成都)의 청양(靑羊) 관요, 빈협(邠峽)의 집방당요(什方堂窯) 및 강유(江油)의 청련요(靑蓮窯) 등이 대표적이다. 그중 청유갈녹채자의 생산은 장사요보다 빨랐고 만당 오대 시기에 백유 및 흑유자기를 생산하기 시작하였다. 송나라에 들어와 청유갈녹채자는 쇠퇴하였다. 북송 초중기에도 생산품은 여전히 청자를 주로 하면서도 흑자와 백자를 생산하였다. 북송 중후기부터 생산품 구성에 변화가 생겨 백자 생산이 점차 많아졌으며 흑자 생산품도 빠르게 증가하였다. 주로 백자와 흑자를 생산하던 중경(重慶)의 도산요(涂山窯), 팽주시(彭州市)의 자봉요(磁峰窯), 도강(都江) 언시(堰市)의 금봉요(金鳳窯) 및 광원요(廣元窯) 등이 흥성하였다. 이 가마들의 주요 특징은 만두요(饅頭窯)가 널리 이용되어 용요(龍窯)를 대체했다는 점이다. 남송 중후기에 이르면 흑자가 가장 주된 생산품이자 거의 유일한 생산품으로 자리 잡았다. 이 지역의 도자기 제조업은 확실히 두 가지 계통으로 나누어짐을 알 수 있다. 초기에는 주로 청자를 생산하던 남방지역 제작 시스템을 도입하여 공예 및 생산품 모두 호남과 절강의 가마들과 밀접한 연관을 가졌다. 북송 말기부터는 천투지역의 도자기 제조업이 북방 시스템으로 변화하였다. 가마, 생산도구에서 생산품에 이르기까지 섬서 요주요와 하남 중서부지역의 가마들과 관련이 깊었다. 특히 석탄을 사용해 도자기를 굽는 기술의 확산은 중요한 역할을 하였다. 천투지역의 도자기 제조업은 원대부터 쇠퇴하여 명 이후에는 조악한 일상용품만을 생산하게 되었다. 결과적으로 천투지역의 도자기 제조업은 만당 오대 시기가 가장 절정이어서 일부 고급 제품들은 수출되기도 하였다. 그 후에는 주로 현지 시장에 공급하였다. 특히 주목할 만한 점은 사천의 송원 시기 무덤과 가마터에서 매우 아름다운 용천요 청자와 경덕진에서 만든 청백자가 다수 발견되었다는 점이다. 이는 외지의 고급 도자기들이 이 지역의 고급품을 파는 시장을 점령하였음을 보여준다.

3. 송원 시기 도자기 제조업의 발전

도자기 수공업은 송원 시기에 4단계의 발정 과정을 거쳤다.

① 만당(晚唐), 오대(五代)에서 송(宋) 초에 이르는 단계이다. 월요, 정요 및 요주요의 생산 수준이 새로운 단계에 도달하였다. 월요는 절정기에 도달하였고 정요와 요주요는 성숙기에 접어들었다. 획화, 각화 장식이 성숙단계에 접어들어 빠르게 발전했으며, 인화 장식이 그릇의 내벽에 사용되기 시작하였다. 북방지역의 백유장채(白釉醬彩) 및 백유록채(白釉綠彩)가 일반적으로 사용되었으며, 진주지획화(珍珠地劃花) 및 백유척화(白釉剔花) 장식이 만들어졌다. 장강 중류지역의 장사요는 이 시기에 풍부하고 다채로운 유상채회(釉上彩繪)를 발전시켰다. 전체적으로 보면 남방지역의 도자기 제조업은 쇠락기에 접어든 반면, 북방지역은 발전 추세를 보여주었다.

② 북송 신종(神宗) 희녕(熙寧)연간에서 북송 말(1068~1127년)이다. 이 시기는 도자기 제조업이 전반적으로 성숙한 시기였다. 자기 장식이 다른 수공업 제품을 모방하지 않았고 자기의 특색에 어울리는 장식을 개발해서 발전시켰다. 남방의 월요는 이미 쇠퇴하고, 용천 청자와 경덕진을 대표로 하는 청백자의 생산 전통은 아직은 초창기에 속했다. 반면에 북방지역의 도자기 제조업은 크게 발전하였다. 장식에 있어서는 인화 장식과 백유척화 장식이 보급되었다. 백유흑척화, 백지흑화 장식이 생겨나 빠르게 발전했으며, 도자기에 적합한 각종 문양 도안들이 점차 발전하였다. 북방의 여요(汝窯)와 북송 관요를 대표로 하는 하남 중서부지역 정요, 요주요 모두가 전성기를 맞았고 자주요는 빠르게 발전하기 시작하였다. 이 시기는 송대의 풍부하고 다채로운 도자기 제조 전통이 형성된 시기였다.

③ 남방지역은 남송 초중기, 북방지역은 금 대정(大定)연간부터 몽고 군대가 중원에 들어오는 시기이다. 남방 용천의 청자와 청백자 생산이 모두 최고조에 이르러 품질도 뛰어나고 색도 아름다웠으며 생산지도 빠르게 확대되었다. 자기의 상품화도 진행되어 용천요의 청자와 경덕진의 청백자

가 전국 각지뿐만 아니라 북방의 금나라 지역에서도 발견되었고 판매 범위도 확대되었다. 북방지역에서는 각종 장식이 번영기에 접어들었는데 특히 대표적인 것으로 백지흑화(白地黑花) 장식의 성숙과 번영, 유상홍록채(釉上紅綠彩) 장식의 탄생과 신속한 보급을 들 수 있다. 이 시기의 정요, 요주요 및 하남 중서부지역은 여전히 번창하고 있었으며 생산품의 종류가 더욱 풍부해졌다. 자주요 및 산서지역은 생산이 절정에 달했으며, 대비가 강렬하고 소탈한 장식을 만들어냈다.

④ 원대 후기, 주로 14세기 전반이다. 이 시기 북방지역의 가마들은 여전히 발전하고 있어서 전체적으로는 계속 번영하고 있었지만, 이미 혁신의 활력을 상실하고 쇠퇴의 기미를 보이고 있었다. 남방지역에서 발전을 계속한 곳은 경덕진이 대표적이었다. 원대 초기에는 관부가 경덕진에 부량자국을 설치해서 관부가 통제하는 도자기 생산지역이 되었다. 원나라가 시행한 장호(匠戶) 제도 때문에 일부 사람들은 여기에서 고정적으로 도자기 생산에 종사하였다. 또한, 조정에 진상품과 관부용 도자기를 공급하는 임무를 맡았기 때문에 충분한 인력과 물자가 있었고 비용에 신경을 쓸 필요도 없어서 다른 지역의 공예가들은 도태되었고 기술력과 공예가들이 경덕진에 집중되게 되었다. 이때부터 경덕진요는 송금 시기 전국의 가마 중에서 두각을 나타내어 점차 도자기 제조업의 중심지가 되었다. 원대 후기 경덕진의 도자기 생산은 관부의 주문을 받아서 굽는 것, 요주(饒州) 노총관독(路總管督)이 구입하는 것, 민간의 주문을 받아서 굽는 것이 생겨났다. 이는 장인들의 종속 관계를 느슨하게 하여 장인들이 다른 가마에 가서 공예기술을 배우고 새로운 제품을 만드는 데 유리하게 작용하였다. 원대 중후기 경덕진은 난백유(卵白釉), 청화, 유리홍(釉里紅) 자기 및 홍록채자를 만들어냈다. 이들 장식은 인화, 유하채회와 유상채회류를 대표했으며 금과 원 시기부터 북방에서 가장 성행한 3종 자기, 즉 정요의 백유인화자, 자주요의 백지흑화자 및 홍록채자기를 직접 모방한 것으로 명청 시기 가장 유행한 청화자 및 채자의 발원지가 되었다.

4. '어요창(御窯廠)'에서 '클라크' 자기까지: 명대 도자기 제조업의 주요 성과

20세기 명대 가마터에 대한 발굴조사는 어요창 유적을 제외하고, 경덕진 민요, 덕화요, 장주요, 의흥요(宜興窯), 옥계요(玉溪窯) 등을 대상으로 하였다. 명대는 중국 고대 도자기 제조업의 또 하나의 절정기였다. 한편으로는 어요창을 대표로 하는 관이 주도하는 도자기 제조업의 발달과 기술의 진보가 경덕진과 전국 도자기 제조기술의 발전을 촉진시켰다. 다른 한편으로는 덕화요, 장주요, 의흥요, 옥계요 등을 대표로 하는 지방 특색의 도자기 생산 구조가 형성되었다. 명대 주요 요지는 아래와 같다.

① 경덕진 관요: 명대 어요창 유적에 대한 고고학 발굴과 연구는 1970년대 초에 시작되어, 주산(珠山) 북쪽 산기슭의 지층관계를 정리하였다.[14] 그 후 도시 건설에 따라 주산 동북부의 퇴적층,[15] 주산 동쪽 기슭의 선덕(宣德) 시기의 문화층, 주산 중로(中路) 영선(永宣) 시기 자편(瓷片) 퇴적층, 중화로(中華路) 홍무(洪武) 연간부터 선덕 시기 문화층, 동사령(東司嶺) 선덕 시기 문화층, 선덕 시기 가마 및 선덕 시기보다 늦은 가마유적 두 곳 등이 발견되었다.[16] 이들 유적은 명대 어요창의 범위를 명확히 할 뿐만 아니라 명대 어요의 생산 공예와 그 성과 연구에 고고학적 자료를 제공해 주고 있다.

어요 가마는 문헌에 기술된 분색요(分色窯), 청요, 항요(缸窯), 갑발요(匣鉢窯)를 제외하고, 더욱 중요한 것은 선덕 시기의 가마를 이야기할 때 마체형(馬蹄形, 말발굽형) 반도염식요(半倒焰式窯)라고 이해된다는 점이다. 몇 개 가마는 어요창의 건요(建窯) 특색을 보인다. 아울러 색요(色

....

14) 刘新园, 「景德镇出土明成化官窑遗迹与遗物之研究」, 『成窑遗珍-景德镇珠山出土成化官窑瓷器』, 香港徐氏艺术馆 1993년.

15) 주 14와 같음.

16) 白焜 等, 「景德镇明永乐, 宣德御厂遗存」, 『中国陶瓷』 1982년 제7기. 刘新园, 「景德镇明御窑厂故址出土永乐, 宣德官窑瓷器之研究」, 『景德镇出土明初官窑瓷器』, 台湾鸿禧艺术文敎基金会 1996년판.

窯)의 규모는 다른 가마보다 매우 작다. 소형 가마는 가마의 실내 온도와 분위기를 쉽게 통제할 수 있다. 이는 소(燒), 체(砌) 기술의 진보일 뿐 아니라 유채색 유약을 바른 명품 도자의 제작이 성공한 증거이다. 아울러 통식(筒式) 투발(套鉢)과 자토(瓷土)로 만든 갑발, 발개(鉢盖), 점병(墊餠)이 조합된 투장법(套裝法)이 보급되기 시작하면서 고품질의 어용자기의 생산이 가능해졌다.

관부 가마의 시스템과 관련하여, 어요창의 최초 건립 시기에 대해서는 줄곧 논쟁이 있어 왔다. 어요의 옛터에서 출토된 '감공부량현승월만초(監工浮梁縣丞越萬初)'라고 기록된 평기와는[17] 명 홍무 4년 경덕진의 자기를 진상은 예전과 같이 요주(饒州) 부량현의 지방관이 책임지고 있었음을 보여준다. 호전요(湖田窯)에서 출토된 '부량현승신장앙조치감조(浮梁縣丞臣張昻措置監造)'라고 자기에 새겨진 것[18]과 굽는 설비가 유사하다. 이는 최소한 명나라 첫 해까지 경덕진의 관부 도자기 제조는 여전히 전통적인 관요의 옛 체제를 답습하고 있었으며, 독립적인 어요창이 출현하지 않았다는 것을 보여준다. 홍무 2년 경덕진에 관요가 나타났다고 문헌에 기록된 내용은[19] 이렇듯 지방관이 관리하는 관부요를 가리키는 것이다. 영락(永樂) 시기부터 자기에서 전통적인 식명(識銘) 방법이 계속해서 존재했을 뿐만 아니라 암각 혹은 청화를 사용해 '영락년제(永樂年制)'라는 4자를 적는 형식이 나타났다. 전자는 자연히 구제(舊制)를 응용한 것이고, 후자는 새로운 제도의 탄생 또는 시초임이 분명하다. 선덕(宣德) 시기에 이르러 호체(篆體)의 '선덕년제(宣德年制)' 4글자 이외에 해체(楷體) 4글자도 자기에서 보이기 시작하였다. 아울러 '대명선덕년제(大明宣德年制)'라는 6글자의

....

17) 梁穗,「景德鎮珠山出土的元明官窯瓷器」, 炎黃艺术馆이 출판한『景德鎮出土元明官窯瓷器』, 文物出版社 2000년판.
18) 肖发标,「北宋景德鎮的贡瓷问题」,『中国陶瓷研究』제7집, 紫禁城出版社 2001년판.
19) (清) 蓝蒲,『景德鎮陶录』권1에는 "洪武二年, 就镇之珠山设御窑厂, 置监督烧造解京"라고 기록되어 있다. 이 책 권5 '洪窑' 조에는 또 "洪武二年, 设厂于镇之珠山麓, 制陶供上方, 称官瓷, 以别于民窑"라고 적혀 있다. 中国书店影印同治九年刊本.

해체(楷體)의 규범화된 글씨가 나타나기 시작하였다. 이러한 형식은 명청대 어요 생산품의 관례였다. 명기(銘記)와 규식(規識)의 발전 규칙에 비추어 보면 선덕 시기부터 관부요의 관리(管理)는 이전과 달랐음을 알 수 있다. 이것은 아마도 문헌에 기재된 황제가 직접 사람을 파견해 도자기를 감독하는[20] 새로운 제도가 자기에 새긴 글이나 식관(識款) 부분에서 나타났음을 말하는 것이다.

어요창의 또 다른 성과는 유약 색상의 종류에서 새롭게 창조된 것이 있었다는 것이다. 혹은 예전 유약 색상의 기초 위에서 더욱 다양해지고 발전했다고도 할 수 있겠다. 그중 청화와 유리홍(釉里紅) 두 종류가 가장 유명했으며 그 밖에도 제남(祭藍), 취남유(翠藍釉), 선어황(鱔魚黃)도 있었다. 창조적인 품종을 들자면, 제홍유(祭紅釉), 철홍유(鐵紅釉), 방가유(仿歌釉), 조금유(鳥金釉), 오채(五彩), 두채(斗彩), 요황유(澆黃釉), 소삼채(素三彩), 첨백(甛白), 천청유(天青釉) 등이 있다.[21]

② 경덕진 민요: 경덕진 곳곳의 민요는 명대 전통적인 품종을 제외하면, 관요를 본뜬 청화를 그 특징으로 한다. 실제 재료와 관에서 방소(仿燒)를 금지한 칙령을 통해 보면, 당시 민요는 관요의 도자기 및 유색품종(釉色品種)에 대한 방제(仿制)가 일반적이었음을 알 수 있다. 이는 관요가 도자기 제작에 대한 지도 및 기술 추진을 시행하였음을 의미한다. 가마 형태로 보자면, 전통적인 용요(龍窯)를 본뜬 것을 제외하면[22] 명대 중후기에는 마제형(馬蹄形: 말발굽 모양－역주)과 호로형(葫蘆形: 조롱박 모양－역주) 가마가 사용되기 시작하였다.[23]

....

20) 『明宣宗实录』에는 "(洪熙元年) 九月己酉, 命行在工部江西饶州府烧造奉先殿太宗皇帝几筵, 仁宗皇帝几筵白瓷祭器"라고 적고 있다. 『明史』권82 「食货志六」 '烧造' 조에는 "宣宗始遣中官张善之饶州, 造奉先殿几筵龙凤文白瓷祭器, 磁州造赵府祭器。逾年, 善以罪诛, 罢其役"이라고 기록되었다. 中华书局标点本.

21) 潘文锦, 「明代景德镇几种色柚的特点与工艺」, 『中国陶瓷』 1982년 제7기.

22) 欧阳世彬, 「景德镇东河流域古瓷窑址调查简报」, 『中国陶瓷』 1982년 제7기.

23) 刘新园 等, 「景德镇湖田窑考察纪要」, 『文物』 1980년 제11기.

③ 의흥요(宜興窯)의 자사기(紫砂器): 수년 동안 무덤에서 출토된 도자기[24]와 양각산(羊角山) 가마 유적 자료는 의흥요 자사기의 역사가 송대까지 거슬러 올라간다는 것을 보여준다. 다만, 그 제품이 정교함을 추구하고 자신만의 특색을 갖추게 된 것은 명대 중기 이후의 일이다.[25] 전통적인 일상용품 도자기 제작에서 독립적으로 자사기가 나타났다는 것은 도자기 공예의 독특성을 나타낸다. 도자기에 시구(詩句), 문양을 새겨 넣기도 하고 생산자의 이름을 적기도 하며, 심지어는 문인과 도공이 협력하여 도자기를 생산하기도 하였다. 성형공예(成形工藝)는 날신(捏身)과 니편(泥片) 양접(鑲接)을 위주로 알족(挖足), 개면(開面)을 붙이고 장병(裝柄)과 취(嘴)를 더한다. 가정(嘉靖), 만력(萬歷) 때에는 시대빈(時大彬)을 필두로 도자기 명가들이 출현하였다.

④ 덕화요: 덕화요가 만들어진 시기는 송대까지 거슬러 올라가며 줄곧 청백자를 주로 생산하였다. 명대에는 가마의 형태가 반도염식(半倒焰式)의 분실용요(分室龍窯)와 계급요(階級窯) 두 종류가 있었다. 특히 계급요의 사용은 덕화 백자 생산의 기술적인 보증이 되었다.[26] 원대 유백유(乳白釉)의 생산에 힘입어 성공적으로 유백유를 특징으로 하는 덕화백자를 구워냈다. 이것이 바로 유럽인들이 말한 '중국백(中國白, blanc de chine)' 혹은 아융백(鵝絨白)이다. 아울러 청화, 오채자기도 생산하기 시작하였다.

⑤ 장주요: 명대 말기에 이르러 장주지역 평화현(平和縣)의 남승화자루(南勝花仔樓) 등에서 이미 계급요를 사용하였다.[27] 이러한 최신 가마는 신속하게 장주지역에 보급되었다.[28] 도자기 조형과 소제 공예에서 전통을 지키는 동시에 경덕진 및 북방지역의 선진 기술과 공예기술을 대량으로 흡수해 독특한 사저청화자기(砂底靑花瓷器)를 만들었다.[29] 이 자기는 '클라

....

24) 梁白泉,『宜兴紫砂』, 文物出版社 1991년판.
25) 「宜兴羊角山古窑址调查简报」,『中国古代窑址调查发掘报告集』, 文物出版社 1984년판.
26) 福建省博物馆,『德化窑』, 文物出版社 1990년판.
27) 福建省博物馆,『漳州窑』, 福建人民出版社 1997년판.
28) 栗建安,「东溪窑调查纪略」,『福建文博·福建陶瓷专辑』1993년 제1, 2기 合刊.
29) 福建省博物馆,「漳州窑」, 福建人民出版社 1997년판.

크' 자기라고도 일컬어진다. 이 밖에도 '오주적회(吳州赤繪)'라고 불리는 홍록채자 및 '교지삼채(交趾三彩)'라고 불리는 자색 빛을 띠는 삼채기도 있었다. 이들 도자기는 '산두기(汕頭器)'라고 칭해졌는데, 명대 후기의 주요 수출품이었다. 장주지역은 명대의 도자기 수출 중심지였다.

11장 송원명 시기의 기타 수공업 유적

도자기 수공업의 발견과 연구에 비해서 송원명 시기의 기타 수공업 유적 및 유물의 발견은 비교적 적은 편이다. 하지만 이전 시기와 비교해서는 매우 많아진 것이다. 금은기(金銀器), 칠기(漆器) 등은 전문적인 저술이 이미 나와 있으므로 여기서 다시 소개하지는 않는다. 다만, 어떤 분야를 선택할 것인지를 고민한 결과, 발견과 연구가 상대적으로 많은 분야를 골라 이 장을 구성하였다.

1. 송원명 시기의 야금과 광업

야금과 광업은 송대에 크게 발전하였다. 생산의 규모가 확대되고 생산지도 넓어졌으며 업종 내부의 분업도 세밀해졌다. 수공업자의 생산경험과 작업도구도 점차 많아지고 개선되었다. 두드러지는 특징은 수공업 제품의 대량생산으로 인해 수공예품의 구매가 보편화되었다는 점이다.

1) 야철업(冶鐵業)의 발전

야철의 발전은 각종 도구의 개선이 결정적인 의미를 지닌다. 송대에는 야철업이 매우 발달하여 먼저 원료의 채굴과 제련지역이 확산되었다. 신종(神宗) 원풍(元豊) 원년(1078년)의 통계에 따르면, 송대에는 전통적인 북방과 동남의 철 생산지 이외에 남방의 정주(鄭州), 위승군(威勝軍), 광주(廣州), 단주(端州), 남은주(南恩州) 등으로 생산지가 늘어났다. 또 광남(廣南) 동로(東路)의 오주(梧州), 뇌주(雷州) 등지에서도 철을 생산했으며 더욱이 철기 제조도 매우 정교해졌다.[1] 송대에 가장 유명한 야철지는 연주(兗州)의 내무감(萊蕪監),

....

1)   『宋会要輯稿』食貨33 13-14.

하북 동로의 형주(邢州), 자주(磁州), 상주(相州) 등의 야철지와 서주(徐州) 이국감(利國監) 등이다. 고고학자들은 산동 내무와 하북 한단(邯鄲) 무안(武安)[자주(磁州)에 속함]에서 야철 유적을 발견하였다. 이들 철감(鐵監)의 철세금은 전국 철세금의 67.15%를 차지하였다.[2] 1960년대 미국의 로버트 하트웰은 송대 무기제작, 철전(鐵錢)주조 및 농기구 사용 등에 있어서 소모량을 근거로 신종 원풍 원년(1078년)의 철 생산량은 7.5만 톤에서 15만 톤 사이라고 추측하였다.[3] 몇몇 중국학자들은 이러한 추측은 보수적으로 본 것이어서 북송 후기의 철 생산량은 15만 톤 정도는 될 것이라고 생각하였다.[4] 이 수치는 1640년 산업혁명 때 영국 철 생산량의 5배이다.

야철업이 발전하면서 생산의 전문화도 촉진되었다. 당시에 자주연강(磁州煉鋼), 뇌양제정(耒陽制釘) 등의 유명 제품들이 있었다. 국가박물관이 소장한 '제남(濟南) 유가침포수매상등강조조공부세침(劉家針鋪收買上等鋼條造工夫細針)'의 광고판[5]에는 이러한 분업이 설명되어 있다.

송대의 제강기술도 발전했는데 '관강(灌鋼)'기술이 이미 성숙단계에 들어섰다. 『몽계필담(夢溪筆談)』 3권의 기록을 살펴보면 "세간에서 철을 제련한 것을 소위 강철이라고 하는데, 시우쇠를 사용해 구부려 휘감고 무쇠를 그 사이에 넣어 진흙으로 막고 제련하여 서로 두드려서 만든 것을 '단강'이라고 하며, 또한 '관강'이라고도 한다(世間鍛鐵所謂鋼鐵者, 用柔鐵屈盤之, 乃以生鐵陷其間, 泥封煉之, 鍛令相入, 謂之團鋼, 亦謂之灌鋼)."[6] 이것은 관강에 관한 중요한 기록이다. 또한 초강(炒鋼)도 널리 사용되었다. 『몽계필담』의 기록을 보면 "무릇 철은 겉면에 힘줄이 있으니 연강도 또한 그러하다. 단, 철을 가

....

2) 『宋会要輯稿』食貨33 12-14를 토대로 통계를 낸 원풍(元豊) 연간의 철과수(铁课数).

3) Robert Hartwell "A Revolution in the Chinese Iron and Coal Industries During the Northern Sung, 960-1126 A.D."(北宋 时期 中国의 석탄, 철공업의 혁명), *The Journal of Asian Studies*(亚洲问题研究), Feb. 1962. Vol. 21, Iss. 2. pp. 153-162.

4) 漆俠, 『宋代经济史』제13장, 2, 「冶铁业의 高度发展」, 上海人民出版社 1988년

5) 林岩 等, 「中国店铺幌子研究」, 『中国历史博物馆馆刊』 1995년 제2기.

6) (宋) 沈括 著, 侯真平 校点, 『梦溪笔谈』, 岳麓书社点校本 2002년판.

지고 100여 번 불로 제련을 하면 매번 조금씩 가벼워진다. 줄어든 것이 두 근이 되어 더 이상 줄어들지 않으면 순강이 되어서 백번 제련을 해도 닳지 않는다. 이것이 곧 철의 정순함이니 그 색은 밝고 다듬은 부분은 은은하게 검푸른 빛을 띠니 일반적인 철과는 차이가 있다(凡之有鋼者, 如面中有筋 …… 煉鋼亦然, 但取精鐵鍛之百余火, 每鍛稱之, 一鍛一輕, (至)累鍛而斤兩不減, 則純鋼也, 雖百煉不耗矣. 此乃鐵之精純者, 其色淸明, 磨瑩之則黯黯然靑且黑, 與常鐵迥異)"라고 되어 있다.[7] 이 기록은 송나라 사람의 철에 대한 인식과 철의 사용이 광범위하였다는 점을 보여준다. 또한 송대 제강기술의 발전과 세부적인 작업 상황을 알려준다. 수십 년간의 고고학 출토품은 송대 야철작업장과 철광이 이미 많았다는 사실과 당시의 채(采), 야(冶), 주(鑄) 등의 기술을 이해할 수 있는 풍부한 자료를 제공해 주고 있다.

호북 동록산(銅綠山)에서 발견된 일군의 초강로(炒鋼爐)는 초강기술이 이미 성숙했음을 보여준다. 이 기술은 무쇠를 원료로 녹여서 섞는다. 이 과정 중에 탄소를 집어넣으면 숙철(熟鐵) 혹은 강(鋼)이 된다. 영국에서는 이 기술이 18세기 이후가 되어서야 등장한다. 이 유적에서 송대 제련의 규모를 짐작할 수 있다.[8] 하북 형대(邢臺) 찬촌(纂村)에서 주장(朱莊) 일대에서 발견된 야금 유적지는 관에서 감독하고 민간이 경영하는 야철 작업장이었다. 가마터 부근에는 선화(宣和) 4년(1122년) 비석이 있는데, 이 지역이 황우(皇佑) 5년(1053년)에 관청이 설치되기 시작했고, 형주 야철지의 일부임을 보여준다. 이곳에서 발견된 제철로 유적은 17~18곳으로 제철로 곁에는 철괴가 많이 남아 있었으며 각 철괴는 무게가 수 톤에 달했다. 제철로 주위에는 철광석과 쇠조각들도 산재되어 있었다. 찬촌 남쪽에서도 철광석 동굴이 한 곳 발견되었다. 앞에서 말한 내용들로 보면, 이곳의 채광, 제련 및 주조 등 부분에서 생산이 완전하게 이루어졌다고 보기는 어렵다.[9]

....

7) 주 6과 같음.
8) 朱寿康 等,「铜绿山宋代冶炼炉的研究」,『考古』1986년 제1기.
9) 唐云明,「河北邢台发现宋墓和冶铁遗址」,『考古』1959년 제7기.

안휘의 번창(繁昌)에서도 야철 유적지가 한 곳 발견되었다. 발견된 제철로의 구조는 1950년대 번창현의 조형(挑形) 제철로와 유사하다. 평면의 원형으로 직경은 1.15m, 남아 있는 노벽의 높이는 0.6m, 두께는 0.36m이다. 장방형의 석회벽돌을 쌓아 세웠고 내벽과 바닥에는 두께 4~17cm의 불에 견디는 진흙을 발랐고 진흙에 모래를 섞었다. 내부를 살펴볼 때 제련방법은 먼저 밤나무 장작을 깔고 직경 1.5cm로 잘게 쪼갠 철광석과 석회석을 넣은 후 제련을 진행하는 방식이다.[10]

1990년대 초 하남성 문물연구소와 중국 야금사연구실은 하남의 몇 군데 중요한 철 생산지를 조사하였다. 하남 안양현(安陽縣)은 옛 상주(相州)로 송대의 가장 중요한 야철지 중 하나다. 안양현의 후당파(後堂坡) 야철 유적지는 면적이 약 5만 m²로 대량의 철광가루와 각종 제철 조각들이 쌓여 있었다. 시기는 한대에서 송대까지로 형(邢), 자(磁), 상(相)이 가장 오래된 야철지 중 하나임을 보여준다. 안양현 동야향(銅冶鄕) 화로(鏵爐) 유적지는 5곳에 산처럼 제철 조각들이 쌓여 있었고 절벽쪽에는 3개의 제철로가 남아 있었다. 그중 1호 제철로는 현재 모습으로 직경 4m, 높이 4m였고, 3호 제철로는 직경 2.4m, 높이 4m였다. 그것들은 모두 절벽에 의존해서 지어졌다. 노의 입구는 대지 위에 있었는데 광석과 목탄이 입구 한쪽에 놓여 있었고 가공, 원료혼합, 설치는 모두 절벽 쪽에서 진행되었으며 연료를 위로 운반하는 설비와 생산공정은 생략하였다. 이 유적지는 송에서 원명 사이에 이르는 시기에 해당한다. 남소현(南召縣)의 하촌(下村) 유적지는 면적이 1.6만 m²로 현재 남아 있는 제철로는 7개다. 그중 6호가 보존상태가 가장 좋은데 안지름이 3.5m, 바깥지름이 6.1m, 높이 3.9m이다. 제철로 속의 상부는 78~80도 안쪽으로 기울어지게 만들어져서 석탄가스의 분산을 개선하고 사용 에너지를 크게 줄였다. 게다가 연료가 노벽에 마찰되는 것도 크게 줄여 고로(高爐)의 사용 수명을 크게 늘렸다. 이것은 고로 구조

....

10)　胡悦谦,「繁昌县古代炼铁遗址」,『文物』1959년 제7기.

에 있어서 큰 발전이었다. 노벽은 하란석(河卵石)으로 만들었고, 하부의 항아리 부위는 세밀하게 쌓아 올렸고 연소가 끝난 후에는 틈을 메워 쇳물을 저장할 수 있었다. 상부는 조잡하게 쌓아 올렸다. 이것은 이미 제철로 제작자가 고로 각 부분에 대해 이해하고 있었다는 것이며, 야철 중에 상부는 파괴된다는 상황도 충분히 알고 있었다는 것을 나타낸다. 하남 임현(林縣)은 송대에도 상주에 속했으며 임현의 중촌(中村) 유적은 면적이 약 30만 m² 다. 유적지 중북부는 연로구(煉爐區)로서 조사 결과 21개의 노기(爐基)가 발견되었다. 남부는 생활구로 곳곳마다 벽돌, 기와 및 도자기 조각을 볼 수 있다. 시기는 당송원에 두루 걸쳐 있으며 송대의 것이 가장 많다.[11] 또한 광동성의 고고학자들은 나정현(羅定縣) 노하촌(爐下村)에서 명대의 철광 유적지를 발견했으며, 청나라 사람 굴대균(屈大均)의 『광동신어·화어·철(廣東新語·貨語·鐵)』 중 관련 기록에 근거해서 조사가 진행되었다. 이 책에는 "여러 야철지 가운데 오직 나정 대당기로의 철이 가장 좋다(諸冶惟羅定大塘基爐鐵最良)"라는 말이 있다. 여러 차례에 걸쳐 찾은 끝에 마침내 명대의 제철로를 찾아냈다. 제철로는 산의 경사지고 움푹 패인 곳에 만들어져 있었으며 동굴식 수로(竪爐)였다. 타원형으로 내벽에는 벽돌과 불에 견디는 모래로 만들었다. 땔나무와 숯을 연료로 사용하였고 자연지형을 이용해 원료투입과 통풍을 하였으며 남아 있는 철도 수습하였다.[12]

송대 주철(鑄鐵)의 발전상황은 철 공예품의 많은 생산량으로 짐작할 수 있다. 철 공예품과 대형 철기의 등장으로 볼 때 송대 주철기술의 발전은 주조기술의 숙련도가 높았음을 보여준다. 등대(登對) 중악묘(中岳廟)가 치평(治平)연간(1064~1067년)에 그리고 태원진사(太原晋祠)가 원우(元佑), 소성(紹聖)연간에 만든 철인(鐵人)과 산서 하현(夏縣) 북송 건중정국(建中靖國) 원년(1101년)의 큰 철종(鐵鍾)이 대표적인 작품이다. 특히 절강 의오

....

11) 河南省文物研究所 等,「河南省五县古代铁矿冶遗址调查」,『华夏考古』1992년 제1기.
12) 广东省博物馆,「广东罗定古冶铁炉遗址调查简报」,『文物』1985년 제12기.

(義烏) 쌍림사(雙林寺)의 큰 철탑과 작은 철탑은 모두 무쇠를 사용해 만든 것인데, 두공(枓栱)과 꽃 문양의 섬세함과 형태의 거대함에서 높은 기술수준을 엿볼 수 있다.

송원 시기 야철업의 발전은 변방지역 야철업의 발전과 철기의 광범위한 사용에서도 알 수 있다. 요금(遼金)지역에서 대량으로 발견된 철광과 야철 유적지는 동북지역의 개발을 보여주는 것으로 야철업의 발전과 불가분의 관계에 있다. 요 태조인 야율아보기 때 발해에서 이미 야철이 시작되었다. 요양(遼陽)의 수산(首山)에서 발견된 요대 철광갱과 안산(鞍山)에서 발견된 제철 유적은 거의 옛 발해를 계승한 것들이다.[13] 수산의 광갱은 깊이가 60피트에 달하며 이를 통해 당시 채굴이 융성하였음을 알 수 있다. 또한 요대 초기의 유적지와 노합하(老哈河) 유역의 사람과 말이 같이 묻힌 무덤에서 삽과 철 화살촉이 발견되었다. 초기 거란 귀족의 큰 무덤에서도 함께 묻어둔 철제 무기, 마구(馬具) 및 일상 용기들이 대량으로 발견되었다. 적봉(赤峰) 대영자(大營子) 요(遼) 부마(駙馬)묘에서 대량의 철제 병기뿐 아니라 감은철마구(嵌銀鐵馬具)와 착금은철모(錯金銀鐵矛) 등의 철제 공예품이 출토되었다.[14] 이들 철제품으로 보건대 거란의 철 세공기술은 같은 시기 중원지역과 비교해도 뒤지지 않았다. 초기의 중형묘(中型廟)에서도 적지 않은 철기(鐵器)가 부장품으로 있었다는 것은 이 시기 철기가 여전히 귀중품에 속했다는 것을 말해 준다. 중기 이후가 되면 진국(陳國) 공주묘에서는 더 이상 대량의 철기가 부장품으로 발견되지 않고[15] 소형 묘에서 철제 일용품과 무기가 출토된다는 사실은 철기가 이미 충분히 보급되어 일상생활에서도 많이 사용되었음을 알려 준다.[16] 요대 말기 발견된 평

....

13) 郑绍宗, 「辽代矿冶发展简论」, 『内蒙古社会科学』 1988년 제5기.

14) 前热河省博物馆筹备组, 「赤峰县大营子辽墓发掘报告」, 『考古学报』 1956년 제3기.

15) 内蒙古自治区文物考古研究所 等, 「辽陈国公主墓」, 文物出版社 1993년판.

16) 内蒙古自治区文物工作队, 「辽中京西城外的古墓葬」, 『文物』 1961년 제9기. 金永田, 「辽上京城址附近佛寺遗址和火葬墓」, 『内蒙古文物考古』 1984년 제3기.

민용 부장품 중 철기가 차지하는 비율이 절반 이상이라는 것은 철공구가 널리 사용되었음을 말해 주기에 충분하다. 철기 제조에 있어 거란 공장(工匠)은 사냥에 적합한 다양한 종류의 철화살촉과 명적(鳴鏑)을 만들어냈다. 철화살촉에는 삼릉(三稜), 계엽(桂葉), 산형(鏟形), 쌍첨(雙尖), 사두(蛇頭) 등의 모양이 있었고, 명적에는 첨두(尖頭), 방두(方頭), 삼릉(三稜) 등의 양식이 있었다. 거란 장인들은 또한 유목생활에 필요한 일용품도 많이 생산하였는데 철로(鐵爐), 철통(鐵桶), 크고 작은 삽, 술을 데우는 목이 긴 병[注子], 젓가락의 일종인 화협(火夾) 등이 그것이다.[17] 요나라의 철기공예는 수준이 매우 높아서 중원사람들조차 감탄할 정도였다. 송나라 사람의 기록 중에서 거란의 단철을 칭찬한 것이 매우 많다. 송나라 태평노인(太平老人)의 『수중금(袖中錦)』품제 중 '천하제일'의 물건을 말하고 있는데 그중에는 거란의 단철도 있다.

금대의 철광은 상경(上京) 근처의 아성소령(阿城小嶺) 지역에서 대량으로 발견되었다. 1960년대 흑룡강성(黑龍江省) 박물관이 아습하(阿什河) 유역에서 조사를 실시하였는데 오도령(五道嶺)을 중심으로 한 지역에서 50여 곳의 철광 및 야철 유적지가 발견되었다. 오도령에서 발견된 철광 유적지에는 광갱이 10여 개 있었는데 가장 깊은 것은 40여 m에 달했다. 광갱에는 계단이 있어서 바닥까지 통해 있었고 다시 여러 개의 채굴 막장으로 나뉘어졌다. 발굴된 막장 한 곳은 타원형으로 면적은 28m², 깊이 5m였다. 갱 벽에는 끌에 긁힌 자국과 많은 썩은 나무들이 보였고 갱저(坑底)에는 버려진 철광석과 자갈 조각들이 가득했다. 분석 결과에 따르면, 당시에는 주로 적철광(赤鐵鑛)과 자철광(磁鐵鑛)이었다. 연구 결과 이들 광갱에서 찾아낸 광석은 40~50만 톤 정도이다. 철광의 동, 서, 남 3면의 산비탈과 높은 언덕에 많은 야철 유적이 산재되어 있다. 발굴된 제철용광로 한 곳을 살펴보자면, 황토에 수직으로 구멍을 파고 내부를 화강석(花崗石)으로 채

....

17) 田淑华, 石砚枢, 「從考古资料看承德地区的辽代矿冶业」, 『文物春秋』1994년 제1기.

위 방형(方形)의 연소실을 만들었으며 가장 안쪽에는 내화 진흙을 발랐다. 길이는 1.1m, 폭은 0.75m였다. 부근에서 발견된 대량의 해면(海綿) 상태의 철가루와 철괴 및 대량의 목탄으로 이 지역에 목재가 풍부했으며 목탄을 연료로 야철을 했음을 알 수 있다.[18] 이곳은 오동령을 중심으로 하는 대형 광물 채집 및 야(冶: 광석에서 여러 방법을 동원하여 필요한 금속을 뽑아내는 것 – 역주) 기지로 광갱과 철가루만 발견되고 주기(鑄器)와 완성품은 발견되지 않았다. 이는 이곳의 야(冶)와 주(鑄: 금속을 녹여 틀에 넣어 기물을 만드는 것 – 역주) 공정이 이미 분리되어 있음을 보여준다.

각지에서 발견된 철광과 야주(冶鑄) 유적을 통해 보면 송대 야철업은 다음과 같이 정리할 수 있다. ① 야주의 규모가 확대되었다. 철 생산량이나 야철의 생산지역을 막론하고 모두 확대 및 발전하였다. ② 야주기술에서 큰 진보가 이루어졌다. 초강(炒鋼) 기술이 성숙되었고 관강(灌鋼)기술이 출현하였다는 사실에서 이를 알 수 있다. 문헌기록을 보면 북송 중기부터 석탄을 연료로 하는 기술이 이미 각지에 널리 응용되고 있었다는 것을 알 수 있다. ③ 생산에 있어서 분업이 더욱 세분화되었고 야주 분업의 생산구조가 형성되었다. ④ 철기생산의 전문화가 이루어졌다. ⑤ 높은 수준의 철 공예품이 나타났다.

2) 야동업(冶銅業)의 성쇠

송대 동 주조업도 이전 왕조에 비해 크게 발전하였다. 송대에 동광의 채굴과 제련에 커다란 발전이 있었는데, 예를 들어 원풍(元豊) 원년(元年) 동광의 세금 수입이 1,460만 5,969근(斤, 중국의 1근은 500g – 역주)에 달했다. 이 수치는 당 헌종(憲宗) 원화(元和) 원년의 26만 6,000근의 5배이고, 송 태종(太宗) 지도(至道) 말년(末年)의 412만 2,000근의 354.34%에 해당하여,[19]

....

18) 黑龙江省博物馆,「黑龙江阿城县小岭地区金代冶铁遗址」,『考古』1965년 제3기.

19) 『宋会要辑稿』食货33 7-18,『文献通考·征榷考五』,『宋史』권184「食货志七」"阬冶" 条를 토대로 통계.

최고치에 달한 것이다. 기술 면에서는 담동법(膽銅法)을 사용하였다. 담동법은 당시로서는 최신 기술로서 야동업 기술과 관련한 중요한 발전이었다. 담동법에 관해 가장 먼저 기록한 문헌은 『태평환우기(太平寰宇記)』이다. 담수(膽水)는 황산구리[고대에는 석록(石碌) 혹은 담반(膽礬)이라고 칭함] 용액인데, 철 조각을 용액에 넣은 후 반응을 일으켜 철분이 구리를 바꿔 철을 함유한 유화물(硫化物)이 되면 동(銅)이 분리되어 나온다. 『송사(宋史)』180 권 『식화지2(食貨志2)』 '화폐' 항목에 "침동법: 무쇠를 얇은 조각으로 만들어 담수용기에 넣어 며칠을 담갔다가 철 조각이 담수에 의해 얇아지고 위에 적매가 생기면 철매를 긁어모아 화로에 넣어 세 번 제련하면 동이 된다. 대략적인 배율은 철 2근 4량을 사용하면 동 1근을 얻을 수 있다. 요주의 흥리장과 신주의 연산장에 각기 세액이 있어 소위 담동이라 한다(浸銅之法: 以生鐵鍛成薄片, 排置膽水槽中浸漬數日, 鐵片爲膽水所薄, 上生赤煤, 取刮鐵煤入爐, 三煉成銅. 大率用鐵二斤四兩, 得銅一斤, 饒州興利場, 信州鉛山場各有歲額, 所謂膽銅也)"[20]고 기록되어 있다. 이 밖에 담토임동법(膽土淋銅法)도 있다.[21] 송대 가장 중요한 야동(冶銅) 생산지였던 소주(韶州)의 영산장(岑山場), 담주(潭州) 유양현(瀏陽縣)의 영흥장(永興場), 요주(饒州)의 흥리장(興利場)과 신주(信州) 연산장(鉛山場)에서 모두 담동법을 사용하였다. 담동법은 송대 야동(冶銅) 발전에 매우 중요한 역할을 하였다.

고고학적으로 발견된 동광 유적은 많지 않다. 하남 진평현(鎭平縣)의 추수만(楸樹灣)은 채굴과 야금시설이 함께 있는 유적으로 30여 개 채동광(采銅鑛) 광갱이 발견되었으며 주로 채굴된 것은 반암형(斑巖型)과 석잡암형(矽卡巖型) 동광이다. 채광구에서 몇십 미터 거리에 있는 지역은 야련구(冶煉區)인데 야련노(冶煉爐)가 발견되어 괴광용연법(塊鑛熔煉法)을 사

....

20) 『宋史』 권180 「食货志二」 "钱币" 条, 中华书局标点本, p. 4394.
21) (宋) 周辉撰, 劉永翔가 교정한 『淸波杂志校注』 권12, "胆水胆土" 条 "凡古坑, 有水处曰胆水, 无水处曰胆土. 胆水浸铜, 工省利多; 胆土煎铜, 工费利薄, 水有尽, 土无穷. 今上林三官, 提封九路, 检踏无遗, 胆水, 胆土, 其亦兼收其利." 中华书局 1994년판, pp. 502-503 참조.

용해 동을 제련했음을 알 수 있다. 이 유적은 전국 말기에서 서한 시기부터 연동(煉銅)을 시작하였고 송원 시기까지 줄곧 계속해서 이용되었다.[22] 1987년 안휘의 동릉(銅陵) 동광 유적에 대한 조사에서 채광 유적 9곳, 야동 유적 20곳이 발견되었는데, 선진(先秦)에서 송대에 해당하는 시기의 유적이었다. 한대(漢代)에서 송대에 이르는 채광용 나무삽도 발견되었다.[23] 이 두 동광 유적을 통해 많은 오래된 동광구(銅鑛區)가 송대에 이미 고갈되었고 야동업의 발전은 주로 새로운 광구와 새로운 제련방법에 의존해서 이루어졌음을 알 수 있다. 하남 난천(欒川)에서 발견된 동, 납, 아연이 함께 생산된 유적에서도 대체로 이러한 모습이 나타난다.[24]

동 주조 공예의 기술 수준을 반영하는 대표적인 것은 하북 정정(正定)의 융흥사(隆興寺)에 있는 북송 보살상(菩薩像)으로 높이가 23m이며, 영락(瓔珞)과 의문(依紋)이 정교하게 주조되어 있다. 이 밖에 송대에는 상주(商周)의 청동예기와 악기 등을 대량으로 모방해 만들기 시작하였으며 모두가 매우 아름다웠다. 또한 종종 재창작되기도 하였다. 송대는 화폐 주조가 가장 많았던 시기로 연호전(年號錢)이 유행해서 연호가 바뀌면 반드시 새로운 화폐를 주조하였다. 또한 모양은 같으나 글자체가 다른 대전(對錢)도 유행하였다. 송대에는 거울 주조업(鑄鏡業)도 아주 발달해 전대의 동경화문(銅鏡花紋)이라는 정형화된 도안에서 벗어나 전지화초(纏枝花草), 쌍어(雙魚), 쌍봉(雙鳳), 봉천모단(鳳穿牡丹) 등의 도안이 나타났다. 이는 자수업(絲綉業)의 영향을 받은 것이다. 남송에서 발견된 대량의 무늬가 없는 거울[素面鏡]은 손잡이가 작고 가장자리가 좁은 것이 특징인데 뒷면에는 생산지, 제작자, 무게 및 가격을 새겨 넣었다. 명문(銘文)에 따르면 절강 호주(湖州), 사천 성도(成都)와 강서 요주(饒州)가 민간 거울 주조의 3대 중심이었음을 알 수 있다.

....

22) 河南省文物考古研究所 等,「河南省镇平县楸树湾古铜矿冶遗址的调查」,『华夏考古』2001년 제2기.
23) 安徽省文物考古研究所 等,「安徽铜陵市古代铜矿遗址调查」,『考古』1993년 제6기.
24) 李京华,「河南栾川江洞沟铜铅锌共生矿冶遗址调查」,『华夏考古』1994년 제4기.

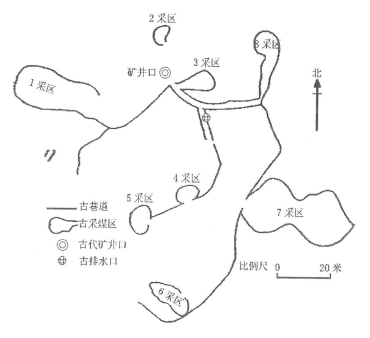

그림 40 송대 학벽(鶴壁) 석탄광산 지구 평면도

3) 석탄 채굴업의 발전과 흥성

송원 시기의 채광업 중에서 가장 두드러진 것이 석탄의 대량 채굴과 석탄 채굴기술의 발전이었다. 1960년 하남 학벽(鶴壁)에서 송대의 매광(煤鑛) 유적이 발견되었는데, 그중에는 정통(井筒) 1개, 비교적 큰 갱도 4개, 배수용 적수정(積水井) 1개, '채매구(采煤區)'(막장) 10곳과 제승(提昇), 조명, 석탄운반 등 생산도구와 많은 생활용구(그림 40)가 포함되어 있었다. 출토

도자기의 시대를 기준으로 하면, 이 유적은 북송 말기에 해당한다.[25] 이곳 매광을 통해 당시의 석탄 채굴방법과 채굴기술 수준을 알 수 있다.

① 정통(井筒) 위치 선택과 개착(開鑿): 정통은 원형의 수직 우물로 직경은 2.5m, 깊이 46m이다. 모든 유적은 매전(煤田)의 부매구(富煤區)에 위치하였다. 이것이 설명하는 바는 다음과 같다. 첫째, 위치선택이 합리적이었다는 점이다. 정통은 10개 채매구의 중간에서 약간 북쪽에 위치해 있는데 직접 석탄층 중간까지 뚫고 내려간다. 우물 밑 갱도의 아래위로 '모두 6m의 자연 석탄층'이 있었다는 것은 풍부한 매전에 관한 지질 지식을 가지고 있었다는 것과 광산을 선택하는 수준이 매우 높았음을 말해 준다. 둘째, 굴착기술이 높았다. 정통은 크고 깊어서 성공적인 굴착을 위한 도구가 매우 발달하였고, 우물 벽을 지탱하는 데도 적절한 조치를 취했음을 알 수 있다.

② 갱도의 배치: 이곳 매광에는 세 종류의 갱도가 있다. A. 주요 갱도로 천장 높이 2.1m, 폭 2m인 운송용 갱도였다. B. 각 석탄채굴 막장으로 통하는 갱도로 비교적 큰 규모의 것으로는 5개가 있으며, 보존되어 있는 갱도의 전체 길이는 500여 m에 달한다. C. 막장으로 통하는 갱도로 8개가 있다. 높이는 1m 남짓이며, 위가 좁고 아래가 넓으며 아래쪽의 폭은 1.4m이고 위쪽의 폭은 1m다. 이렇듯 사다리꼴 구조였기 때문에 갱도목(坑道木)으로 지탱할 필요가 없었다.

③ 석탄채굴 막장과 채굴방식: 10개 막장은 우물 입구 둘레에 분포하고 있으며, 우물 입구에서 가장 먼 것은 100m, 가장 가까운 것은 10m다. 각 막장 간에는 일정한 거리가 유지되어 있어서 배치가 합리적이며, 간격을 둔 것은 매주(煤柱)를 보존하여 천반(天盤)의 압력을 줄이고자 하는 의도였다. 이것은 아주 귀중한 경험이다. 막장은 좁고 긴 타원형, 호로병형과 병형(瓶形)이 많았다. 가장 큰 7호 막장은 동서의 깊이가 50m, 남북의 넓이가 30m다. 매주를 남겨두고 천반을 완전히 갖추었기 때문에 천년 가까

....

25) 河南省文化局文物工作队, 「河南鶴壁市古煤矿遺址调查简报」, 『考古』 1960년 제3기.

운 동안 무너지지 않았다. 천반에는 목호(木護)를 쓰지 않고 방주법(房柱法) 채굴을 하는데, 안쪽을 먼저 하고 바깥쪽을 나중에 해 점차 물러났다. 막장 안쪽은 가까운 데서 멀리 나아가는 '모락법(冒落法)'이었고 공간에는 돌덩이가 쌓여 있었다. 한 곳을 뚫은 후에 안으로 양쪽에서 굴착하여 포대 모양의 막장을 만들었다. 석탄을 쌓는 중에 이미 개착법을 사용할 수 있었다.

④ 조명: 고정식 조명법을 사용하였다. 갱도 양쪽 벽에 많은 타원과 직사각형에 가까운 등감(燈龕)을 뚫어 등불을 달았다. 모든 광산에는 100여 개의 등이 있었고, 자기 그릇과 접시를 사용해 등불을 켰다. 갱도에는 여전히 기름을 담는 경병(經瓶)과 큰 항아리가 발견되었는데 수시로 기름을 채울 수 있었다(큰 항아리의 역할은 아마도 물을 담아두는 것이었다). 등감의 배치는 합리적이어서 갱도 양쪽 벽과 통로가 교차하는 곳에 분포되어 있었다. 매벽(煤壁)에 등감을 설치한 것은 중국 매광에서 처음 발견되었다.

⑤ 운반: 위쪽으로의 운반과 배수를 위한 것으로 보이는 많은 광주리와 멜대 및 한 대의 도르래가 발견되었다. 채굴한 석탄을 먼저 정통 입구로 보내고 도르래를 이용해서 위로 올렸을 것으로 추측된다. 정통의 동남쪽 20m 지점에는 배수정(排水井)이 있는데 원형에 가깝고 직경은 1m, 깊이는 5m이다. 이것은 집중배수법(集中排水法)으로 먼저 물을 지대가 낮은 곳에 있는 적수정(積水井)으로 흘려보낸 다음 도르래를 이용해서 밖으로 끌어올린다.

⑥ 생산관리: 석탄을 연구하는 학자들은 이 매광에서 채굴하고 운반하는 보조인원이 약 100명에서 150명이 필요할 것으로 추정한다.[26] 이런 규모의 광산에는 성숙한 기술관리 경험과 방법이 필요하였을 것이다. 조사 중 상하 한 벌로 된 그릇과 벼루가 발견되었는데 우물 밑의 측량, 장부기록, 공용(工用)을 기록하기 위한 듯하다. 우물 아래와 관련된 기록이 더욱

....

26) 赵承泽,「笔谈我国古代科学技术成就-谈谈我国用煤的历史」,『文物』1978년 제1기.

정확할 것이다. 광산에서는 대형 벽감(壁龕)도 발견되었는데, 아마도 노동자들의 휴게실이었을 것으로 생각되며 상응하는 통풍대책도 있었을 것으로 추측된다.

하남 우현(禹縣) 신후진(神垕鎭)에서 동쪽으로 2km 떨어진 봉시산(鳳翅山) 북쪽 비탈에서도 옛 매광 유적이 발견되었는데, 범위가 동서 길이 300m, 남북 폭 200m였다. 광정(鑛井) 입구 11곳이 발견되었는데, 현대 매광의 갱도가 옛 갱도와 만나게 되었다. 발견된 고대 갱도에는 버팀목이 있었는데 여전히 튼튼했다. 또 작은 대나무 바구니도 발견되었는데 아마도 석탄을 운반하거나 식사를 나르는 데 사용한 것 같다. 갱도 내에서는 연대를 구분할 만한 물건이 출토되지 않았다. 하지만 광산 입구 동쪽의 생활구에서 출토된 유물로 보아 금대(金代)라는 것을 알 수 있었다.[27] 광산의 연대가 여전히 명확하지는 않지만, 적어도 금대 채굴 기술에도 큰 발전이 있었으며 갱도 내에서 버팀목을 사용하였고 업무 조건과 안전 조건을 개선했다는 것은 알 수 있다.

송나라 사람인 장계유(莊季裕)가 쓴 『계륵편(鷄肋編)』의 기록에 따르면, "옛날 개봉(開封)에는 수백만 가구가 살았는데 모두가 석탄을 사용했고 땔감을 쓰는 사람은 없었다(昔汴都數百萬家, 盡仰石炭, 無一家然薪者)"고 한다.[28] 고대 자기 가마의 발굴을 통해 보면, 북송 말기 북방지역에서는 석탄을 도자기 제조업에 사용하는 것이 일반적이었다. 이를 통해 당시 석탄이 산업 생산과 일상생활에 함께 사용되어 수요량이 매우 많았음을 알 수 있다. 바로 이러한 매광 하나하나가 막대한 석탄 수요를 감당하고 있었던 것이다.

....

27) 安廷瑞,「河南禹县神垕镇北宋煤矿遗址的发现」,『考古』1989년 제8기.
28) (宋) 庄绰,『鸡肋編』券中, 中华书局标点本 1983년판.

2. 선박으로 아라비아에 가다: 송원 시기 조선업과 해운의 발전

송대에는 조선업이 크게 발전하였다. 송나라 이후 연강(沿江), 연해(沿海)의 4대 선형(船形)이 형성되었으니, 즉 사선(沙船), 오선(烏船), 복선(福船) 및 광선(廣船)이다. 원대에는 해상운송이나 내륙운반을 막론하고 큰 발전이 이루어져서 수공업발달 지역에 변화를 가져왔다. 예컨대, 원대 경덕진이 전국 도자기 제조업의 중심이 되었다. 도자기 제조업의 중심은 더 이상 정치 중심의 이동에 따라 움직이지 않았으며, 운송의 발달과 직접적인 관련이 있었다. 남방의 저렴한 제조 비용과 아름다운 유색(釉色) 및 조형은 장거리 운송의 불편을 상쇄하기에 충분하였다. 물론 해운(海運)과 조운(漕運)의 적재량과 운송능력이 충분하다는 것이 전제조건이었다. 또한 해상무역도 이 시기에 절정에 달했다. 『인도중국견문록』의 기록에 의하면, 당시 남양(南洋)을 항행하던 배들은 거의 모두 중국에서 만들어진 것들이었다. 명 초기 정화(鄭和)가 서양으로 갈 때 사용한 보선(寶船)은 곧 송대 조선업 발전의 토대 위에서 건조된 것이다.

송원 시기에는 중국의 내수해운이 발달하고 해외무역도 번영하였다. 20세기 후반에 옛 수로의 준설로 옛날 항구와 수로에 가라앉아 있던 배들이 발견되었고 부두 유적들도 모습을 드러내게 되었다. 1980년대 말기 중국 수중고고학이 성립되고 업무가 확대됨에 따라 송원 시기 침선(沈船)의 고고학 발굴도 점차 확대되어 강, 호수, 해저의 침선 유적을 탐색하기 시작하였다. 고고학 발굴과 조사를 통해 침선 유적과 관련된 깊이 있는 연구가 가능해졌다.

1) 고대 침선의 발견

현재 고고학적으로 발견된 고대 침선은 평저사선(平底沙船)이 많다. 평저 사선이란 말은 『송사(宋史)·병지(兵志)』 중 "전함에는 유해추, 수초마, 쌍차, 득승, 십도, 대비, 기첩, 방사, 평저, 수비라는 이름이 있다(其戰艦則有

海鰍, 水哨馬, 雙車, 得勝, 十棹, 大飛, 旗捷, 防沙, 平底, 水飛馬之名)"라는 데서 보인다.[29] 이 배들은 내수 항행과 근해 조운에 적합하다.

1960년 강소(江蘇) 양주(揚州)의 시교(施橋) 준설공정 중에 대목선(大木船)과 독목주(獨木舟) 각 한 척이 발견되었다. 목판선(木板船)의 남아 있는 길이는 18.4m, 중간 폭 4.3m, 아래 폭 2.4m, 깊이 1.3m, 선판(船板)의 두께는 0.13m였다. 배에는 5개의 큰 선실이 있었고 바닥은 평평했으며 선체는 순묘(榫卯)와 철못을 병용해 맞물려서 건조하였다. 독목주의 뱃머리는 목판선에 바짝 붙어 있었고, 작은 배가 딸려 있었다. 사용 시기는 송대로 장강과 운하 사이를 왕래하는 운송선이었다. 1978년 상해 봉빈(封浜) 양만(楊灣)에서 한 척의 침선이 발견되었는데, 길이가 6.23m였고, 선실이 많은 구조였으나 7개 선실만이 남아 있었으며, 바닥은 평평했다. 이 배는 오송강(吳淞江)의 옛 수로에 가라앉아 있었다. 오송강 남안에서는 일찍이 고선(古船)의 뱃머리가 발견된 적이 있었다. 아무튼 발견된 배에서는 황유(黃釉) 자기그릇이 발견되었는데 정요(定窯)를 본떠 여러 번 구운 듯하고 얇은 바탕이 특징으로 남송의 풍격을 가지고 있었다. 따라서 남송 시기의 침선으로 추측된다.[30][31] 남회(南滙) 대치하(大治河)의 송대 침선은 1978년 상해 남회현 대치하 발굴 중에 발견되었다. 이 배는 보존상태가 비교적 양호했고, 길이 16.2m, 폭 3.86m, 선실은 9개, 돛대는 1개, 바닥은 평평한 근해 운송선이었다.[32] 1978년 6월 천진(天津) 정해(靜海) 원몽구촌(元蒙口村)에서 송대 선박이 발견되었다. 이 배는 고물과 이물이 가지런하고[齊頭齊尾] 바닥이 평평했다. 길이는 14.62m, 배 입구의 머리 부분은 폭이 2.56m, 꼬리 부분은 폭이 3.35m, 최대 폭은 4.05m였다. 선미에는 방향타가 있었

....

29) (元) 脱脱 等이 저술한『宋史』권187「兵志一」, 中华书局标点本, p. 4583.
30) 江苏省文物工作队,「扬州施桥发现了古代木船」,『文物』1961년 제6기.
31) 倪文俊,「嘉定封浜宋船发掘简报」,『文物』1979년 제12기.
32) 李曙行,「上海南汇县大治河古船发掘简报」,『上海博物馆集刊』제4기(건축 35주년 특집), 上海古籍出版社 1987년판.

고 길이는 3.9m였다. 배의 구조는 비교적 간단해서 철못과 순묘를 결합해서 만들었다. 선체는 주로 24개의 횡량(橫梁)이 지탱하고 있었으며 분리된 선실은 없었고 횡량, 선현(船舷), 저판(底板), 미판(尾板), 선륵(船肋), 방향타, 선정(船釘)과 친목(襯木) 등이 남아 있었다. 정해에서 멀지 않은 륜주(淪州) 황하(黃河)의 범람기록과 선내 유물을 통해 목선은 정화(政和) 7년(1117년) 황하가 범람했을 때 수로의 꺾어지는 곳에서 황하의 물이 넘쳐 흘러들어 침몰했다고 추정된다.[33] 1976년 하북 자현(磁縣) 남개하(南開河) 촌청리(村清理)에서 6척의 목선이 나왔다. 침선의 분포는 비교적 집중되어 있었고 3척은 이미 전복되어 있었다. 배는 선실이 나뉘어져 있었고 길이는 약 10m 정도였다. 1호와 5호선은 총 길이가 16m가 넘었다. 4호선의 선미에 "창덕분성양선(彰德分省糧船)"이라는 명문(銘文)이 새겨져 있어서 곡물을 수송하던 배임을 알 수 있다. 창덕분성은 원말에 세워졌기 때문에 이 배들의 연대는 원대 말기로 단정 지을 수 있다. 선내에서 출토된 유물 중에는 자기, 철기, 동전, 도기, 목기, 석기 등이 있다. 생활용 자기가 가장 많아 383점에 달하고 주로 자주요의 제품이며, 경덕진요와 용천요의 제품도 조금 있었다. 자주요 자기의 수가 많고 형태가 집중되어 있어서 이 지역 자기의 외부 운반 루트와 소비상황을 연구하는 데 매우 중요한 자료이다.[34] 1988년 북경성 동남쪽의 방장(方莊) 주택지 현장에서 원대 침선이 발견되었다.[35] 총 길이 14.6m, 선수 폭 3.9m, 선미 폭 4.7m였고 바닥은 평평했으며 앞뒤는 사각형으로 내수 조운선에 속한다. 선체는 긴 목판을 맞붙여서 만들었고 선판(船板)의 연결에는 모두 순묘 구조를 사용했다. 이 배는 원대에 채굴된 금구(金口) 신하(新河) 수로의 충적토 속에 있었던 것으로 밝혀졌다.

....

33) 天津市文物管理処, 「天津静海元蒙口宋船的发掘」, 『文物』 1983년 제7기.
34) 磁县文化馆, 「河北磁县南开河村元代木船发掘简报」, 『考古』 1978년 제6기.
35) 孙玲, 「北京首次发现元代木船」, 『中国文物报』 1988년 12월 2일 2판. 王有泉, 「北京地区首次发现古船」, 『北京考古信息』 1989년 제2기.

첨저해선(尖底海船)의 발견은 주목을 받았다. 이러한 배는 바닥이 뾰족하고 선체가 비교적 커서 해상운송에 적합해 원양 상선과 군용 전함에 많이 사용되었기 때문이다.

천주(泉州) 후저(後渚) 송대 상선은 복건 천주만 후저항에서 발견되어 1974년에 발굴이 진행되었다.[36] 이 배는 "아래가 칼날과 같은(下側如刃)" 첨저형 해선으로 머리는 뾰족하고 꼬리는 사각형에 선체는 평평하고 넓었다. 선체 길이는 24.2m, 폭은 9.15m였고 평면은 평평하고 넓었으며 타원형에 가까웠고 바닥은 뾰족했다. 선내를 12개의 벽으로 막아 선실은 13개였다. 용골(龍骨), 선각(船殼), 선실, 격판(隔板), 수밀(水密), 늑골(肋骨), 돛대, 방향타 등이 남아 있었다. 선실 내에서 다양한 유물들이 출토되었는데 향료, 약물, 목화패첨(木貨牌簽), 동기(銅器), 철기, 도기, 자기, 철전, 대나무·등나무·종려나무·마 편직물, 금속공구, 문화용품, 장식품, 피혁제품, 과일씨, 조개껍데기, 동물뼈 등 총 14종 69개 남짓 남아 있었다. 이 배는 남송 말기에 사용되었던 것으로 추정된다. 학자들도 원나라 초에 가라앉았을 것으로 추정하고 있다.[37] 1978~79년 영파(寧波) 동문구(東門口)에서 외해선(外海船) 한 척이 출토되었다. 이 배는 머리와 바닥이 뾰족하고 꼬리는 네모난 돛대가 3개인 외해선이며, 길이는 9.3m, 높이는 1.14m(그림 41)였다. 이 배는 동문구의 부두 유적지 송대 지층에서 출토되었다. 독특한 호륵(護肋)과 각판(殼板), 최신의 삭사접(削斜接)과 자모구접법(子母口接法), 합리적인 용골접두(龍骨接頭) 위치가 송대 명주(明州)의 뛰어난 조선기술의 수준을 보여준다.[38] 1982년 천주(泉州) 법석(法石)에서 정리되어 나온 송대 침선[39]은 후저의 해선과 유사하며, 네모난 용골의 첨저조형에 속하는 단층 바닥 구조

....

36) 「泉州湾宋代海船发掘简报」, 『文物』 1975년 제10기. 福建省泉州海外交通史博物館 編, 『泉州湾宋代海船发掘与研究』, 海洋出版社 1987년판.

37) 辛土成, 「泉州后渚沉船的年代」, 『东南考古研究』 제1집, 厦门大学出版社 1996년판.

38) 林士民, 「宁波东门口码头遗址发掘报告」, 『浙江省文物考古所学刊』, 文物出版社 1981년판.

39) 中国科学院自然科学史研究所, 福建省泉州海外交通史博物館聯合试掘组, 「泉州法石古船试掘简报和初步探讨」, 『自然科学史研究』 1983년 2권 2기.

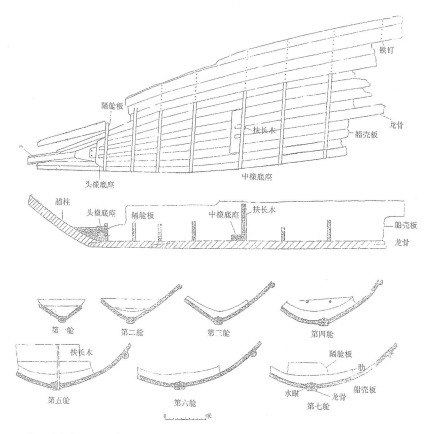

그림 41 영파(寧波) 동문(東門) 밖 출토 해선(海船) 평면도 및 부면도

이다. 남송 때 진강(晋江) 자조요(磁竈窯)에서 만든 소구병(小口瓶)과 천주 획화청자(劃花靑瓷)가 출토되어 침선의 연대를 파악하는 데 명확한 근거가 되었다. 1984년 산동 봉래(蓬萊) 수성(水城) 준설공사 중에 원대 침선이 발견되었다.[40] 이 배는 길이가 28.6m, 폭이 5.6m, 깊이가 0.9m로 바닥이 뾰족했으며 용골의 길이는 22.64m²였다. 선내에서 출토된 자기 고족배(高足杯)로 보건대 원대의 해선에 속한다. 출토된 몇 가지 군사용 용기와 배의 형태로 보아 전선(戰船)에 속하는 것으로 생각된다.

....

40) 烟台市文管会, 蓬萊县文化局, 『蓬萊古船与登州古港』, 大连海运学院出版社 1989년판.

2) 관련 유적의 발견

침선의 발견 외에도 명주[明州, 지금의 영파(寧波)],[41] 천주, 상해[42] 등 부두 유적을 발굴 정리하였다. 그중에서도 영파 동문구 송대 부두 유적,[43] 회북(淮北) 유자(柳孜)에서 발견된 송대 운하 부두[44]와 천주 문흥(文興), 미산(美山)의 송원 시기 부두 유적[45]이 대표적이다.

영파 동문구 송대 부두 유적은 발굴 지역 내에 3개의 해운 부두가 나왔으며, 서쪽에서 동쪽으로 나열되어 있었고 시기는 동쪽으로 갈수록 늦었다. 부두 옆 수면에는 줄줄이 송목장(松木樁), 상포목판(上鋪木板) 또는 돌덩이, 돌멩이가 늘어서 있었다. 부두는 깨진 벽돌과 기와, 돌조각, 나무 등을 사용해 더욱 튼튼하게 하였다. 부근에서는 돌을 깐 길과 벽돌로 덮은 길도 발견되었다. 1호 부두의 북서쪽에서는 수선(修船) 공장이 발견되었다. 회북 유자의 수당 시기 대운하 근처에서 석조 건축이 발견되었다. 규격이 다른 돌을 사용했으며 한나라 무덤의 화상석(畫像石) 건축물을 포함하고 있었다, 동서 길이는 14.3m, 남북 폭은 9m, 북쪽의 높이는 5.05m로 수로의 방향을 따라서 남쪽 제방에 건축되었다. 건축방법은 먼저 둑에 토굴을 뚫고 그 다음 석구(石構)를 짓는다, 이는 화물운송 부두 혹은 교각이었을 것으로 생각되며 시대는 당(唐) 말에서 북송 시기에 해당할 듯하다. 이 운하 부분에서는 송대 자기도 대량으로 출토되었다. 송대에는 대운하가 변경(汴京)과 남방을 잇는 교통로여서 조운이 발달하였다. 이 운하의 발굴로 실물 자료를 얻을 수 있었다. 천주의 문흥, 미산 부두는 진강(晋江)이 바다로 흘러 들어가는 입구의 북쪽 언덕에 위치하고 있었는데 둘 사이의 거리는 약 1km 정도였다. 문흥의 옛 나루터를 정리할 때 도선장(渡船場)이 발

....

41) 林士民, 杨陆建, 「宁波发现宋元时期码头遗迹」, 『中国文物报』 1986년 2월 21일 2판.
42) 上海博物馆考古研究部, 「上海青浦区塘郁元明时期码头遗址」, 『考古』 2002년 제10기.
43) 『宁波东门口码头遗址发掘报告』, 주 38 참고.
44) 安徽省文物考古研究所 等, 『淮北柳孜』, 科学出版社 2002년판.
45) 福建省文物管理委员会考古队 等, 「泉州文兴, 美山古码头发掘报告」, 『福建文博』 2003년 제2기.

견되었다. 강안(江岸)의 위에서 아래로 강 중간까지 뻗어 있었다. 화강암 연석과 석재로 만든 사파식(斜坡式) 거룻배 길과 석재 배수구도 나왔으며, 송원에서 명청 시기의 도자기 파편도 나왔다. 미산 부두에서는 앞서 말한 석재 돈대(墩臺), 사파식 석재 거룻배 노반(路盤), 돈대와 강안을 연결하는 석재 하제식(河堤式) 도로, 석재 건축토대 등의 유적이 나왔다. 두 부두의 최초 건설 시기는 송원보다 늦지 않으며 명청 시기까지 이용되었다.

이 밖에 송원 시기 해운과 관계 있는 유적은 옛 수로나 항구 부근에서 발견된 옛 수로, 닻 등이며 주로 양주(楊州) 모방(毛紡) 창남(廠南)의 송에 서 원대의 조하조운(漕河漕運) 유적,[46] 천주 법석(法石)의 정석(碇石),[47] 송 원 시기 목정(木碇),[48] 인대(烟臺) 공동도(崆峒島)의 원대 석묘(石錨),[49] 상 해 남회(南彙)의 원대 철묘(鐵錨)[50]와 천주항 등 해외교통과 관련 있는 사 적[51] 등이다.

3) 수중고고학의 탄생과 성과

수중고고학은 해저유물의 계속적인 발견에 따라 생겨났다. 20세기 후기 고고학 연구의 대상은 현대 잠수기술 덕분에 점차 수중 유물까지 확대되 었으며, 고대 해상문명의 탐색에 새로운 길을 열어 주었다.[52] 1980년대 말 중국은 수중고고학 발굴을 위한 계획을 세우고 수중고고학의 길을 열었 다.[53] 침선에 대한 고고학 연구는 관련 기술을 이용하여 지하에서 물 아래

....

46) 扬州博物馆,「江苏扬州市毛纺织厂古漕河遗址调查」,『考古』1992년 제1기.

47) 陈鹏, 杨钦章,「泉州法石乡发现宋元碇石」,『自然科学史研究』2권 2기, 1983년.

48) 郭雍,「泉州湾打捞到两具古代大船锚」,『文物』1986년 제2기.

49) 王锡平,「山东烟台市崆峒岛海域发现石锚」,『考古』1986년 제2기.

50) 王正书,「上海南汇海滨出土铁锚」,『文物』1981년 제6기.

51) 庄为玑,「宋元明泉州港的中外交通史迹」,『厦门大学学报』(社会科学版) 1956년 제1기. 庄为 玑,「谈最近发现的泉州中外交通的史迹」,『考古通讯』1956년 제3기. 庄为玑,「续谈泉州港新 发现的中外交通史迹」,『考古通讯』1958년 제8기.

52) (日) 小江庆雄 著, 王军 译, 信立祥校,『水下考古学入门』, 文物出版社 1996년판.

53) 张威, 李滨,「中国水下考古大事记」,『福建文博』1997년 제2기(30).

로 옮겨갔다. 이것은 중국의 침선 고고학이 새로운 단계에 접어들어 많은 중대한 발견을 해냈다는 지표가 되었다.[54]

1990년 복건 정해(定海) 조사와 연강(連江) 정해(定海) 백초(白礁: 싱가포르해협과 남중국해의 경계에 있는 아주 작은 섬)의 송원 시기 침선에 대한 조사 및 발굴을 실시했으며, 이 덕분에 중국 제1대 수중고고학 전문 인력이 길러졌다. 1995년 재차 발굴을 했는데 백초1호 침선 유적이 발견되어 중국 수중침선 탐색의 서막을 열었다. 백초1호 침선은 암초에 바짝 기대어 있어 암초에 걸려 침몰한 것임을 알 수 있다. 흑유잔(黑釉盞)이 대표적인 유물인데 건요(建窯) 계통의 자기로 송원 시기에 해당한다.[55]

1991년 요령성(遼寧省) 수중현(綏中縣) 삼도강(三道崗) 해역에서 원대 침선이 발견되었다. 1992년에서 1997년 사이 5차례에 걸쳐 공식 조사 및 발굴이 진행되었다.[56] 선체는 이미 썩었지만, 침선에 있는 퇴적물의 내용물과 대형 침적물의 성분 분포가 침선 형태와 구조를 복원하는 데 중요한 실마리를 제공해 주었다. 출토된 유물은 주로 자기가 많았다. 총 수량은 599점에 달했고 백자, 백지흑화자(白地黑花瓷), 흑자, 취남유자(翠藍釉瓷) 등 전형적인 원대 자주요(磁州窯) 생산품이었다(그림 42). 침몰 위치로 보아 이 침선은 발해 서안의 항로를 오고 가는 국내 무역 상선이었다.

1987년 광동 대산(臺山) 해역에서 송원 시기 침선인 '남해(南海)1호'가 발견되었다. 1989년 이후로 진행된 조사와 발굴을 통해 대량의 자기와 도금기(鍍金器), 석기(錫器), 동기(銅器), 도기(陶器) 등이 출토되었다.

....

54) 兪伟超, 「十年来中国水下考古学的主要成果」, 『福建文博』 1997년 제2기(30).
55) Parl Clark(오스트레일리아 아델라이드대학 东南亚陶瓷研究센터) 「中国福建省定海地区沉船遗址的初步调查」, 『福建文物』 1990년 제1기(15). 중국·호주 공동 수중고고 전문인력 교육반 定海调查发掘队, 「中国福建連江定海1990年度调查, 试掘报告」, 『中国历史博物馆馆刊』 제18, 19기, 1992년. 중국·호주 공동 定海水下考古队, 「福建定海沉船遗址1995年度调查与发掘」, 『东南考古研究』 제2집, 厦门大学出版社 1999년판.
56) 张威가 주관한 『绥中三道岗元代沉船』, 科学出版社 2001년판.

그림 42 수중(綏中) 삼도강(三道崗) 침몰선 출토 자주요 백지흑화영희문(白地黑畵嬰戲紋) 대관(大罐)

이 중 도기가 제일 많았는데 주로 백자, 청백자, 청자 등이었다. 그중에서
도 덮개가 있는 분합(粉盒)이 제일 눈에 많이 띄었으며, 주로 복건의 덕화
요, 진강의 자조요(磁竈窯), 남안요(南安窯), 절강의 용천요 및 강서 경덕
진요 등에서 만든 것들이었다. 이들 자기와 출토된 송대 동전에 근거하여
남해1호 침선은 송원 시기 해상무역을 하던 화물선이라고 추정해 볼 수

있다.[57) 현재 발굴 및 정리 작업이 진행 중이다.

그 밖에, 신회(新會) 은주호(銀州湖)의 '애문해전(崖門海戰)'유적의 탐색은 원이 남송을 멸망시킨 대해전의 흔적을 보여줄 뿐만 아니라 중국 수중고고학이 시도하고 있는 과학적 연구의 유익한 시험무대가 되고 있다.[58) 서사군도(西沙群島)의 여러 침선의 조사,[59) 동남 해역의 탐사 등은 사람들이 송원 시기 해상무역을 이해하는 데 신뢰할 만한 실물 자료를 제공해 주고 있다.[60)

....

57) 张威,「南海沉船的发现与预备调查」,『福建文博』1997년 제2기(30). 任卫和,「广东台山宋元沉船文物简介」,『福建文博』2001년 제2기(40).

58) 『十年来中国水下考古学的主要成果』, 주 54 참고. 李白麟,「崖门奇迹−宋元崖海大决战揭秘」,『海内与海外』2000년 제5기.

59) 蒋迎春,「西沙群岛文物普查获丰硕成果」,『中国文物报』1996년 7월 14일 1판.

60) 栗建安,「福建水下考古工作回顾」,『福建文博』1997년 제2기(30). 崔勇,「广东水下考古回顾与展望」,『福建文物』1997년 제2기(30).

참고문헌

[역사문헌]

1. (宋) 薛居正『旧五代史』, 中华书局标点本 1976년판.
2. (元) 脱脱『宋史』, 中华书局标点本 1977년판.
3. (元) 脱脱『辽史』, 中华书局标点本 1974년판.
4. (元) 脱脱『金史』, 中华书局标点本 1975년판.
5. (宋) 宇文懋昭撰, 崔文印校证『大金国志校证』, 中华书局 1986년판.
6. (宋) 李焘『续资治通鉴长编』, 中华书局标点本 1979년판.
7. (清) 徐松辑『宋会要辑稿』, 中华书局影印本 1957년판.
8. (宋) 孟元老『东京梦华录』, 中国商业出版社标点本 1982년판
9. (宋) 吴自牧『梦梁录』, 浙江人民出版社 1980년판.
10. (宋) 叶隆礼『契丹国志』, 上海古籍出版社 1985년판.
11. (宋) 苏轼『东坡志林』, 文渊阁『四库全书』本.
12. (宋) 王洙等奉敕撰『图解校正地理新书』, 台湾集文书局影印金明昌三年钞本. 1985년판.
13. (宋) 周辉撰, 刘永翔 교정『清波杂志校注』, 中华书局 1957년판.
14. (宋) 沈括 着, 侯真平校点『梦溪笔谈』, 岳麓书社点校本 2002년판.
15. 『大元圣政国朝典章』,『续修四库全书』, 上海古籍出版社 1995년판
16. (明) 宋濂 等『元史』, 中华书局标点本 1976년판.
17. (清) 张廷玉 等 저술『明史』, 中华书局标点本 1974년판.
18. (明) 顾炎武『昌平山水记』, 卷上北京古籍出版社 1982년판.

[전문저서, 논문집 및 논문]

1. 文物编辑委员会 편찬,『文物考古工作三十年』, 文物出版社 1979년판.
2. 刘敦桢 주관,『中国古代建筑史』, 中国建筑工业出版社 1980년판.
3. 中国硅酸盐学会 편찬,『中国陶瓷史』, 文物出版社 1982년판.
4. 中国社会科学院考古研究所 편찬,『新中国的考古发现和研究』, 文物出版社 1984년판.
5. 『中国大百科全书 · 考古学』, 中国大百科全书出版社 1986년판.
6. 董鉴泓 주관,『中国城市建设史』, 中国建筑工业出版社 1989년판.
7. 廖奔,『宋元戏曲文物与民俗』, 文化艺术出版社 1989년판.
8. 文物编辑委员会 편찬,『文物考古工作三十年』, 文物出版社 1990년판.
9. 杨宽,『中国古代都城制度史研究』, 上海古籍出版社 1993년판.
10. 徐苹芳,『中国历史考古学论丛』(台北) 允晨文化, 1995년
11. 林洙,『叩开鲁班的大门: 中国营造学社史略』, 中国建筑工业出版社 1995년판.
12. 徐苹芳,『现代城市中的古代城市遗痕』,『远望集-陕西省考古研究所华诞四十周年纪念文集』, 陕西人民美术出版社 1998년판
13. 『新中国考古五十年』, 文物出版社 1999년판.
14. 尚刚,『元代工艺美术史』, 辽宁教育出版社 1999년판
15. 段鹏琦,『三国至明代考古学五十年』,『考古』1999년 제9기.
16. 马文宽,『中国古瓷考古与研究五十年』,『考古』1999년 제9기.
17. 宿白,『现代城市中古代城址的初步考察』,『文物』2001년 제1기.

[考古报告]

1. (日) 原田淑人, 驱井和爱, 『上都』(东方考古学丛刊乙种第二册), 东亚考古学会, 1941년판.

2. (日) 田村实造, 小林行雄, 『庆陵』, 日本京都大学文学部, 1953년.

3. 宿白, 『白沙宋墓』, 文物出版社 1957년판.

4. 福建省博物馆, 『福州南宋黄昇墓』, 文物出版社 1982년판.

5. 王健群 等, 『库伦辽代壁畵墓』, 文物出版社 1989년판.

6. 中国社会科学院考古研究所 等, 『定陵』, 文物出版社 1990년판.

7. 内蒙古自治区文物考古研究所 等, 『辽陈国公主墓』, 文物出版社 1993년판.

8. 中国社会科学院考古研究所 等, 『南宋官窑』, 中国大百科全书出版社 1996년판.

9. 河南省文物考古研究所 等, 『北宋皇陵』, 中州古籍出版社 1997년판.

10. 北京大学考古学系 等, 『观台磁州窑址』, 文物出版社 1997년판.

11. 开封市文物工作队 편찬, 『开封考古发现与研究』, 中州古籍出版社 1998년판.

12. 三门峡市文物工作队, 『北宋陕州漏译园』, 文物出版社 1999년판.

13. 炎黄艺术馆 편찬, 『景德镇出土元明官窑瓷器』, 文物出版社 2000년판.

14. 河北省文物研究所, 『宣化辽墓-1974~1993년 考古发掘报告』, 文物出版社 2001년.

15. 张威가 주관한 『绥中三道岗元代沉船』, 科学出版社 2001년판.

16. 中国历史博物馆遥感与航空摄影考古中心, 内蒙古文物考古研究所,
『内蒙古东南部航空摄影考古报告』, 科学出版社 2002년판.

후기

송원명 고고학은 기타 다른 시기 고고학에 비해서 시작이 늦었다. 그 결과 연구 성과가 많지 않다. 하지만 한 세기 동안의 고고학 발견과 자료의 누적으로 다른 시기 고고학에 비해 자료가 적지는 않다. 내가 종종 다른 사람들과 이야기할 때 주장하는 바이지만, 북송에는 4경(京)이 있었고 요에는 5경, 금과 원, 명에는 3경이 있었다. 여기에 서하, 대리, 서장 등 변경지역 왕조의 도성도 중국 진(秦)나라에서 당나라 시기 도성에 비해 도성의 수가 적지는 않다. 송원명 시기에는 지역별 편차가 매우 크고, 무덤은 도성에 비하여 더욱 복잡하여 머리를 아프게 할 만큼 매우 다양하고 복잡하다. 이 책에서는 도성, 무덤과 관련된 고고학 조사들을 개괄하였지만 이 책으로는 지면의 부족으로 모두를 담아내기 어려웠으며, 종교, 건축, 교통, 광산야철, 수공업 등의 분야 유적은 더욱 그러하였다. 고고학 분야에 속하는 문물연구에 관한 내용, 그리고 도자기, 금은기, 칠·목기, 방직품, 동·철기 등도 그렇다. 이 책에서는 소위 순수 고고학 발굴 작업만을 고르고 골라 실을 수밖에 없었으므로 독자들은 20세기 송원명 고고학의 주요 발굴 작업, 발견과 성과를 개괄적으로 이해하기를 희망한다. 약간의 연구 성과가 있는 분야는 연구 성과를 소개하였으나 아직은 이렇다 할 성과가 없는 분야는 관련 자료를 나열하는 수밖에 없었다. 학문의 방향성과 관련하여서도 이 분야의 형성 시기가 짧아 하나의 개괄적인 면모를 보여 드릴 수밖에 없었다. 그래서 앞으로 더욱더 많은 학자들이 이 분야 연구에 동참하기를 희망하게 된다.

여러 해 동안 송원명 고고학을 정리하면서도 자료의 방대함과 내용의 복잡성으로 모든 주제를 다루는 것은 불가능하였다. 이 책에서 다룬 주제도 몇몇은 자료를 수집하는 정도에 그쳤다. 그러나 이러한 상황에서도 상해역사박물관의 항칸(杭侃, 현 북경대 교수)선생, 고궁박물원의 왕광샤오(王光堯)선생, 과학출판사의 훠제나(霍潔娜)여사, 사회과학원 고고연구소

의 동신린(董新林)선생과 항주시 문물고고연구소의 당쥔졔(唐俊杰)선생
등이 주요 자료를 제공해 주는 등의 적극적인 지지에 힘입은 바 있다. 또
한 어떤 장과 절은 이들이 직접 집필하였고 이를 기초로 교정과 수정작업
을 하기도 하였다. 또한 베이징대학 고고문박학원의 몇몇은 이 책의 완성
을 위하여 힘든 작업을 도맡아 주었다. 지면을 빌어 웬첸(袁泉), 멍웬샤오
(孟原昭), 류옌(劉巖)과 류메이(劉未) 등 선후배들에게도 감사드리고 싶다.
이들의 도움이 없었다면 이 송원명 고고학의 편저는 불가능하였을 것이다.
그리고 용기를 북돋워 주고 이 책을 만드는 힘든 작업을 맡아 준 문물출판
사 주성선생에게도 감사드린다.

마지막으로 특히 서빈방(徐蘋芳)선생에게 감사드린다. 송원명 고고학
을 학생들에게 가르치고 연구하는 활동을 시작한 이후 계속적인 그의 가
르침과 도움을 받았다. 관점에 관한 것은 더욱 선생의 교학에 힘입은 바가
크고 이 책의 요강 또한 선생의 심사를 통과한 후 비로소 원고를 작성할
수 하였다.

2003년 저자가 신청한 연구 프로젝트인『중원북방지역 송묘 연구』는
국가문물국 문물보호과학과 기술 과제의 지원을 받았다. 이 책의 송대 무
덤 부분의 자료 수집과 부분 연구는 이 과제 중의 일부분임을 밝혀 둔다.
이 책의 오류나 오탈자 등은 면하기 어려울 거 같다. 선배 분들과 동료 그
리고 독자들의 질정과 이해를 바란다.

옮긴이의 글

중국 고고학은 역사 문헌이 없는 구석기, 신석기 시대 이외에 일반적으로 하상주 고고, 진한 고고, 위진남북조 고고, 수당 고고, 송원명 고고와 같이 왕조를 기준으로 구분하고 있습니다. '송원명 고고학'은 고고학 시기 구분 중 가장 늦은 시기의 고고학입니다. 또한 현재와 가장 가까운 시기이기 때문에 방대한 자료가 현존하고 있습니다. 이 책은 이처럼 다양하고 폭넓은 자료에 대한 조사 연구 성과를 한 권의 책으로 정리한 개론서입니다.[1] 이 책에서는 먼저 각 왕조의 주요 도성을 살펴보았고, 황릉 지역과 귀족들의 무덤, 신분이 낮은 묘지까지 이제까지 조사된 무덤 자료를 실었습니다. 이 외에 각종 수공업의 발달과 그에 따른 해상 운송의 발달을 각 장으로 나누어 서술하였습니다. 서두에는 20세기 초부터 시작된 중요한 연구사의 정리와 그간의 조사 연구 성과를 실었고, 본문에서 설명하지 못한 부분은 각 주에 발굴보고서를 달아 두어 참고하도록 하는 등 송원명 시기 고고학을 매우 압축적으로 정리하고 있습니다.

중국 송원명 고고학 중 오대(904년)부터 원이 멸망한 1367년까지 총 460여 년 동안 오대십국, 송, 요금, 서하, 대리 그리고 원나라가 성쇠를 반복하면서 장성 이북과 장강 이남의 각종 유적이 비약적으로 많아졌습니다. 장성 이북 지역은 이 시기 동안 여러 북방 민족과 한족 간에 각 방면에서 교류가 빈번하게 이루어졌고, 장강 이남 지역에서는 남방 지역 경제가 비약적으로 발전하였습니다. 수백 년 동안 북방의 요나라와 금나라 그리고 남방의 송나라로 나뉘어 민족 간, 지역 간의 대치 국면을 거쳐, 원대에 다시 통일된 봉건국가가 형성되었습니다. 중국 역사상 가장 넓은 지역을 가진 원나라 때에는 각 지역의 문화 개방과 교류가 매우 활발히 이루어졌습니다. 교통이 발달해 각지의 교류가 더욱 편리하게 이루어졌고, 전반적인

....

1) 『20세기 중국 문물고고 발견과 연구총서(20世紀中國文物考古发现与研究丛书)』의 하나.

사회제도도 서로 영향을 주고받으며 강화되었습니다. 이러한 상황은 각 지역이 개발되는 계기가 되었고 명청대 극성기의 기초가 되었습니다.

앞서 언급했듯이 송원명 고고학은 이전 시기에 비해 문헌자료가 풍부하고 발굴로 얻어진 자료도 풍부할 뿐만 아니라 지상 건축물을 비롯하여 많은 자료들이 발견되고 있어 최근에는 학자들의 연구 작업이 다양하고 광범위하게 이루어지고 있습니다.

송원명대 고고학에서 가장 먼저 다루는 도성 자료만 하더라도 북송에는 네 곳의 수도(四京)가 있었고 요나라에는 다섯 곳의 수도(五京), 금나라와 원나라, 명나라에는 세 곳의 수도(三京)가 있었습니다. 여기에 서하, 대리, 서장 등 변경지역 왕조의 도성을 포함하면 도성의 숫자만도 적지 않습니다. 이 시기 대도시들은 도시의 역할에 중대한 변화가 발생합니다. 권위를 상징하고 주민들을 통제하는 목적으로 형성되었던 고대 도성이 상업의 발달에 따라 방의 배치와 구획에 근본적인 변화가 나타나기 시작한 것입니다. 남방에서 상품경제의 비약적인 발전으로 중심도시가 지역도시를 거느리는 경제시스템을 형성하여 대도시뿐만 아니라 중소도시가 발전하는 계기가 되었습니다.

무덤에서도 세속화 경향이 강하고 예제(禮制)가 약화되어 각 지역별로 특징 변화가 분명해진다는 것을 알 수 있습니다. 무덤의 형식과 부장품에서 이 현상이 두드러지게 나타납니다. 송원 시기의 무덤의 등급에 따른 엄격한 제한은 한당 시기처럼 엄격하게 적용되지 않았습니다. 이처럼 이 시기 수공업 상품생산과 상업의 발전은 전통사회의 신분제도를 포함하는 등급제도를 무너뜨리는 계기가 되었습니다.

송원명 시기 사회 전반을 변화시킨 수공업은 세계적이며 국제적인 성격도 가지게 되었습니다. 상품경제가 발전하면서 수당(隋唐) 시기의 중앙과 관부에서 이루어지던 생산 시스템과는 달리 사영 수공업의 비약적인 발전이 이루어져 수공업 중심지역이 형성되었고, 각종 기물에 상품 상표와 같은 표기가 보편적으로 발견됩니다. 또한 각 지역 무덤의 부장품은 남방의 도자기가 광범위한 지역에서 출토되면서 상업교류가 이루어지는 지점이 매우 넓어졌다는 것이 확인되었습니다. 상품경제의 발전은 국내 수요를 충족시키고도 남는 잉여생산품의 생산이 가능하였고, 아시아를 넘어 유럽까지 국외의 수요까지도 감당하게 되었습니다. 여기에 해운업의 발전은 이를 극대화하여 중국 수공업품의 해외 수출은 세계적이며 국제적인 특징을 가지게 된 것입니다. 이를 대표하는 것이 도자기 수공업입니다. '차이나'라고 하는 중국 진나라를 뜻하는 말이 도자기를 표현하게 되었음은 익히 알려진 바와 같습니다.

상업경제의 발전으로 사회적인 교류가 매우 빈번하게 이루어져 중국 한족들의 생활습관도 변화하였습니다. 수나라와 당나라의 생활 관이 한나라와는 달랐듯이, 송나라와 원나라 때에도 크게 변화하였습니다. 그중에서도 높은 탁자와 의자의 출현으로 사람들의 생활방식이 바뀌었고 이는 고고학 문화에 중대한 영향을 끼치게 되었습니다. 이 시기 사람들의 생활과 관련하여 고고학적 자료와 역사문헌보다 더 가시적인 자료는 회화작품입니다. 고궁박물관이 소장하고 있는 북송 장택단(張擇端)의 〈청명상하도(淸明上河圖)〉는 북송 변량성(汴梁城)의 시장과 골목을 살펴 볼 수 있는 좋은 자료입니다. 왕희맹(王希孟)의 〈천리강산도(千里江山圖)〉는 북송 시기 작은 도시의 풍경을 잘 나타내고 있습니다. 〈수확도(水確圖)〉, 〈반차도(盤車圖)〉는 송대의 생산 및 교통 수단과 관련된 자료로 매우 훌륭합니다. 고굉중(顧閎中)의 〈한희재야연도(韓熙載夜宴圖)〉는 오대 시기 관료사회의 모습을 보여주어 상류사회의 생활에 대한 구체적인 자료가 되고 있습니다. 호양(胡瓌)의 〈탁헐도(卓歇圖)〉는 거란족의 가한(可汗)이 수렵을 나가 잠시 천막을 치고 쉬면서 연회를 베푸는 장면을 그리고 있습니다. 가한은 거란족의 복장을 하고 있고 그의 부인은 한족 복장을 하고 있습니다. 전(傳) 진거중(陳居中)의 〈문희귀한(文姬歸漢)〉은 북방 소수민족의 생활풍습을 잘 전해주고 있습니다. 이러한 도상 자료들을 이 책과 함께 참고한다면 이 시기의 고고학 자료를 좀 더 폭넓게 이해할 수 있을 것입니다.

이 책의 번역은 단순한 언어의 장벽보다 각 분야의 전문 지식에 대한 한계를 느끼게 하였습니다. 또한 중화문명권의 축적된 고대 문헌들의 인용과 역사적 배경을 그대로 직역하여 독자들에게 전달한다면 읽는 독자들이 매우 난감해 할 것 같았습니다. 따라서 문화의 차이로 이해가 어려운 부분은 의역하여 이해하기 쉽도록 하였습니다. 의역으로 해결되지 않는 부분은 본문에 역주를 달았습니다. 역주에서도 해결하지 못한 부분을 위해 나름대로 찾아낸 방법은 독자들에게 어려운 명칭, 문장과 인명, 지명은 그대로 한글 독음을 사용하고 괄호 안에 중국 명칭(한자)를 그대로 실어 인터넷 포털사이트 혹은 논문 검색 엔진을 이용하여 전문적인 정보를 얻을 수 있도록 하였습니다. 전공자들은 검색을 통하여 한 걸음 더 들어간 정보를 확인하시기를 바랍니다. 반대로 송원명 고고학의 좀 더 요약된 자료를 원하는 독자들은 서빈방 선생이 정리한 중국대백과전서(中國大百科全書)의『송원명 고고학』편을 읽어 보는 것도 도움이 될 것이라 생각합니다.

이 책을 번역하면서 위대한 스승이셨던 고 서빈방(徐蘋芳) 선생님과 이 책을 집필하신 진대수(秦大樹) 선생님을 다시 만나고 있는 것 같은 느낌이 들기도 하였습니다. 유학 시절 송원명 고고학을 강의해 주신 은사 서빈방 선생님을 떠올리지 않을 수 없었습니다. 이 두 분께 항상 존경과 감사의 마음을 전하고 싶습니다. 그리고 송원명 고고학의 발전을 위해 기초 조사가 이루어질 수 있도록 지금도 각지 현장에서 노력하시는 많은 선학들과 후배님들께도 존경과 감사를 드립니다. 1994-2003년 유학기간 동안 중국 고고학을 강의해 주신 여러 선생님들의 도움이 헛되지 않게 세부 전공이나 개인적으로 관심이 있는 분야보다는 중국 고고학 개론서를 내게 되어 마음의 빚을 덜게 된 부분이 있지만, 개론서 번역의 어려움을 어느 정도 극복하였는지는 미지수입니다. 최근 발표되고 있는 많은 보고서들과 연구 논문의 증가에 따라 앞으로 송원명 고고학의 새로운 사실들이 많이 밝혀질 것이라 기대하고, 미진한 부분은 이후 개설서의 증보판 출판과 번역본을 기다려 보고자 합니다.

이 책의 번역은 영남문화재연구원의 이백규, 박승규 선생님과 경북대학교 이희준, 박천수 교수님의 도움 없이는 출판이 어려웠을 것입니다. 항상 존경과 감사의 마음을 가지고 있습니다. 그리고 사회평론아카데미 출판사의 관계자 여러분들께도 감사를 드립니다. 올해 4월 뜻하지 않게 병원 신세를 지면서, 책의 교정과 수정을 도와준 정대영 선생에게도 말로 하지 못한 감사의 마음을 전합니다.

2017년 8월 열대야와 태풍이 지나간 여름 새벽
옮긴이 이정은